Klaus Gerhard Werner Beer

Mensch kusch

oder der Untergang des Heiligen
Römischen Reichs Deutscher Nation (2010)

Der Untergang begann 1998
und endete 2011 mit dem
finanziellen Untergang.

Mauer Verlag
Wilfried Kriese
72108 Rottenburg a/N
Buchgestaltung: Wilfried Kriese
Titelbild: Privat
2011
ISBN 978-3-86812-47-3

www.mauerverlag.de

Inhalt

Ich kann nichts dafür, aber ich muss dieses Buch schreiben. Zuviel hat sich in den letzten Jahren ereignet. Zuviel wurde dem Bürger zugemutet, zuviel hatte sich in mir aufgestaut.
Und nun?
Das Leben?
Das geht von nun an, an mir vorbei.

Bin ich blöd oder was? Stehen doch schon wieder zwei Blödmänner mit ihren Karren vor mir auf der linken Fahrspur und blinken nicht, das sie links abbiegen wollen. Rechts rauscht der Verkehr an mir vorbei. Es wird rot, die beiden verschwinden und ich stehe zähneknirschend da.
Aufgefallen ist mir dieses nicht blinken schon 1998. Damals als Beifahrer fragte ich nach und bekam zur Antwort, ich lasse mir vom Staat nichts vorschreiben. Dummes Geschwätz dachte ich noch. Vom rücksichtsvollem Fahren hatte der nie etwas gehört.
Aber mit den Jahren nahm dieses nicht Blinken immer mehr zu. Ohne zu blinken werden die Fahrspuren gewechselt. Auf der Autobahn wird ohne Blinkerbetätigung in die Autoschlange hineingedrängelt. Was mir aber aufgefallen ist, die können gar nichts dafür! Immer wieder beobachte ich, wie die Autofahrer erst nach links einschwenken und dann anfangen zu blinken. Bei denen schafft das Gehirn es nicht zwei Sachen gleichmäßig auszuführen. Erst denkt das Gehirn, ich muss nach links lenken und dann können diese Raudis auf Deutschen Straßen erst neu ihr Gehirn einschalten, ich muss ja noch blinken.
Aber auch die Polizei folgt dieser unsinnigen und gefährlichen Fahrweise. Ohne jegliche Anzeige fuhren die Polizisten auf die linke Fahrspur, standen an der roten Ampel und bogen nach links auf die A40 ab. So geschehen am 19.05.2009 mit dem Kennzeichen NRW4-2004. Dieser gefährlichen Fahrweise und das unsinnige Aufprechen von drei Fahrzeugen, Stoßstange an Stoßstange auf die Autobahn muss Einhalt geboten werden.
Und nun noch das Sahnehäubchen. An der Kreuzung Aktienstraße/ Frintropperstraße könnte die Polizei jeden Tag mindestens zwanzig Führerscheine mit Bußgeldern einkassieren. So viele fahren dort bei Rot über die Kreuzung. Der Bürgermeister und die Stadt könnten Tausende von Euro verdienen, würden dort die Nichtblinker zur Kasse gebeten. Fast alle zeigen nicht an, ob sie nach rechts oder links abbiegen wollen. Dieses dumme Gewäsch, ich zeige doch niemanden wohin ich fahren möchte, zeugt vom Kleingeist eines zwölfjährigen.
Aber diese Situationen will ich nicht weiter fortführen, denn ich muss immer wieder auf die Jahre von 1998 bis 2011 zurückblicken.

Was war das für ein Jahr 1998

Die Grüne Umweltpartei voll in ihrem Element. Konnte sie sich doch auf die Castor-Transporte stürzen. Und sie hatten es geschafft. Am 19.03.1998 rollt der letzte Castor-Transport mit abgenutzten Brennelementen aus den Atomkraftwerken nach Ahaus. CDU-Umweltministerin Angelika Merkel lässt alle Transporte stoppen. Jeder dieser Transporte kostete dem Steuerzahler mehr als 100 Millionen D-Mark. Hier konnten sich die Grünen noch profilieren. Wo sind die Proteste der Grünen heute? Kaum an der Regierung mit der SPD zerfleischen sie sich gegenseitig um die Postenhascherei. Sogar die Grundsatz-Ideologi, wie die Amtsperiode wurden in Frage gestellt und abgeändert. Bei den Abstimmungen zur Diätenerhöhung oder steuerfreie Zuschüsse sind sie von nun an an der Spitze. Was kann man auch von einer Partei verlangen, die alles in Frage stellt, aber selber keine durchschlagenden Argumente vorbringen kann. Ruhig ist es um die Grüne Partei geworden. Stimmten sie doch artig für die Atomenergie und schickten deutsche Soldaten zu unsinnigen Einsätzen ins Ausland.

Für die Arbeitnehmer begann das Jahr 1998 wie auch das Jahr 1997 endete. Die Regierung unternahm alles um an das Geld der Arbeiter zu kommen. Damit der Arbeiter immer weniger Geld im Portemonnaie hatte. Denn am 1.Januar 1998 trat die Abschaffung der Gewerbe-kapitalsteuer in Kraft. Wieder so ein Geschenk an die, die schon genug hatten. Arbeitsplätze hatte es nicht gebracht. Nur an der Börse stieg der Dax in ungeahnte Höhen. Die Gewerbekapitalsteuer war nun die wichtigste Einnahmequelle der Städte und Gemeinden. Wie sollte und konnte die Gemeinde diese Verluste wieder hereinbekommen? Natürlich von dem arbeitenden Gesinde. Diese Verluste wurden mit der Erhöhung der Mehrwertsteuer wieder ausgeglichen. Am 1. April, kein Aprilscherz, war es dann soweit. Die Mehrwertsteuer wurde auf 16% angehoben. Danke liebe Regierung. Zur Beruhigung des Volkes wurde doch tatsächlich der Solidaritätszuschlag von 7,7% auf 5,5% abgesenkt. Sollte dieser nicht ganz abgeschafft werden? Nur gebracht hatte dem Arbeiter die Absenkung des Solidaritätszuschlags nichts. Durch die Mehrwertsteuererhöhung auf 16% wurde die Kaufkraft des Volkes weiter geschwächt. Denn solche Situationen nutzen diese Geschäftshaie sofort um auf jeden Arti-

kel noch etwas mehr draufzuschlagen. Die Regierenden lachen, können sie doch nun noch mehr Geld sinnlos verschleudern.
Wie sich im Nachhinein herausstellte, hatten doch diese Verwalter (Landesfürsten) des Solidaritätszuschlags diese Einnahmen für ihre Inkompetenz verwendet. Sie sollten die Wirtschaft im Osten ankurbeln und nicht ihre eigenen Löcher stopfen. Milliarden wurden so verschwendet und nicht für den eigentlichen Sinn genutzt.
Solche Fehlleistungen müssen sofort mit Absetzung der Person geahndet werden. Erinnert doch diese Situation an die Verschwendung von Milliarden Steuergeldern kurz nach dem Mauerfall. Hier wurden marode Betriebe für einen Appel und Ei an Betrüger veräußert, nur um Arbeitsplätze zu erhalten. Diese Firmen wurden mit Milliarden subventioniert. Haben doch diese Betrüger das Geld aus der Firma gezogen und nach einem Jahr Konkurs angemeldet. Wie viele Arbeitslose hätte man mit diesen Mitteln eine neue Existens, eine neue Perspektive ermöglichen können.
Am 7. Januar 1998 nannte der heutige FDP-Chef Westerwelle die Grüne Partei gefährlich. Und heute? Haben sich die führenden Köpfe bei der Grünen Partei doch nicht geändert. Heute würde er nur zur Machterhaschung eine Konstalation mit den Grünen eingehen. Damals hatte er nur Angst, denn ein Erfolg der Grünen hätte die FDP unter die 5% Hürde gedrückt.
Viele Bürger waren damals durchaus nicht abgeneigt, ihre Stimme der FDP zu geben. Hatten doch sehr viele und gute Argumente Politik zu machen die Wähler stark beeinflusst. Aber immer wiederkehrende herablassende Bemerkungen über Arbeitslose und Sozialhilfeempfängern ließen viele Bürger dann doch zurückschrecken. Was währe, wenn sie damals, 50 Jahre trotz guter Arbeit und Leistung arbeitslos würden? Die Firmenleitung versagt hätte. Gehören sie dann auch zu den Schmarotzern, die nur auf Staatskosten leben wollen? Nein Herr Westerwelle, es gibt wohl überall Menschen die den Staat ausnutzen. Die Überzahl der Arbeitslosen ist ihrer und ihrer Kollegen verfehlten Politik zum Opfer geworden. Den Staat ausnutzen, machen ihre Kollegen das nicht vor? Wie viele Abgeordnete und Regierenden sind 1998 aus Furcht vor Enddeckung ihrer Betrügereien zurückgetreten. Wie viele Abgeordnete melden sich morgens vor einer Sitzung an und sind den ganzen Tag nicht zu

sehen. Sie gehen einer Nebentätigkeit nach und wollen diese auch noch von der Steuer befreit sehen. Und für dieses Nichterscheinen fordern genau die selben Abgeordnete fast jährlich eine Diätenerhöhung. Wofür fordern sie diese ein, fürs nichts tun. Durch Abwesenheit glänzend. Das sind unsere Steuergelder die da verschwendet werden. Wenn dann ein dummer Arbeiter auf die selben Gedanken kommt, können sie ihm das doch nicht verübeln.

Bis in die Parteispitzen von SPD, CDU, CSU und FDP sind Steuerhinterziehungen, Parteispendenaffären und Diebstahl von Staatsgeldern (unsere Steuergelder) zu privaten Zwecken erst 1998 so richtig an die Öffentlichkeit gekommen. Immer wird von Staatsgeldern gesprochen, oder wir haben, Ihr habt überhaupt nichts, dass sind unsere Steuergelder, an die ihr euch täglich bereichert. Das Abgeordnete für ihren zweiten und dritten Nebenjob keine Steuern zahlen möchten finde ich schon eine Unverschämtheit. Wie kann es sein, dass Politiker, die zum Wohle des Volkes berufen wurden in den Vorständen großer Konzerne sitzen und dafür Millionen ohne Steuerabzug kassieren? Woher haben sie die Zeit? Zum Wohle des Volkes, darüber können die doch nur lachen. Durch ihre Nebentätigkeiten sind sie aber erpressbar, werden zu Marionetten der Konzernleitung und können, wenn sie auch wollten, ihre politischen Gedanken nicht durchsetzen. Dies trägt zu einer verfehlten Politik bei, in der das arbeitende Volk die Last alleine zu tragen hat. Der soziale Gedanke wird untergraben.

1998 war auch das Jahr der Erneuerungen, Firmenzusammenschlüssen und Reformen. Die Zeit der Globalisierung begann und ist fast zehn Jahre später zum scheitern verurteilt.

So verlor die Telekom ihr alleiniges Monopolrecht. Ab 1998 sollte es für jeden möglich sein, Telekommunikation anzubieten. Hierzu wurde das Postministerium aufgelöst und in eine Regulierungsbehörde für Telekommunikation und Post (RTP) umstrukturiert. Nur welchen Sinn und Zweck bzw. Einfluss diese Behörde hatte, ist bis heute schleierhaft. Die Vielfalt der neuen Anbieter wuchs ständig und wechselte dementsprechend oft. Es entwickelte sich ein ständiger Wettbewerb mit einer unüberschaubaren Tarifvielfalt. Aber wozu war nun diese Regulierungsbehörde da? Hatten die Menschen wohl zähneknirschend die Tarifpolitik der Telekom hinnehmen müssen, wurden sie nun durch die unüberschaubaren Tarife in den Ruin gezwungen. Auch hier wurde wieder ohne Eingreifen der Behörde für Betrüger, Türen und Tore geöffnet.

Das Internetportal entwickelte sich rasant und wurde für alle erschwinglich. Fast undenkbar, dass in einem Haushalt kein Internet Anschluss vorhanden war. Jugendliche und auch Erwachsene verbrachten ihre freie Zeit fast nur noch vor dem Computer. So blieb es nicht aus, das die Anbieter um jeden neuen Kunden buhlten. Das Internet brachte für viele Vorteile. Schnell konnte man die benötigten Informationen finden. Der Datenaustausch war hervorragend. Das Internet brachte aber auch für viele Nachteile. Besonders jugendliche stolperten oft über Fußangeln, die betrügerische Firmen gelegt hatten. Besonders die 0190 Nummern und Internetverträge ohne jegliche Gegenleistungen brachten die Bürger arg in Bedrängnis. Sehr schnell kamen da 700 bis 800 DM und mehr auf Kosten der Betrogenen zusammen. Es dauerte lange, fast unverständlich lange bevor der Gesetzgeber hier was unternommen hatte. Wie oft prangerte das Fernsehen diese betrügerischen Machenschaften an und nichts wurde vom Gesetzgeber unternommen. Die dafür extra eingerichtete Regulierungsbehörde schaute tatenlos zu.

Das Internet, die ideale Plattform auch für die Banken. Das Internetbanking breitete sich aus. Kontenbewegungen werden hier über das Internet abgewickelt. Überweisungen können schnell und mühelos über das Internet getätigt werden. Für viele ein Vorteil, aber auch für viele ein erschreckender Nachteil. Können doch sogenannte Hacker immer wieder die geheimen Codes der Banken herausfinden und an die Konten der Kunden herankommen. Sehr oft erschreckend für viele, das Konto war geplündert. Viele haben bis heute noch keinen Bankverkehr über das Internet abgeschlossen. Das Risiko ist immer noch zu groß. Um nun die ganze Problematik die nun auf den einfachen Menschen zukam zu unterbinden, unternahm die zuständige Behörde nichts, oder erst viel zu spät. Sind sie nicht erst zum Schutz des Bürgers entstanden? Man muss annehmen, diese Behörden waren an den Machenschaften beteiligt. Wen wundert es da schon, der Bürger bezahlt durch seine Steuerlast. Schutz oder Information sind gleich Null.

Wie schon anfangs erwähnt, begannen 1998 die Zeit großen Firmenzusammenschlüsse. Es war der Wahnsinn, was die Großen alles unternahmen um noch mehr Geld zu verdienen. Da wurden kleinere konkurrenzfähige Betriebe einfach aufgekauft, übernommen. Es wurden Märkte erschlossen, die mit der eigentlichen Firmenstruktur nichts gemein hatten. So wurden im Internet und der Telekommunikation neue Märkte gesucht. Es war ganz einfach. Die Aktionäre wurden mit höheren Dividenden gelockt und schon ging die fremde Firma in das Eigentum über. Die Fusion der riesigen Stahlkonzerne Thyssen und Krupp-Hoesch war für mich die größte Überraschung. Hier entstand nun wohl der größte Stahlkonzern seit Menschen gedenken. Hatten nun die Arbeiter und Angestellten Vorteile durch diese Fusion? Nein, es wurden zwar neue und bessere Hochöfen und Anlagen gebaut, dem Umweltschutz kam dies wohl zugute, aber neue Arbeitsplätze brachte es nicht. Der Gedanke an eine Reduzierung der Emissionswerte durch den Bau neuer Anlagen war auch bedingt durch den Verkauf nicht verbrauchter CO2 Werte, die von der EU festgelegt werden. Diese großen Firmenzusammenschlüsse brachte allen Vorteile, nur dem arbeitendem Volk nicht. Konnten die großen Firmenbosse noch mehr Gewinn erzielen, noch mehr Dividenden einheimsen und noch mehr Gehalt fordern. Der Aufsichtsrat, darunter auch die Gewerkschaftsbosse, machten alles mit. Die Aktienkurse stiegen ins unermessliche. Nur das arbeitende Volk zitterte um seinen Arbeitsplatz. War doch allen klar, dass diese Zusammenschlüsse Entlassungen mit sich bringen würden. Gewinnsteigerungen konnten nach Ansicht der Firmenbosse nur noch durch Entlassungen, längere Arbeitszeit bei gleichem Lohn und Verteilung der Arbeit auf wenige erzielt werden. Wie konnten sich die großen Firmenbosse aber nun von den Arbeitern trennen? Wahren diese doch durch Gewerkschaftsverträge langfristig geschützt und gebunden. So kam man in der obersten Etage auf eine gemeine menschenunwürdige Idee. Firmen die als Subunternehmer für die Konzerne tätig waren, wurde gekündigt. Diese Arbeit der Sububternehmer wurde durch eine eigens hierfür gegründete Tochterfirma übernommen. Die Arbeiter der Konzerne wurden zu dieser Firma ausgelagert und standen nun nicht mehr unter dem Schutz der langfristigen Verträge. Nach einem halben bzw. einem Jahr musste die neu gegründete Tochterfirma des Konzerns Konkurs anmelden. Jetzt konnten die Arbeiter entlassen werden. Ist das nicht die größte Gemeinheit aller Zeiten? Dieses Handeln der Firmenbosse mit Zustimmung der Aufsichtsräte und Gewerkschaften. Und das schlimmste an der ganzen Sache, all dies geschah unter Mitwirkung und Einverständnis der Gewerkschaftsbosse. Da kann ich nur rufen, weg mit ihnen, vertretet eure Interessen gemeinsam, ohne eure gierigen Gewerkschaftsführer. Eure Gewerkschaftsführer lassen sich durch Sonderzuwendungen, Urlaubsreisen und Sexpartys bestechen und halten überall die Hand auf. Habt ihr Arbeiter, die in der Gewerkschaft zusammen geschlossen sind, die Möglichkeit an den Verhandlungen Einfluss zu nehmen? Nein, denn diese Verhandlungen werden an einem geheimen Ort, ohne jegliche Information an euch oder der Öffentlichkeit geführt. Ihr werdet nur vor vollendeten Tatsachen gestellt. Nehmt es hin und kuscht. Lasst es euch nicht weiter gefallen. Trennt euch von dieser Niedertracht und werdet eine gemeinsame Arbeitermacht. Zusammen seit ihr stark.

1998 konnte man voller Neid ins Ausland blicken. Was wahren das für Volksbegehren, besonders in Frankreich mit dem Aufstand der Arbeitslosen. Hier in Deutschland hatten wir 4,2 Millionen Arbeitslose, dagegen fielen die Proteste unserer Arbeitslosen hier am 5.2.1998 eher bescheiden aus. Wo blieb die Solidarität des deutschen Arbeitervolkes? Haben die oberen Fürsten euch schon so weich geknetet, das ihr keinen Mumm mehr habt? Zusammen seit ihr stark, zusammen seit ihr eine gewaltige Macht.

So wie damals, am Tag des Mauerfalls hättet ihr losstürmen müssen und laut und unüberhörbar für alle losbrüllen, wir sind das Volk, wir sind das Volk.

Am 03.05.19998 wurde die Einführung des Euro beschlossen. Der Euro sollte am 1.Januar 2002 als offizielles Zahlungsmittel vorerst in 11 Ländern eingeführt werden. Für die Deutschen eine gute Nachricht? Hofften sie doch, durch die Einführung des Euro wird die deutsche Wirtschaft gestärkt und die Arbeitslosigkeit zurückgehen. Hatten wir doch mittlerweilen fast fünf Millionen Arbeitslose. Der Streit innerhalb der Parteien über die Einführung des Euro nahm nun doch zu und führte so weit, dass vier Wirtschaftsexperten gegen die Einführung des Euro klagten. Hatten diese eine Vorahnung wohin das Ruder lief und was im Jahr 2009 geschehen würde?

Im Nachhinein muss festgestellt werden, die einzigen, die Vorteile aus der Einführung des Euro nutzten wahren die Engländer. Denn die Engländer führten den Euro als Zahlungsmittel nicht ein. Die Englische

Wirtschaft florierte noch nie so gut, wie seit der Einführung des Euro in andere Länder. Leider konnten sich die vier Wirtschaftsexperten nicht durchsetzen, der Streit innerhalb der Parteien war nur Schaumschlägerei und wurde wie immer tot geredet. So war die Einführung des Euro eine beschlossene Sache. Für das Deutsche Volk eine gute Sache? 1998 glaubten sie es noch.

Am 20.Juni 1998 wurde die D-Mark 50 Jahr. Wurde die D-Mark doch am 20 Juni 1948 eingeführt. 50 Jahre hat sie mich begleitet und werde ich in ein paar Tagen ebenfalls 50 Jahre. Zu diesem Zeitpunkt hätte ich es nicht für möglich gehalten, dass ich noch im Jahr 2010 mit Wehmut an die alte Deutsche Mark denke. Und es geht nicht nur mir so. Alle die ich kenne, mit denen ich gesprochen habe, ob Niederländer, Österreicher oder Deutscher, alle trauern ihrer alten Währung hinterher. Alle sind der Meinung, dass die Kaufkraft mit der alten Währung wesentlich besser war. Der Arbeiter konnte sich mehr leisten. Dieser Meinung bin nicht nur ich, diese Meinung vertreten alle. Nur keiner äußert sich oder findet Gehör. 1998 hatte ich es nicht für möglich gehalten, dass durch die Euro-Umstellung das Deutsche Volk in die Armutsklasse getrieben wird. Aber nur einen Tag später, die Hochhonorierten hatten gerade die 50-Jahre D-Mark Feier auf Kosten der Steuerzahler beendet, kam am 21.06.1998 durch das Fernsehen die schreckliche Nachricht über Ausschreitungen und Krawalle in Frankreich.

Hatten doch sogenannte Hooligans, hatten doch diese Schläger aus Deutschland bei ihren Ausschreitungen und Schlägereien während der Fußball-WM in Frankreich einen Polizisten lebensgefährliche Verletzungen zugefügt. Was für eine milde Strafe bekamen diese schläger. Sie müssten ein Leben lang für den Polizisten und deren Familie aufkommen. Damit sie jeden Tag an diese Tat erinnert werden.

Hier muss die Politik härter durchgreifen, wenn nötig schnell und unbürokratisch Gesetze ändern. So etwas darf nicht wieder vorkommen. Die Strafen müssen härter ausfallen, damit kein Mensch jemals wieder vor einer Minderheit kuschen muss. Denn treten irgendwo radikale Gruppen auf, sei es zu dritt oder zu viert, traut sich kein Mensch etwas zu sagen. Sonst wird er verprügelt und steht durch falsche Zeugenaussagen auch noch als Schuldiger da. Versuche über Gesetzesänderungen oder sogenannte Abhör- bzw. Lauschangriffe werden von einigen Spinnern sofort

im Keim erstickt. Die Freiheit des Bürgers wird eingeschrängt heißt es dann. So ein Blödsinn, ich will in Ruhe und Frieden leben. Ich habe nichts zu verbergen, auch keine Geheimnisse die über das Telefon oder Internet ausspioniert werden könnten. Die uneingeschrängte Freiheit des Menschen geht über alles. Wie sich im Nachhinein gezeigt hatte, waren und sind die Strafen nicht hoch genug, denn die Übergriffe nahmen deutlich zu. Keine Woche an der nicht irgendwo Menschen angegriffen wurden, oder deren Hab und Gut vernichtet wurde. Hier wird nicht hart genug durchgegriffen. Wo ist der Bürger geschützt, wer ersetzt ihm den Schaden, der ihm am Körper, Geist, Seele und Eigentum entstanden ist? Die das härtere Vorgehen verurteilen oder Lauschangriffe verhindern sicher nicht. Die Politiker schauen ohnmächtig zu. Zerreden wie immer das eigentliche Tun und witzeln in Talkshows über die eigentlich gefährliche Lage. Dumm Reden kann ich den ganzen Tag. Taten müssen folgen. Aber es kommt nichts, wie immer.
Wie so oft fuhr ich Samstags um 7 Uhr ins Büro. Parkte meinen PKW auf einen Parkplatz und wollte gerade gehen. Da kam mir wild diskulierend der Parkwächter entgegen gelaufen. Was machen sie den hier, rief er mir zu, verstecken sie schnell ihr Auto, bringen sie es woanders hin. Hier treffen sich gleich die Rechtseadikalen von der NPD. Danach werden sie ihr Auto wohl kaum noch wiedererkennen. Ich dachte nur, das kann doch nicht wahr sein, in welchem Rechtsstaat leben wir denn. Ich muss mein Auto vor einer Minderheit verstecken, muss mich selber verstecken? Vom Bürofenster konnte ich den Aufmarsch der NPD-Anhänger verfolgen. Das Polizeiaufgebot ist immer immens, meistens wesentlich größer als die Randalierer. Was mir besonders auffiel und zu denken gab, es waren fast nur jugendliche im Alter von 18 bis 20 Jahren darunter. Sollte etwa hier die Schulpolitik bzw. die Betreuung jugendlicher mit Lehrstellenbeschaffung, Freizeitangeboten usw. verfehlt gewesen sein? 1998 gab es fast 5 Millionen Arbeitslose, darunter so viele jugendliche wie noch nie zuvor. Das eigentliche Problem wurde auch hier wieder von allen Parteien klein geredet. Es wurde so lange geredet und diskutiert, bis keiner mehr hinhörte. Ganz im Sinne der Politik. Wo sind die Spielplätze, die Bolzplätze und die freien Plätze auf denen die jugendlichen sich austoben konnten geblieben? Alles wurde zu betoniert. Gelder für irgendwelche Bauvorhaben verschleudert. An die Jugendlichen wurde nicht

gedacht. Gelder um Sportvereine und ihre Anlagen zu erhalten wurden immer wieder gekürzt. Rasenflächen wie sie in unseren Nachbarländern zu sehen sind, können nicht finanziert werden. Aber Gebäude, Schlösser und Burgen nachzubauen, die kein Sterblicher besichtigen darf, bzw. bezahlen kann, dafür sind immer mehrere hundert Millionen vorhanden.
Schon seit der Kohl-Regierung war mir aufgefallen, dass der deutsche Staatsbürger immer mehr für dumm gehalten wird. Nach dem Motto, dumme Menschen bereiten keinen Ärger, mucken nicht auf. Die Schulpolitik wurde systematisch vernachlässigt. Es wurden zwar mehrere Schuljahre vorgeschrieben, aber die Stundenzahl und das Wissen und Lernen an den deutschen Schulen wurde vernachlässigt. Durch den Eingriff der Grünen Partei und der falschen Schulpolitik stand der Lehrer oft als Hampelmann, also hilflos vor der Klasse. Diese Situation verschlimmerte sich noch, in dem die jüngeren Lehrer diese auf Du Beziehung bevorzugten, um so der gute Freund der, Ansprechpartner zu sein. Das war das Ende der Vorbildfunktion eines Lehrers. Die Spitze wurde dann am 14.07.1998 mit der Ankündigung der Rechtschreibreform erreicht. Ab dem 1. August 1998 konnte die neue Rechtschreibung eingeführt werden. Auch wenn in nicht allen Bundesländern die neuen Regeln galten. Anschließend weigerten die Zeitungsverlage sich, die neue Rechtschreibung zu übernehmen. Einige Bundesländer verabschiedeten sich von der neuen Rechtschreibung und wollten sie auch nicht später einführen. Diese Tauziehen um den Sinn und Unsinn dieser Rechtschreibreform zog sich noch ein paar Jahre hin. Es wird verbessert, wieder geändert und neu gedruckt. Alles auf Kosten des Steuerzahlers und unserer Kinder. Mein Urteil über die Berater des Ministeriums, sie haben wie immer in allen Bereichen versagt. Was kann man auch von diesen weltfremden Professoren und Doktoren, von der Realität weit entfernt anders erwarten. Wo ist der Sinn darin, ob ich muss mit zwei s oder mit ß schreibe? Der eigentliche Sinn liegt wohl darin, dass irgendwelche Abteilungen beschäftigt werden mussten, koste es was es wolle. Was stören uns die Belange anderer Kinder. Wie sollte zum Beispiel ein 8-jähriges Kind mit diesem Durcheinander fertig werden. Oder ein Kind ca. ein Jahr vor dem Schulabschluss? Wen stört das schon.
Schon in früheren Jahren hatte sich gezeigt, wer als Schüler oder dementsprechend die Eltern keine Beziehungen hatten, konnte keine pas-

sende wuschgemäße Lehrstelle bzw. Ausbildung bekommen. Leider hat sich dieser Lehrstellenmangel immer weiter verschlechtert. Den Jugendlichen wird zugemutet irgendeine Lehrstelle anzunehmen, ihnen wird zugemutet, auch noch für diesen erbärmlichen Job zig Kilometer zu fahren. Wen kümmert das schon. Wundert es da, dass die Jugend anfällig für neue Ideen, neue Interessen ist? Die Schulpolitik und die Familienpolitik gleich Null. Geändert hat das Familienministerium nichts. Ein Kopfgeld für Neugeborene ist kein Allheilmittel. Wer soll denn guten Gewissens bei dieser miesen Wirtschaftslage und schlechten Aussichten, Kinder auf die Welt bringen. Eine Aussicht auf Arbeitslosigkeit und Armut im Rentenalter kann man niemanden zumuten.
1998 machte die Gründung von attac auf sich aufmerksam. Attac wollte eine globalisierungskritische Nichtregierungsorganisation sein. Sie forderte eine internationale Solidaritätssteuer zur Kontrolle der Finanzmärkte ein. Eine Steuer von 0,1% auf spekulative internationale Devisengeschäfte sollte gezahlt werden. In Deutschland wurde diese Organisation gegründet um mit Aktionen den notwendigen Druck auf Politik und Wirtschaft auszuüben. Die Themen mit denen sich attac befasst entsprechen ganz meiner Weltanschauung.
Eine demokratische Kontrolle der Finanzmärkte (z.B. Tobinsteuer). Internationale Steuern und Abschaffung von Steueroasen. Fairer Handel statt Freihandel. Solidarische Ökonomie. Sicherstellung der Sozialsystheme und der öffentlichen Daseinsvorsorge. Mindestlohn, Bedingungsloses Grundeinkommen. Globalisierung und Ökologie.
Globalisierung und Krieg. Wissensalmende und freier Informationsfluss. Für eine Konzernfreie, soziale, ökologische und demokratisch kontrollierte Daseinsvorsorge. Gegen Privatisierung von Energie, Strom, Wasser, Bildung usw. Geschlechtergerechtigkeit, Migration. Bei Interesse kann man all diese Punkte und mehr Information bei attac oder im Internet finden.
Attacs Hauptkritik und meine ist vor allem, dass die neoliberale Globalisierung das Versprechen eines Wohlstandes für alle, nicht eingelöst hat. (Der Neoliberalismus ist gegen ein aktives Eingreifen des Staates.) Im Gegenteil. Die Kluft zwischen Arm und Reich wurde immer größer. Motor und treibende Kraft der Globalisierung sind die internationalen Finanzmärkte, Banker und Finanzmanager. Durch diese gesellschaft-

liche Entwicklung untergraben die Finanzmärkte die Demokratie. Politik muss sich an den Leitlinien von Gerechtigkeit, Demokratie und ökologisch verantwortbarer Entwicklung ausrichten. Diese Grundsätze sind den Politikern aber schon lange abhanden gekommen. Übrigens, ich bin noch kein Mitglied von attac.

Haben diese Leute 1998 bei ihrer Gründung schon gewusst, wohin die Finanzmärkte und Politiker steuern? Waren das nicht auch mal die Grundsätze der Grünen oder der SPD? Wohin sind diese nun abgedriftet. Sie sind zum Spielball der Konzerne geworden.

Was ich eigentlich nicht für möglich gehalten hatte und was mich tatsächlich bis ins Jahr 2003 begleitete, war der Kopftuchstreit. Man muss sich vorstellen, eine Muslimin beschäftigt fast 7 Jahre die deutschen Gerichte. Welche Macht stand da hinter der Frau um das Deutsche Recht zu untergraben. Würde eine deutsche Frau zur Muslimin und wollte den Schulunterricht mit einem Kopftuch, als Symbol ihres Glaubens, abhalten. Die deutsche Lehrerin wird vielleicht einmal abgemahnt, bei Wiederholung dann aber fristlos entlassen.

Der Fall mit der Muslimin lag da wohl etwas anders. Oh Gott, eine Muslimin, die kann doch nicht einfach entlassen, man würde ja sonst als ausländerfeindlich gelten. Ich fordere hier, gleiches Recht für alle, aber auch gleiche Pflichten. Und die wollte die Muslimin nicht übernehmen. Sie wollte mit ihren Aktionen das deutsche Recht untergraben. Eine 1995 eingebürgerte studierte Frau müsste sich doch schon während des Studiums mit dem Deutschen Recht auseinandergesetzt haben. Warum ist sie dann nach der Ablehnung des Oberschulamtes durch etliche Instanzen bis zum Bundesverfassungsgericht mit ihrer Klage gegangen? Hier hatte sie die Ohnmacht des deutschen Rechtsstaates aufgezeigt. Denn hier wurden Urteile ausgesprochen, wieder geändert und zurück verwiesen.

Frau Schavan, wie kamen sie dazu, die Ablehnung des Oberschulamtes außer Kraft zu setzen. Hätten sie sich auch so für eine deutsche Refendarin eingesetzt? Das war eine verfehlte Politik, sie handeln nicht nach dem Gleichheitsgebot, gleiches Recht und gleiche Pflichten für alle. Hier ist eine Aufstellung, welche Institutionen sich mit dem Kopftuchstreit befasst hatten.

Das Oberschulamt Stuttgart, die Stuttgarter Kultusministerin (Schavan) wieder das Oberschulamt, der baden-württembergische Landtag, der

Deutsche Gewerkschaftsbund, wieder das Oberschulamt, das Stuttgarter Verwaltungsgericht, der baden-württembergische Verwaltungsgerichtshof, das Bundesverwaltungsgericht in Berlin, das Bundesverfassungsgericht in Karlsruhe und wieder das Bundesverwaltungsgericht in Berlin.
Ja Frau Schavan, da war ihre Integrationspolitik vollkommen in die Hose gegangen. Oder wollten sie, dass all unsere Kinder bzw. Schulmädchen mit einem Kopftuch die Schule besuchen? Wer hatte die ganzen Gerichtskosten, sicherlich nicht gering, getragen oder bezahlt? Der deutsche Steuerzahler, die Muslimin als Refendarin sicher nicht. Oder stand hinter der Aktion eine ausländische politische Macht?
Zwar hatte sich 1998 die Rote Armee Fraktion aufgelöst, der eigentliche große Terror für die Menschen begann nun erst richtig. Besonders Algerien war 1998 hart betroffen. Hunderte unschuldiger Menschen wurden Opfer irgendwelcher Mördertruppen. Merken diese Terroristen nicht, wenn sie unschuldige Menschen, Menschen aus dem Volk töten, dass sie nichts erreichen? Keiner von denen da oben an der Regierung lässt sich durch solche Handlungen beeinflussen. Denen interessiert ein Menschenleben doch nicht. Wie lange haben die Politiker tatenlos zugeschaut, statt den Terror sofort im Keim zu ersticken. Aber wen störten die Anfänge des Terrors, war er doch so weit weg. Eine vernünftige Auslandspolitik hätte die Ausbreitung verhindern können. Die betroffenen Länder hätten mit allen Mitteln unterstützt werden müssen, damit diese muslimischen Fanatiker keinen Nährboden finden. Traf es jemals einen der führenden Politiker? Nein, der Terror wurde nur unter dem armen leidenden Volk ausgeübt. Hatten die Westmächte nicht eine Mitschuld an der Ausbreitung des Terrorismuss? Hatten die Amerikaner nicht dafür gesorgt, dass der Schah abtreten musste, hatten sie nicht dafür gesorgt, dass im Iran der radikale Islamismus an die Macht kommt, haben sie nicht dafür gesorgt, dass in Afghanistan die Taliban an die Macht kamen? Unter der Herrschaft des Schah hatte das iranische Volk sicherlich zu leiden. Diese Zeit war aber nicht so grausam, wie die Zeit die nun folgte. Ein grauenhaftes Leben unter der Herrschaft der radikalen Islamisten. Haben die Amerikaner nicht dafür gesorgt, dass nun schon seit Jahren im Irak zwischen den muslimischen Gruppen ein Bürgerkrieg herrscht? All dies hätte mit einer vernünftigen Auslandspolitik der westlichen und östlichen Nationen verhindert werden können. So sterben jeden Tag

hunderte unschuldiger Menschen. Auch amerikanische und europäische Soldaten für einen sinnlosen nicht endenden Krieg. Wir leben im 20. Jahrhundert und doch fühle ich mich manchmal ins 13. Jahrhundert zurückversetzt. In die Zeit, als die großen Glaubenskriege geführt wurden. Für dieses Fehlverhalten und Dilettantismus der verantwortlichen Politiker zahlt der Steuerzahler Milliarden und zu viele mit dem Leben.

Der schwarze Sonntag.

Am 27. September 1998 beginnt der Abstieg des Sozialstaates oder der Niedergang des Heiligen Römischen Reiches Deutscher Nation. Und was ich nicht vergessen habe, ich habe mit meiner Stimme noch dazu beigetragen. Im Nachhinein muss man feststellen, 16 Jahre mit Altbundeskanzler Kohl waren eine gute Zeit. Er war wohl der letzte Bundeskanzler bzw. Politiker, bei dem man das Gefühl hatte, der tut noch etwas für das Volk. Die Sprüche von Herrn Blühm bleiben unvergessen, die Renten sind sicher, sind mir immer noch im Ohr. Hat er uns belogen oder er sich selber, oder hat die SPD samt Grüner Partei in ganzer Linie versagt? Der Bürger hat Angst um seine Rente. Denn die heutige Generation hat 50 Jahre Rentenbeiträge eingezahlt und bekommt die Hälfte der ihr zugesagten Rente heraus. Das ist Betrug. Rentner, lasst euch das nicht bieten. Die da oben haben eure Rentenbeiträge, eure Lebensvorsorge verschleudert und nun müsst ihr am Bettelstab gehen. Von den Almosen und Brotkrumen leben, die euch Schröder und Co hinwerfen.

Der 27. September 1998 war ein schöner sonniger Sonntag. Die Deutschen hatten das Wochenende extra zu hause verbracht, nur um die Wahl nicht zu verpassen. Morgens um 10 Uhr bei herrlichem Sonnenschein wahren die Wahllokale überfüllt, alle wollten so früh wie möglich wieder zu hause den schönen Tag verbringen. Es gibt Zeiten, da kann man erkennen, wie abhängig die Parteien von der Wirtschaft sind. Wenn der Chef ins Büro kommt und sagt, wenn die SPD die Wahl gewinnt, bekommen wir den großen Auftrag nicht. Dann investiert die Firma nicht. Hier kann man nun ganz deutlich erkennen, welchen Einfluss die Industrie auf die Politik ausübt und auch hat. Im Grunde bestimmen sie, welche Partei die Regierung bildet.

Der Wähler hätte an diesem Sonntag besser einen Ausflug mit seiner Familie machen sollen, dann währe der 27. September 1998 mit einem schönen Wochenende verbunden gewesen. Schon am späten

Nachmittag schaltete man das Fernsehgerät ein und verfolgte die ersten Hochrechnungen. Die Prognose ergab eine Konstellation, dass die SPD wohl mit den Grünen eine Regierung bilden musste und auch wollte. Das gefiel mir nun überhaupt nicht. Eine Partei sollte endlich mal alleine Regieren können und dann noch dieser Schreck. Mit den Grünen, eine Partei ohne jegliches Programm in der Politik. Nur immer gegen alles sein und großes Geschrei um die Umwelt- und Atompolitik. Die maroden Atommeiler stehen und arbeiten heute noch.
Bis zur Kanzlerwahl war noch etwas Zeit. Hier kann ich noch ein Beispiel über die Ohnmacht westlicher Rechtsprechung bzw. Politiker aufzeigen. Am 16. Oktober 1998 wird der ehemalige Diktator Chiles, August Pinochet Ugarte in London unter Hausarrest gestellt. Am 28. Oktober 1998 hebt das oberste Zivilgericht in London den Haftbefehl gegen Ugarte wieder auf. Am 25. November 1998 nimmt das oberste Zivilgericht in London die Aufhebung des Haftbefehls gegen Ugarte zurück. Am 17. Dezember 1998 nimmt das oberste Zivilgericht in London den Beschluss gegen die Aufhebung des Haftbefehls gegen Ugarte wieder zurück. An diesem Beispiel kann man sehen, welche katastrophalen Zustände bzw. welche Probleme westliche Regierungen mit Diktatoren und Terroristen haben. Oder besser gesagt, die kleinen werden gehängt, die großen lässt man laufen.
Am 24. Oktober 1998 trifft der Mörder, Palästinenserchef Yassir Arafat in Bonn ein. Der Anführer der palästinensischen Fatah. Für die Morde an unschuldige Israelis, Jordanier und Libanesen erhielt er 1994 den Friedensnobelpreis. Der Umgang westlicher Politiker mit Diktatoren oder Terrorgruppen erinnert mich an Adolf Hitler. Dem wurden auch immer wieder Zugeständnisse gemacht. Bis es zu spät war. Man muss diese Aufkömmlinge eher in die Schranken weisen. Gelernt hat man aus diesen Fehlern nicht. Arafat bekam den Staatsempfang wie er ihn sich gewünscht hatte. Was war nun das Ende vom Lied? Nach diesem Staatsempfang nahmen die Terroranschläge wieder zu. Wie fühlt sich ein Politiker, wenn er die fleischige, schwitzende Hand eines Mörders drückt? Die westliche Politik muss sich endlich der veränderten Weltsituation anpassen. Sonst wird der Terror kein Ende nehmen. Länder die den Terror unterstützen müssen aus der Gemeinschaft ausgeschlossen werden. Wirtschaft und Politik müssen gemeinsam gegen diese Länder mit harten Sanktionen

vorgehen. Gefährdete Länder, demokratisch geführt, müssen mit allen Mitteln unterstützt werden. So das Ruhe und Frieden in diesen Ländern für die Menschen dort gegeben ist. Aber die Wirtschaftsinteressen gehen vor Menschenleben.
Weil die Wirtschaft im Iran Milliarden verdient, machen diese die westlichen Politiker zum Spielball ihrer eigenen Interessen. Nur wenn es gelingt, diese Staaten auszugrenzen, hat der Terror keine Möglichkeit sich auszubreiten. Wieviel kostet dem Steuerzahler die jetzige Terrorbekämpfung? Milliarden werden so sinnlos verschleudert. Dieses Geld sollte besser den armen gefährdeten Ländern zur Verfügung gestellt werden. Was haben die Amerikaner mit ihrem Krieg gegen den Irak erreicht? Sie haben wohl den Terror aus ihrem Land gehalten. Sie haben es aber nicht verstanden, zusammen mit den Muslimen den Terror zu bekämpfen. Ihr müsst endlich umdenken, zu viele sind schon sinnlos gestorben.
Die Gier nach noch mehr Erfolg, noch mehr Geld, lässt die Achtung vor dem Radsport 1998 wie eine Seifenblase platzen. Im Juli 1998 kommt der ganze Dopingschwindel bei den Radfahrern ans Tageslicht. Ausgerechnet bei der schönsten und spannensten Rundfahrt, der Tour de France. Betraf es erst nur einzelne Radrennfahrer, griffen die Dopingvorwürfe schnell Flächendeckung um sich. Auch deutsche Radrennfahrer, Ärzte und Betreuer wurden hineingezogen.
Da sich ausgerechnet der Sportler der allgemeinen betrügerischen Bereicherung anschließt, ist eine Schande. Die Maßnahmen, die bis heute gegen Dopingeinnahmen unternommen wurden sind zu lasch, die Strafen zu gering. Nur eine lebenslange Sperre wirkt abschreckend. Nun ist es leider schon so weit, das Ärzte beauftragt werden, Dopingmittel zu erforschen, die man nicht nachweisen kann. Die Sportorganisationen hinken immer hinterher. Jeder Sieg eines Radrennfahrers oder Leichtathlets wird nun mit den Worten abgetan, der hat ja doch Doping genommen. Die Sportler sollten aufpassen, dass ihre Dopingeinnahmen, die sie ja zu Siegen und großen Siegprämien verhelfen sollen nicht zum Bumerang werden. Die Zuschauer könnten das Interesse verlieren und das Fernsehen auf die Übertragungsrechte verzichten. Dann ist der Berufssport am Ende.
Auch ein wenig erfreuliches für 1998. Bundespräsident Roman Herzog verzichtet auf den Bau einer eigenen separaten Wohnung im Park sei-

nes Berliner Amtssitzes. Na, wer war denn da schon wieder auf den Gedanken gekommen, meine Steuergelder zu verschwenden und etwas für sich abzuzwacken. Es ist schon wie beim Doping, sofort denkt man, die wollen einen betrügen. Das Vertrauen zur Politik ist gleich Null.
Im Oktober 1998 kam der Smart auf den Markt. Leider ist er für seine Größe einfach zu teuer.
Der 1.FC Kaiserslautern wird sensationell als erster Aufsteiger gleich Deutscher Fußballmeister der Herren. Bravo Otto Rehakle.
Am 26.Oktober 1998 kam endlich ein Mann auf die politische Bühne, Wolfgang Thierse wurde zum Bundestagspräsidenten gewählt. Bewundernswert, wie er es mit den Parteispitzen aufgenommen hatte. Auf CDU-Politiker wie Helmut Kohl, SPD und FDP-Spitzen nahm er keine Rücksicht. Diese hatten versucht bzw. auch getan, Parteigelder und Spenden ins Ausland in einer der Steueroasen zu transferieren. Dies betraf aber auch uns, denn die Parteien mit einem gewissen Wähleranteil werden von unseren Steuergeldern unterstützt, subventioniert. Das ist Betrug am Steuerzahler. Politiker mussten ihren Hut nehmen oder gingen freiwillig, weil sie ihre privaten Reisen und Urlaube aus Steuergeldern finanziert hatten. Das nenne ich Betrug am Steuerzahler. Aber wie immer geschah nichts. Die großen lässt man laufen. Wen wundert es da, dass auch der Bürger versucht gleiches nachzuahmen. Sollten die Politiker nicht Vorbild des deutschen Volkes sein? Bis zur Wahl setzen sich die Kandidaten ein, schütteln jedem die Hand (Schleimer). Antworten auf Fragen und beantworten die Briefe. Nach der Wahl ist alles vergessen und die eigene Raffsucht tritt in den Vordergrund. Kein Händeschütteln mehr, keine Anfrage wird beantwortet. Ich hoffe, bei der nächsten Wahl vergessen die Bürger das nicht. Was steht da oben am Berliner Reichstag? Dem deutschen Volk. Was aber machen die Politiker? Sie bereichern sich an dem deutschen Volk. Ihr Interesse, die Interessen des Bürgers, der ihn ja gewählt hatte, zu vertreten ist so groß, dass während einer Debatte 10x soviel Neugierige zuhören. Es sind vielleicht 20 Abgeordnete zu sehen.
Der 29. April 1998 ist vielleicht noch erwähnenswert. Auch wieder so ein Ding. Viele Steuergelder verschluckt, aber nichts gebracht. Das Kyoto-Protokoll. An diesem Tag wurde das Protokoll über die Klimaänderungen unterzeichnet. Zwölf Jahre ist das her. Alle Versuche auf einen gemeinsamen Nenner zu kommen scheiterten. Was hatte es gebracht? Nichts, hat

nur wieder unsere Steuergelder verschlungen. Warum? Weil nur halbherzige Sachen gemacht werden. Flugzeuge verschmutzen die Umwelt um ein Vielfaches gegenüber den Personenkraftwagen. Lastkraftwagen aus den Ostländern rollen ohne jegliche Kontrolle auf ihren CO2 Ausstoß durch Europa, durch unser Land.
Er weis gar nicht mehr wann es war, aber auf jeden Fall kam er von Venlo in den Niederlanden und wollte in seinem schönen weißen Mercedes Schell nach hause. Zuhause angekommen wollte er gerade ins Haus gehen, da drehte er sich entsetzt um, der ist ja auf einmal schwarz, warum ist der Mercedes auf einmal schwarz? Ach ja, sagte er zu sich, ich bin ja hinter einem polnischen LKW gefahren.
Ein Scherz, aber er kommt der Wahrheit schon sehr nahe. Hier muss die Regierung etwas unternehmen.
Am 27. Oktober 1998 wurde Gerhard Schröder zum Bundeskanzler gewählt. Damals noch ein freudiges Ereignis für das Volk. Ja damals noch. Hatte man doch geglaubt, Herr Schröder könnte Nachfolger von Alt-Bundeskanzler Schmidt werden. Schröder könnte die gleiche Stärke aufweisen. Weit gefehlt, Herr Schröder konnte sich in keiner Situation mit Alt-Bundeskanzler Schmidt messen. Herr Schröder hatte mit sich selber so viel zu tun, dass er das Regieren vergaß. Herr Schröder soll bei der Vereidigung an nichts gedacht haben, das glaube ich ihm. Denn er hat in seiner gesamten Amtszeit an nichts besonderes gedacht, jedenfalls nicht an den Arbeiter, Arbeitslosen und Rentner. Gerade die Arbeiterklasse, die ihn doch erst zum Kanzler gemacht hatte. Wie konnte man sich so irren, zu glauben, das Gespann Schröder, Lavontaine oder Lavontaine, Schröder hätten die Kraft und den Willen die Arbeitslosigkeit zu senken. Die Renten zu sichern und die Wirtschaft anzukurbeln. Die SPD, die soziale Partei Deutschlands. Welch ein Hohn. So eine rechts gerichtete Partei hatte ich noch nie erlebt. Die FDP, die CDU und CSU sind Waisenknaben dagegen.
Wir, das Fernsehen, die Zeitungen schimpfen zwar immer über die SPD, aber mit getragen und verschuldet haben die Grünen diese miserable Politik und den Abbau des Sozialstaates. Ich glaube, die Grüne Partei war noch schlimmer gegen die Arbeiterklasse eingestellt. Die Äußerungen wahren oft sehr eindeutig, vor allem gegen Arbeitslose. Die Regierungszeit im Jahr 1998 war einfach zu kurz um ein abschließendes

Urteil abzugeben. Was konnte in dieser kurzen Regierungszeit auch verkehrt gemacht werden. Zu dem immer wieder neue Betrügereien der Politiker aufgedeckt wurden und das Augenmerk auf sich lenkten.
In der CDU bildeten sich nach der Wahlniederlage neue Strukturen. Alt- Bundeskanzler Kohl musste seinen Ehrenvorsitz vorerst ruhen lassen. Am 7. November 1998 wurde Wolfgang Schäuble zum CDU Vorsitzenden gewählt. Wenn auch nicht lange, denn er hatte einiges verschwiegen. Am selben Tag wurde Angelika Merkel zur Generalsekretärin der CDU ernannt. Der schnelle Aufstieg der Angelika Merkel. Dieser schnelle Aufstieg beruhte hauptsächlich aus der Unfähigkeit bzw. Selbstbereicherung und Steuerhinterziehung ihrer männlichen Kollegen. Sechs Millionen wollten die Wirtschaftsbosse Helmut Kohl aus Dank für sein Schweigen geben. Diese 6 Millionen hätten sie den armen Kindern geben sollen, von denen es noch genug gab.
Das Weihnachtsfest 1998 stand bevor. Damals im Dezember 1998 hatte es wohl keiner für möglich gehalten, das Weihnachten 1998 für viele vorerst das letzte Fest sein würde, dass sie unbeschwert und glücklich miteinander feiern konnten. Denn von nun an ging es für uns, dem arbeitenden und nicht arbeitenden Volk, bergab.

1999 tritt Lavontaine zurück

Gespannt konnte man Anfang 1999 vor allem sein, wie die Regierungskoalition aus SPD und Grüne in der kommenden Legislaturperiode mit den anstehenden Herausforderungen fertig werden würde. Die SPD und die Grünen hatten sich vor der Wahl ein Leitbild an die Brust geheftet, an der sie schwer zu tragen hatten. Das Leitbild der Nachhaltigkeit. Die Zukunftsaufgabe einer gleichrangigen Verbindung von ökologischer Verträglichkeit, sozialer Gerechtigkeit und ökonomischer Innovationskraft. Ein Beispiel für die Nachhaltigkeit. Hierbei sollten nur soviel Bäume geschlagen werden, wie auch wieder nachwachsen könnten. Hatte die Regierungskoalition diese Nachhaltigkeit in ihren Grundsätzen gemeint? Dann hätte sie auch danach handeln müssen und nicht immer wieder neue und höhere Schulden machen sollen. Schon bald hatte die SPD diese Leitlinien aus ihrem Programm gestrichen, wo sie doch extra einen Rat für die nachhaltige Entwicklung eingesetzt hatte. Das haben sie ja nun auch nachhaltig bewiesen. Sie haben sogar neue globale Epochen gestaltet. So hoch verschuldet war noch nie ein Abgeordneter. Die Schulden des Staates sollte man immer den Abgeordneten anlasten. Sonst heißt es ja immer, der Bürger ist so hoch verschuldet. Das kann aber nicht stimmen, denn die Schulden richten sich nach der Unfähigkeit der Regierenden und Abgeordneten. Auf jeden Fall verpufften die Leitlinien zur sozialen Gerechtigkeit wie eine Seifenblase. Oder es waren nur leere Wahlversprechen. Der Rat zur Nachhaltigkeit, wieder eine finanzielle Mehrbelastung für uns geschundenen Steuerzahler. Der Rat der Nachhaltigkeit, ihm gehören 13 Personen des öffentlichen Lebens an, wurde von Schröder berufen. Noch am 20. Juni 2011 wurde die 11. Jahreskonferenz des Rates in Berlin abgehalten. Nachhaltigkeit im Fernsehen? Bei so vielen Wiederholungen.

Der Aktienindex steigt wieder auf Rekordniveau, die Arbeitslosigkeit aber auch. So begann das Jahr 1999. Urplötzlich und für viele überraschend und unverständlich tritt Oskar Lavontaine zurück. Was war geschehen? Einer der führenden Sozialdemokraten der für das soziale System einstand schmeißt einfach hin? Wie ich später erfuhr, ist Lavontaine nach der Diskussion um die Regulierung der Finanzmärkte zurückgetreten. Hier konnte sich Lavontaine nicht gegen Schröder durchsetzen. Er wollte und konnte aus Überzeugung nicht das Regierungsprogramm von Schröder mittragen. Er wollte nicht so ein Schleimer wie die Grünen oder die von der FDP sein, denen das Volk vollkommen gleichgültig ist, nur der Posten zählt bei denen, welche Richtung spielt keine Rolle. Wer wählt die bloß immer? Damals hatte man Lavontaine noch ausgelacht. Die eigenen Parteigenossen ließen ihn links liegen. Er war nun isoliert und konnte nur noch aus der SPD austreten. Hatte Lavontaine eine Vorahnung was 2009 mit der Wirtschaft und den Banken geschehen würde? Hatte die Organisation attac eine Vorahnung, als ihre Forderungen nach Sonderabgaben für undurchsichtige nicht überschaubare Transaktionen für Wirtschaft und Banken immer lauter wurden? Hatte der Deutsche Bank Chef Ackermann 2008 mit seiner Forderung nach größerem Arrangement und Annäherung bzw. Beteiligung des Bundes an Banken eine Vorahnung was geschehen würde? Ich glaube ja und somit ist gewiss, die Regierung wusste es dann auch. Den Deutschen Bank Chef hatte man damals auch ausgelacht. Er hat aber ein gutes Verhältnis zu Frau Merkel, hatte er ihr keine Informationen gegeben? All diese Leute hatten eine Vorahnung und wussten, dass es 2008 zu einer Weltwirtschaftskrise kommen würde. Nur man ließ das Volk dumm sterben, um sich dann als Retter der Nation darzustellen.

Das erste was diese Soziale und Grüne Regierung nach dem Rücktritt Lavontaines unternahm, war die Abkehr vom Sozialstaat. Den arbeitenden Menschen, die durch ein wenig Zuverdienst ihren Lebensstandard halten wollten, wurde das Geld zuerst geraubt. Das 420-DM Gesetz wurde gekippt und abgeändert. Nun sollten und wurden diese geringen Beträge versteuert. Es lohnte sich nun nicht mehr für einen arbeitenden Menschen eine Nebenbeschäftigung auszuüben, bzw. einer Ehefrau eine Nebenbeschäftigung nachzugehen. Denn was nun unter dem Strich übrig blieb, war so gering, dass es schon eine Unverschämtheit von der Regierung war, derartiges anzubieten. Bravo Grüne und soziale Partei, dass habt ihr gut hin bekommen, die Kaufkraft der Bürger derart zu schwächen. Das ist der Vorläufer der 1-€ Jobs. Viele Bürger waren über diesen Beschluss derart entsetzt, dass sie sich geschworen hatten, diese Partei, diese Grünen und die SPD wählst du nie mehr. Das haben sie dann wohl auch gehalten.

Nach dem Rücktritt Lavontaines musste sich unser Kanzler, er ist nicht mein Kanzler, ich schreibe aber mal so, einen neuen Bundesfinanzminister suchen. Einer der zu ihm passte, einer der nach seiner Pfeife tanzte. Der neue Bundesfinanzminister wurde Hans Eichel. Von nun an wahren Steuerreform und Sparpaket in aller Munde.

Nun hatte auch die Grüne Partei erfasst, dass sie auch an der Regierung beteiligt waren, dass sie sich jetzt verwirklichen können. Das Ergebnis dieser Verwirklichung war eine Randgruppenhysterie, Verkehrsblockaden und übersteigerter Naturschutzwahn. Wenn Grüne mit regieren, glaubt man eher an ein Kabarett statt an ein Kabinett. Schon 100000 hatten sie für den Bau eines Krötentunnels ausgegeben. Dabei gibt es dort kaum Kröten. Nun müssen Gutachter die Kröten zählen. Natürlich alles von unseren Steuergeldern.

Dort wo die Grünen ans Ruder kommen sind Chaos und übersteigerter Öko-Wahn vorprogrammiert. So verhinderten sie den Weiterbau einer Umgehungsstraße, die von den Einwohnern gewünscht war. 4,5 Millionen waren schon verbaut. Nun verfallen die Brückenpfeiler zu Bauruinen. Alles wurde von unseren Steuergeldern finanziert. In Düsseldorf wurden von den Grünen extra lange Rotphasen an den Ampeln geschaltet. Durch die langen Wartezeiten der Autofahrer sollten diese überzeugt werden, auf Busse und Bahnen umzusteigen. Durch diese langen Wartezeiten entstanden natürlich mehr Abgase und es mangelt flächendeckend an Parkplätzen.

In Hamburg wurden viele Haltebuchten, erst vor kurzem mit Millionen Steuergeldern subventioniert, wieder zurück gebaut. Der Autofahrer sollte nicht bevorzugt werden, war das Argument der Grünen. Auch hier bildeten sich natürlich Verkehrsstaus, mit der Folge einer höheren Umweltbelastung. Dieser Blödsinn kostete dem Steuerzahler wieder Millionen. Die Umweltsheriffs werden sie schon sarkastisch genannt. So richteten die Grünen ein Referat für gleichgeschlechtliche Lebewesen ein. Die Kosten betrugen 500000 DM jährlich. Nur welche Aufgaben das Referat haben sollte, wusste niemand und konnte auch nicht geklärt werden. Die Universität Kiel sollte das nun in einer Studie für 30000 DM feststellen.

In Frankfurt stoppten sie den Bau einer Brücke. Die verbauten Kosten beliefen sich auf 60 Millionen DM. Die Brücke wird nur noch zur Anbindung an einen Firmenparkplatz genutzt. So werden unsere

Steuergelder verschwendet. Stuttgart 21 ist eine Kleinigkeit gegenüber dem Wahn der Grünen und nur Schaumschlägerei.
Verschwenderisch gehen die Grünen mit Steuergeldern für Randgruppen um. So wird von unseren Steuergeldern der Führerschein für jugendliche Strafgefangene bezahlt. Zur sozialen Eingliederung werden die Kosten für Kanu und Skifreizeiten übernommen.
Warum werden immer nur Randgruppen von den Grünen gefördert. Jugendliche die dem Alltag standhalten können nur neidisch zuschauen. Es hatte sich in den letzten Jahren schon heraus kristallisiert, das Jugendliche die außerhalb der Gesellschaft stehen eher von den Grünen gefördert werden als der normale Jugendliche, der weiß Gott auch nicht auf Rosen gebettet ist. Gleiches Recht für alle, aber auch gleiche Pflichten. Nur gut dass die Grünen nicht mehr an der Regierung beteiligt sind. Jetzt hört diese sinnlose Verschwendungssucht endlich auf. Aber wer hat die denn so schnell wieder in Nordrhein Westfalen an die Macht geholfen, diese Chaoten, die uns Hartz IV usw. eingebrockt hatten.
1999 wurde die Bundesrepublik 50 Jahre. Was war das eine Freude bei den oberen Landesfürsten. Gab es doch wieder einen Grund auf Kosten des Steuerzahlers ein rauschendes Fest zu feiern. Wir armes Volk konnten nicht feiern. Hatten auch keinen Grund. Überhaupt war es dem Arbeiter völlig wurscht, ob die Bundesrepublik 50 wird oder nicht. Er hatte andere Sorgen. Sorgen um den Lebensstandard zu halten, denn die Steuer- und Sparpolitik der Regierung machte uns zu schaffen. Eine
Familie musste mit dem Geld sehr gut haushalten. Wurde doch der verfügbare Rahmen für das Haushaltsgeld immer knapper. Die Monate anscheinend immer länger. Auch anderen Familien ging es wahrscheinlich so. Denn wir wahren auf einmal nicht mehr allein bei Aldi und Co. Zu einem sorgte die Steuerpolitik für immer steigende Preise und die Sparpolitik dieses zusammengewürfelten Haufens zu immer weniger Lohn oder Gehalt. Des öfteren saßen nun abends die Familien zusammen, überlegten und besprachen Möglichkeiten diese finanziellen Einbußen auszugleichen. Die Arbeiter verschuldeten sich immer mehr, hatten Mühe das Geld für die Miete zusammen zu kratzen. Der Wohlstand ging nun immer weiter zurück. Es konnte ja auch keiner damit rechnen, dass sich die SPD- und Grünen-Regierung noch schlimmer aufführt als die FDP oder CDU. Das sich diese Sozialdemokraten und

Grünenlandschaft von der sozialen Marktwirtschaft verabschiedet und nur zum Nachteil des kleinen Mannes regiert.

Es gab für die Arbeiter keine andere Möglichkeit mehr, ein Nebenjob musste her. So wurde aus einem 8-Stunden Tag des öfteren ein 12 bis 16-Stunden Tag. Oder die Frauen mussten wieder wie in der DDR, einen Job nachgehen. Konnten so aber das Nötigste anschaffen. Natürlich litt das Familienleben unter dieser Situation. Fragt man sich in dieser Situation nicht nach dem Sinn des Lebens? Ist der Mensch dazu verpflichtet, einen Arbeitstag von 12 bis 16 Stunden auszuüben? Dann fühlt man sich ins 18. Jahrhundert zurück versetzt. Wollten die Politiker nicht dafür sorgen, dass so etwas nicht wieder vorkommt? Versprachen sie nicht, mit der Globalisierung würde es allen Menschen gut gehen? Aber nein, dieses Versprechen hatten sie nie vor zu halten. Ihr ganzes Streben war, den Arbeiter wieder klein zu bekommen, dass er nicht aufmuckt und wieder kriecht und kuscht wie früher im 18. Jahrhundert. Zu dieser Zeit hatten die Fürsten auch nur Feste gefeiert. Der Arbeiter konnte für einen Hungerlohn Tag und Nacht schuften. Ging den Fürsten das Geld aus, wurde das Volk wie heute bis auf das Mark ausgepresst. Die Politiker müssen endlich etwas unternehmen.

Das taten sie ja auch. Sie sorgten ständig dafür, dass die Belastungen für die Arbeiterklasse immer größer wurden. Steuerreform und Sparpaket waren die magischen Worte von Rot Grün. Diese volksverachtenden Reformen wurden ihnen ja auch bald von der Opposition wie CDU, CSU und FDP zugestanden. Die sind auch nicht besser wie die Grünen samt SPD. Ab nun ging es erst richtig los. Jeden Tag hörte man eine neue Sparidee vom Finanzminister Hans Eichel. Gespart wurde an den Ausgaben für den Bürger. Gespart wurde aber nicht an den Haushaltsausgaben. Im Gegenteil, es wurden immer wieder neue und höhere Schulden aufgenommen und für sinnlose Projekte verschleudert. Jeder der mir der Haushaltsführung vertraut ist weis, dass er nur soviel ausgeben kann, wie er einnimmt. Es arbeiten doch genug Frauen in der Regierung, können diese nicht die Männer darauf aufmerksam machen? Oh ich vergaß, die führen ja gar keinen Haushalt mehr, die lassen führen. Ja, dann wissen die das auch nicht.

Auf einmal hörte man von der Regierung, die CDU habe die ganzen Jahre gelogen, die Renten seien nicht sicher. Was haben die denn dann

mit unseren Rentenbeiträgen gemacht? Wir bezahlen seit unserem 14. Lebensjahr in die Rentenkasse ein. Hätte ich diese Beiträge gespart, währe ich ja schon Millionär. Aber das war noch nicht genug, was uns die Regierung androhte und zwar wieder nur uns Arbeitern. Das Arbeitslosengeld wurde gekürzt, die Beiträge aber stiegen. Die Sozialhilfe wurde gekürzt, die Beiträge stiegen. Die Krankenkassenleistungen wurden gekürzt, die Beiträge stiegen. Das ganze Sozialversicherungssystem wurde durchforstet und zu Ungunsten des Arbeiters geändert. Diese Steuerreform der Herren Eichel und Schröder brachten nur Mehrkosten zu Lasten der Bürger.
Dank der Grünen-Partei wurde uns nun auch noch die zweite Stufe der Öko-Steuer aufgebürdet. Das brachte natürlich den Benzinpreis so richtig in Schwung. Es war allen klar, diese Mehrkosten wollten die Ölkonzerne nicht tragen. Zu dem werden immer noch ein paar Pfennige mehr auf den Endpreis aufgeschlagen.
Wie hatte sich die soziale Partei doch zu ihrem Nachteil verändert. Es gab nun genug Leute in der SPD, die sich schämten einen Arbeiter die Hand zu geben. Nur zur Wahl, dann ist er gut genug. Warum wählt ihr die noch? Habt ihr schon einmal das hämische Grinsen der Politiker gesehen, wenn ein Zuschauer stotternd eine Frage stellt oder seine Meinung sagt? Habt ihr letztens das überhebliche Grinsen des Generalsekretärs der CDU gesehen? Von diesem Typ Mensch können wir nichts erwarten. Habt ihr schon mal das hämische Grinsen gesehen, wenn Gregor Giesi in einer Gesprächsrunde seine Meinung sagt, dann schaut die Grüne ihn an, als wenn er nicht alle Tassen im Schrank hätte. Man sollte sich erinnern, so wurde damals die Grüne Partei angesehen. Die Zeiten ändern sich schnell.
Vor der Wahl machte die SPD das Versprechen, das Kindergeld zu erhöhen oder Familien zu entlasten. Das war eine Lüge, denn nach der Wahl wurden Kinder und Familien durch die Steuerpolitik hoch belastet. Diese Belastung ergab sich zusätzlich aus der Steuererhöhung für Lebensmittel und Tabak. Wobei die Regierung sorgsam darauf achtete, dass Zigarren und Zigarillos nicht höher besteuert wurden. Es könnte ja ihre Geldbörse treffen. Hier kann ich der Regierung nur eine Zigarre verpassen.
Dir größte Frechheit dieser Rot-Grünen Regierung war dann, dass sie

nicht sparten, nein sie warfen das Geld zum Fenster hinaus. Jedes Jahr hörte man immer wieder von höheren Neuverschuldungen. Da wurden Prunkbauten mit Millionenbeträgen saniert. Für die Abgeordneten und deren Mitarbeiter wurden im Regierungsviertel neue Wohnblöcke erstellt. Der Architekt, wahrscheinlich ein Künstler, hatte wohl übersehen, dass zu jeder Wohnung auch ein Balkon bzw. Terrasse gehört. Kein Abgeordneter oder deren Mitarbeiter wollte in diese Blöcke einziehen. Sie stehen heute noch leer und werden zur Belustigung bei den Bootsfahrten angepriesen. Nur lustig ist die Sache ja nun nicht. Diese Bauruinen haben sicherlich Steuergelder in mehreren hundert Millionen verschlungen. Wen störts, ist ja nicht das Geld der Regierenden. Wiederholt musste der Steuerzahler für die Unfähigkeit der Politiker geradestehen. So musste der Steuerzahler für die Instandsetzung des Schürmann-Baus 300 Millionen Euro investieren. Das Land Brandenburg oder eher der Steuerzahler hatte im Jahr 2000 eine Firma mit 122 Millionen gefördert. Zwei Jahre später musste die Firma Insolvenz anmelden. Wer hatte denn da wieder gekungelt und die Hand aufgehalten? Rund 7 Milliarden DM hatte der schnelle Brüter in Kalkar, der nie ans Netz ging, dem Steuerzahler gekostet. Die geplante Wiederaufbereitungsanlage in Wackersdorf wurde gestoppt. 300 Millionen sollten schon verbaut worden sein. Die Herrichtung zum Industriegelände kostete dem Steuerzahler ein Mehrfaches. Etwa eine Milliarde Euro kostete dem Steuerzahler die Stilllegung der Wied eraufbereitungsanlage in Karlsruhe. In Mülheim Kärlich wurde der 3,6 Milliarden teure Reaktor nach nur 13 Monaten abgeschaltet, weil die Erdbebensicherheit nur mangelhaft geprüft wurde. Wer musste wohl für diese Fehlplanungen aufkommen? Dumme Frage, natürlich wir, der blöde Steuerzahler. Ich sehe beim Flughafen Berlin-Brandenburg unsere Steuergelder davonschwimmen. Der private Bau und Betrieb hat sich bei der Finanzierung zurückgezogen. Die veranschlagten 1,3 Milliarden Euro müssen wir nun aus eigener Tasche bezahlen. Wenn schon von staatlichen Institutionen 1,3 Milliarden veranschlagt werden, sind es dann mindestens 2,0 Milliarden Steuergelder, die sinnlos verschwendet werden. Jeder hält von denen mal die Hand auf. Zwei Flughäfen sind in Berlin vorhanden, darunter auch der legendäre Berlin-Tempelhof. Die Sanierung beider würde vielleicht die Hälfte kosten, mit dem Rest könnte man Arme und Waisen helfen. Die Politiker werden immer Maßloser

und schließen sich nahtlos den Forderungen der Konzernmanager an. Es gibt einen schönen Flughafen in Paderborn und einen in Dortmund. Diese sind kaum eine Autostunde von Hessen entfernt. Trotzdem will Hessens Ministerpräsident Koch einen eigenen Flughafen. Dann soll er ihn sich bauen, aber nicht von unseren Steuergeldern. Arbeiter, mit eurer Stimme bei der Wahl könnt ihr deren Treiben Einhalt gebieten.
Leider war auch das Versprechen der deutschen Regierungen, sei es die CDU, CSU und FDP oder die SPD mit den Grünen, nie mehr einen deutschen Soldaten ins Ausland zu schicken, vergessen. Das werden wir nie zulassen haben die Grünen geschrien als sie noch in der Opposition wahren. Und 1999 eine Kertwendung um 180°. Mit den Stimmen der Grünen Abgeordneten wurden 5000 Soldaten in den Kosovo geschickt. Mit den Stimmen der Grünen konnten deutsche Soldaten, ohne eingreifen zu dürfen, mit ansehen, wie Jugoslawen frühere Jugoslawen förmlich niedermetzelten. Überhaupt war das so eine Sache mit dem Kosovo-Konflikt. Nur weil Milosevic, so einer wie Hitler den Kosovo nicht aufgeben wollte, flogen Nacht für Nacht Nato Kampfflugzeuge nach Jugoslawien und bombardierten dort Belgrad, Nis und Prestina. Es war eine Schande für die westlichen Mächte. Jahre hatten sie untätig zugeschaut oder weggesehen. Durch ihre Unfähigkeit wurden Tausende unschuldiger Menschen getötet, verletzt, oder verloren ihr Hab und Gut. Es währe so einfach gewesen den jugoslawischen Führer Milosevic aus Jugoslawien zu holen. Nein, er wurde bei dem Bombardement verschont. Dabei fällt mir immer wieder auf, diese Art von Krieg lieben die Westmächte, darunter auch die USA. Jugoslawien, der Irak oder Afghanistan sind Länder, die sich nicht großartig zur Wehr setzen konnten. Hier kann man leicht und schnell bombardieren. Darunter aber leidet das Volk, von denen fast alle in Ruhe und Frieden leben wollen. Tritt irgendwo auf der Welt wieder ein Emporkömmling auf, der gegen die demokratischen Regeln verstößt, muss man ihn sofort in die Schranken weisen. Gelernt hat der Westen in all den Jahren nichts. Und noch eins muss erwähnt werden. Zu der Zeit des Kosovo-Krieges gab es eine Zensur für die Presse. Die Nato gab nur Bilder und Berichte frei, die sie für angebracht hielten. Die nennen sich nun freiheitlicher Rechtsstaat. Das ist ein Hohn Von Pressefreiheit oder freie Meinungsäußerung kann auch hier im Westen nicht mehr die Rede sein. Was haben deutsche

Soldaten im Ausland zu suchen. Hatte uns je ein Land, ein Volksstamm angegriffen? Nach dem Grundgesetz sollen deutsche Soldaten nur im Verteidigungsfall einsatzbereit sein. Der Krieg wird heute anders geführt, dass merken die Soldaten jeden Tag im Ausland. Sollte das deutsche Volk auch diesen Krieg bald zu spüren bekommen? Immer wieder hört man von Drohungen oder Vorbereitungen zu Attentaten in unserem Land. Im Grunde genommen haben die Menschen nichts dazugelernt. Lässt uns der demokratische Gedanke bzw. Wahlen doch die Möglichkeit diese Kriege zu verhindern, wir unternehmen nichts. Es wird in verschiedenen Gremien beraten, diskutiert und wieder beraten. Bis es zu spät ist. Es wird über Sanktionen diskutiert, die aber nur die arme, notleidende Bevölkerung trifft. Dieses Vorgehen der Westmächte erinnert mich an den Umgang mit dem Naziregime. Auch hier hatte man immer wieder tatenlos zugesehen und Zugeständnisse gemacht. Bis Hitler meinte, er könne die ganze Welt in die Tasche stecken.
Was hatte der Kosovo-Konflikt für die Soldaten bzw. Deutschland gebracht? Nichts, es wurden wieder Milliarden Steuergelder verschwendet. Wo blieb die Sparpolitik der Grünen und Roten Regierung? Mit diesen Summen hätte man auch das Arbeitslosengeld finanzieren können. Der Bundespräsident, der auf das Grundgesetz zu achten hat, hätte hier verhindern müssen, dass deutsche Soldaten ins Ausland geschickt werden. So endete 1999 für Roman Herzog die Amtszeit als Bundespräsident. Er konnte nie aus dem Schatten seiner Vorgänger treten. Wobei er sich für mich als Arbeitnehmer nicht hervorgetan hatte. Er stand nach meiner Ansicht immer mehr auf der Seite des Kapitals. Zu seinem Nachfolger wurde Johannes Rau gewählt. Als Bundespräsident wurde er zwar Vater der Nation genannt, brachte aber auch keine entscheidenden Impulse zur Wende in der politischen Richtung. Er trug das Sparpaket und die Steuerreform der Regierung Rot-Grün mit. Hatte er nicht mehr die Kraft, sich gegen den allmächtigen Schröder zu stemmen? Mich wunderte vor allem, dass trotz der Maßnahmen, die alle gegen das Wohl des arbeitenden Deutschen und Rentners gerichtet waren, die SPD nun in der Meinungsumfrage vor der Union lag. Seit ihr arbeitendes Volk schon so weich geknetet, das ihr alles hinnehmt?
Führt man mit älteren Menschen eine Diskussion über die Lage und Zukunft des deutschen Volkes, so werden Fehlentscheidungen in der

Politik und Misswirtschaft bzw. Ausbeutung des arbeitenden Volkes, immer der CDU bzw. anderen Partei zugeschoben. Sie lassen auch keine anderen Argumente gelten. Wie kann man nur so engstirnig und verbissen an eine Partei hängen. Sollte diese Generation nicht mehr sein, wird sich die Parteienlandschaft wohl stark verändern. Diese Verbissenheit und unüberlegtes Handeln kann man auch in Bayern erkennen. Hier wird nur CSU gewählt. Findet hier einmal ein Gedankenwechsel statt, sieht es auch schlecht aus mit der Herrlichkeit von CSU und CDU.

Die Grüne Partei hatte, seit dem sie in der Regierungsverantwortung stand, nur den Umweltschutz, die Landwirtschaft und die Auslandspolitik mit der Einbürgerung von Ausländern im Blick. Das die Armut des deutschen Volkes immer größer wurde, war ihnen vollkommen gleichgültig. Dementsprechend fielen auch ihre Kommentare über Arbeiter aus. Für den Umweltschutz muss man auch Arbeitslosigkeit in Kauf nehmen. Wie Westerwelle blasen sie in das gleiche Horn. Haben diese Emporkömmlinge jemals vom Arbeitslosengeld und später von der Sozialhilfe leben oder eine Familie ernähren müssen? Das ist das Gedankengut eurer politischen Führung. Wie lange wollt ihr euch das noch anhören. Ihr habt immer Möglichkeiten das zu ändern. Bei den Kommunalwahlen, bei den Landtagswahlen und den Bundestagswahlen.

Diese verbissene Umweltpolitik der Grünen kostet dem Steuerzahler Milliarden. Gebracht hat es nichts, denn die Umweltbelastung ist heute noch höher, als vor 10 Jahren und nur, weil sie auch der globalen Misswirtschaft zugestimmt hatten. Alte verbrauchte CO2 Schleudern wurden ins Ausland verkauft. Die erneuerbare Energie war ihr Schlagwort. Nur diese erneuerbare Energie wird so hoch von unseren Steuergeldern subventioniert, dass der Kohlepfennig winzig dagegen ausfällt. Gerade in der Zeit der hoch verschuldeten Politiker hätte man mehr auf die Ausgaben achten sollen. Vernünftig geplante und ausgeführte Kohlekraftwerke mit entsprechenden Filtern und Abgasrückführung zur Energierückgewinnung hätten ein vielfaches mehr an Energie gebracht. In diesem Fall sollte man den eigenen Kohleabbau nutzen können und wertvolle Arbeitsplätze schaffen. Wer gegen diese alternative Energie ist, mache einen kostengünstigeren Vorschlag bzw. schaue sich die angrenzenden Länder mit der Energiegewinnung aus alten deutschen Kraftwerken an. Oder lasse nur Autos auf deutschen Straßen,

die den deutschen Umweltmaßstäben entsprechen. Eine weitere Möglichkeit währe, die deutsche Automobilindustrie zu zwingen, endlich Automotoren zu bauen, die mit Wasserstoff oder Elektromotoren angetrieben werden. Auch die Förderung eines mit Gas angetriebenen Autos würde dem Umweltschutz zu gute kommen. Ist die Öllobby so stark und tief in der deutschen Wirtschaft verwurzelt? Nimmt die Regierung soviel an Steuern ein, denn ihre alternative Energiegewinnung ist ja nun mal halbherzig. Sind die Automobilkonzerne an der Ölindustrie beteiligt, oder ist die Ölindustrie an den Konzernen der Automobilindustrie beteiligt. Letzteres wird wohl der Fall sein. Dann kann man abschließend feststellen, der Staat und die Automobilindustrie sind abhängig von der Ölindustrie, die sich nun mal im Ausland befindet. Die Öllobby diktiert den Umweltschutz. Das musste vor kurzem auch die Regierung eingestehen. Sie ist nicht bereit konsequenten Umweltschutz zu betreiben. Lieber verschleudert sie Steuergelder in irgendwelche, auf lange Sicht gesehen, sinnlose Projekte. Zum einen verhindern die Grünen neue Kohlekraftwerke und lassen aber in anderen Regionen riesige Braunkohleabbaugebiete zu. Die führte sogar so weit, dass ganze Dörfer vom Erdboden verschwanden. Die Grünen betreiben eine Umweltpolitik nach Willkür. Dort wo sie mit in der Regierungsverantwortung stehen, lassen sie Umweltschäden in Milliardenhöhe zu, dort wo sie sich erst etablieren müssen, verhindern sie die für die Gemeinden und Bundesländer so arg benötigten wirtschaftlichen Strukturen. Diese Behinderung kostet dem Steuerzahler wiederum Milliarden, weil sich einzelne Wirrköpfe unbedingt in Szene setzen müssen.
Es wird Zeit, dass ernsthaft Alternativen zur Energiegewinnung gefunden werden. Die Zeit rückt näher, in der das Öl nicht mehr zur Verfügung steht, oder die ölproduzierenden Länder auf die Bremse treten. Um ja noch lange von den Ölreserven ihren Haushalt bestreiten zu können. Was passiert, wenn den Ölmultis diese Einnahmequelle nicht mehr zur Verfügung steht? Dann gibt es für die deutsche Wirtschaft den Urknall. In den Zeiten guter Konjunktur hat sie keine Reserven geschaffen, sondern in ihren Größenwahn Schulden gemacht um konkurrierende Firmen aufzukaufen oder die Übernahme fremder Betriebszweige zu finanzieren. Mercedes hatte sich mit der Einverleibung der amerikanischen Automobilfirma übernommen. Hatte Milliarden Verluste ge-

macht und ist jetzt in der Hand ausländischer Ölmultis. Nur weil einige Manager immer größere Gewinne aus der Firma pressen müssen, geht die deutsche Industrie den Berg hinunter oder in die Hände ausländischer Investoren.

Der Umweltschutz war noch in aller Munde, da verkaufte Thyssen Krupp ihre maroden Anlagen mit Zustimmung der Rot-Grünen Regierung in den Osten. Hier wurden sie dann wieder von deutschen Firmen aufgebaut und in Betrieb genommen. Nur gut das wir zum Osten den eisernen Vorhang haben, so können die Umweltgifte wenigstens unser Land nicht erreichen. Ist das nicht ein Witz? Seit der Grünen Amtsüberahme wird nur noch andauernd auf den deutschen Autofahrer eingeprügelt. Ausländische Autos können massenhaft ihre Abgase bei uns abladen. Jedes halbe Jahr kommen neue Hyobsbotschaften auf den deutschen Autofahrer zu. Dabei ist allen bekannt, das deutsche Auto trägt am wenigsten zu den Umweltschäden bei. Ein Flug von Berlin nach London erzeugt mehr Umweltgifte als währen die Deutschen einen ganzen Tag mit ihren Autos unterwegs. Verzichten deshalb die Grünen auf diese Freiflüge? Nein, sie nehmen vermehrt dieses Fortbewegungsmittel in Anspruch. Sie versuchen sogar ihre Privatreisen und Urlaubsflüge dem deutschen Steuerzahler ans Bein zu binden. Seit dem die Grünen in der Regierungsverantwortung stehen, sind sie nicht wieder zu erkennen. Wo sie früher strickt gegen eine Diätenerhöhung waren, sind sie nun der erste Mann an der Front. So ist es immer, wenn kleine Lichter an die Macht kommen, gebärden sie sich schlimmer als alte eingesessene Profis. Dieses Gebaren kann man gut bei den Zollbeamten, bei der Polizei und auch im steigendem Maße bei den Politessen und Beamten beobachten.

In der Integration für Ausländer haben es die Grünen wirklich zu weit getrieben. Das führt nun schon so weit, dass sich deutsche Staatsbürger zur Integration verpflichtet fühlen. Der Hass auf Ausländer aus nicht westlich orientierten Ländern war in Westeuropa noch nie so groß wie heute. Die Politiker sollten mal nach dem Warum fragen. Eine falsche Politik beziehungsweise die Bevorzugung von Ausländern haben diese Haltung geschaffen. Das ist auch ein Grund, warum sich die Schlägertruppen immer weiter verbreiten. Und das ist nicht nur in Deutschland so. Deutschland, ein Land wo Milch und Honig fließt. Hier bekommst du Geld ohne zu arbeiten. Diesen Gedanken muss Einhalt geboten werden. Wir wenigen deutschen Arbeiter können nicht mehr diese Last auf unsere Schultern tragen. Wir können nicht noch mehr Steuern zahlen. Auch diese Rufe fanden kein Gehöhr bei der Rot Grünen Regierung. Im Gegenteil, der Bundesrat verabschiedete das umstrittene Gesetz zum St aatsbürgerschaftsrecht. Von nun an kann der ausländische Einwanderer sich als deutscher fühlen, oder als Ausländer. Ganz wie es ihm passt. Die Vorteile des deutschen Rechts nutzen oder die Vorteile als Ausländer, die ihm ja das deutsche Recht zu hauf bietet. Ich nix verstehen, ich nix deutsch. Wie oft müssen sich Beamte oder Angestellte diese Worte anhören. Es kam so weit, dass Ausländer die Sozialhilfe in zwei Bundesländern in Anspruch nahmen. Kindergeld für Kinder abkassierten die nicht ihre eigenen waren. Schwangere Frauen nach Deutschland holten, unter der Angabe, es sind ihre Frauen und diese nach der Geburt wieder nach hause jagten. Das alles von unserem hart erarbeitenden Lohn. Von unseren Steuergeldern die jährlich wuchsen. Eine türkische Witwe, die hier Sozialhilfe empfing, hatte in der Türkei eine Eigentumswohnung und ein Haus am Meer. Jeder deutsche Sozialhilfeempfänger wird bis ins kleinste Detail durchleuchtet. Ihm würden bei dem kleinsten Verdacht die Zahlungen sofort gestrichen. Der Deutsche müsste alles zurückzahlen. Aber ein Ausländer doch nicht, man könnte ja als ausländerfeindlich gelten. Jedem Deutschen wird nachspioniert, er muss Angaben bis ins kleinste Detail machen. Schlafen die Ämter und deren Vorsteher samt Ministerium? Nichts wird unternommen, denn sie haben Angst. Von mehreren Angestellten für Ausländerinformation und Sozialhilfe habe ich erfahren, dass sie schon vor Ausländern zittern. Die meisten Ausländer führen sich auf wie Könige, geben Befehle und wenn sie Informationen geben sollen, verstehen sie kein Wort deutsch. Beklagen sich die Angestellten bei ihren Vorgesetzten, weis dieser auch keinen Rat. Sie sollen darüber hinwegsehen, denn sonst werden sie noch als ausländerfeindlich angeprangert. Es ist weit gekommen in unserem deutschen Rechtsstaat. Die deutschen Angestellten haben Angst, denn es könnte nach Feierabend eine Gruppe Ausländer auf sie warten. Bravo Grüne, die Deutschen kuschen mal wieder vor einer Minderheit. Bravo, wer euch wählt hat die Zeichen der Zeit nicht erkannt. Eure Politik in allen Bereichen war und ist verfehlt. Tritt keine Änderung ein, könnte es zu einem Bürgeraufstand der Deutschen kommen. Geht doch einmal durch Duisburg Neumühl oder durch Alten Essen. Geht ihr dort als Deutscher durch die Straßen, werdet ihr nur angefeindet. Was willst du hier he, was hast du hier zu suchen he und werdet dann vom Gehweg gedrängt. Einem Arbeitskollegen von mir erging es ebenso. Als er mit seiner Frau, damals beide 54 Jahre, durch einen Park in Alten Essen ging, kamen ihnen vier ausländische Kinder im Alter von 11 bis 13 Jahre entgegen. Mein Arbeitskollege wurde angepöbelt und mit Steinen beworfen weil er nicht zur Seite ging. Sie konnten und wollten sich nicht wehren und liefen davon. Aus Angst, denn anschließend würde die ganze ausländische Familie samt Bekanntenkreis auf sie lauern oder in der eigenen Wohnung überfallen Wie das dann mit den Zeugenaussagen aussieht, kennen wir ja zur Genüge. Bravo Rot-Grüne, ist es nicht noch in allzu guter Erinnerung, wie Außenminister Fischer einen Freifahrtschein für Osteuropäer ausstellte. Jeder Verbrecher und Betrüger konnte hier einreisen und bekam eine Aufenthaltsgenemigung. Am Tage kassieren sie Sozialhilfe und nachts schließen sie sich der russischen Mafia an. Die russische Mafia breitete sich dank der Grünen sprunghaft in Deutschland aus. Bravo Herr Fischer, dank ihnen und ihren Beratern. Die Grünen wollen nur Multi Kulti, aber nicht vor ihrer eigenen Haustür.

Da kann ich nur fragen, wo sind unsere freundlichen und lieben spanischen und italienischen Gastarbeiter geblieben? Hatte die Wirtschaft bzw. die großen Konzerne diese durch andere gering verdienende ersetzt? Wir als Steuerzahler müssen nun die Zeche bezahlen. Wie immer. Für die Einwanderer wurden neue Wohnungen bzw. Häuser in Gebieten gebaut, von denen Deutsche nur träumen können. Mitten im Park, am Waldrand oder einem kleinen See. Von unseren Steuergeldern. Nicht einen Cent von der ach so fürsorglichen Grünen Partei. Es waren doch genug leerstehende Altbauwohnungen vorhanden. Nach mindestens fünf Jahren wurden diese Neubauten verwahrlost und heruntergekommen wieder abgerissen. Der deutsche Sozialhilfeempfänger wurde in alte verwahrloste Häuser gepfercht. Frauen, die von 60% oder weniger der Rente ihres verstorbenen Mannes leben müssen, wird jegliche Hilfe und Unterstützung verweigert. Das ist der deutsche Sozialstaat. Das ist unerhörlich wie mit den Deutschen umgegangen wird und den Ausländern das Geld, unser Geld, hinterher geworfen wird. Jeder der hier gearbeitet hat und seine Sozialabgaben an den Staat bezahlen musste, der

hat Anspruch auf eine höhere Sozialhilfe. Die Schuld an den vielen Sozialhilfeempfängern tragen alleine die Regierungen der letzten Jahre. Allein im Bergbau fielen urplötzlich Tausende von Arbeitsplätzen weg. Was sollten diese Menschen, die nichts anderes gelernt hatten nun machen, wo sollten sie hin? Zu einer anderen Zeche, die lag viele Kilometer vom Heimatort entfernt. Alternativen wurden vom Staat nicht angeboten. Was blieb, war die Arbeitslosigkeit und der Abstieg ins soziale Netz. Hier hätte die Regierung die Kohle stützen müssen und das Ende des Kohleabbaus langfristig hinauszögern sollen. Alte Bergleute währen mit der Zeit ausgeschieden und die junge Generation könnte einen anderen Berufszweig einschlagen. Oder war das Geld zur Rentenfinanzierung der Bergleute schon anderweitig verschleudert worden? Zudem wurde von der Regierung in den Zeiten der hohen Steuereinnahmen nicht gespart. Denen war jegliche Voraussicht abhanden gekommen. Nun steht man vor leeren Kassen.
Im Grunde war auch eine falsche Politik und Wirtschaftseinflüsse schuld am Verhältnis der Ostdeutschen zu den Westdeutschen oder umgekehrt. Am 9. November 1999 wurde der zehnte Jahrestag des Mauerfalls gefeiert. Für die Bürger, ob Ost oder West nicht von großem Interesse. Es gab nichts zu feiern, denn die hatten andere Sorgen. Nur die in Berlin und den angrenzenden Bundesländern nutzten nun mal wieder die Möglichkeit, auf Kosten des Steuerzahlers, riesige und rauschende Feste zu feiern. Hier konnten sie sich wieder auf die eigene Schulter klopfen. Zur Wiedervereinigung kam es aber nur durch den unbeschreiblichen Willen und Mut des ostdeutschen Arbeiters. Das sollte man nie vergessen. Wir sind das Volk! Ich werde es nie vergessen. Noch heute jagt es mir einen Schauer über den Rücken, wenn ich an die Fernsehbilder denke. Und wofür sind die Arbeiter damals losgestürmt? Damit ein paar globale Wirtschaftsidioten sie bis an den Rand zur Armut, bis an den Bettelstab bringen. Das sich sehr viele die Mauer wieder wünschen, kann ich gut nachvollziehen. Diese Sprüche, zehn Jahre ist es her, aber wohl noch nicht lange genug um zusammenwachsen zu lassen, was zusammen gehört, halte ich für einen Witz der Politiker. Der Spruch ist absurd. Hatten sie durch ihre Politik nicht erst Neid auf den Westen aufkommen lassen. Zuerst haben sie durch eigens dafür gegründete und eingesetzte Abteilung, die für westlichen Standard maroden Betriebe für 1,00 DM

veräußert. Dabei ging mal wieder Lug und Betrug und Selbstbereicherung eng einher. Anschließend mussten die ostdeutschen Arbeitnehmer für sehr wenig Geld dort arbeiten um nicht in die Arbeitslosigkeit zu geraten oder in die Sozialhilfe abzurutschen. Hatten die neuen Firmenbosse aus diesen Betrieben alles herausgepresst, wurde Konkurs angemeldet. Zuvor hatten sie Investionen in Millionenhöhe abkassiert. Hier wurden wieder mit Zustimmung der Regierenden unsere Steuergelder zum Fenster hinausgeworfen. Wer von denen hatte die Hand aufgehalten und Bestechungsgelder eingesteckt. Denn sonst könnten diese Betrügereien nicht ungestraft bleiben. Millionen an Steuergeldern hätte man gespart, wenn man diesen Arbeitern ein angemessenes Arbeitslosengeld gezahlt und nach und nach neue Betriebe angesiedelt hätte. Ein ganz großer Fehler der Regierung war, den ostdeutschen Arbeitnehmern bei gleicher Tätigkeit wesentlich weniger Lohn oder Gehalt zu zahlen. Dadurch kam Neid und Missgunst auf. Man kann es verstehen. Und noch ein Fehler der Regierung war, den Solidaritätszuschlag einzuführen. Dadurch bekamen die Wessis ein bestimmendes Hoheitsgefühl. Hatte jemand gefragt, ob der Westdeutsche Bürger unter diesen Voraussetzungen die Einheit wollte? Hatte jemand den Ostdeutschen vorher gesagt, dass sie in die Armut abrutschen? Der Solidaritätszuschlag gab den Westdeutschen den Grund, herablassend auf die Ostdeutschen zu blicken. Der Solidaritätszuschlag war für kurze Zeit vorgesehen, so wurde es uns glaubhaft gemacht und sollte die ostdeutsche Konjunktur ankurbeln. Wir bezahlen immer noch diese Solidaritätssteuer mit der die ostdeutsche Konjunktur nicht angekurbelt wurde. Das Geld, unsere Steuergelder wurden zweckendfremdet. Sie flossen in Taschen derer, die am besten Lügen und Betrügen konnten. Oder versandeten in irgendwelche dubiosen Investionen. Unsere Steuergelder wurden nicht zur Unterstützung der Ostdeutschen bzw. Ankurbelung der ostdeutschen Wirtschaft verwendet. Das ist Betrug am westdeutschen Steuerzahler und alle daran Beteiligten müssen sofort abgesetzt und wegen Betrugs vor Gericht gestellt werden. Das ist Frau Merkel, Herr Steinbrück, Herr Glos und diesbezüglich auch die Ministerien der Länder. Denn man kann mir nicht erzählen, die in Berlin hätten nichts gewusst. Die haben doch selbst von diesen Steuergeldern ihre Prunkbauten saniert und das Regierungsviertel neu gestaltet. Wie auf einem Teppich fährt man auf den Straßen um das Regierungsviertel.

Kommt man aber nur etwas aus diesen Bereich heraus, hat sich an den ostdeutschen Zuständen vor dem Mauerfall nichts geändert. Überall Schlaglöcher und ausgefahrene Straßen. Geändert hat sich in den neuen Bundesländern nichts. Geändert hat sich auch der Solidaritätszuschlag und das Lohngefälle von West nach Ost nicht. Das es noch immer kleinere Diskrepanzen zwischen Ossis und Wessis gibt, ist alleine der Regierung anzulasten. Die immer wieder durch Fehlentscheidungen zu diesen Unstimmigkeiten beiträgt. Die da oben haben immer noch nicht begriffen, dass es nur ein Deutschland gibt. Ost und West, das ist vorbei.

Ein rein zufälliges Zusammentreffen mit einer 25-jährigen Frau aus der damaligen DDR macht mich heute noch nachdenklich. Wir trafen uns ca, 5 bis 6 Jahre vor dem Mauerfall hier im Westen bei gemeinsamen Bekannten. Natürlich machte mich das neugierig, als ich von der Herkunft der Frau erfuhr. Auf meine Fragen bekam ich für mich überraschende Antworten. So war die Frau überhaupt nicht unzufrieden mit ihrem Leben in der DDR. Was sollten das für Vorteile sein, hier im Westen zu leben? Die Reisen in ferne Länder? Wir können auch in ferne Länder reisen. Wenn auch eingeschränkt, aber es geht und die Ostblockstaaten sind allemal eine Reise wert. Das wir auf ein Auto Jahre warten müssen, kann man einplanen und bekommen wir einen Artikel nicht sofort, bekommen wir ihn eben in vier Wochen. Wir haben uns daran gewöhnt und können damit umgehen. Wir haben keine Millionen Arbeitslose und kennen auch keine Armut. Jeder hat bei uns sein Auskommen. Ob ich nun über Honecker öffentlich schimpfen darf oder nicht. Was hat der Mensch davon? Ihr hier im Westen seit auch nicht viel besser dran. Fallt ihr auf, steht ihr auch schon unter Beobachtung. Um euch euren westlichen Standard leisten zu können, müsst ihr Tag und Nacht schuften. Ich bin gerne DDR-Bürgerin. Danach konnte ich eigentlich nicht mehr sehr viel sagen, war einfach zu verblüfft. Ist es möglich, dass die Politik eines Landes den Menschen so formen kann, dass er nachher selber glaubt was ihm täglich vorgegaukelt wird? Ich glaube ja. Wird hier in Deutschland nicht systematisch die Schulbildung vernachlässigt. Nur der Dumme muckt nicht auf. Wird uns nicht täglich von Millionen Arbeitslosen berichtet und sind wir nicht schon so weit, dass wir uns von den Arbeitslosen distanzieren, dass uns ihr Elend nicht mehr interessiert? Täglich hören

wir von der Sparpolitik der Regierung und merken gar nicht, dass nur an uns gespart wird. Die Haushaltsausgaben der Regierung aber jährlich um Milliarden steigen. Täglich hören wir vor den Wahlen nur CDU oder SPD, damit kein Bürger auf die Idee kommt, eine andere Partei zu wählen. So wird der Bundesbürger nach den Vorstellungen der Politik geformt. Mensch kusch.
Ende 1999 hatten wir bei über 82 Millionen Staatsbürgern über vier Millionen Arbeitslose, wobei diese Zahl ja erlogen war. Mit den Sozialhilfeempfängern, Landstreichern, Umschülern und Menschen die nicht beim Arbeitsamt gemeldet waren, kamen wir locker auf 8 Millionen, die zu versorgen waren. Von dem arbeitendem Volk konnten wir noch zwanzig Millionen Rentner abziehen. Beachten wir noch die zwei Millionen Beamte, die ja doch keine produktive Arbeit leisten und die vielen Staatsdiener aus den Regierungskreisen der EU und Deutschland. Die meisten von ihnen haben noch nie irgendwelche Abgaben an den Staat zahlen müssen. Ob Bügermeister oder Staatssekretär, sie bekommen schon nach kurzer Zeit eine lebenslange Rente, weil ihnen ja nach ihren Fehlleistungen und Betrügereien keine untergeordnete Arbeit zuzumuten ist. Das sind Milliarden die da jährlich verschleudert werden und nach jedem Regierungswechsel, sei es nur der Wechsel eines Bürgermeisters, kommen mehrere hundert Millionen hinzu. Vor allem lassen sich diese Ratsherren, Parlamentarier oder Abgeordnete diese Beziehungen zur deutschen Wirtschaft durch einen 2. und 3. Nebenjob lukrativ bezahlen. Bis vor kurzem noch steuerfrei. Und das alles wird von unseren Steuergeldern finanziert. Zieht man alle diese Schmarotzer, die nur auf Kosten des Steuerzahlers leben von dem schaffenden Volk ab, so bleiben nicht mehr viele die die Staatssäckel füllen sollen. Wir können nicht noch mehr Steuern verkraften. Wir die die Last alleine zu tragen haben, können nicht mehr.

Die Ausbeutung von Zwangsarbeitern während des 2. Weltkrieges führte 1999 zu Sammelklagen in den USA. Diese richteten sich vor allem gegen deutsche Konzerne und Banken, die während des 2. Weltkrieges an der Ausbeutung von Zwangsarbeitern beteiligt waren. Am 12. Februar 1999 trafen sich, unter der Initiative von Bundeskanzler Schröder, zwölf deutsche Großkonzerne mit den Regierungsvertretern und vereinbarten eine

Stiftungsinitiative von 2 bis 3 Milliarden DM. In der deutschen Presse wurde scharf gegen die Ansprüche protestiert. Wobei antisemitische Äußerungen nicht selten waren. Spiegel Herausgeber Rudolf Augstein sprach von der Macht des Weltjudentums, dass sich zur Durchsetzung seiner materiellen Interessen einiger Haifische im Anwaltsgewand bediene. Der Vorwurf, Rechtsanwälte der NS-Opfer hätten sich auf Kosten ihrer Klienten bereichert, hält sich bis heute. Nach den Protesten der Kläger wollte die Regierung und Industrie 6 Milliarden DM bezahlen. Neue Proteste und die Androhung der Kläger, eine Liste aller deutschen Firmen und Banken, die Zwangsarbeiter ausgebeutet hatten an die Weltöffentlichkeit zu bringen, ließen die Industrie und die Regierung das Angebot auf 8 Milliarden DM erhöhen. Nachdem die Wirtschaft und deutsche Regierung noch höhere Forderungen der Kläger verweigerten, veröffentlichten diese eine Liste mit 267 deutschen Unternehmen, die es abgelehnt hatten in den Entschädigungstopf einzuzahlen. Die Deutschen wurden regelrecht erpresst. Die Kläger, waren es wirklich Juden, die unter der Nazi-Herrschaft zu leiden hatten, oder standen hier nur materielle Interessen im Vordergrund. Diese Juden sollten sich schämen, wussten sie doch nur zu gut, dass dieser immense Betrag vom kleinen deutschen Steuerzahler aufzubringen war. Diesen Machenschaften kann ich nur meine Verachtung aussprechen, denn die Aufforderung der Kläger sah vor, die Welt sollte bei keinem dieser 267 deutschen Firmen Produkte einkaufen. Nur Tage später einigten sich die deutsche und die amerikanische Regierung auf die Zahlung von 10 Milliarden DM. Das Geld sollte je zur Hälfte vom Bund und von der Wirtschaft bereitgestellt werden. Vom Bund ist natürlich nicht richtig, es waren wieder unsere Steuergelder, die, für mich fremde Menschen, denen wir kein Leid angetan hatten, hinausgeworfen wurden. Hatte die Regierung die Verteilung der horrenden Summe nachvollzogen? Fühlte sich die Wirtschaft schuldig, hätte sie allein diesen Betrag aufbringen müssen. So aber schmerzte es wenig, da dieser Betrag steuerfrei und als Verlust abgeschrieben werden konnte. Der Rest wurde auf das Volk umgelegt. Das kennen wir ja zu genüge. Warum hatte sich die Regierung erpressen lassen? Die deutsche Wirtschaft war so stark, die Veröffentlichung hätte sie kaum geschadet. Zumal die Juden im Ausland nun mal auch nicht besonders beliebt sind. Der Grund war wieder der Bückling und der Kniefall der deutschen

Regierung vor Ausländern. Sobald ein Ausländer ruft, wird der deutsche Steuerzahler zur Kasse gebeten. Es muss endlich schluss sein mit dem andauernden Ducken und Bückeln. Niemand wirft den Amerikanern, Spaniern, Portugiesen, Russen oder Juden ihre Morde an Millionen unschuldiger Menschen vor. Auch diese wurden nur wegen des erhofften Gewinns umgebracht. Das ist Geschichte, aber auch für uns. Wir sollten daraus lernen.

Über das ganze Jahr 1999 zieht sich die CDU-Spendenaffäre hin. Immer wieder hörte man in den Nachrichten von neuen Selbstbereicherungen, Vergünstigungen und Steuerhinterziehungen. Oh Wunder, es tritt sogar ein Ministerpräsident aus Niedersachsen zurück. Wegen Begünstigung heisst es. Ich kann es nicht nachvollziehen, warum kommt keiner vor den Kadi? Steuerhinterziehung und dergleichen sind doch strafbar. Aber nein, diese Herren bekommen noch ein Abschiedsgeschenk in Millionenhöhe und eine lebenslange Rente. Unsereins währe schon zwei bis drei Jahre verschwunden. Hinter schwedischen Gardinen.

Weit über vier Millionen Arbeitslose gab es nach Angabe der Regierung ende 1999 immer noch. Diesen Angaben sollte man nicht glauben, denn Herr Schröder hatte bestimmt, dass bestimmte Arbeitslosengruppen aus der Liste zu streichen sind. Man konnte davon ausgehen, dass wir immer ca. 8 Millionen Arbeitslose unterstützen mussten. Jeden Tag wurden durch die Medien neue Ideen der Politiker zur Arbeitslosenbekämpfung verbreitet. Das Schlagwort, Arbeitsplätze durch Dienstleistungen wurde natürlich sofort aufgegriffen. Man war der Meinung, in Deutschland könnten durch Dienstleistungen acht Millionen neue Arbeitsplätze entstehen. Das Vorbild war Amerika. Nur das in Amerika diese Menschen drei Jobs an einem Tag ausübten, wurde nicht erwähnt. Sollten wir wieder in die Jahre um 1900 zurückversetzt werden? Hier arbeiteten die Menschen für einen kargen Lohn 16 Stunden am Tag. Das ist wohl im Sinne der Wirtschaftsbosse, kann aber nicht Sinn des Lebens sein. Die deutschen Arbeiter haben lange genug für ihr Arbeitsrecht gestritten und gekämpft. Wir bezahlen Monat für Monat unsere Abgaben zum Arbeitslosengeld, zur Sozialhilfe und den immer größer werdenden Obolus an die Krankenkassen. Dienstleistungsjobs würden einen Stundenlohn von 1,00 bis 2,00 DM einbringen. Davon kann keine Familie existieren. Das ist keinem Deutschen zuzumuten. Oder glaubt jemand, einer von den

oberen würde sich mit dem Handkarren durch Berlin ziehen lassen. Oder die Verteilung der Büropost mit dem Rad, könnte eine Familie ernähren? Das ist etwas für Studenten und Teilzeitkräfte die noch einen Nebenjob brauchen um ihre Familie zu ernähren.
Hier noch ein Beispiel für die verfehlte Westpolitik in Sachen Terrorismusbekämpfung. 1999 wird Ost-Timor (Süd-Ost-Asien) von einer Welle der Gewalt erschüttert. Auch hier schauten die UN Truppen jahrelang untätig zu. Es wurde viel diskutiert in dieser Zeit, unternommen wurde nichts. Hier hätte man sofort eingreifen und das Land mit allen Mitteln unterstützen müssen. Aber das ist ja so weit weg, wen interessiert das schon. Der Terrorismus muss sofort im Keim erstickt werden, bevor er sich ausbreiten kann. Nur mit dem Wegsehen haben die Westmächte den Terrorismus immer stärker gemacht. Der Erfolg oder besser Misserfolg findet sich nun in den Kriegen von Afghanistan, Irak und Afrika wieder. Unsere Regierenden haben es nun so weit gebracht, dass der Terror nun auch unser Land bedroht.
Seit sich die SPD mit Gesundheitsministerin Ulla Schmidt um die Gesundheit der Bürger kümmert, bricht das Chaos aus. Es wird nur noch in kurzen Abständen auf die Kassenärzte und gesetzlich versicherte Menschen eingeprügelt. Nach dem Motto, was kümmert's mich, ich bin ja privat versichert. Nur das ließen sich die Ärzte nicht gefallen. Deutsche Kassenärzte streikten schon bald gegen das neuerliche Kostendämpfungsgesetz des Gesundheitsministeriums. Warum streiken wir nicht gegen die Gesundheitspolitik der Ulla Schmidt, die schon für 2000 eine neue Strukturreform angekündigt hatte. Ist sie zum Spielball der Pharmaindustrie geworden? Der Kranke kann es ausbaden.
Schade, Steffi Graf und Boris Becker hörten 1999 auf.
Für die Bürger ging ein Jahr zu ende, in dem es mal Höhen und Tiefen gab. Wobei die Tiefen den überwiegenden Teil des Jahres bestimmten. Immer die Jagt nach dem Geld, reicht es für diesen Monat, weiter traute sich der Arbeiter gar nicht zu planen. Es ist frustrierend, wenn man durch die Medien erfährt, der Dax an der Börse hat einen neuen Höchststand erreicht. Oder dieser oder jener Konzern hatte mit der Hälfte der Belegschaft eine Gewinnsteigerung von 2,5 Milliarden DM gegenüber dem Vorjahr erreicht. Man kann es kaum glauben, mit dem Beginn des Globalisierungsprozesses wurde uns vorgegaukelt, es würde

allen Menschen besser gehen. Aber der Arbeiter kann machen was er will, er schafft es nicht, dass er sagen kann, mir geht es gut.

Die Angst geht um

Sind sie nicht selber Schuld, hätten ihre Arbeiten schnell und gewissenhaft erledigen sollen. Das spricht sich schnell herum und die Aufträge folgen von ganz alleine. So aber gab es viele Zeiten, in denen sie nicht ausgelastet waren. Sie zittern statt sich mehr für die Firma einzusetzen. Der Arbeitsplatz wird dann sicherer und bleibt erhalten. Der Chef kommt ihr lieben Kollegen.

Kann die Regierung Rot-Grün eine Besserung der Arbeitsmarktsituation herbeiführen? Sie konnte nicht. Und jedesmal, wenn ich das Fernsehgerät einschaltete, hörte und sah ich nur diese sinnlosen und dummschwätzigen Diskussionen wie man die Arbeitsplätze sichern und die Arbeitslosenzahl senken könnte. Vor allem aber regte mich dieses hämische herablassende Grinsen dieser eingeladenen Gesprächspartner auf. Ging es hier nicht um ein ernstes Thema? Die Wirtschaft diktiert mit ihrem Arrangement welche Partei die Regierung bildet. Das Volk schon lange nicht mehr, ist nur noch der Spielball zu ihrem Glück oder Unglück. An vielen Beispiel erkennt man, wie weit es die Regerung gebracht hatte. Ob CDU, CSU, FDP, SPD oder andere, alle sind vom Wohlwollen der Konzerne und Banken abhängig. Investieren die Konzernbosse nicht mehr und das werden sie dann tun, wenn sie mit der Regierung nicht zufrieden sind bzw. die Regierung ihren Wünschen nicht folgt. Dann steigt die Arbeitslosenzahl, die Gehälter natürlich nicht. Daraus folgt ein unzufriedenes Volk, dass demzufolge eine andere Partei wählt. Durch die vielen Zusammenschlüsse der Industrie und Banken zu Großkonzernen haben die Politiker es immer schwerer. Sie haben sich durch die Globalisierung ins eigene Fleisch geschnitten. Die leidtragenden sind aber immer die Arbeiter.

Was wird uns das Millenium bringen? Was wird uns das Jahr 2000 bringen?

Für die katholische Kirche war am 1.1.2000 der Beginn des Heiligen Jahres. Dieses Heilige Jahr, dass sie nur alle 25 Jahre begeht, hätte sie und alle anderen religiösen Gemeinschaften zur Erneuerung und Besinnung nutzen sollen. Auch sie hatten es verpasst. Die Kirchen sollten sich mehr dem Volke öffnen und deren Wünsche akzeptieren und erkennen. Wie kann man in der heutigen Zeit gegen Schwangerschaftsabbrüche und der Einnahme von Verhütungsmitteln sein, bzw. predigen. Gerade in der dritten Welt müsste sie schnell ihre Meinung ändern. Wieviel Elend kommt auf die Neugeborenen zu. Überbevölkerung, Hunger, Krankheit (Aids), Seuchen und Arbeitslosigkeit. Vor allem finde ich es eine Schande, als Christ in ein armes Land zu fliegen, dort den Boden zu küssen und sich anschließend von hungernden Menschen die mit Gold behangenen Hände küssen zu lassen. Wieviel mögen die goldenen Ketten kosten, die da um die Hälse baumeln? Wieviel hungrige Mäuler könnte man damit stopfen. Wieviel Elend bringt der Papst mit seinen Predigten auf Verhütungsmittel zu verzichten unter die schwarze Bevölkerung. Hat er schon jemals daran gedacht, dass die meisten schon mit dem Aids Virus geboren werden. Welche Perspektiven den Neugeborenen dann bleiben? Hat er schon jemals daran gedacht, welche Folgen auf die Menschen zukommen, wenn die Überbevölkerung nicht gestoppt wird? Durch den Neid auf die noch wenigen reichen Länder könnte es bis zu einem Krieg führen. Es sind unsere Kirchenabgaben die sie verwalten und von denen sie leben. Leider ist es mit der Verwaltung auch nicht mehr weit her. Selbst unter den christlich gläubigen Vorbildern ist die Selbstbereicherung eine Tugend geworden. Wie viele Kinder wurden geschändet. Was ist geschehen? Nichts. Wieviel Sünde wurde unter den Teppich gekehrt. Predigt nicht von der Kanzel die zehn Gebote, handelt endlich danach. Helft den armen hungrigen Menschen und geht als Vorbild voran. Trennt euch von dem schnöden Mammon. Liebet euren Nächsten wie dich selbst. Nähert euch endlich an und bildet eine Gemeinschaft zum Wohle der Menschheit.

Nennenswert ist auch die Erklärung der Bundesregierung, künftig bei der Vergabe öffentlicher Aufträge Unternehmen zu bevorzugen, die ein spezielles Förderprogramm für Frauen aufweisen. Wer hatte sich so einen Schwachsinn ausgedacht? Das ist das Aus für klein- und mittelständige Unternehmen. Gerade diese Firmen haben mit der Auftragslage und ihrer Existenz zu kämpfen. Hier wird jedes Angebot so niedrig wie möglich abgegeben, nur um Arbeitsplätze zu erhalten. Diese zusätzlichen Kosten können die klein- und mittelständischen Betriebe nicht mehr tragen. Das kann nur ein Einfall der Grünen gewesen sein. Die Arbeitsplatzvernichterregierung. Arbeitsplätze zählen bei denen wenig. Nur ihre Überzeugung ist wichtig. Nur noch Großbetriebe, die Konzerne haben die Möglichkeit, diese Vorgaben der Regierung zu erfüllen. Die Konzerne werden dann nach vorheriger Absprache den Preis diktieren. Der Kleinunternehmer, als Subunternehmer von den Aufträgen der Großen nun abhängig, wird bis an das Existenzminimum mit dem Preis gedrückt . Nach Beendigung der Arbeiten kann der Kleinunternehmer meistens Konkurs anmelden. Der Grund? Die Großen lassen sich gern sehr viel Zeit mit der Rechnungsbegleichung. Große Rücklagen waren bei den Kleinbetrieben nicht vorhanden. Sollte man hier Absicht unterstellen? Alles was die Regierung bisher zustande gebracht hatte, konnte man nur als Arbeitsplatzvernichtung betiteln.

Von nun an bestimmten die Konzerne die Richtung bzw. die Marschrichtung. Jetzt wurden nach und nach die deutschen Fachkräfte aus den Betrieben gedrängt und je nach Bedarf durch billige Arbeitskräfte aus dem Ausland ersetzt. So wurde das Förderprogramm der Bundesregierung umgesetzt.

Das ging zum Beispiel dann so ab. Erst wurde von der Bundesbahn ein Vertrag mit der Baufirma abgeschlossen, in dem ganz deutlich stand, dass nur angemeldete Arbeitskräfte an der Baustelle eingesetzt werden dürfen. Hatte sich jemand daran gehalten? Weit gefehlt, es stellte sich heraus, dass bei den Bauarbeiten größtenteils nur Arbeiter aus dem Ausland ohne Papiere, ohne jegliche Arbeitserlaubnis eingesetzt wurden. So geschehen bei einem Auftrag der Bundesbahn zu einer neuen Streckenführung. Normalerweise ist das Handeln der Baufirmen als Vertragsbruch zu bezeichnen und hätte mit sofortiger Wirkung unter Androhung einer saftigen Geldstrafe gekündigt werden müssen. Aber was geschah? Nichts. Wer hat hier die Hand aufgehalten und Bestechungsgelder kassiert? Warum wurde der Vertrag nicht gekündigt? Mit diesen Machenschaften

können kleine und mittelständische Unternehmen nicht mithalten.
Warum werden seit Jahrzehnten bei Instandsetzungsarbeiten oder Neubauten die von der Stadt oder der gleichen in Auftrag gegeben werden, Steuergelder sinnlos verschleudert? Ich gehe von Absicht aus, denn dieses Problem ist schon seit Jahren bekannt und hätte schon lange geändert werden können. Zuerst wird eine Baustelle eingerichtet. Dann wird die Straße oder Gehweg aufgerissen und aufgegraben. Anschließend wird eine Leitung verlegt. Die Straße oder Gehweg wieder geschlossen und mit einem Belag versehen. Die Baustelleneinrichtung wird abgebaut. Zwei Wochen später wird die Baustelleneinrichtung an der selben Stelle wieder aufgebaut. Die Straße oder Gehweg wird aufgerissen und ausgegraben. Eine Leitung wird verlegt. Die Straße oder Gehweg wieder geschlossen und mit einem neuen Belag versehen. Die Baustelleneinrichtung wird abgebaut. Zwei Wochen später wird die Baustelleneinrichtung an der selben Stelle wieder aufgebaut. Die Straße oder Gehweg wird aufgerissen und ausgegraben. Eine Leitung wird verlegt. Die Straße oder Gehweg wieder geschlossen und mit einem Belag versehen. Die Baustelleneinrichtung wird abgebaut. Hinzu kommen immer die Kosten zur Entsorgung des alten Materials. Die Kosten der Verkehrsplanung, die Kosten der Baustelleneinrichtung, die Kosten der Baugrubenaussteifung. Diese Arbeitsweise finanzieren wir noch bis heute, im Jahr 2011. Wie viele Millionen Steuergelder werden so jedes Jahr verschwendet. Das ist der Sparkurs der Regierung. Auch unter der Regierung CDU/CSU und FDP.

Die Erläuterung eines Bekannten aus der Stadtverwaltung, es sei nur Geld für eine Leitung da, kann ich nicht gelten lassen. Ich kaufe auch keinen 1/3 Schrank. Wie teuer soll denn dann der Schrank werden? Diese sinnlose Geldverschleuderei finden wir bei allem was die Regierung unternimmt.

Die neue Masche, ich nenne es Karstadt-Masche. Es ist kein Geld im Staatssäckel für den Neubau eines Finanzamtes. Was ist also zu tun? Ganz einfach, man lässt von irgendwelchen Konsortien ein großes Gebäude bauen und mietet es einfach an. Der blöde Steuerzahler bezahlt ja.

In den Verwaltungsetagen war Ende des Jahres aus den zur Verfügung stehenden Mitteln noch ein Überschuss vorhanden. Was also tun mit dem Haushaltsgeld, um im nächsten Jahr den gleichen Haushaltsbetrag aus dem Staatssäckel zu bekommen? Es werden einfach noch funktionsfähige Geräte, nennen wir es mal Computer, gerade mal zwei Jahre alt entsorgt und neu angeschafft. Bei dem Leistungswahn unserer Beamten kann keiner sagen, wir brauchen einen schnelleren Computer. Diese Machenschaften waren so üblich, von der Bundesregierung bis hin zu den Kreis- und Stadtverwaltungen. Geändert oder unternommen wurde nichts. Hier wird nicht gespart, hier werden unsere hart verdienten Steuergelder mit Absicht zum Fenster hinausgeworfen. Das ist Betrug am Steuerzahler. Man muss sich vorstellen, jedes Jahr wird diese Masche von jedem Amt in der Bundesrepublik durchgezogen. Es ist eine unvorstellbare Summe die da vergeudet wird. Wie viele Familien, Waisenkinder könnte man damit ein besseres Leben bieten. Hinzu kommt nun auch noch, dass die EU sich auch auf diese Art und Weise bereichert.

Am 01.10. 2000 kam das Aus für den CDU-Vorsitzenden Wolfgang Schäuble. Er gesteht von Karl Heinz Schreiber Einhunderttausend DM in bar entgegengenommen zu haben. Die Sache mit der 100000 DM Spende wurde immer undurchsichtiger, zumal die frühere Schatzmeisterin der CDU den Ausführungen Schäubles widersprach. Das Titelblatt vom Spiegel im Jahr 2000. Der Pate, die Partei und die Geldwäscher ist vollkommen zutreffend. Was hier abgelaufen ist, ist Steuerbetrug und Geldwäscherei. Das wird wohl in Deutschland strafrechtlich verfolgt. Aber was passierte? Die CDU sprach Schäuble das Vertrauen aus. Er musste wohl auf die Kandidatur für neue Ämter in der CDU verzichten, aber sonst geschah nichts. Und wo sitzt Herr Schäuble jetzt? Er war Innenminister in der großen Koalition und ist nun Finanzminister. Mich wundert, eigentlich wundert mich bei den Parteien gar nichts. Das keiner von den Betrügerbanden vor den Kadi gezerrt wurde, zeigt ganz deutlich, alle hatten etwas zu verbergen.

Warum wird Herrn Schreiber erst jetzt, 2009 der Prozess gemacht? Warum wird Herrn Schreiber überhaupt der Prozess gemacht? Hatte er nicht mit Einwilligung der Regierung seine Auslandsgeschäfte getätigt? Ohne Einwilligung der Regierung währe der Waffenhandel in diesem großen Stiel nicht möglich gewesen. Hatte die Regierung bzw. Parteien doch Gelder von Herrn Schreiber und dessen Auftraggeber an den Fiskus vorbei abkassiert? Was will man den heute 75- jährigen anhängen. Warum wurden bei der Verhandlung tunlichst die Bestechungen ausgeklammert.

Acht Jahre Haft wegen Steuerhinterziehung. Die Berufung läuft. Wir können davon ausgehen, das diese Angelegenheit wieder im Sand verläuft, oder der Angeklagte aus Krankheitsgründen für Prozessunfähig erklärt wird. Die Mitschuldigen, die Schleimer gehen straffrei aus.
Auf jeden Fall griff Bundestagspräsident Wolfgang Thierse hart durch. Die CDU muss mehr als 41 Millionen D-Mark an Bundeszuschüssen zurückzahlen. Das sind unsere Steuergelder, wie gehen die mit unseren Steuergeldern um? Warum müssen die nicht diese Summe aus ihren eigenen Taschen bezahlen? Warum sind wir immer die Blödmänner, die für alles blechen müssen? Weil das Volk nicht mehr aufmuckt, weil es den ganzen Tag kuscht.
Als Nachfolger von Schäuble als Fraktionsvorsitzender, wird Friedrich Merz gewählt. Schon am 10.04.2000 wird Angelika Merkel zur neuen Vorsitzenden der CDU gewählt. Mit 96% der Stimmen. Was für ein Aufstieg.
Leider hatte sich auch die deutsche Politik gegen die EU-Verordnung, Frauen dürfen auch Dienst an der Waffe leisten, nicht durchgesetzt, oder wollte sich nicht durchsetzen. Das hatte es nicht einmal bei den Natis gegeben. Hier hätte die Bundesregierung eine ablehnende Haltung einnehmen müssen. Wie ist es möglich, dass die Grünen das stillschweigend hingenommen hatten?
Geld, Geld, Geld regiert die Welt! Oder wie der Iran den Westen zum Spielball seiner Interessen macht. Je nach Laune und Dünken werden im Iran Menschen aus dem Westen verhaftet und zum Tode verurteilt. Einem Deutschen wurde eine sexuelle Beziehung zu einer iranischen Muslimin vorgeworfen. Urplötzlich wird der Mann nach 28 Monaten aus der Haft entlassen. Die Frau wurde gesteinigt. Kann man sich vorstellen, welche Grausamkeiten in diesem Land herrschen? Mit was für einem Land treiben die Deutschen denn da Handel? Wo ist das Aufbegehren der freien Weststaaten? Der Ruf nach Gleichheit für Mann und Frau? Wo bleibt das Aufbegehren der Grünen, die doch in dieser Frage immer ganz vorne stehen wollen? Geld, Geld, Geld regiert die Welt. Das Volk interessiert keinem da oben. Dieses Land muss man meiden, gerade weil sie die radikal-islamische Hisbollah, den Terrorismus unterstützen. Und ausgerechnet Grünen Außenminister Fischer tritt als erster Außenminister nach neun Jahren die Bettelreise zum Iran an. Geld lässt alle Vorsetze in

den Hintergrund treten. Die Aufträge aus dem Iran sind schon für die deutsche Wirtschaft wichtig. Aber hier muss man Grenzen setzen, denn mit Ländern, die offensichtlich den Terror unterstützen darf man keinen Handel treiben. Auch mit Ländern, die die Menschenrechte missachten. Dazu gehört auch der Iran. Diese Länder müssen aus der Gemeinschaft ausgestoßen werden. Man muss sie ignorieren, oder aber wie geschehen, macht der Westen was der Iran will. Mit jedem der Iranbesuche bestätigt man seine politische Führung. Was ist los mit der Grünen Partei? Hier im eigenen Land wettert man gegen die Menschenrechte und Integration von Ausländern und fordert die Gleichstellung von Mann und Frau. Aber dem Iran stattet man einen Staatsbesuch ab. Die Grüne Partei misst nicht mit gleichen Maßstäben.
Es gibt Situationen, da kann man nur den Kopf schütteln und denken, nun muss es aber mal genug sein. So zum Beispiel am 16. Februar 2000 Da darf Bundespräsident Johannes Rau als erstes deutsches Staatsoberhaupt eine Rede in deutscher Sprache vor dem israelischen Parlament, der Knesset, halten. Dabei entschuldigt er sich für Verbrechen, die er oder ich gar nicht begangen haben können. Ich bin 1948 geboren. Für die Verfolgung der Juden während des Nationalsozialismus in Deutschland ist allein Hitler mit seinen Schergen verantwortlich. Was hätte ein Mensch gegen diese braune Truppe ausrichten können. Alle hatten Angst. Warum haben die Amerikaner, Engländer, Franzosen und Russen so lange zugeschaut Warum wird anderen Ländern die Verfolgung der Juden nicht angelastet? Es ist so wie im 21-Jahrhundert. Alle schauen zu. Der Bundespräsident hätte wohl darauf hinweisen sollen, dass sich so etwas nie mehr wiederholen darf und er sich für die Demokratie mit allen ihm zur Verfügung stehenden Mitteln einsetzen wird. Dann muss es endlich genug sein. Und trotzdem schauten alle zu, als in Afrika Tausende von einer Handvoll Schergen niedergemetzelt wurden.
Auch das deutsche Volk hatte genug unter Hitler und anschließend unter russischer Verwaltung zu leiden. Wer durfte denn unter Hitlers Herrschaft den Mund aufmachen? Die Frauen mussten während des Krieges die Männerarbeit übernehmen. Nach dem Krieg wurden sie zu den Aufräumarbeiten herangezogen und massenweise von den russischen Besatzern vergewaltigt. Wurde eine von diesen tapferen Frauen für den Einsatz und Durchhaltewillen geehrt, geschweige denn Heilig

gesprochen? Glaubt denn einer, die deutschen Männer sind freiwillig und gerne in den Krieg gezogen? Nein, sie mussten, bei Verweigerung wurden sie erschossen. Mein Vater musste mit 16 Jahren zur Marine und wurde in ein U-Boot gepfercht. Nur für ihn glückliche Umstände verhinderten einen Einsatz bei dem von 16 U-Booten keins zurück kam. Glaubt jemand, einer von den armen Menschen hätten gewusst, was mit den Juden unter Hitler geschah? Nein und deshalb kann man ihnen, mir und euch diese Last nicht aufbürden. Vergessen kann man diese Greultaten nie, aber der Jude sollte auch wissen, ich habe noch nie einem Menschen etwas böses zugefügt. Ich brauche mich für nichts entschuldigen. Unternehmt alles, damit sich so etwas nicht mehr wiederholt. Seht zu, dass keinem Menschen ein Leid zugefügt wird. Verhindert mit aller Macht Kriege oder den Terrorismus. Schaut nicht mehr unbeteiligt weg, so wie ihr es in Jugoslawien oder in Afrika immer wieder macht. In Afrika wurden 100000 Menschen förmlich hingerichtet und ihr habt nichts getan. Schaut endlich hin und erstickt jeglichen Anfang von Gewalt. Verhindert solche Kriege wie in Afghanistan oder im Irak. Verhindert Glaubenskriege, wir leben im 21. Jahrhundert.

Gott sei Dank, die Computer machte keine Probleme beim Übergang in das Jahr des Milleniums, wie das Jahr 2000 auch genannt wurde. Irgendwie hatte das Jahr 2000 etwas gewaltiges, unerforschtes an sich. Denn seit unserer Kindheit begleitete uns stets das 19. Jahrhundert. Das Gewaltige, dass nun auf uns hereinbrach, war erst einmal eine saftige Benzinpreiserhöhung. Der Liter stieg über 2,00 DM. Dachte die Regierung über eine Senkung der Mineralölsteuer oder Mehrwertsteuer nach? Nein, dachte sie nicht. Das Sparprogramm war angesagt und wo kann man am schnellsten den Bürger abzocken, natürlich beim Autofahren. Was blieb dem Bürger, er musste über eine Reduzierung der Ausgaben nachdenken. Denn bei dieser Regierung ist der Bürger gezwungen ein Sparprogramm zu verfolgen, dass er jederzeit ändern kann. Die Fahrt ins Büro könnte man mit der Bahn, besser mit der Straßenbahn absolvieren. Das Problem ist immer: Das Wetter, der Zeitaufwand, die Entfernung zur Haltestelle und von ihr zum Arbeitsplatz. Zu diesen Kosten kommen dann immer wiederkehrende Preiderhöhungen der Bahn. Rechnet man alle Kosten wie, beschädigte Kleidung, beschädigte Regenschirme und Bahnpreise zusammen, kann man weiterhin mit dem Auto zur Arbeit fahren. Eine weitere Möglichkeit die Benzinpreiserhöhung aufzufangen währe ein anderes Auto, ein Diesel oder ein mit Gas angetriebenes Fahrzeug. Leider war zu dieser Zeit der Gaspreis in Deutschland viel zu hoch. Die Einbaukosten mit 3500 bis 5000 DM viel zu teuer. Nur die Regierung wollte nicht, dass der Bürger spart. So wurde schnell die KFZ-Steuer geändert. Das dumme Geschwätz der Grünen, man sollte mit dem Rad fahren oder die Bahn benutzen, kann man nicht mehr hören. Sollen die doch mal bei Wind und Wetter zum Reichstaggebäude mit dem Rad fahren. Die lassen sich nur bei schönem Wetter ablichten. Dann kommt das Rad in die Ecke. Nein, seit dem die mit an der Regierung sitzen, lassen sie sich fahren. Diese Dummschwätzer. Wie sollte der Bürger aber im Winter zur Arbeit kommen? Die Rad- und Fußwege werden grundätzlich von den Gemeinden nicht vom Schnee befreit. Die Bahn kommt nicht durch den hohen Schnee. Es bleibt nur noch das Auto. Bis heute ist es den meisten Bahnbenutzern schleierhaft, wie man an den Automaten den Fahrausweis mit der richtige Strecke, mit dem dazugehorigen Preis zieht. Holt man aber den Fahrausweis an der Serviceberatung, wird der Fahrgast garantiert falsch beraten und kauft oder bekommt die Karte zu einem überzogenen Preis.

An den Februar 2000 erinnere ich mich gerne zurück. Ich fand es wunderbar, dass die britische Bevölkerung rund eine Million D-Mark für das neue Kuppelkreuz der Dresdener Frauenkirche gespendet hatte. Bei dieser Solidarität ist man gerne Europäer. Leider wurde das Kreuz nicht von einem Spender übergeben.

Kaum träumt der Mensch so vor sich hin, wird man abrupt von der Regierung geweckt. Eine jahrelange verkehrte Bildungspolitik kommt nun als Bumerang zurück. Bundeskanzler Schröder schlägt im Februar 2000 vor, ausländische Hightech-Experten als Gastarbeiter nach Deutschland zu holen. Hierbei löste die Green-Card-Initiative eine heftige Debatte über die Einwanderungspolitik aus. Zuvor hatte die Industrie immer wieder über zu wenig Fachleute geklagt. Wen wollte die Industrie anklagen, wenn nicht sich selber. Dieses Klagen ist ein Eingeständnis zur Unfähigkeit und zeugt von einem Missmanagement in der obersten Etage. Jahrelang war zu verfolgen, wie deutsche Fachleute im Ausland eine Anstellung suchten, weil ihnen hier in Deutschland keine Perspektiven geboten wurden. Nach dem Studium gab ihnen die Regierung und Wirtschaft drei

Möglichkeiten. In die Arbeitslosigkeit zu geraten, eine Hilfsarbeiterstelle anzunehmen oder ins Ausland zu gehen. Vorausschauend hätte die Wirtschaft diese Fachleute binden müssen. Aber die Gier nach einer noch höheren Dividende ließ sich mit billigen Arbeitskräften wesentlich schneller befriedigen. Der Ruf nach Fachleuten sollte nur darüber hinwegtäuschen, dass die hoch bezahlten Manager mit den ausländischen Führungskräften nicht mehr mithalten konnten. Trotz allem hat auch die Bildungspolitik der Regierung, auch unter Alt Bundeskanzler Kohl versagt. Wenn die Regierenden durch ihre Schulpolitik versuchen das Volk dumm zu halten, muss man aber auf der anderen Seite versuchen, genug Studienplätze für die nachfolgende Führungselite zu schaffen. In dem die Gelder für die Ausbildung und Studium immer weiter gekürzt werden ist das nicht zu schaffen.

Eins muss ich noch nachtragen. 16 Monate haben wir ihn mit unseren Steuergeldern bzw. EU-Geldern ernährt. Er hatte sicher ein schönes Leben hier in England. Dann wurde er medizinisch prozessunfähig in ein Flugzeug gesetzt und nach hause geflogen. Der Diktator Augusto Pinochet. Die kleinen hängt man, die großen lässt man laufen. Macht man es hier mit den DDR-Verantwortlichen nicht auch so.

1776 wurde die Firma von Arnold Mannesmann gegründet und durch die Brüder Max und Reinhard Mannesmann mit dem Verfahren zur Herstellung nahtloser Stahlrohre weltbekannt. Diese Firmengründer würden sich im Grab umdrehen, könnten sie verfolgen, was aus ihrer Firma wurde. Ein Scherbenhaufen. Zerstückelt und in andere Firmen übergegangen bzw. aufgekauft. Dank einiger unersättlichen geldgierigen Haie in der Person mehrerer Aufsichtsräte.

Erste feindliche Firmen-Übernahme in Deutschland. Die Übernahmeschlacht, man sagte auch ein Schauspiel, eine Schaumschlägerei wurde den Aktionären drei Monate vorgeführt. Der weltweit größte Mobilfunkanbieter Vodafone/Airtouch will den Branchenriesen Mannesmann übernehmen. Bei dieser feindlichen Übernahme wurden den Aktionären sehr große Summen bzw. Aktien angeboten, die weit über dem Wert der Mannesmann-Aktie lagen. Vodafone war bereit, 120 Milliarden D-Mark für das Unternehmen zu bieten. Im Gegenzug hatte Mannesmann die Möglichkeit die feindliche Übernahme zu verhindern. Nur Mannesmann-Chef Esser verhinderte diese Möglichkeiten

durch Absagen an AOL, Vivendie aus Frankreich und den britischen Mobilfunkanbieter Orange. Hier wurde den Aktionären von Mannesmann vorgeführt. Klaus Esser hatte aus unerklärlichen Gründen die Verhandlungen kurz vor den Abschlüssen immer abgebrochen.
Der Aufsichtsratsvorsitzende von Mannesmann Funk versprach Esser nach dessen Ausscheiden aus dem Vorstand, Esser könne auf Lebenszeit einen Wagen mit Fahrer und ein Büro mit Sekretärin in Anspruch nehmen. Diesen Anspruch ließ sich Esser später abkaufen. Für zwei Millionen Euro. Ein Profan an die Mitarbeiter bei Mannesmann bzw. es kommt einer Provokation gleich. Wie oft hatte Arbeitgeberpräsident Hundt gefordert, die Löhne der Arbeiter sind zu hoch. Die Betonung liegt auf Arbeiter. Wie oft hatte die Regierung unter Rot-Grün gefordert, die Löhne der Beamten sind zu hoch. Mannesmann aber gibt fast 100 Millionen aus. Nicht für euch rechtschaffende Bürger, sondern für die habgierigen Haie, die hoch bezahlten Manager, die nicht in der Lage sind, einen Konzern mehrere Jahre an der Spitze der Weltwirtschaft zu halten. Versager eben. Ich glaube, bei Mannesmann waren es sechs die abkassierten. Schließlich einigten sich am 3, Februar 2000 der Vodafone-Chef Gent und Mannesmann-Chef Esser. Für viele doch eine Überraschung. Vodafone zahlte für die Mannesmann-Übernahme rund 380 Millionen DM in Aktien. Klaus Esser wird bis auf weiteres Vizechef bei Vodafone. Nur einen Tag später, am 04.02.2000 stimmt der Aufsichtsrat von Mannesmann die Übernahme zu und bewilligt Sonderzuwendungen in Höhe von 48 Millionen D-Mark an den Vorsitzenden Funk, Esser und vier weitere Vorstandsmitglieder.
Also doch ein Geschäft von langer Hand vorbereitet. Denn es ist unmöglich in dieser kurzen Zeitspanne von nur wenigen Stunden über einen Betrag von 48 Millionen zu entscheiden. Zumal der Betrag ungewöhnlich hoch für Sonderzuwendungen ausfiel. Stellt euch vor, ihr arbeitendes Gesinde, Mannesmann hätte euch zu Weihnachten eine Sonderzuwendung von 48 Millionen gezahlt. Dann hättet ihr wieder Spaß an der Arbeit und würdet sie doppelt so schnell erledigen. Nur 13 Tage später, am 17. Februar 2000 wurde Esser auf Wunsch von Vodafone, wie sagt man so schön, abberufen. Ein abgekartetes Spiel, um Esser eine riesige Abfindung zu zahlen. Eine Abfindungsklausel stand nicht in seinem Vertrag. Versüßt wurde ihm der Abschied mit ei-

ner Abfindung von 30 Millionen D-Mark. Unvorstellbar, eine Frechheit mit welcher Arroganz die Staatsanwaltschaft Düsseldorf am 21. März 2000 ein Ermittlungsverfahren gegen Esser ablehnte. Der Verdacht der Untreue habe sich nicht bestätigt. So der Kommentar. Was nun bei Mannesmann ablief, ist die Verhöhnung des deutschen Arbeitervolkes, denn am 27. März 2000 beschloss der Mannesmann Aufsichtsrat, man beachte, in den Räumen der Deutschen Bank, die sogenannten Alternativpensionen. Diese Alternativpensionen wurden nur erfunden, um den Vorsitzenden Funk auch an der Millionenverteilung teilhaben zu lassen. Bei Mannesmann wurden in der obersten Etage Millionenbeträge gegenseitig verschoben. Jeder dieser sechs Herren konnte sich daran laben. Diese Alternativpension für pensionierte Vorstandsmitglieder sah eine Abfindung in Höhe von 63,5 Millionen DM vor und wurde am selben Tag auch von Deutsche Bank Chef Ackermann abgesegnet. Überall wo es um hohe Beträge und Zahlungen geht ist die Deutsche Bank dabei. Deutsche Bank Chef Ackermann, auch im Aufsichtsrat bei Mannesmann vertreten, segnete natürlich alle Zahlungen ab. In den Aufsichtsräten sollten Personen sitzen, die nur das Wohl der Firma im Auge haben und nur diesen einen Vorsitz ausüben. Die Interessen dürfen nicht verzweigt sein. Gewerkschaftler sollten sich tunlichst vom Aufsichtsrat fernhalten. Dann am 12. März 2000 doch noch die Wende? Die Generalstaatsanwaltschaft ordnet an, dass die Staatsanwaltschaft Düsseldorf ein Ermittlungsverfahren gegen Esser und Mitglieder seiner Führungsmannschaft wegen des Verdachts der Untreue und anderer Vorwürfe einleitet. Die Staatsanwaltschaft Düsseldorf ermittelte nun gegen Esser, gegen IG Metall-Chef Klaus Zwickel und Deutsche Bank Chef Ackermann. Eine Zeitlang wehrte sich IG-Metall Chef Klaus Zwickel gegen die Vorwürfe der Staatsanwaltschaft zum Verdacht der Untreue. Doch am 28. August 2001 räumte Klaus Zwickel nun doch erstmals öffentlich ein, mit seiner Stimmenthaltung bei der Vergabe von Millionen-Zahlungen an Spitzenmanagern von Mannesmann Fehler gemacht zu haben. War Zwickel nicht auch im Vorstand vertreten! Welch ein Wunder, erstmals Stimmen aus der Politik. Politiker aus CDU/CSU und FDP fordern den Rücktritt von Zwickel und Ackermann. Heute sitzen sie wieder zusammen und lachen über den Deail, Ackermann mit seiner Freundin Angelika Merkel.

Am 17. Februar 2003 wurde von der Staatsanwaltschaft Düsseldorf Klage gegen sechs Personen erhoben. Deutsche Bank Chef Ackermann, IG-Metall-Chef Zwickel, der frühere Konzernbetriebsratsvorsitzende Ladberg, der frühere Mannesmann-Chef Esser, Personalvorstand Droste und der frühere Aufsichtsratsvorsitzende Funke. Ja ihr Gewerkschaftler, ihr habt richtig gelesen. Wie viel zahlt ihr von eurem hart erarbeitenden Lohn in die Gewerkschaftskasse ein? Euren Vertretern in der oberen Etage reicht es wohl doch noch nicht. Die Gewerkschaft müsste von drei Vertretern geführt werden und sollten nicht im Vorstand sitzen. Drei Vertreter werden sich immer zu Spitzenleistungen antreiben.
Der wohl spektakulärste Wirtschaftsprozess der deutschen Nachkriegsgeschichte begann im Düsseldorfer Landgericht am 21. Januar 2004. Hier sagte Hans-Dieter Sembach, Exmitglied des Mannesmann-Aufsichtsrates aus, dass Ackermann ihm gesagt hätte, Vodafone wird die Prämien für Esser und Co. Finanzieren. Am 22. Juli 2004 wurden alle sechs freigesprochen. Was eigentlich nicht verwunderte. Hatte die Staatsanwaltschaft nicht schon im Vorfeld eine Anklage abgelehnt. Hier wurde nur auf Kosten des Steuerzahlers ein Schauprozess geführt. Am 21. Dezember 2005 hob der Bundesgerichtshof die Freisprüche wieder auf, um ja dem Bürger noch mehr Kosten aufzubürde, denn am 29. November 2006 wurde das Verfahren gegen Zahlungen in Millionenhöhe eingestellt. Esser und Ackermann müssen zusammen lächerliche 6 Millionen zahlen. Man gebe mir 60 Millionen und ich zahle gerne 50 Millionen zurück.
Was lehrt uns die ganze Geschichte? Betrüge im großen Stiel, habe die besten Freunde und Mitstreiter an der richtigen Stelle und es wird dir Wohl ergehen. Nicht kleckern, sondern klotzen. Leider haben wir armes rechtschaffendes Volk nicht die Möglichkeit der Selbstbereicherung. Aber wir haben bei den Wahlen die Möglichkeit das zu ändern. Leider wird diese Möglichkeit nicht vom Volk genutzt. Überraschend war auch , oder auch nicht, die Tatsache, es gab keinen Aufschrei aus der Regierung zum Fall Mannesmann. Es gab keinen Aufschrei der Gewerkschaftsmitglieder. Keine Massenflucht aus der Gewerkschaft. Mensch kusch. Dieser Gedanke, man kann ja doch nichts machen, darf sich in euren Köpfen nicht festsetzen. Die deutschen Arbeiter leben in einem freien Rechtsstaat. Jeder kann sagen, tun und lassen was er will.

Geht zusammen auf die Straße und fordert euer Recht ein. Schmeißt eure Gewerkschaftsführer aus den Vorständen der Konzerne. Zu viele haben sich selbst bereichert. Nur Mut, wenn ihr den aufbringt, seit ihr wieder die Arbeitermacht der vergangenen Jahre. Von der Regierung könnt ihr nichts erwarten. In der Zeit der Globalisierung haben sich die da oben alle vereint. Das Beispiel Mannesmann zeigt es ganz deutlich auf und wird sicherlich als Beispiel und Vorbild für andere Führungskräfte herangezogen werden. Freispruch für die Versager und Betrüger. Jede Aktiengesellschaft (AG) ist Gift für die Gesellschaft und dem arbeitendem Volk. Hier werden die Manager zu noch immer höheren Gewinnen gezwungen. Vor allem die Suche nach immer neuen Geschäftsfeldern, wie es auch Mannesmann intensivierte, macht jede Firma anfällig gegen äußere Einflüsse und macht sie unüberschaubar. Wie viele Firmen mussten Konkurs anmelden, weil ihnen der Aufstieg von einem sehr gut geführten Mittelstands-Unternehmen zu einem Konzern zu steinig, unüberschaubar wurde.

Die Familie wankt

Der Mann kam eines Tages von der harten Arbeit nach hause. Da hörte er schon vor der Haustür das Gejammere, sie ist weg, sie ist weg. Er half natürlich sofort suchen, wusste er doch zu gut, wem dieses Gejammere galt. Sie suchten und suchten, es war vergebens. Sie ist weg. Doch da, still, bellt da nicht ein Hund? Da ist sie, in der Hecke tief versteckt. Zusammengekauert mit den großen verängstigten Augen. Die Katze. Gott sei Dank, wieder Ruhe im Haus. So kann es gehen, eine Kleinigkeit bringt das gesamte Gebäude, hier die Familie ins Wanken.

Ins Wanken geriet auch der zweitgrößte deutsche Baukonzern, die Philipp Holzmann AG in den Jahren 1999/2000 bis knapp zwei Jahre später die Insolvenz angemeldet werden musste. War die Deutsche Bank mit Ackermann beim Niedergang der Mannesmanngruppe vertreten, half sie auch beim Absturz des zweitgrößten Baukonzerns fleißig mit. Sie hatte in dem Aufsichtsratschef bei Holzmann einen aus ihren eigenen Reihen sitzen. Plötzlich seien Altlasten von 2,4 Milliarden DM aufgetaucht, die die ehemaligen Vorstände zu verantworten hätten, verlautete es aus der obersten Etage. Angeprangert wurde auch der Großakätionär Deutsche Bank, denn die hatten mit Carl Ludwig von Boehm-Benzig als Aufsichtsratschef bei Holzmann die Verantwortung. 2,4 Milliarden

Verlust und keiner hat etwas gewusst. Als dumm kann man die da oben nun ja nicht bezeichnen. Wo aber kamen die Altlasten von 2,4 Milliarden her? Warum hatten die Wirtschaftsprüfer in der vergangenen Zeit nichts bemerkt? Haben sie einfach nur versagt, oder steckt das allgegenwärtige Wort, Selbstbereicherung dahinter?
Die Philipp Holzmann AG hatte ein nicht ganz fertiggestellten Bürokomplex an die Deutsche Bank verkauft, die einen Käufer aus Schweden zu diesem Projekt hatte. Dieser meldete aber kurz vor Vertragsabschluss Konkurs an. Es ging hierbei um eine Kaufsumme von 2,4 Milliarden D-Mark. Da dieser Verkauf nicht zu zustande kam, zwang die Deutsche Bank die Holzmann AG, das Projekt zurück zu nehmen. War das der Verlust von 2,4 Milliarden D-Mark zu finden? Was wurde hier gekungelt, was wurde verheimlicht? Nichts ist von dieser Aktion zu hören.
Einen Rettungsplan erdachte Kanzler Schröder mit den Banken. Wobei der Staat von unserem Geld eine Bürgschaft und einen Kredit in der Gesamthöhe von 250 Millionen D-Mark bei den Banken hinterlegen musste. Hier wurde Schröder von den Banken, speziell von der Deutschen Bank reingelegt und unser Geld wie immer sinnlos vergeudet. Die Arbeiter verzichteten auf Lohnzahlungen und bezahlten Überstunden. Immer müssen wir für diese Versager blechen. Danach ließ sich Kanzler Schröder als Retter und Freund der Arbeiter feiern. Die Feier mit Betriebsratschef Mahneke war nicht von langer Dauer. Oder war der Rettungsversuch von Schröder nur ein wahltaktisches Manöver, denn sein Ruf bei der Arbeiterklasse ließ merklich nach. Trotz dieser Zusagen und der Bereitschaft der Arbeiter auf Lohnverzicht und Mehrarbeit wurden1000 Leute entlassen. Mit dieser Aktion auf Lohnverzicht und Mehrarbeit hatten sich die Gewerkschaften ins eigene Fleisch geschnitten oder besser gesagt, den Arbeitern auf Jahre einen Lohnverzicht eingehandelt. Denn von nun an wurden die Gewerkschaften bei neuen Tarifverhandlungen immer an die unterschriebenen Tarifverträge bei Holzmann erinnert. Der Dumme war wieder der Arbeiter. Ohne Schröders eingreifen hätten die Banken auf jeden Fall versucht die Philipp Holzmann AG zu retten. Zu viel stand für sie auf dem Spiel. Hatte der Bundeskanzler nicht gewusst, dass die Banken Milliarden Verluste bei einem Niedergang von Holzmann gemacht hätten? Dann hatte er schlechte Berater. Die Banken

bemerkten natürlich das große Interesse der Politik an der Rettung von Holzmann und nutzten das schamlos aus.
140 Jahre hatte der Holzmann Konzern im Auftrag von Bauherren die Projekte abgewickelt. Nun wollten die ach so großen Manager schlauer sein und nach dem Mauerfall die großzügige steuerliche Abschreibung im Osten nutzen. Jetzt wurde gebaut auf Teufel komm raus. In Eigenregie wurden Projekte erstellt und von den Banken finanziert. Anschließend wurden die Gebäude verkauft. Vertraglich wurde aber immer eine Mietgarantie von mindestens 10 Jahre festgeschrieben. Sollten Gebäude nicht vermietet werden, oder die Anmietdauer war kürzer als 10 Jahre, musste Holzmann die Miete an den Käufer entrichten. Nun aber der Clou. Ging Holzmann pleite, mussten die Banken einspringen und den vereinbarten Verträgen nachkommen. Die Banken hätten Holzmann nicht fallen lassen. Das hätte Herr Schröder wissen müssen. Auch die Gewerkschaften steuerten mit dem Lohnverzicht und unbezahlten Überstunden ihren Teil dazu bei. Es hätte nicht sein müssen. Da hatte der Betriebsratschef Mahneke schlicht geschlafen. War Mahneke nicht auch im Vorstand bzw. Aufsichtsrat mit Aufsichtsratschef Boehm-Benzig von der Deutschen Bank!
Das unrühmliche Ende einer mehr als 150-jährigen Unternehmergeschichte. Im Frühjahr 2002 meldete Holzmann Insolvenz an. Wirtschaftsexperten sprachen von einer schlechten Geschäftspolitik und einem gescheitertem Management. Größere Betriebszweige wie die Deutsche Asphalt oder die Holzmann-Service Gesellschaft wurden an Konkurrenten schnell verkauft. Trotz finanzieller Probleme, die der Holzmann Konzern schon 1998 hatte, gab die Deutsche Bank den Börsen-Einführungsprospekt für neue Holzmann-Aktien heraus. Verschleierte hierbei aber die Finanziellen Probleme des Konzerns. Der belgische Gevaert-Konzern, der daraufhin 200 Millionen Euro investierte, fordert bis heute noch diesen Betrag von der Deutschen Bank zurück. Doch die deutsche Justiz verschleppt das Verfahren. Absichtlich? Die 200 Millionen vom belgischen Gevaert-Konzern, eigentlich zur Investion bei Holzmann gedacht, flossen sofort in die Kasse der Deutschen Bank.
Holzmann hatte 23000 Beschäftigte. Von den 11000 Stellen in Deutschland konnten nach Angabe des Insolvenzverwalters 7000 Stellen gerettet werden. Was wurde nur aus den 4000 armen arbeitslosen Menschen mit ih-

ren Familien? Danach fragt keiner, auch Schröder nicht. Diese tauchen wieder als Nummer in der Statistik auf und werden als Arbeitslose abgehandelt.

Das Bauunternehmen wurde 1849 von Johann Philipp Holzmann gegründet. 1902 wuchs es zum größten deutschen Bauunternehmen heran. Noch 1988 machte die Firma Gewinn. Als Lothar Mayer, Vorstandsvorsitzender ab 1992 im Jahr 1997 abgelöst wurde, waren Schulden von 3,2 Milliarden D-Mark bekannt. Das Ende war die Folge von Fehlern des Managements beim Zukauf von Beteiligungen im In und Ausland, sowie bei der Projektentwicklung. Auch hier bei Holzmann ist zu erkennen, die vielen Betriebszweige (Töchterunternehmen) sind nicht in den Griff zu bekommen. Die Gelder, die investiert wurden um Holzmann zu retten, hätten besser in der Erhaltung von langfristigen Arbeitsplätzen investiert werden sollen. Ohne jegliches Gewissen ließen sich die Versager Pensionsleistungen und Abfindungen in der Höhe von 130 Millionen Euro auszahlen. Damit waren die Vorstände mal wieder schnell bei der Hand, schneller als der Insolvenzverwalter. Die Regierenden haben einfach nicht mehr die Macht, um gegen die Banken zu bestehen. Besonders, wenn diese auch noch in den Vorständen der Konzerne sitzen. Die hoch bezahlten Manager haben nicht mehr den Fleiß und den Willen, vielleicht auch nicht das Können, um einen Konzern über Jahre zu führen. Über allen schwebt das Damoklos-Schwert der immer größer werdenden Gier der Banken.

Etwas ganz neues, höre ich da in den Nachrichten. Die Börsianer feiern Finanzminister Hans Eichel? Ein Milliardengeschenk aus Berlin, für uns Arbeiter? Weit gefehlt.

Die Börsianer feierten die Steuerpläne der Regierung. Künftig können Unternehmen (Konzerne) ihre Industriebeteiligungen steuerfrei verkaufen. Warum immer die? Wann trifft das Glück mal uns arme Schweine? Diese Steuerfreiheit betraf vor allem die Konzerne, die ein riesiges unüberschaubares Geflecht an Industriebeteiligungen und Tochter-Gesellschaften inne hatten. Man könnte auch sagen, Schuster bleib bei deinen Leisten. Dann hätte das Kernunternehmen nicht diese immensen Probleme. Aber dafür sind wir ja da, helfend unter die Arme zu greifen. Allein die vier größten Banken und die beiden größten deutschen Versicherer besitzen Beteiligungen im Wert von etwa 100 Milliarden

Euro. Zur Information, die Dresdner Bank ist ein Tochterunternehmen der Allianz. Es ist ein schier unüberschaubares Geflecht an Beteiligungen und Tochterunternehmen. So leicht werden sich die Banken und Versicherungen wohl nicht von den Beteiligungen trennen. Sitzen sie doch überall in den Vorständen und können mit ihren Stimmrechten die Hauptversammlungen der Industrie nach eigenen Interessen gestalten. Sie erhalten in den Aufsichtsräten den Einblick in das laufende Geschäft und bestimmen dessen Marschrichtung maßgeblich mit.
Natürlich war die Industrie, die Konzerne, der Politik wieder voraus. Die Tochtergesellschaften und Beteiligungen verkaufen? Ja, aber nur die unrentablen Pakete einfach an die Tochtergesellschaft veräußern. Das ist der richtige Weg. Unabhängig von der Entwicklung kassieren sie so steuerfreie Veräußerungsgewinne und bewahren sich einen Einfluss auf ihre Beteiligungen. So einfach ist es, den Staat ein Schnippchen zu schlagen. Nur die Deutsche Bank verkaufte Beteiligungen. Der Grund war, die eigene Kapitaldecke wurde zu gering. Die Übernahme der Bank durch andere Investoren währe durchaus möglich. Man musste das Eigenkapital aufstocken. Warum sagt kein Politiker, um die Wirtschaft anzukurbeln braucht niemand die Einnahmen aus der Nebentätigkeit versteuern. Sie haben es doch gezeigt das es geht. Aber nicht bei den Arbeitern!
Die späte Einsicht einer Regierenden zu den Steuergeschenken. So gestand Angelika Merkel im Herbst 2009 Fehler ein. Die großzügige steuerliche Abschreibung für Wohnraumsanierung im Osten hätte besser gedeckelt werden müssen. Damit meinte sie wohl, nach oben begrenzt. Das war immer teuer für den Haushalt und hat zu vielen unsinnigen Luxussanierungen in den Großstädten geführt. Was meinte sie sie, mit zu teuer für den Haushalt? Ich glaube nicht, dass sie auch nur einen Cent für dieses unsinnige Steuergesetz ausgegeben hat. Es war mal wieder unser Geld, das da verschleudert wurde.

Das Glück

Donnerstag, es ist 20 Uhr 15. So spät, er muss nach haus. Schnell raste er los. Verdammt auch das, die Auffahrt gesperrt. Eine Umleitung, wohin? Bei der Abfahrt hörte man es Krachen und Bersten. Was konnte es sein? Noch einmal Glück, es ruckelt und zuckelt, aber er springt wieder an. Zum Glück. Da hinter ihm, eine riesige Rauchwolke. Der Auspuff kaputt? Er gebe Gas und der Qualm lässt nach. Leute winken ihm zu. Da noch einer und noch einer. Er hält an, da kommt der Rauch ihm schon entgegen. Die Flammen schlagen hoch, es brennt, was nun. Ein Helfer ruft die Polizei. Es brennt. Oh Herr las es brennen, es ist das Beste für sein Portomanaie. Die Feuerwehr, erst nach 20 Minuten. Zu spät, es ist nichts mehr zu retten. Gott sei Dank. Er zittert, was ist zu tun, heut ist der Hochzeitstag seiner Frau. Und nun, es war der Volvo seiner Frau. Die Kasko-Versicherung, die bezahlte promt. Das sind die Einnahmen des kleinen Mannes.

Die großen Ausgaben folgen natürlich. Damit die deutschen Soldaten irgendwo eingesetzt werden, wo sie normalerweise nichts zu suchen haben, müssen wir wieder tief in die Tasche greifen. Die Kosten für die Balkan-Mission der Bundeswehr erhöhten sich im Jahr 2000 um 140 Millionen D-Mark. Wir mussten für die Auslandseinsätze der Bundeswehr für das Jahr 2000 knapp 1,95 Milliarden D-Mark an Steuergeldern aufbringen. Für eine sinnlose Sache. Das ärgert, denn im eigenen Land müssen Kinder, um eine Mahlzeit zu bekommen, schon in die dafür vorgesehenen Einrichtungen betteln gehen. Diese Einrichtungen werden aber nicht vom Staat bzw. unseren Steuergeldern unterstützt, diese Einrichtungen werden aus privater Hand finanziert. Wie kommen Politiker aus der Grünen- und Roten Partei dazu, Milliarden sinnlos zu vergeuden und im eigenen Land das Elend vor Augen. Ich kann es nicht verstehen. Wählt diese eigennützigen Köpfe endlich ab.

Kaum ist diese Hiobsbotschaft verklungen, tut sich der ganze Sumpf der Regierenden auf. Besonders hart muss man auch mit der Nordrhein-Westfälischen SPD ins Gericht gehen.

Warum hatte die West-LB zu weit überteuerten Preisen Privatjets für Clement, Rau und Schleußer angemietet und finanziert? Im Zusammenhang mit der Flugaffäre, um Gratisflüge zu den Ferienorten mit angemieteten Maschinen der West-LB (Westdeutsche Landesbank) legte NRW-Finanzminister Schleußer sein Amt nieder. Zuvor räumte er auch zwei Flüge in weiblicher Begleitung ein. Ebenfalls stand Schleußer unter Verdacht, die West-LB vor der Steuerfahndung gewarnt zu haben. Nach Aussage der Steuerfahndung waren die Räume chemisch gereinigt. Es gab Zeugen, die aussagten, Finanzminister Schleußer hätte die West-LB vor der Steuerfahndung gewarnt. Auch Rau und Clement sollten diese Freiflüge genutzt haben. Die Unterlagen sind leider nicht mehr aufzufinden. So finanzierte die West-LB die Geburtstagsfeier von Johannes Rau. Kosten ca. 150000 D-Mark. Man konnte sich des Eindrucks nicht verwehren, alle Minister des Bundeslandes NRW wurden von der West-LB bedient.

Erst der Rücktritt von Niedersachsens Ministerpräsident Glogowski (SPD), wegen Gratisreisen und Freibier. Der Rücktritt von BundesVerkehrsminister Reinhard Klimmt (SPD). Beihilfe zur Unteue. Aber vor seiner Amtsübernahme. Rücktritt von NRW-Finanzminister Scheußler (SPD). Diese Liste könnte man unendlich fortführen, sie würde den Rahmen sprengen. So wie die SPD sich darstellte, war die CDU in der Selbstbereicherung ein kleines Licht. Denn die SPD Politiker bereicherten sich an unserem hart verdienten Geld. Wieviel Sumpf verbirgt sich in wirklichkeit hinter dieser politischen Betrügerbande. Hatte keiner die West-LB angeklagt? Sie sollte unsere Steuergelder verwalten. Was machen die, sie bezahlen mit unserem Geld die Annehmlichkeiten derer, die schon genug haben. Das ist Raub am Gemeinwohl und muss mit Gefängnis bestraft werden. Das ist Bestechung der Politiker. Bis heute hat sich die Einstellung der Blutsauger in der Politik nicht geändert. Es ist noch schlimmer geworden. Früh übt sich wer ein Meister in der Selbstbereicherung werden will. Es werden hierzu Schulungen angeboten, aber nur für Politiker oder angehende Politiker. Sie betrügen und stehlen bis heute.

Unter dem Motto, wir bezahlen immer, kann ich von der Müllverbrennungsanlage bei Rheinberg (Niederrhein) berichten. Die Müllverbrennungsanlage ist nicht ausgelastet und schreibt rote Zahlen. Durch Fehlplanung und falscher Standortbestimmung des Landes, muss der Müll aus weit entfernten Regionen herangefahren werden. Das bedingt höhere Müllgebühren für die Einwohner der Stadt Wesel und Umgegend, die einen viel näheren Standort zur Müllverbrennung zur Verfügung hätten. Wie sich nach dem Bau der Anlage bei Rheinberg herausstellte, ist die Müllverbrennungsanlage mit 220000 Tonnen Müll viel zu groß geplant worden. Es stehen aber nur 100000 Tonnen bereit. Diese Kosten muss der Bürger übernehmen.

Leider können wir die Milliarden nicht übernehmen, die die Regierung kassiert. Wir gucken in die Röhre. Durch die Versteigerung der UMTS Lizenzen (Univerdal Mobile Telecommunikation System) kassierte unserer damalige Finanzminister Hans Eichel fast 100 Milliarden D Mark und nutzte sie zum Abbau der Schuldenlast des Bundes. Richtig heißt es, Schuldenlast der Regierung. Dann frage ich, warum im Folgejahr neue und noch höhere Kredite zur Haushaltssanierung aufgenommen wurden.

Die Deutsche Telekom klagt gegen die Bundesregierung. Hierbei ging es um den milliardenschweren Kauf der UMTS-Lizenzen im Jahr 2000. Die Telekom hatte 8,3 Milliarden Euro für zwei Lizenzpakete bezahlt. Der Bundesgerichtshof hat die Klage abgewiesen. Im Jahr 2006 kassierte die Regierung gut 56 Millionen Euro für die Versteigerung der Wimax-Frequenzen. Hinter dem Begriff Wimax, verbirgt sich eine neue Funktechnologie, die vor allem in ländliche Gebiete angewendet wird. Dort wo kein DSL-Anschluss vorhanden oder möglich ist. Im Jahr 2010 ist eine neue Versteigerung der UMTS-Lizenzen vorgesehen. Nur diese Beträge wie 2000 wird der Staat nicht mehr erhalten. Damals hatten sich zu viele Anbieter übernommen.

Übernommen hatte sich ein Mann nicht. Horst Köhler weckt zum ersten mal das Interesse der Öffentlichkeit. Er wird Direktor des Internationalen Währungsfonds (IWF). Der IWF wurde 1944 durch eine internationale Übereinkunft gegründet. Zu seinen Aufgaben gehören Förderung der internationalen Zusammenarbeit in der Währungspolitik. Ausweitung des Welthandels, Stabilisierung von Wechselkursen, Kreditvergabe, Überwachung der Geldpolitik und technische Hilfe. Der Direktor des IWF ist immer ein Europäer. Der erste stellvertretende Direktor wird von einem US-Amerikaner besetzt.

Horst Köhler war von 2000 bis 2004 Direktor des IWF und ist seit dem 1. Juli 2004 Bundespräsident. Zu seiner zweiten Amtsperiode wurde er am 23. Mai 2009 gewählt.

Da hatte mal wieder jemand von der Regierung in Berlin sehr viel Zeit gehabt. So einen Blödsinn in den Zeiten der Sparappelle. Der Bundestag stimmt mit 260 gegen 258 Stimmen bei 31 Enthaltungen für das Konzept des Künstlers Hans Haacke zur Gestaltung des nördlichen Lichthofs im Reichstaggebäude. Unter dem Titel „Der Bevölkerung“ wird ein Blumenbeet aufgeschüttet, für das jeder der 699 Bundestagsabgeordneten Erde aus seinem Wahlkreis nach Berlin bringen soll. Ich hatte mich schon damals, bei meinem Berlin-Besuch gewundert, warum so viele Erdlöcher im Park vor dem Reichstaggebäude waren. Bei dieser Aktion wollte man sich auf die 1916 angebrachte Inschrift „dem deutschen Volke“ beziehen. Würde die Regierung solche Aktivitäten unterlassen, müssten nicht Kinder Jahre auf einen Kindergartenplatz warten oder Schüler in der achten Klasse auf Stühlen sitzen, die für einen Zweitklässler gedacht sind. Wir müssen sparen, wir müssen den Gürtel enger schnallen, wir müssen, das stimmt. Aber ihr da oben, ihr macht es nicht. Wird für euch das Geld knapp, erhöht ihr die Diäten oder lasst euch von der Industrie bezahlen.

Gibt es noch das Glück?

Der Bundeshaushalt steht vor dem Kollaps. Finanzminister Eichel vielleicht auch. Die Steuerausfälle in zweistelliger Milliardenhöhe sind schuld. Wo sind sie geblieben? Gleich hinter dem Deich. In einem kleinen Straßendorf, gerade mal zwei Straßen, am Ende der Ederhalbinsel sitzen die Bauern und reiben sich die Hände. Ihr seid nicht auf dem Feld? Nein, wir haben Glück. Wie findet man das Glück? Unsere Häuser sind vermietet, an 350 Unternehmen vom Kleingewerbe bis zum internationalen Großkonzern. Hier in dieser ländlichen Idylle? Die Zeit scheint still zu stehn, gleich hinter dem Deich. Der Eindruck täuscht, wir verdienen gut, an der Steueroase hinter dem Deich. Das Handelsregister zeigts auf, wer hier gemeldet ist zahlt keinen Cent. Für Gewerbe und Grundsteuer. Wo gibt es das? In Nordfriedrichskoog, klein Monaco gleich hinter dem Deich.

Nach den Handelsregisterlisten sind 350 Unternehmen hier mit Wohnsitz gemeldet. Das Glück, das gibt es nur noch bis 2007. Bis dahin können Unternehmen völlig legal an der Steuer vorbei, Geld verdienen.

Natürlich versuchte die Regierung Herr über die stetig steigende Arbeitslosigkeit zu werden. So erdachte man immer neue Modelle. Die Rente mit 60, warum nicht? Arbeitsminister Walter Riester, IG-Metall Chef Zwickel und die Spitzen der Rentenversicherer einigten sich. Die Rente mit 60 sollte nun doch kommen. Nach ersten Berechnungen währe das durchaus möglich. Die Neuverschuldung hätte nur einen Betrag von 6,5 Millionen D-Mark bis Ende 2004 ergeben. Das hätte man locker aus den UMTS-Lizenzgewinnen ausgleichen können. Das Modell „Rente mit 60“ sah einen Fonds vor, in der Arbeiter und Arbeitgeber eingezahlt hätten. Warum kam die Rente mit 60 nicht? Weil Herr Schröder sich

gegen die Rente mit 60 stellte und Herr Eichel wieder Steuereinnahmen schwinden sah. Ein Rentner bezahlt nun mal weniger Steuern und wenn Herr Eichel besser den Haushalt geführt hätte, oder die Regierenden, auch vor ihm, nicht dauernd in die Rentenkasse gegriffen hätten um andere Leistungen die mit der Rente nichts gemein hatten zu begleichen, könnte der Schaffende nach 40 Jahren Beitragszahlung in Rente gehen. Aber die Rente mit 60 währe ja ein Zugeständnis an das Volk. So etwas kommt nicht in Frage. Unvorstellbar wie viele Arbeitslose man eine neue Perspektive hätte schaffen können. Herr Schröder war nicht der Genosse der Genossen, wie er sich gerne dargestellt hätte.
Nach Angabe des Finanzministeriums sind die Abgeordneten so hoch verschuldet wie noch nie zuvor und trotzdem wurde eine Transrapidstrecke von Hamburg nach Berlin geplant. Die Kosten. Erst wurden 6,1 Milliarden D-Mark veranschlagt, dann sollte die Trasse 7,7 bis 8,9 Milliarden D-Mark kosten. Welch eine gewaltige Summe im Verhältnis zur Rente mit 60. Hinzu kamen noch anzurechnende Mehrkosten aus dem Trassenumbau und Transformatoren in der Höhe von 2,0 Milliarden D-Mark. Somit waren mindestens 10,0 Milliarden D-Mark zu veranschlagen. Zusätzlich müssten noch die jährlichen Betriebskosten eingerechnet werden. Herr Schröder, wollten sie sich einen Gedenkstein setzen. Ein Bruchteil dessen hätte die Rente mit 60 gekostet. Wer hatte diese Partei noch 2002 gewählt?
Bei meinem letzten Besuch in Berlin hörte ich, wie der Finanzminister nach seinem Mantel fragte. Darauf ich: Wozu brauchen sie einen Mantel, wo sie doch immer ihre Hände in unsere Taschen haben.
Mich wunderts, oder auch eigentlich nicht. Der frühere Chef des Ministeriums für Staatssicherheit (STASI) Erich Mielke stirbt in einem Berliner Altenpflegeheim. Warum sitzt der nicht im Gefängnis? Ach ja, da war doch früher mal was. Zu DDR-Zeiten, als die Wessis die Leipziger Messe besuchten, legten Mielkes Huren die Wessis aufs Kreuz. Natürlich nicht alle, nur die interessanten westdeutschen Geschäftsmänner wurden bei ihren Plauderstündchen beobachtet und gefilmt. Hatten die Westdeutschen Angst, Mielke könnte etwas ausplaudern? Musste er deswegen nicht ins Gefängnis? Die jungen Burschen, die auf Befehl schießen mussten, die wurden für sechs Jahre eingesperrt. Welch eine Ungerechtigkeit. Die kleinen hängt man, die großen lässt man laufen. Nur

wenige Monate später begnadigt Berlins Oberbürgermeister Diepgen Günter Schabowski. Wegen der Todesfälle an der innerdeutschen Grenze wurde er nur zu drei Jahren Haft verurteilt. Wusste Schabowski auch etwas? Warum nur drei Jahre? Die kleinen bekamen 6 Jahre Gefängnis und mehr.

Die Gewalttaten an den Schulen nehmen zu. Am 29.05.2000 bringt ein 15-jähriger Schüler seine Geschichtslehrerin durch 22 Messerstiche um. Er wird wegen Mordes zu siebeneinhalb Jahren Gefängnis verurteilt. Das normale Leben des Jungen ist für immer beendet. Wie kam es zu dieser schrecklichen Tat? Was hatte die Regierung, die Familienministerin oder das Ministerium für Bildung und Forschung unternommen, nach dem dieser Mord kein Einzelfall mehr war? Es wird analysiert, viel geschrieben, Studien erstellt, aber die eigentliche Problematik erkennt niemand. Schuldzuweisungen sind angesagt. Die Schule als Institution ist zum Teil mit verantwortlich für die Verstärkung der Gewalt. Immer wieder wird das schlechte Elternhaus als Gewaltgrund angeprangert. Schuld allein ist die eingeforderte lasche Schul- und Erziehungspolitik der Grünen Partei. Sie haben der Schule jeglichen Einfluss auf die Erziehung der Kinder genommen. Es hatte sich auch herausgestellt, dass die Tötungsdelikte von Jugendlichen ausgeführt wurden, deren Elternhaus sicher nicht zu den sozial schwachen gehörte. Die Ausarbeitungen und Vorschläge der sogenannten Fachleute stellen sich dann so dar. Dabei sollte man Konsistent vorgehen und erwünschtes Verhalten konkret belohnen. Sind unsere Kinder Hunde? Interessieren sich Eltern für die Berichte der Professoren und Doktoren, kann sie kein normaler Mensch ohne ein Wörterbuch aufzuschlagen lesen. Es ist wohl so gewollt. Eine definitive Antwort auf das Problem findet man nicht. Kann jemand mit den Wörten: Gewaltpräventions-Programm auch evalulert, Gewaltprävention-Curricula, Gewaltpräventierte Wirkung, Forschungsdesiderata oder Entwicklung und Evaluation gewaltpräventiver Maßnahmen, etwas anfangen. Aus lauter Verzweiflung wandten sich im August 2005 180 (von240) Lehrer der neuen Bochumer Hauptschule an Barbara Sommer, Schulministerin in NRW, um auf Mängel und Probleme an den Schulen hinzuweisen. Das Ministerium verwies in seiner Antwort auf den Instanzenweg. Weis Gott, was damit gemeint war. Andere schlaue Köpfe trugen vor, man sollte den Schulunterricht so gestalten, dass alle Schüler den Unterrichtsstoff begriffen haben und dann erst mit dem neuen Abschnitt begonnen wird. Sollen alle Schüler mit dem Wissen eines Vierklässlers von der Schule gehen? Im Grunde währe das auch der Wunsch der Regierung. Dumme Menschen mucken nicht auf, sie kuschen.

Gerade Grundschul- und Hauptschullehrer haben es besonders schwer. Sie müssen mit allen Problemfällen zurechtkommen. Allein die Schüler mit den Problemen in der deutschen Sprache. Wie sollen sich die Lehrer verhalten? Sie werden alleine gelassen. Die Regierung lässt alle rein, wir müssen damit klar kommen, wir müssen bezahlen. Die eigentliche Problematik der Kindererziehung liegt sehr weit zurück.

Der erste Fehler. Es wurde den Lehrern untersagt handgreiflich zu werden. Ich meine jetzt nicht die Prügelstrafe. Dadurch untergrub man die Autorität und der Respekt ging verloren. Der zweite Fehler. Die Grüne Partei mit ihren Gedanken. Kinder sollen die Eltern mit dem Vornamen ansprechen. Was kommt dabei heraus. Der Respekt der Kinder geht verloren. Wie oft kann man verfolgen, wie Kinder auf die Eltern eintreten und die Eltern dann sagen, das macht man aber nicht. Das ist die Vorstufe zu den Nanni-Sendungen. Ich könnte mich dann immer totlachen. Der dritte Fehler: Die jungen Lehrer boten den Schülern das „Du" an. Und jetzt ging es erst richtig los. Jeder Respekt vor dem Lehrer war verloren. Sie standen nun auf einer Ebene. Es war jetzt wesentlich einfacher einen Lehrer anzupöbeln oder ihn anzugreifen. Der vierte Fehler: Bei der Geburt der Kinder sind die Eltern zu alt. Ein 40- jähriger Vater kann die Dynamik. Die von einem Kind ausgeht nicht durchhalten. Er hat auch nicht mehr das Interesse mit den Kindern zu spielen. Ich war damals 20 und 22 Jahre. Die Jungen sind bis zum Alter von 12 bis 13 Jahre spätestens um 20 Uhr erschöpft ins Bett gegangen. Der Grund, ich besaß noch die Dynamik um sie richtig zu fordern. Der fünfte Fehler: Die Regierung. Die haben es so weit gebracht, dass die Eltern, beide Elternteile bis zur Erschöpfung arbeiten müssen um überhaupt einen gewissen Lebensstandard zu haben und zu halten. So ist dann das Kind den ganzen Tag über im Kinderhort, ohne jegliche erzieherische Maßnahmen. Die Erzieher dort, werden sich kaum ein Bein ausreißen. Nach der Kindergartenzeit ist das Kind den Nachmittag alleine zu hause. Das Kind ist nie ausgelastet, zu keiner Zeit gefordert. Auch nicht am Abend, die Eltern sind erschöpft.

Ich habe es oft miterlebt, wie die Eltern an der Erziehung scheiterten. Trotz entsprechendem Studium. Ich habe es selbst erlebt, wie die Eltern scheiterten weil sie der Grünen Partei angehörten und deren Ideologien übernommen hatten. Wie sie es dann später bereuten in der Erziehung nicht konsequent gewesen zu sein. Die Schule, die kann dann nicht mehr helfen. Prinzipiell hat die Regierung versagt. Alle Parteien. Es wurden viel zu wenig gut ausgebildete Lehrer eingestellt. In den Schulen fallen immer noch zu viele Unterrichtsstunden aus. Die Kinder werden geistig und körperlich nicht gefordert. Der Unterricht ist fad und öd. Man muss die Kinder dazu bringen, dass sie ihren Kopf anstrengen wollen. Dazu bedarf es großen Anstrengungen in der Politik. Denn sie müssen die Marschrichtung überdenken und ändern. Wie soll sich ein Kind in solch heruntergekommenen Klassenräumen wohl fühlen? In vielen Zimmern fehlt jede Möglichkeit sich vor der Sonne zu schützen. Keine Vorhänge. Die WC- und Duschbereiche über 40 Jahre alt, eine Zumutung die zu benutzen. Turnhallen müssen meistens in 3-5 Kilometer Entfernung aufgesucht werden. Eine Zumutung für Schüler und Lehrer. Vor allem wenn dann der Bürgermeister der Stadt Essen für eine neue Eingangstür 500000 Euro ausgeben will. Die Stadt Essen ist pleite. Alle schreien wir brauchen Kinder, dann macht auch mal was dafür. Das Kopfgeld ist der größte Blödsinn aller Zeiten. Wer Kinder haben möchte, der möchte sie auch ohnr Kopfgeldprämie. Nur in dieser Zeit kann man es kaum verantworten. Dem Lehrer muss die Autorität wieder gegeben werden. Die Schulen müssen den heutigen Standards entsprechen. Die Aufsicht über die Schüler, auch während der Pause muss besser werden. Mindestens drei Lehrer. Der Unterricht muss wieder Spaß machen. Dafür müssen dem Lehrer auch wieder mehr Zugeständnisse gemacht werden. Damit auch der Lehrer wieder Spaß an seiner Klasse und an seinen Beruf findet. Störend werden sich immer wieder die Sprachprobleme der ausländischen Kinder auf den Unterricht auswirken. Hier muss endlich mal härter mit den Eltern der ausländischen Kinder durchgegriffen werden. Damit sie mit ihrem Kind Deutsch sprechen. Das sind die Kriterien um einen reibungslosen Schulablauf zu gewährleisten.

Immer mehr Mobbing und Cybermobbing wird an den Schulen und

auch außerhalb des Schulbereichs unter den Schülern betrieben. Was ist Cybermobbing? Hierbei wird die Person über die neuen Medien, wie Handy, Telefon und Internet beleidigt, geächtet und gedemütigt. Mobbing gibt es schon seit Menschengedenken. Helfen und Schützen kann sich der Mensch nur selber. Die Fachleute, die meinen, sie könnten es besser, erstellen erst einmal eine Studie. Das Ergebnis dieser pädagogischen Forschung hilft niemanden weiter. Das Ergebnis sieht vor, die Verpflichtung der Eltern, durch die Schulen angeleitet, werden eine adäquate Medienerziehung erhalten. Natürlich setzt dies voraus, dass die Lehrkräfte ihrerseits eine umfassende Ausbildung in Medienerziehung bereits innerhalb ihrer Ausbildung erfahren. Allerdings wird man die Bösartigkeit von bestimmten Menschen auch mit Medienkompetenz nicht eindämmen können. Es gehört zu einer Demokratie, Kinder und Jugendliche den fairen und sozialen angepassten Umgang miteinander zu vermitteln. Das aber ist nicht Aufgabe der Schule, sondern auch die der Eltern und Medien. Was soll man nun von dieser Studie halten? Sozialforscher nennen mangelnde gesellschaftliche Anerkennung als Gewaltmotiv. Eine Eindeutige und klare Definition des Begriffs Gewalt ist nicht möglich.. Es wird geschrieben, Studien erstellt. Das Ergebnis, den Regierenden ist Hilflosigkeit und mangelnde Kompetenz vorzuwerfen. Mobbing wird auf die schwachen und denen ausgeübt, die nicht dem Sinnbild des heutigen Menschen entsprechen. Kinder mit einer Brille, schwache und schüchterne Kinder, Kinder die einfach zu dick sind, Kinder die keine Markenkleidung tragen, sind besonders dem Mobbing ausgesetzt.

Wer betreibt Mobbing und warum? Im Grunde fehlt demjenigen der Mobbing betreibt die Selbstsicherheit. Die Leistungen in der Schule sind nur ausreichend und in der Gruppe stellt er auch nicht die Führungsposition dar. Durch Mobbing kann es sich über andere lustig machen und die Aufmerksamkeit anderer Schüler auf sich lenken. Damit überdeckt er seine eigene Unsicherheit und Bildung. Tritt man diesen Personen selbstsicher entgegen und macht sie diskret auf ihre Leistungen in der Schule aufmerksam, unterbleiben die Mobbingversuche. Man sollte diese Personen nicht vor der Öffentlichkeit bloßstellen, dass könnte zu aggressivem Verhalten führen. Bei dicken Kindern ist das ein Problem. Das beste, die Eltern lassen es erst gar nicht so weit kommen. Schon aus

gesundheitlichen Gründen sollte das Kind abnehmen. Dann unterbleiben die Mobbingversuche. Dicke Kinder sind meist still und stehen in der Ecke. Man muss ihnen das nötige Selbstbewusstsein antrainieren. Vor allem muss man dem, der Mobbing betreibt, die kalte Schulter zeigen. Er muss Luft sein. Dann hören die Mobbingversuche auf. Auch sollte der Schüler immer versuchen, bessere Schulnoten wie diese Typen zu bekommen. Vorsicht, nicht überheblich werden. Das wichtigste, immer lauter schreien als der, der Mobbing betreiben will. Dann hört ihn keiner mehr zu. Auch Lehrer können Einfluß auf diese Situation nehmen. Ein ruhiges klärendes Gespräch mit beiden Personen wirkt wunder. Nur still in der Ecke sitzen, dass sollte man auf jeden Fall nicht.
Cybermobbing ist nur mit großer Selbstbeherrschung und einem Schuss leck mich am Arch-Gefühl zu beherrschen. Eine gewisse Selbstironie lässt das ganze lächerlich erscheinen. Man muss demjenigen ganz klar sagen, es ist ja dein Geld das du da vertelefonierst. E-Mails leitet ihr einfach an eure Mitschüler weiter und fragt, was will der Blödmann? Mobbing hört auf. Handys gehören nicht in die Schule und das Problem währe gelöst. Anrufe über das Festnetz sollte man nur annehmen, wenn die Nummer des Anrufers zu erkennen ist. Es dauert nicht lange und die Anrufe hören auf.
Am 1.6.2000 eröffnet Bundespräsident Rau in Hannover die „EXPO 2000“. Die erste Weltausstellung in Deutschland. Sie steht unter dem Motto „Mensch-Natur-Technik“ und schloss nach 153 Tagen am 31. Oktober ihre Pforten. Von den erhofften 4 Millionen Besuchern hatten sich nur 1,81 Millionen für das Ereignis interessiert. Dazu muss man sagen, über dem gesamten Zeitraum haben Meldungen über Schwierigkeiten, Skandale und Finanzierungsprobleme das öffentliche Bild der EXPO bestimmt. Gerhard Schröder zeigt sich mal wieder großzügig. Auf Wunsch von Schröder übernimmt der Steuerzahler 2/3 des Schuldenberges, den die EXPO hinterlassen hatte. Die Weltausstellung in Hannover hatte mit einem Minus von 2,4 Milliarden DM geschlossen. Ausgerechnet Herr Schröder, der die Rente mit 60 verhindert hatte. Hier hatte er ja auch wieder Gelegenheit sich im Rampenlicht zu sonnen. Warum schmiss Schröder den Betuchten das Geld hinterher, für das Volk hatte er nie einen Cent über. Er müsste doch aus seiner Kindheit und Jugend die Armut kennen. Aber so sind diese Emporkömmlinge

immer. Das Land Niedersachsen wollte ein Drittel des Schuldenberges aufbringen. Natürlich auch von unserem hart erarbeiteten Lohn. Nicht kleckern, nur Klotzen, dass macht die Regierung sobald sie etwas plant, aber nur wenn es uns nicht betrifft. Warum und für wen wurde extra ein Golfplatz erstellt? Warum wurde ein preislich günstiger Lieferant zur Versorgung der Besucher nicht genommen? Begünstigt wurde der Lieferant der Hannover Messe, bekannt mit dem Manager der EXPO. Wie immer eine Klüngelwirtschaft mit Lug und Betrug. Und es geht weiter. EXPO Genaralkommissarin Birgir Breuel verlagerte ihren Arbeitsplatz von Berlin nach Hannover. Dabei wurden, extra auf Wunsch von Frau Breuel, in Berlin Büroräume angemietet. Der Auszug wird teuer. Nach einem Vergleich mit dem Vermieter, muss der Steuerzahler 550000 D Mark bezahlen. Wurde da in Berlin ein Schloss oder Burg gekauft? Die EXPO hatte somit dem Steuerzahler, nachdem was an die Öffentlichkeit drang, mindestens 3 Milliarden D-Mark zusätzlich gekostet. Die Ausgaben der Regierung werden immer Maßloser, immer unverschämter. Die Büroräume waren nur bis 2000 angemietet und dann ein Vergleich von 550000 D-Mark. Wo auch die Regierung beteiligt ist, plant oder baut, sind Selbsbereicherung, Untreue und Missmanagement im Spiel. Vor allem wurde der Manager der Hannover Messe auch mit der Leitung der EXPO beauftragt. Ohne jegliche Kontrolle konnte er schalten und walten. Das ist das Letzte.
Die Steuerreform 2000 wurde am 6.Juli vom Bundestag mit dem Steuersenkungsgesetz beschlossen und konnte wie geplant zum 1. Januar 2001 in Kraft treten. Die Steuersätze sollten langsam bis 2005 abgesenkt werden. Der Eingangssteuersatz liegt dann bei 15% und der Spitzensteuersatz bei 42%. Ebenso sollte bis 2005 der Grundfreibetrag angehoben werden. Nur an der Kaufkraft der Bürger hatte sich dadurch nichts geändert. Im Gegenteil, mit 3,00 DM mehr Gehalt? Das wurde schon durch die Inflationsrate aufgefressen. Zusätzlich belastete die Erhöhung der Sozialabgaben und die stetigen Preiserhöhungen. Entlastend wirkte die Steuerreform nur auf besser Verdienende und Kapitalgesellschaften. Hier eine Reihe von Maßnahmen, die entlastend auf die Kapitalgesellschaften wirkten.
Senkung des Einbehaltungssatzes bei der Körperschaftssteuer von 40 auf 25%. Eine spürbare Entlastung für thesaurierende Kapitalgesellschaften.

Bei einer thesaurierenden Kapitalgesellschaft verbleibt der Gewinn im Unternehmen. Senkung des Steuersatzes auf ausgeschüttete Gewinne von 30 auf 25%. Ermäßigung der Einkommensteuer um die Gewerbesteuer. Steuerfreie Veräußerungsgewinne. Die Rot-Grüne Steuerreform 2000 ist ein Programm zur Prämierung von Kinderlosigkeit. Statt den eklatanten Einkommensvorsprung von Haushalten ohne Kinder gegenüber Familienhaushalten zu verringern, vergrößert die Regierung ihn sogar noch. Damit werden unter Rot-Grün schon heute strukturell die Weichen für eine verstärkte Einwanderung in den kommenden Jahrzehnt gestellt. Rot-Grün stärkt den Idealismus der Eltern. Haushalte ohne Kinder werden nur mit mehr Geld abgespeist. Jetzt frage ich, wer finanziert diese Steuergeschenke an Unternehmen? Diese Verluste müssen doch gegenfinanziert werden? Für die Regierung ist das ganz einfach. Alle Sozialleistungen gehören auf den Prüfstand.
Es ist unglaublich, wie mit unserem Geld Hilfsmaßnahmen im Ausland unterstützt werden und wurden. Rund 600000 Spätaussiedler und deren Familienangehörige hatten 2000 einen Einreiseantrag gestellt. Ein Viertel hatte bereits die Einreisegenemigung. 74 Millionen D-Mark wurden zu Hilfsmaßnahmen in die Herkunftsländer, sogenannte Russlanddeutsche, zum ausserschulischem Deutschunterricht, zur Jugendarbeit und soziale und medizinische Hilfe überwiesen. Wo jeder weis, dass in diesen Ländern die Selbstbereicherung noch größer als in der Bundesrepublik ist, händigt man das Geld direkt dem Empfänger aus, denn sonst versickert es in irgendwelche dunkle Kanäle. Das sind dann auch die Fremdleistungen die aus unserer Rentenkasse, Kürzung der Sozialleistungen und Erhöhung der selben verschleudert werden. Nur hier im eigenen Land ist es möglich den Ausländer zu unterstützen, aber fragt nur einer von den Regierenden, wie wir die vielen Einwanderer mit unserem kargen Lohn am Futter halten sollen? Ich habe eigentlich noch nie gehört, dass einer von diesen Geldverschwendern einen Geldbetrag für Hilfsbedürftige gespendet hat. So etwas hätte sicherlich in der Zeitung als Sensation gestanden.
Die EU hat die Agenda 21 entworfen und den Regierungen zur Auflage gemacht. Darauf hörten wir von der Bundesregierung: Wir orientieren uns am Leitbild der Nachhaltigkeit. Die Agenda 21 ist dafür unsere wichtigste Grundlage. Unser Ziel ist eine nachhaltige, das heißt, wirtschaftlich leistungsfähige, sozial gerechte und ökologisch verträgliche Entwicklung.

Manchmal glaube ich, die Politiker wissen nicht worüber sie reden. Wozu wurde zusätzlich ein Rat für die Nachhaltigkeit gebildet? Mit einem Staatssekräterausschuss. Die Regierung gibt für die Arbeit, die sie eigentlich erledigen müsste, immer mehr Geld aus. So werden für jedes Problem Berater und sonstige Institutionen eingesetzt. Ich kann es mir schon vorstellen warum das so ist. Sonst hätten die hohen Herren keine Zeit an den Bällen, Festlichkeiten und Einweihungen teilzunehmen. Und noch eins, die Nachhaltigkeit war nicht von langer Dauer. Die wirtschaftliche Leistungsfähigkeit war am Ende. Die soziale Gerechtigkeit wird uns nicht mehr widerfahren und die ökologische Entwicklung ist festgefahren. Es geht nicht voran mit dem Umweltschutz. Die Solarenergie ein einziger Flopp. Der Jahreswirtschaftsbericht von Herrn Schröder und seinem Gefolge zum Jahr 2000. Nach Einschätzung der Regierung steigt das Bruttoinlandsprodukt um 2,5%. Die Inflationsrate wird bei 1,5% liegen. Die deutschen Absatzmärkte werden wahrscheinlich in der Größenordnung von 6 bis 7% steigen. Dadurch wird die Arbeitslosenzahl um 200000 zurückgehen und unter 4 Millionen fallen. Das Wirtschaftswachstum stieg stetig. Stetig stieg aber auch die Zahl der Arbeitslosen.
Zum Jahreswirtschaftsbericht forderte die PDS den Stellenabbau und die Privatisierung im öffentlichen Sektor zu stoppen. Weiter forderte sie die kreative Verkürzung der Arbeitszeit und die Beteiligung der Frauen am Erwerbsleben. Bei einer Reform der Mitbestimmung plädierte die PDS für ein Veto-Recht der Betriebsräte und Gewerkschaften gegenüber Übernahmen, Fusionen, Verlagerungen und Betriebsschließungen. Ferner forderte sie ertragreiche Unternehmen und hohe Einkommen stärker an der Finanzierung öffentlicher Aufgaben zu beteiligen. Die Besteuerung von Zinseinkünften durch Kontrollmitteilungen der Banken an die Finanzämter zu sichern. Die Zahl der Betriebsprüfer zu verdoppeln. Die Politik der Europäischen Zentralbank sollte von den gewählten Parlamenten kontrolliert werden. Ebenso sollte die EU auf die Ausweitung der Niedriglohnarbeit verzichten. In den Forderungen der PDS sind sicherlich Anreize, die durchaus übernommen werden könnten. Es hatte sich auch gezeigt, dass die Privatisierung öffentlicher Einrichtungen wohl kurzzeitig ein finanzielles Loch stopfen konnte, aber längerfristig gesehen nur finanzielle Einbußen brachte. Bis heute werden

die nun privaten Einrichtungen von unseren Steuergeldern mit Milliarden subventioniert. Sicher ist auch, eine stärkere Kontrolle der Banken und Unternehmen hätte die Krise 2008/2009 verhindert. Die Ausweitung der Niedriglohnarbeit hätte die Bundesregierung unbedingt aufnehmen müssen, aber hier war sie ja gerade ein Beispiel für die Nachahmer aus der Wirtschaft. Die führte nur zur Verarmung des deutschen Arbeiters. Der deutsche Arbeiter wurde gegen einen Billiglohnarbeiter aus dem Ausland ausgetauscht.
Endlich eine Gruppe die aufmuckt. 70000 LKW-Fahrer mit ihren Lastwagen demonstrierten in Berlin gegen die steigenden Benzinpreise. Mit ihren Lastwagen brachten sie bei der Demonstration den Verkehr in Berlin zum erliegen. Wieder konnte man erkennen, dass die Deutschen für ihr Recht nicht kämpfen können. Da waren die Demonstrationen in Spanien und Italien wesentlich besser organisiert und schlagkräftiger. Die deutschen Transportunternehmen waren gegenüber dem Ausland benachteiligt. Trotz aller friedlicher Proteste lehnte Verkehrsminister Reinhard Klimmt Steuerhilfen für die Spediteure ab. Genau dieser Klimmt, der am 16.11.2000 von seinem Posten als Verkehrsminister zurück trat. Das Amtsgericht Trier hatte einen Strafbefehl gegen Klimmt wegen Beihilfe zur Untreue ausgesprochen. Dieser Tatbestand berief sich aber vor seiner Amtszeit als Minister. Deutsches Volk, ihr seht wie es geht, die oberen machen es euch täglich vor. Nur Mut, ihr seit das Volk. Eine friedliche Demonstration über Tage zermürbt jede Regierung. Die LKW-Fahrer hätten länger durchhalten müssen, denn die Regierenden wollten unbedingt zur Semperoper nach Dresden. Deutschlands Spitzenpolitiker feierten in der Dresdener Semperoper den zehnten Jahrestag der deutschen Einheit. Wir müssen sparen, deshalb sind nur die Spitzenpolitiker geladen. Haben die eigentlich ein Gewissen? Mit diesem Geld hätten sicherlich mehrere arme Familien über Jahre leben können. Wo waren die eigentlichen Initiatoren der Einheit? Die dortigen Spitzenpolitiker hatten mit der Einheit nichts gemein.
Beeindruckt hatte mich die Aussage von Friedrich Merz. Der damalige Unionsfraktionschef sagte in einem Zeitungsgespräch. Zuwanderer, die auf Dauer in der Bundesrepublik leben wollen, müssen sich einer gewachsenen freiheitlichen deutschen Leitkultur anpassen. Natürlich war das Geschrei mal wieder groß. Leider haben die Grünen jegliche

Einbürgerung durch ihr unsinniges Gehabe und zur Schau nach aussen tragende Umarmungen verdorben. Kommt in meine Arme, ihr seid alle meine Freunde. So kann man keinen Ausländer integrieren. So nutzt jeder Ausländer die Missstände im deutschen Sozialsystem aus. Ein Beispiel: Der Kniefall des Kanzlers vor den Ausländern. Die Mutter des vor Jahren gestorbenen Joseph Abdulla erreicht, dass der als Badeunfall zu den Akten gelegte Vorfall neu untersucht wird. Sie vermutet einen neonarzistischen Anschlag. Der Fall des Jungen erregt großes Aufsehen. Da musste Herr Schröder natürlich sofort persönlich sein Mitleid ausdrücken. Nach wenigen Tagen stellte sich heraus, dass die Mutter Zeugen zur Falschaussage angestiftet hatte. Da ist Herr Schröder mal wieder gelinkt worden. Er hat sich in meinen Augen nicht nur lächerlich gemacht. Sein Verhalten ist gegenüber Deutschen, die einen Menschen verloren haben eine derartige böse, gemeine Defamierung. In dieser Regierung Rot-Grün zählt ein Deutscher nichts. Eine Schande, dass die so lange an der Regierung waren.
Zwei Eier treffen sich bei Aldi im Regal. Staunt das eine Ei, du bist ja wesentlich mehr Wert als ich. Bei mir stehen 20 Cent und da oben bei dir stehen 42 Cent. Das teure Ei dreht sich im Kreis, gibt aber keine Antwort. Nach einiger Zeit räuspert sich das billige Ei und fragt das teure Ei, he du, warum hast du so ein schönes Kleid an, mit grüner Schrift. Steht da nicht Renate Künast? Und ich, ich bin so vollkommen nackt. Nur einen Stempel, als wenn ich aus dem Gefängnis käme. Ja sagt das teure Ei, ich komme aus einem Stall in Hünxe und habe die grüne Medaille bekommen. Das billige Ei antwortet, ich komme aus einem Stall in Wesel, das ist doch nur 500 Meter entfernt, warum habe ich die Medaille nicht? Das ist ganz einfach antwortete das teure Ei. Mein Bauer kennt den Bürgermeister gut und der hatte gesagt, dein Ei ist ein Freiland-Ei, wenn du meinen Urlaub finanzierst.
BSE wird erstmals am 24.11.2000 in Deutschland festgestellt. Ein heilloses Chaos nahm seinen Lauf. Die BSE-Krise verunsicherte das Volk. Hatte sich die Regierung angesteckt? Denn ihr fiel nichts besseres ein, als die Regierungsvertreter auszutauschen. So wurde Andrea Fischer, Gesundheitsministerium (Grüne), im Januar 2001 durch Ulla Schmidt (SPD) ersetzt. Das Ministerium für Ernährung, Landwirtschaft und Forsten des zurückgetretenen Ministers Funke (SPD) ging wiederum an

die Grünen und wurde von Renate Künast geführt. Sie änderte erst mal den Namen. Der Verbraucherschutz sollte im Vordergrund stehen. Das war aber auch die einzige Tat, an der sie nichts verkehrt machen konnte. Es lief nichts zusammen. Renate Künast stand ständig in der Kritik. Die Interessen der ÖK-Bauern zog sie der konventionellen Landwirtschaft vor, wobei sie die Wettbewerbsstellung der deutschen Bauern kontunuierlich verschlechterte und Arbeitsplätze gefährdete. Arbeitsplätze spielen bei der Grünen Partei keine Rolle. Das muss man in Kauf nehmen. Bei der grünen Gentechnik wurde sogar die Forschung unterlaufen. Nur von Gefahren ist die Rede, nie von den Chancen. So viele Skandalfälle seit dem Frau Künast im Amt war, hatte es noch nie gegeben. War die BSE Krise überstanden, jagte ein Gammelfleisch-Skandal den anderen. Im Zuge der BSE-Rinderseuche hatten führende Politiker die Forderung nach hohen staatlichen Hilfen für die Betroffenen abgelehnt. Der Staat könne nicht in jeder Lage einspringen, sagte Finanzminister Eichel und NRW-Ministerpräsident Clement. Der Grüne Fraktionschef betonte, es gebe keinen Anlass in irgendeiner Weise über Kompensation oder Entschädigung zu reden. Schröder meinte, wenn der Verbraucher gesundes Fleisch wolle, müsste er den Preis dafür zahlen. Eine Frechheit. Zahlen wir nicht schon genug für diese politischen Versager, dass sie uns vor diesen Gefahren schützen. Wenn die Regierung nicht in der Lage ist, den Bürger zu schützen, dann muss sie den Preis dafür zahlen und zurück treten. Der Preis muss so gehalten werden, dass auch ein Sozialhilfeempfänger das Fleisch bezahlen kann. Unmöglich diese Arroganz der Politikerbande. Das verheerende Krisenmanagement bei BSE und Gammelfleisch müsste folgen haben. Natürlich wurden auch Rufe nach einem zusätzlichem Ministerium laut. Noch mehr Kosten auf den Schultern des arbeitenden Volkes? Agrarministerium, Verbrauchersc hutzministerium, Landwirtschaftsministerium, Gesundheitsministerium, alle haben bei der BSE-Krise und Gammelfleischskandalen versagt. Es gibt Ministerien zu hauf, aber Probleme bewältigen, kann von denen niemand. Alles nur Schönredner. Die braucht ein Volk nicht, die können abtreten und keinem fällt es auf.

Hier ist noch einer, bzw. zwei denen nichts auffiel. Finanzminister Eichel und Steinbrück. Am 20. November 2000 geht die Post an die Börse. In diesem Zuge trennen sich die Bundesrepublik Deutschland und die

Kreditanstalt für Wiederaufbau von 29% des Grundkapitals der Post. Das verschaffte beiden einen Emissionserlös von 12 Milliarden D-Mark. Die Post hatte uns Steuerzahlern gehört. Wo ist unser Geld? 12 Milliarden geteilt durch 10 Millionen, sind für jeden 1200 D-Mark. Die Kreditanstalt für Wiederaufbau, heute die Pleitebank KfW Bankgruppe. Sie ist eigentlich eine Bank öffentlichen Rechts. Die Aufsicht hat das Bundesministerium für Finanzen. Die Bundesrepublik, also der Steuerzahler haftet für alle Verbindlichkeiten und Kredite der KfW. Die Bank wurde 1948 gegründet, um den Wiedersufbau der deutschen Wirtschaft zu finanzieren. Das Startkapital stammte aus den sogenannten Marshallplan. Schon im Jahr 2007 machte die KfW 6,2 Milliarden Euro Verlust und zwang im Jahr 2008 die Geschäftsführerin Ingrid Mattäus-Maier zum Rücktritt. Sie legte ihr Amt nieder und kündigte den vorgezogenen Ruhestand an. Ob sie bei ihrer Rente wohl auch die Abzüge verkraften muss? Warum machen wir Bürger das nicht auch? Wir hören alle an einem Tag auf und gehen auch in den wohlverdienten Vorruhestand. Dann sollen die da oben sehen, wie sie zurechtkommen, denn wenn die von uns keine Steuern und Abgaben eintreiben können, wird es denen bald so schlecht ergehen wie uns. Nachdem nun Frau Mattäus-Maier den wohl nun gut verdienenden Ruhestand gefunden hatte, übernahm kuzzeitig Wolfgang Kroh das Amt. Ulrich Schröder wurde nun gebeten, die Geschäftsführung der KfW Bankgruppe zu übernehmen. Dieser fordert aber eine Verdoppelung seines Gehalts. Wie reagiert nun diese sparsame Regierung? Sie stimmt dieser Forderung zu und schlägt damit den Steuerzahler mitten ins Gesicht. Der Gesamtschaden den die Manager der KfW, bedingt durch Fehlspekulation und Überweisung an die Insolvenzbank Lehmann Brothers angerichtet hatten, betrug 2009 nach Angabe 536 Millionen Euro. Alle Vorstandsmitglieder der KfW Bank stehen kurz vor einer Anklage. Natürlich wird wieder versucht, diese Angelegenheit in den Sand verlaufen zu lassen. Die Aufsichtspflicht verletzte natürlich auch Herr Steinbrück. Auch gegen ihn müsste die Staatsanwaltschaft ermitteln. Jede Firma würde mit diesen Angestellten in den Konkurs gehen. Der Staat steht ja nun auch kurz davor.

Damals wunderte ich mich noch, die Dänen wollten den Euro nicht. In einer Volksabstimmung lehnte die Dänische Bevölkerung den Euro ab. Jetzt im Jahr 2011 muss ich feststellen, das Dänische Volk hat-

te richtig gehandelt. Wir Deutsche sind ja entmündigt worden. Eine Volksabstimmung gibt es nur in Demokratien. Wir leben hier wieder wie im 17.-jahrhundert, als die Großfürsten das Volk wie eine Zitrone auspressten. Noch einmal schlug Bundestagspräsident Wolfgang Thierse zu. Die CDU sollte auf weitere 7,7 Millionen D-Mark aus der staatlichen Parteienfinanzierung verzichten. Welche Summen bekommen die für ihre leeren Versprechungen eigentlich von uns?
Die Einnahmeseite der Parteien umfasst vier Hauptquellen. Das sind: Mitgliedsbeiträge, Parteispenden, eigene erwirtschaftete Einnahmen und öffentliche Zuwendungen. Die vom Staat (Sreuerzahler) gezahlte Summe an alle Parteien darf als absolute Obergrenze jährlich maximal 133 Millionen Euro betragen. Die Mittel die von uns Steuerzahlern an eine Partei gezahlt werden.
0,70 Euro für jede gültige Zweitstimme. Für die ersten vier Millionen Stimmen erhöht sich der Wert auf 0,85 Euro.
0,38 Euro zusätzlich für jeden Euro, den sie aus Spenden, Mitglieds oder Mandatsträgerbeiträgen. Je Person wird die Höchstgrenze an Zuwendungen bis 3300 Euro angerechnet. So nahm die CDU 1990 noch 72,4 Millionen D-Mark an Spenden ein. Nach großen Schwankungen hat sich dieses Spendenniveau wieder in den oberen Betrag eingependelt. Die SPD verfügt immer über Spendeneinnahmen von 35 Millionen D-Mark.

2001 das letzte Jahr mit der geliebten D-Mark

Was wird uns das Jahr 2001 bringen?
Es ist kaum zu glauben, diese geldgierigen Haie würden über Leichen gehen. Zwar spielt sich die Tragödie in England ab, spiegelt aber die Moral der neoliberalen Wirtschaftshaie wieder. Illegal aus Asien importiertes Fleisch sollte Schuld am Ausbruch der Maul und Klauenseuche in Großbritannien sein. Die Seuche wurde hier zwar sehr schnell eingedämmt, aber es betraf nun auch uns Steuerzahler. Nach Schätzung der EU-Kommission entstand ein Schaden von 12 bis 14 Millionen DM, an denen wir uns natürlich auch beteiligen durften. Hier geht es vor allem um aufzuzeigen, mit welcher Rücksichtslosigkeit die Wirtschaft Gewinne erzielen will.
Das Konsortium Siemens-Thyssen-AG konnte jubeln. In Shanghai unterschrieben sie mit der chinesischen Regierung einen Vertrag über den Bau einer 30 km langen Transrapid-Strecke. Die Freude lag aber nur bei den Wirtschaftsbossen der Siemens-Thyssen-Ag. Das Kuriose war, die Deutsche Bahn muss den Zuschuss der Bundesrepublik, unsere Steuergelder, für die geplante Trans-Rapid-Strecke in China von 200 Millionen D-Mark übernehmen. Der Bund zieht diesen Betrag von den 8,7 Milliarden D-Mark ab, die der Bahn für die Sanierung des Schienennetzes im Jahr 2001 zugesagt waren. So etwas ist unvorstellbar. Der Steuerzahler finanziert die Bahn und muss noch jedes Jahr für die Fahrkarte tiefer in die Tasche greifen. Zudem will die Bahn, durch ihre Misswirtschaft hoch verschuldet, die Erhöhung ihrer Schuldenlast im Jahr 2001 von 25 Milliarden auf über 50 Milliarden D Mark erhöhen. Und der Steuerzahler gibt Zuschüsse und nochmals Zuschüsse. Wir bezahlen den Transrapid in China, damit die Siemens und Thyssenvorstände Millionen in die eigene Tasche stecken können. Ein Kilometer Gleisstrecke für den Transrapid kostet 20 Millionen Euro. Muss die Streckenführung geändert werden, kommen Kosten von 50 Millionen Euro hinzu. Nur gut, dass der Transrapid hier nicht gebaut wurde. Aber durch die Hermes Garantie subventioniert der deutsche Steuerzahler das Projekt Transrapid in China.
Mit der Hermes-Garantie und Hermes-Deckung werden Ausfuhrgarantien und Ausfuhrbürgschaften verstanden. Durch die Hermes-Deckung wird

die deutsche Wirtschaft vor bestimmten Risiken im Ausland geschützt. Ist der ausländische Auftraggeber in finanziellen Schwierigkeiten oder Zahlungsunfähig, springt der deutsche Steuerzahler mit der Hermes-Bürgschaft ein. Es ist eine Auslands Geschäftsabsicherung für deutsche Unternehmen und Banken. Durch diese Absicherung geben wir der Wirtschaft und den Banken einen Freifahrtschein zu ihren internationalen Aktivitäten.

Der kleine Mann wandert wegen einer Steuerschuld von 1000 Euro ins Gefängnis. Für 100 Millionen bezahlen andere 160 Tausend aus der Portokasse. In einem Zeitungsartikel hatte ich mal gelesen, dass man Herrn Flick 7 Millionen von seiner Steuerschuld, die 8 Millionen betrug, erlassen hatte. Wie konnte sich eine so riesige Steuerschuld aufbauen? Schlafen die Steuerprüfer, oder muss man einen Finanzminister der Länder zum Freund haben? Der Finanzminister hatte alles abgestritten und die Schuld einem kleinen Finanzbeamten in die Schuhe geschoben. Nur er vergaß, einen Erlass der Steuerschuld in dieser Höhe darf nur vom obersten des Finanzamtes entschieden werden. Wenn Herrn Flick also 7 Millionen erlassen werden, dann kann man einem Arbeiter doch sicherlich auch einen Teil erlassen. Nach dem der Arbeiter eine Anfrage und eine Erinnerung an das Finanzamt geschickt hatte, bekam er vom Finanzamt die Antwort. Man könne in Finanzfragen einen Steuerfall nicht mit dem anderen vergleichen. Das reichte dem Arbeiter nicht. Er schrieb an den Vorsteher des Finanzamtes. Sehr geehrter Herr Vorsteher, den Herrn Flick hatte man im Finanzamt von 8 Millionen Steuerschuld, 7 Millionen erlassen. Dann ist es doch sicherlich möglich, auch mir von den läppischen Tausend die Hälfte der Steuerschuld zu erlassen. Da der Arbeiter nicht sein Freund war, bekam er auch keine Antwort.

Jeder der heute dem Nachbarn hilft oder das Treppenhaus für lumpige 15 D-Mark putzt, stärkt und kurbelt die Wirtschaft an. Ohne die Schwarzarbeit und die dadurch gewonnene Kaukraft würde die Konsumwirtschaft am Boden liegen. Der Staat bzw. die Politiker haben durch ihre Finanzsucht jedem die Möglichkeit genommen seine Familie menschenwürdig durchzubringen. Schon heute im Jahr 2001 arbeitet jeder sechste Deutsche im Sozialhilfeniveau. Anerkannte Wirtschaftsexperten haben festgestellt, dass durch die Eindämmung der Schwarzarbeit jährlich 220 Milliarden Euro an Kaufkraft verloren gehen. Hierdurch werden die Sozialkassen immer stärker belastet. Wird den Politikern nicht einhalt geboten, sind die Sozialleistungen nicht mehr zu bezahlen. Der Arbeiter kann die hohe Last nicht mehr tragen. Der Konz lehrt dem Steuerzahler, nur Mut. Also nehmt euren ganzen Mut zusammen und beschwert euch beim Finanzgericht. Diese nehmen die Anträge an, fordern aber einen Gerichtskostenvorschuss von je 220 Euro für ein Steuerjahr. Um den Bürger abzuschrecken, wurde dieser Gerichtskostenvorschuss von der Regierung erst 2001 eingeführt. Diese Regierung macht es dem Bürger auch immer schwerer. Das ist eine Menge Geld, wenn man zusehen muss, nur über den Monat zu kommen. Durch Anträge kann der Steuerzahler eine monatliche Rate von 55 Euro erwirken. Für den Bürger und Steuerzahler gibt es noch die Möglichkeit eine Beschwerde beim Petitionsausschuss einzureichen. Der Petitionsausschuss hat seinen Sitz bei der jeweiligen Landesregierung. Die Leute dort sind sehr hilfreich, dass man von den Finanzbeamten und Politikern nicht behaupten kann. Die Politiker schaffen Gesetze und Paragraphen zu Hauf. Der Staat richtet sich aber nicht danach. Der Finanzbeamte soll helfend und beratend dem Bürger zur Seite stehen. Was machen die? Sie betrügen und belügen den Steuerzahler wo es nur geht. Tun so, als wenn es um ihr eigenes Geld ginge. Das sind unsere Steuergelder und unser Recht, zuviel gezahlte Steuergelder zurück zu fordern. Die sollen mal nicht vergessen, dass sie von unserem hart erarbeiteten Lohn leben. Deshalb fordere ich, mehr Dienst am Kunden.

Wehrt euch, bring euer hart erarbeitetes Geld und die Sparbücher in ein Land, dass noch das Bankgeheimnis kennt. Macht es so wie die Wirtschafts- und Bankbosse. Macht es so wie die Regierenden, ob CDU/ CSU/ SPD oder FDP, die mit ihren Landesbanken das Geld, euer Geld, an den Fiskus vorbei in die Steueroasen schaffen. Zeigt es denen da oben und ruft ihnen zu, wenn euch das Wohl unseres Landes etwas wert ist, dann seht zu, dass ihr die vielen Flüchtlinge und Asylanten an die Arbeit bringt. Aber nicht das Geld unserer Steuern als Arbeitslosengeld rausschmeißt. Das in seiner Höhe dem Gehalt eines Präsidenten in ihrem eigenen Land entspricht.

Im Radio hört man gerade die neuen Sparmaßnahmen der Bundesregierung um endlich 2004 schuldenfrei zu sein. Auf der anderen Straßenseite wird gerade das Theater saniert. 1,5 Millionen soll der Umbau kosten. Komisch,

kein Geld da, woher kommen dann die Baukosten? Arbeitet Hoch-Tief und Co. umsonst und wenn das Gebäude mal fertig ist, kann sich der Bürger den Eintritt nicht mehr leisten. Ist ja auch für den Bürgermeister und seinem Gefolge gedacht. 1,5 Millionen waren veranschlagt, aber 2,2 Millionen Steuergelder hatte der Umbau gekostet. Wie immer bei öffentlichen Gebäuden. In der Privatwirtschaft währe so etwas undenkbar. Kein Bauherr würde so einen Kostensprung finanzieren. Aber so ist es ja nur das Geld des blöden Arbeiters. Kommen die mit dem Geld nicht aus, werden die Daumenschrauben etwas fester angedreht. Nach der Fertigstellung des Theaters brannte die Aussenbeleuchtung über Jahre am Tag und in der Nacht. Dem Bürger dreht man um 7 Uhr die Straßen- und Gehwegbeleuchtung ab, damit wir uns im Winter, wenn es noch richtig dunkel und glatt ist, die Beine brechen. Aber die feinen Häuser blitzen und blinken mit all dem Energieverbrauch über 25 Stunden. Mittags durchgeleuchtet. Die da oben brauchen nicht zu sparen, den Strom bezahlt ja der Steuerzahler. So wie hier, wird in allen öffentlichen Einrichtungen das Geld des Steuerzahlers missbraucht.
Die Politiker können machen was sie wollen. Die Wirtschaft ist denen immer einen Schritt voraus. Trotz rasantem Wirtschaftsaufschwung gibt es laut Regierung schon wieder über 4 Millionen Arbeitslose. Das diese Zahlen manipuliert sind, haben wir schon des öfteren festgestellt. Als arbeitslos werden nur die gezählt, die auch beim Arbeitsamt gemeldet sind. Wir schaffendes Volk müssen schon seit Jahren mindestens 8 Millionen Menschen mit unserem kargen Lohn unterstützen. Wie viele Asylbewerber und Einwanderer gibt es in Deutschland die nicht arbeiten dürfen und auch nicht wollen. Wie viele Sozialhilfeempfänger gibt es in Deutschland die keine Arbeit bekommen und auch nicht wollen. Wie viele Umschüler, Weiterbildene, Bettler und Menschen die nicht beim Arbeitsamt gemeldet sind. Zählt man die alle zusammen, müssen wir rechtschaffenden Arbeiter 10 Millionen Menschen ernähren.
Natürlich ließ Rot-Grün nicht locker, nach dem Motto, wolln wir doch mal sehen ob wir die nicht klein kriegen. Die Gesundheitsreform war mal wieder in aller Munde. Nach dem neuesten Aufschrei der gesetzlichen Krankenkassen über Millionen Verlusten (vor fünf Monaten hatten sie noch 2,5 Millionen Gewinn erwirtschaftet), ordnete Frau Ulla Schmidt wieder Kürzungen bei den gesetzlichen Leistungen an. Seit

dem Frau Ulla Schmidt das Gesundheitsministerium übernommen hatte, machen die gesetzlichen Kassen was sie wollen. Ach ja, sie hatte ja mal angedeutet, das sie nicht betroffen ist, sie ist privat versichert. Diese Aussage sollte zu denken geben. So entschied der Berliner Senat (nur einer von vielen), 308 Millionen D-Mark an Berliner Kliniken zu streichen. Die Beiträge an die gesetzlichen Kassen dürften aber stetig steigen. Es ist auch kein Wunder. An manchen Tagen sieht man beim Arzt nur Kopftuch-Mädchen bzw. vermummten Frauen, die sicherlich noch keinen Cent in die Krankenkasse oder in das soziale System eingezahlt hatten. Warum hört man von den privaten Kassen nichts über derartige Probleme? Weil die privaten Krankenkassen von Profis geleitet werden. In den Aufsichtsräten der gesetzlichen Krankenkassen sitzen nur Abgeordnete die ein Zubrot verdienen möchten. Da ist ihnen ein Aufsichtsratssessel auch noch zu wenig, es muss gleich an fünf verschiedenen Kassen ein Aufsichtsratssessel zur Verfügung stehen. Ob sie ihn nutzen mag dahingestellt sein. Und wenn ihnen dieser Stuhl nur 3500 Euro einbringt, so ist es doch steuerfrei. Bürger beschwert euch nicht, ihr habt ihn gewählt. Konntet seinem Charme und seinen weichen Händedruck nicht widerstehen.

Natürlich konnte da Finanzminister Eichel nicht nachstehen. Er befand das Urteil des Bundesverfassungsgericht als gerecht. Die lügen, wenn sie nur den Mund aufmachen. 70 Tausend Arbeitslose hatten beim Bundesverfassungsgericht geklagt. Sie wollten die Einmahl-Zahlungen wie Weihnachtsgeld und Urlaubsgeld bei den Zahlungen zum Arbeitslosengeld berücksichtigt haben. Denn auch auf diese Lohnzahlungen werden Sozialbeiträge abgezogen. Das Bundesverfassungsgericht gab den Klägern recht und hielt die Erhebung von Sozialleistungen auf Weihnachts- und Urlaubsgeld ohne entsprechende Gegenleistungen für verfassungswidrig. Da stellt sich doch die Regierung hin und begrüßt das Urteil und schiebt die Schuld auf die vorherige Regierung. Auch die CDU und FDP springen auf diesen Zug. Die sind doch so verlogen, hatten sie doch Jahre die Möglichkeit eine Änderung herbeizuführen. Und dann noch diese Überlegung, ob man nun nur den 70000 Klägern das Geld auszahlt, oder allen Arbeitslosen. So eine Unverschämtheit schlägt alles in den Bann. Wer hatte 2002 noch Rot-Grün gewählt? Die Verfassungswidrigkeit bezieht sich auf alle Arbeitslosen. Der damalige

FDP Vizevorsitzende Rainer Brüderle sprach von einer Weichenstellung gegen das staatliche Abkassieren ohne Gegenleistung. Hatte die FDP mit der CDU/ CSU diese Gesetze nicht erst 1997 auf den Weg gebracht. Das staatliche Abkassieren wurde bisher auch bei der neuen Regierung mit Brüderle 2010 nicht gebremst. Wir in Deutschland bezahlen in Europa die höchsten Beiträge, die höchsten Steuern und bekommen als Gegenleistung das wenigste heraus.

Das Gute wird zum Bösen.

Der gute Mensch rackerte und rackerte. Nach dem einige Jahre vergangen waren fragte der gute Mensch den bösen Mensch, wie machst du das, dass es dir immer besser geht wie mir? Ich rackere und rackere und komme nicht voran. Da antwortete der böse Mensch, wenn du nachts tief von der harten Arbeit schläfst, dann nehme ich mir immer ein Zehntel von deiner Tagesarbeit. Mache ich das bei 11 guten Menschen habe ich immer mehr erwirtschaftet als du. Eines Nachts schlief der gute Mensch nicht und beobachtete den bösen Mensch. Als dieser sich sein Zehntel nehmen wollte, erschlug der gute Mensch den bösen Mensch. Das war nun doch zuviel. Ich bin jetzt zwar auch ein böser Mensch, aber von nun an geht es mir gut. So könnte es der Regierung ergehen.

Ein Armutszeugnis der Regierung im Jahr 2001. Der jüngste Armutsbericht von Sozialminister Scholz zeigt auf, das 13% der Deutschen in Armut leben. Das waren wieder die Schönredereien der Bundesregierung. Die wirklichen Statistiken gehen von einer Armutsquote von 18% aus. Und was unternimmt die Bundesregierung dagegen? Alle sozialen Leistungen gehören auf den Prüfstand. Die CDU will die Steuerfreiheit für Nachtzuschläge streichen. SPD und Grüne fordern die Ökosteuererhöhung. Wohin soll der Benzinpreis noch klettern? Als diese politische Richtung der Bundesregierung an die Öffentlichkeit kam, verließen viele treue SPD-Anhänger die Partei. Nur was war mit den Anhängern der Grünen? Hatten die Grünen nicht noch schlimmer auf das Volk eingeschlagen? Das sind keine sozialen Parteien mehr. Aber wohin steuert der Kurs der Regierungen? In der Wirtschaft lag Deutschland im Jahr 2001 auf Platz 13. Bis zum Jahr 2005 fielen sie auf Rang 23 ab. Überraschend war natürlich, dass kein Land annähernd mit Irland mithalten konnte. Warum? Es war ganz einfach, die hatten im Jahr 2002 den Euro nicht eingeführt. In der Tabelle für Wachstum und

Beschäftigung lag Deutschland an letzter Stelle. Meine Hochachtung vor dieser Leistung der Regierung Rot Grün und anschließend Schwarz-Rot. Deutschland, einst das Wirtschaftswunder und ihr habt es heruntergewirtschaftet. 18% der Deutschen leben in Armut. Was habt ihr dagegen unternommen? Ihr habt die Armen noch mehr ausgepresst, habt die Leistungen noch mehr gekürzt um als Gegenleistung die Milliardäre, die Steuerbetrüger und Steuerflüchtlinge mit Millionen, wenn nicht gar mit Milliarden zu beschenken. Denkt an das Beispiel: Der gute Mensch und der böse Mensch. Auch die deutsche Bevölkerung könnte eines Tages aus dem Tiefschlaf erwachen.

Die Bundesagentur für Arbeit, bzw. die Agentur für Arbeit, früher das Arbeitsamt, schreit um Hilfe, wir sind überlastet. Nun ließ sich die Regierung wieder etwas ganz neues einfallen. Es musste und sollte ja auch was kosten, wenn die Regierung etwas neues plant. Die Regierung plante die staatlich organisierte Leibeigenschaft und den staatlichen Lohnraub. Die Arbeiter verleihen war schon unter Hitler möglich. Nun soll es per Gesetz in leicht abgewandelter Form wieder möglich sein. Jede Agentur für Arbeit muss mindestens eine Personal-Service Agentur (PSA) einrichten. Aufgabe der PSA war es, sogenannte Leiharbeiter zu vermitteln. Auch Arbeitnehmer aus einer Firma, die nicht ausgelastet war, zu einer anderen Firma auszuleihen. Die Kosten die hier jetzt entstehen, sind in keinem Verhältnis zum Arbeitslosengeld zu setzen.

Denn zur Einrichtung einer Personal-Service-Agentur (PSA) schließt die Agentur für Arbeit zum erlaubten Verleihen von Arbeitern Verträge mit der PSA ab. Die Agentur für Arbeit kann für die Tätigkeit der PSA ein Honorar vereinbaren. Das wird sicherlich nicht zu knapp bemessen sein. Da kann man mal wieder richtig zulangen, es geht ja nur um unser Geld. Der Vertrag mit der PSA beinhaltet. Die PSA stellt Arbeitslose bei sich ein und verleiht diese zeitlich befristet an Unternehmen. In Zeiten ohne Einsatz des Arbeitslosen sollen diese durch die PSA weiter qualifiziert werden. Nur diese Qualifikation war ohne jeglichen Sinn. Denn an den Tagen der Weiterbildung wurde nicht einer, nein es wurden mehrere Arbeitslose in einen bestimmten Bereich fortgebildet. Diese Qualifikation war nicht auf die Fähigkeiten des einzelnen abgestimmt. Was soll ein 40-jähriger arbeitsloser Arbeiter mit dem Fach Buchführung anfangen. Die Einstellung von Arbeitslosen oder deren Vermittlung durch die PSA wird von der Bundesagentur, von unseren Beiträgen zur Arbeitslosenversicherung bezahlt. Wird ein Arbeitsloser für mindestens drei Monate von einem Unternehmen eingestellt, so erhält die PSA wiederum eine Vermittlungsprämie. Nach einer Beschäftigungsdauer von sechs Monaten erhält die PSA erneut eine Nachhaltigkeitsprämie. Um diese PSA zu finanzieren, bekam diese eine monatliche Fallpauschale, wobei der Arbeitslose der Fall war, ohne das die PSA etwas unternehmen musste. Wenn ein Arbeitsloser zum Monatsende bei der PSA eingestellt wurde, wurde zusätzlich rückwirkend für den ganzen Monat gezahlt. Wurde der Beschäftigte wieder zum Monatsanfang entlassen, so erhielt die Personal-Service Agentur auch hierfür eine Pauschale für den ganzen Monat. Deshalb stiegen die Arbeitslosenbeiträge seit geraumer Zeit stetig an. Des Rätsels Lösung war, die Finanzierung der Nichtstuer, die Beamten bei der Agentur für Arbeit und noch zusätzlich die Personalservices Agenturen. Die PSA kann bei taktisch geschicktem Verhalten den Staat nach Lust und Laune abzocken. Leider sind das aber unsere Steuergelder. Vergessen ist auch die unsinnige Abänderung des Namens. Arbeitsamt zur Agentur für Arbeit. Man könnte fast meinen, einer von den SPD-Abgeordneten währe Nebenberuflich in der Werbebrange oder im Schilder- bzw. Plakatebau tätig und er musste unbedingt einen Auftrag haben. Anders lassen sich diese unsinnigen und unverständlichen Maßnahmen der Regierung nicht erklären. Die da oben könnten ja machen was sie wollten, würden sie nur das Geld aus ihren eigenen Taschen dazu benutzen. Nein, jedesmal schmeißen sie unsere Steuergelder zum Fenster hinaus. Ich glaube, die SPD und Grünen wollen den Sozialstaat zerschlagen. Nur eine Kurskorrektur und Absetzung der Parteispitzen kann die SPD von einer Wahlniederlage retten. Die Grünen haben den Freifahrtschein. Die können machen was sie wollen. Diese Umweltsheriffs als Wählerschar vergessen alles.

Die Sparpolitik der Bundesregierung lässt zu wünschen übrig. Oder besser gesagt, die Bundesländer sind im Jahr 2001 so hoch verschuldet wie nie zuvor. Die Schuldenlast des Landeshaushalts Brandenburg z. B. lag bei 26 Milliarden D-Mark. Die Tendenz ist steigend. Und dann besitzt die Landesregierung die Unverschämtheit, die Schuldenlast von 10 Tausend D-Mark pro Einwohner herauszugeben. Diese Schuldenlast muss pro Landesminister oder Bundesminister herausgegeben werden.

Denn nur die sind für den Schuldenberg verantwortlich. Wohin will uns diese Regierung noch führen? Diese Politik ist unverantwortlich. In den Meinungsumfragen lag die SPD immer noch bei 38%. Darüber kann man nur den Kopf schütteln. Die demontieren den Sozialstaat und bekommen noch von einigen die Zustimmung. Was hatte uns die Regierung nicht alles versprochen und was ist davon übrig geblieben? Ein Abstieg auf Raten brachte uns Arbeiter die globale Markwirtschaft. Durch die hausgemachte Politik und der Selbstdarstellung einiger Politiker, die besser den Beruf eines Laiendarstellers ergriffen hätten, kam die deutsche Wirtschaft nicht in Schwung, dadurch bedingt stieg die Arbeitslosigkeit.
Die Geschichtenerzähler wollten uns immer wieder einbleuen, die Preissteigerung war im Jahr 2001 um 1,9% gestiegen. Seit wann sind 10 Pfennig von 1,0 D-Mark 1,9%? Die wirtschaftlichen Probleme werden immer wieder auf die Arbeiter abgewälzt. Eine stärkere Flexibilisierung der Arbeitszeit und Lockerung des Kündigungsschutzes wurden und werden immer wieder von den Unternehmen gefordert. Das sind die Schlagwörter der Industriemanager, wenn sie mit der Führung überfordert sind. Man blickt 2001 nach Ostdeutschland und verweist auf die nicht vertraglichen Bindungen. Hier sind durch die Flexibilität eine beachtliche Anzahl von Unternehmensgründungen im industriellen Bereich entstanden. Diese Neugründungen der Wirtschaftsansiedlungen sind aber nur durch immense Subventionen der Regierung (unsere Steuergelder) entstanden. Eins sollte man immer bedenken, wie viele Firmen haben in den alten Bundesländern ihre Betriebe geschlossen, um im Osten die Subventionen abzukassieren und dabei billige Arbeitskräfte einzustellen. Wir arbeitendes Volk bzw. die wenigen die noch arbeiten und horrende Steuern bezahlen müssen, bezahlen doch schon ihre eigenen Arbeitsplätze.

Der Niedergang der deutschen Wirtschaft hat andere Gründe. Der stetige selbst auferlegte Zwang immer mehr und größere Gewinne zu erzielen lässt die Unternehmen in Bereiche eindringen, die mit der eigentlichen Firmenstruktur nichts gemein haben. Das Sprichwort, Schuster bleib bei deinen Leisten, ist hier treffend angebracht. Unergründlich auch, warum übernimmt ein Baukonzern eine schon kurz vor dem Konkurs stehende Firma, die Fahrräder herstellt, oder ein Kaufhauskonzern eine Reifenfirma? Sicher nicht aus Menschenliebe, damit die dortigen

Arbeiter ihren Arbeitsplatz behalten können. Zum einen kann der Konzern seine Verluste auf die Tochtergesellschaft übertragen, oder die Verluste der Tochtergesellschaft selber übernehmen. Wie es gerade passt. Der sehr schwer überschaubare Gewinn wird dann am Finanzamt vorbei ins Ausland transferiert. Würde der Staat bzw. das jeweils zuständige Finanzamt ohne Vorurteile und hinweisende Wünsche der Regierungsvertreter die Firmen und Manager nach ihren Ein- und Ausgaben überprüfen, könnte er Milliarden D-Mark an Steuergeldern mehr verbuchen. Aber leider geht auch hier die Politik mit gutem, besser schlechtem Beispiel voran. Weiterhin ist es der Konzernleitung nun möglich, die Arbeiter wie Marionetten hin und her zu schieben. Bei einer herbei geredeten schlechten Auftragslage werden die Arbeiter in die Tochtergesellschaften abgeschoben. Immer mit dem Hinweis, wir wollen euer bestes, wir tun alles damit ihr nicht arbeitslos werdet. Ihr müsst aber kleine Einschnitte hinnehmen. Die Einschnitte sind dann natürlich ein gekürzter Stundenlohn, längere Arbeitszeit, weniger Urlaubs- und Weihnachtsgeld. Ist die Tochtergesellschaft nicht mehr von Nutzen, wird die Insolvenz oder der Konkurs eingeleitet. Insolvenz bevorzugen die Konzerne, denn dann kann man vom Staat (unsere Steuergelder) eine finanzielle Hilfe fordern und einen geringen Teil der Arbeiter mit einem noch geringeren Arbeitslohn in der Tochtergesellschaft halten. Aber spätestens nach einem Jahr muss dann aber Schluss sein. Alternativ meldet die Firma gleich Konkurs an. So ist man die teuren Arbeiter los und stellt unter einem anderen Firmennamen, mit finanzieller Unterstützung der Regierung, billige Arbeitskräfte aus dem Ausland ein. All dies geschieht mit dem Wissen der Gewerkschaftsbosse und Politiker. Nicht ohne Hintergedanken hatte die Regierung vor kurzem den Mindestlohn bei 4,50 Euro gesetzlich festgelegt. Einen Monat für knapp 200 Euro mehr gegenüber Hartz IV. Unvorstellbar, was maßen die sich denn an. Die Miete, den Strom usw. alles selber zahlen, ergibt im Endeffekt weniger Netto als Hartz IV. Kein Wunder, dass es so viele Sozialhilfeempfänger gibt.

Das ist ein abgekartetes Spiel zwischen Regierung und der Wirtschaft. Wollen doch mal sehen, ob wir die nicht klein kriegen, ob wir die nicht mundtot bekommen. Auch das Ausland wundert sich über das Kusch und Bücklingsverhalten des deutschen Volkes. Das muss anders wer-

den. Die Regierung muss von ihrer Schönrederei und nicht Einhaltung ihrer Wahlversprechen abkommen. Sie muss wieder glaubhafte Politik machen und sich an dem Grundsatz halten, den sie jeden Tag oben am Reichstaggebäude sieht. Dem deutschen Volke. Der Politiker muss bei seinem Handeln immer den Menschen sehen und achten. Die Wirtschaft und deren Vertreter sollten sich mit dem Betrieb oder dem Konzern identifizieren. Sie müssen das Wohl des gesamten immer im Blick behalten und ihre immer weiter steigenden Provisionen nicht in den Vordergrund stellen. So hatte die Deutsche Bank 3,5 Milliarden Gewinn erwirtschaftet, will aber Tausende entlassen. Das muss anders werden. Ist die Wirtschaft, die Banken und die Regierung nicht bereit oder in der Lage dies nachhaltig einzulösen, kommt es hier in Deutschland zu sozialen Unruhen. Im Moment fehlt noch der zündende Funke. Noch schläft das Volk. Wollt ihr das nicht ändern? Ihr habt die Möglichkeit. Wählt alle vier Jahre eine andere Partei. Eine Partei die alleine Regieren kann und schmettert einmal die SPD/ Grünen, CDU und CSU ab. Es wird ein Wunder geschehen.
Nordkorea, ein Land für das Menschenrechte ein Fremdwort ist. Ein Land in dem jeder Mensch kontrolliert wird. Jegliches Aufbegehren oder die kleinste Kritik wird mit dem Tode bzw. mehreren Jahren Gefängnis bestraft. Nordkorea ein Land dessen Führung Massenvernichtungswaffen und militärische Raketen in jedes Land und an jeden Terroristen verkauft. Mit diesem Land will die Bundesregierung wieder diplomatische Beziehungen aufbauen. Die Bundesregierung will Nordkorea anerkennen. Und dann noch durch zähe Verhandlungen. Schon hier lässt sich der Westen wieder zum Spielball kommunistischer Interessen machen. Nordkorea ist wohl zur Abrüstung bereit und den Export von Vernichtungswaffen und Raketen einzustellen, fordert aber für die fehlenden Einnahmen einen Ersatz von der Bundesregierung. Wen hatte die Bundesregierung als Vermittler nach Nordkorea entsannt? Gregor Gysi, der Vorsitzende der PDS. Politiker sind alles Heuchler. Immer wieder wurde die PDS verachtet, missachtet und dann bedient man sich des Vorsitzenden. Lächerlich. Lächerlich oder auch zum Heulen ist es gerade, dass sich ein Land wie die Bundesrepublik das Wohlwollen eines kommunistischen Regimes erkaufen wollte. Der Vermittler Gregor Gysi durfte in Nordkorea noch nicht einmal das Hotelzimmer verlassen. Wie viel hat

die Bundesregierung von unseren Steuergeldern an Nordkorea für dessen Wohlwollen bezahlt? Auf meine Nachfrage beim Aussenministerium bekam ich eine oberflächliche, allgemeine Antwort. Diese westliche Politik und Vorgehensweise mit Diktatoren und radikalen terroristischen Führern ist ist ein Schuss in den Ofen und geht immer nach hinten los. Mit dieser Politik wird dem System, dem Diktator der Rücken gestärkt. Gespräche und Verhandlungen sollten sein, aber nicht unter diesen Voraussetzungen. Ein Land wie Nordkorea, kurz vor den Verfall, oder der Iran auf die Hilfe aus dem Westen angewiesen, muss man Grenzen aufzeigen. Man muss ihnen klar machen, dass sie alleine auf der Erde verloren sind. So wie der Westen im Moment agiert, ist dass die Politik der kleinen Schritte, aber nach hinten. Nordkorea hatte wenige Jahre später, von unseren Steuergeldern, die Atombombe gebaut. Der Iran macht sich den Westen zum Spielball seiner atomaren Interessen. Die Bemühungen der westlichen Regierungen gehen am Volk der diktotorisch geführten Länder vorbei. Auch die Hilfe an die afrikanischen Länder ist ein Fass ohne Boden. Jedem ist es bekannt, die Gelder und Hilfen erreichen nicht den hilfsbedürftigen Menschen. Zu allererst bereichern sich die Führer, dann die Landesfürsten, dann die Bürgermeister und die Polizei. Wenn dann noch etwas übrig bleibt, erreicht es vielleicht den Hungernden. Was unternimmt unsere Regierung, damit unsere Steuergelder auch gezielt verwendet werden? Nichts, denen ist der Mensch vollkommen gleichgültig. Unter diesen Bedingungen kann die Hilfe für arme Länder unterbleiben. Nur so wird das Gefüge der meist diktatorisch geführten Länder geschwächt. Das Geld für weitere Waffenkäufe ist dann nicht mehr vorhanden. Diese Situation bringt dem Volk vielleicht die Möglichkeit, den Diktator zu stürzen. Es gibt auch noch eine andere Möglichkeit. Eine Art Weltpolizei. Diese müsste befugt sein, die Missstände und Probleme in der betreffenden Region schnell und unbürokratisch zu lösen. Leider sind die Regierenden aller Länder in der schnellen Hilfe für notleidende Menschen nicht bewandert, sie wollen es auch nicht sein. Sie diskutieren ein Jahr, warten ab, diskutieren weiter und in dieser Zeit hat sich das Problem von selbst gelöst. Der Mensch ist tot.

Zu Tode sind auch viele Deutsche durch die zunehmende Gewalt der Ausländer gekommen. Während die Kriminalität bei den Deutschen sinkt, steigt sie vor allem bei den ausländischen Jugendlichen. BKA Präsident

Jörg Zierke sagte im Jahr 2001, ausländische Jugendliche sind vier Mal häufiger in Raubstraftaten verwickelt als ihre deutschen Altersgenossen. Noch drei mal häufiger fallen sie in den Polizeistatistiken mit Gewalttaten auf. Besonders hoch waren die Straftaten der Ausländer bei Vergewaltigungen 32,6%, Raubstraftaten 33,19% und Mord 38,3%. Besonders schlimm ist, der offizielle Anteil an Ausländern die nicht eingebürgert wurden beträgt knapp 9%. Diese 9% von der Gesamtbevölkerung sind für die oben genannten Verbrechen verantwortlich. Gemessen an allen Ausländern ist die Kriminalität doppelt so hoch wie bei den Deutschen. Im Bereich der organisierten Kriminalität haben die Ausländer die Deutschen längst verdrängt. Im Jahr 2001 waren 62,9% aller Verdächtigen Ausländer. Und der Anstieg der Gewaltkriminalität hält an. Das sind Straftaten von nicht eingebürgerten Ausländern. Würden die eingedeutschten Russen, Türken, Afrikaner usw. hinzugerechnet, läge die Zahl der Straftaten wesentlich höher. Sind die befürchteten Gefahren die von Zuwanderern ausgehen nur ein Horrorzenario? Die Grüne Partei, ein Haufen von intellektuellen Spinnern, die Umwelt-Sherrifs wie sie auch genannt werden, wollten natürlich diese Vorwürfe der Polizei sofort abschwächen. Die besaßen die Frechheit und zweifelten die Angaben der Polizei an und meinten, die Statistiken sind falsch interpretiert. Wen haben wir denn diese Mafia-Organisationen und stetig steigende Kriminalität zu verdanken. Den Grünen und ihren Außenminister Fischer. Kommt alle in unser Land, wir hegen und pflegen euch, hier findet ihr das Paradies wo Milch und Honig fließt. Hier bekommt ihr Geld ohne zu arbeiten. Das reicht diesen Ausländern noch nicht, also werden die Deutschen erst mal mit Gewalt eingeschüchtert, damit sie vor den Ausländern kuschen. Danach werden sie gerupft. Wen haben wir denn dieses Szenario zu verdanken, den Grünen Ausländerumarmern, Herrn Fischer und der deutschen Wirtschaft, die immer billigere Arbeiter ins Land holen wollen. Nur weit gefehlt, die meisten wollen gar nicht arbeiten. Es führt nun schon so weit, dass der Polizeipräsident eingestehen muss, manche Straßen in Berlin sind nur mit Verstärkung betretbar. Auf Nordrhein-Westfalens Straßen braut sich eine neue Verbrechenswelle zusammen. In Hamburg am Schanzenviertel gibt es einen Bereich der fest in der Hand von Schwarzafrikanern ist. Sind die Verhältnisse schon da, die amerikanischen Gettos der Kriminalität. Uns macht das Angst. Was unternimmt

die Regierung? Sie muss härter durchgreifen. Sie muss dafür sorgen, dass sich unsere Frauen und Kinder wieder frei bewegen können. Das sie nicht von den Ausländern angefeindet werden. Sie muss dafür sorgen, dass bei jeglichem kriminellen Handeln der Ausländer sofort des Landes verwiesen wird. Zur Not kann er ja noch der Frachter Cap Anamur gechartert werden. Auch Volkverhetzung, wie es jetzt schon des öfteren von ausländischen Politikern zu hören war, ist in Deutschland strafbar. Also sofort ins Gefängnis oder ins nächste Flugzeug und ab mit ihnen. Solche Sprüche wie es die türkischen Führer hier los lassen, sollten wir mal dort riskieren. Der Deutsche kuscht mal wieder und wird von den Ausländern verhöhnt. Eine Änderung ist nicht in Sicht, denn die Grünen verhindern jegliche Verschärfung gegen diese Kriminellen. Gegen Sarrazin wurde von der Staatsanwaltschaft ermittelt. Bei den Ausländern schreibt man, er hatte sich im Ton vergriffen. Das ist gegenüber dem Deutschen eine Frechheit ohnegleichen.
Im Oktober 2059 herrscht in der Bundesrepublik das reinste Chaos. Die Männer saßen während der Mittagshitze im Kaffee und diskutierten. Die Frauen in langen schwarzen Kleidern gehüllt, das Haupt durch Kopftücher versteckt, wurden von der muslimischen Regierung zur Feldarbeit gezwungen. CDU/ CSU/ FDP/ SPD/ Die Grünen und die Linke rauften sich zusammen und wollten die muslimische Regierung stürzen. Der Reichstag war zu gut bewacht, so war der Geheimgang von Adolf zum Nutzen. Im Reichstag konnte die bunt gewürfelte Parteienlandschaft das Zepter an sich reißen. Dank der Hilfe von den Frauen, die die Kopftücher nutzten um sie über die Köpfe der Wächter zu stutzen. Was war das für ein Jubel. Die Männer fühlten sich wohl, waren sie doch wieder unter der Herrschaft der Frauen.
Das letzte Geld das uns aus den Taschen gestohlen wird verschrottet die Bahn. Seit Jahren lässt die Bahn AG Güterwagen und Lokomotiven, die fahrbereit sind und teilweise frisch vom TÜV kommen verschrotten. Über die Kosten gibt der Konzern keine Auskunft. Was denkt sich die Regierung eigentlich, die sind doch auch über den Sachverhalt informiert. Sparen ist doch angesagt und hier verschrottet die Bahn bzw. der Bund unsere Steuergelder. Ach ja, ich hatte es vergessen, gespart wird nur beim kleinen Mann. Dabei könnten die Bahn-Manager mit dem überzähligem Fuhrpark sehr viel Geld verdienen. Die private Konkurrenz würde

diese sofort kaufen. Doch die Bahn verkauft den Mitbewerbern weder Güterwagen noch Lokomotiven. Aus Prinzip nicht. Nein, die Bahn lässt die Wagen und Lokomotiven erst von unseren Steuergeldern reparieren, um sie anschließend zu verschrotten. Das ist Verschwendungssucht ungeheuerlichem Ausmaßes. Das ist Betrug am Bürger. Diese Regierungen müsste man alle zum Mond schießen. Würden diese Selbstdarsteller wirklich sparen, könnten unsere horrenden Steuergelder gesenkt werden. Nur gut das der Mehdorn weg ist. Aber für das, was er angerichtet hatte, fordert er eine Abfindung in Millionenhöhe. Natürlich bekommt er von unseren Steuergeldern eine Abfindung in der Höhe von 5 Millionen Euro. Hier wird ein Mensch der sich strafbar gemacht hatte auch noch belohnt. Ist ja auch klar, die da oben hacken sich kein Auge aus. Übrigens, diese Lokomotiven und Wagen gehörten eigentlich uns. Das sind 100% Eigentum des deutschen Steuerzahlers.

Es gibt nicht nur die Misswirtschaft in Deutschland die uns Steuerzahler zusätzlich mit Milliarden belastet. Von der EU werden wir nochmals so richtig zur Kasse gebeten. Die Misswirtschaft in der EU kostet dem Steuerzahler im Jahr 2001 etwa acht Milliarden D-Mark. Acht Milliarden, für uns eine unvorstellbare Summe, sind durch Subventionsbetrug, Selbstbereicherung und Schlamperei an Steuergeldern verloren gegangen. Es ist wirklich zu überlegen, ob sich die EU für den Steuerzahler lohnt. Wenn die EU duch Misswirtschaft jedes Jahr 8 Milliarden Euro, Tendenz steigend, an Steuergeldern verliert, ist die EU ein Verlustgeschäft und muss abgeschafft werden. Das Gewerbe, die Industrie und die Banken lösen sich von Verlustgeschäften. Dann lösen wir uns von der EU.

Ich habe noch keinen Menschen getroffen, ob Deutscher oder Ausländer, alle waren von der EU nicht begeistert und wünschen sich die Eigenständigkeit zurück. Natürlich will sich die Wirtschaft und die Landwirtschaft nicht von der EU lösen. Kassieren sie doch jedes Jahr Subventionen in Milliardenhöhe. Wir bezahlen mit unseren Steuergeldern Betriebe in Europa, damit sie keine Erzeugnisse auf den Markt bringen. Das ist der reinste Hohn. Vor nicht all zu langer Zeit mussten wir nur die eigene Regierung ernähren. Nun müssen wir nach der Euro-Einführung mit der Hälfte unseres Lohnes das Europaparlament mit dem ganzen Wasserkopf auch noch mit durchfüttern. Und alle werden unersättlicher. Die Osterweiterung besiegelte unser Schicksal, weiter und immer tiefer in die Armut abzusteigen. Wir brauchen die EU nicht, wir brauchen auch kein zusätzliches Europaparlament. Vor der EU ging es uns alle wesentlich besser und nach der EU wird es uns wieder besser gehen. Die zwischenmenschlichen Beziehungen mit unseren ausländischen Freunden aus Frankreich, Holland, England, Spanien, Italien, Schweiz, Österreich, Portugal, Dänemark, Schweden, Norwegen, Finnland usw. sind hervorragend. Auch dazu brauchen wir die EU nicht.

Was denkt sich die Regierung dabei. Von den Steuerzahlern werden immer tiefere Einschnitte gefordert und die bauen und renovieren einen Prunkbau nach dem anderen. Was kostet die Welt. Die Erweiterung des jüdischen Museums in Berlin kostete knapp 16 Millionen D-Mark. Was mich dabei besonders störte, war die Auswahl der architektonischen Ausarbeitungen und Vorschläge. Kein deutscher Architekt konnte seine Entwürfe vorlegen. Von der Regierung und der Museumsleitung wurde einfach ein Architekt bestimmt. Bei diesem Projekt traf das Glück einen amerikanischen Architekten. Der auch Jahre später die nochmalige Erweiterung planen durfte. Nach dem Motto, koste es was es wolle, es ist ja nicht unser Geld. Es ist ja nur das Geld der blöden Arbeiter. Zudem war nach der Fertigstellung der Gebäude niemand begeistert. Wie kommt eigentlich die Regierung dazu, die Vorschriften zu umgehen und ein öffentliches Gebäude ohne Ausschreibung zu vergeben. War das vielleicht der Wunsch eines Juden? Die brauchen nur einmal zu hüsteln und schon steht die Regierung stramm. Natürlich hatte da die Regierung wieder voll zugelangt und so ist es das größte jüdische Museum in Europa. Das jüdische Museum zeigt zwei Jahrtausende Deutsch-Jüdische Geschichte. Was steckt hinter dem Wort? Deutsch-Jüdische Geschichte. Fühlen sich die Juden hier in Deutschland als Ausländer oder wollen sie keine Deutschen sein? Fühlen sie sich mit Deutschland verbunden und haben hier ihre Heimat gefunden, dann gibt es nur ein Deutsches Museum in Berlin. Ich höre schon den Aufschrei eines Juden, der mich des Antisemitismus bezichtigt. Ich behandle ihn aber wie einen Menschen wie du und ich. Kann ich über Kanzler Schröder sagen, er ist nicht gescheit, dann kann ich auch über einen Juden sagen, er ist nicht gescheit. Das jüdische Volk und die Juden in Deutschland müssen endlich begreifen, das sie ein Volk bzw. ein Land unter vielen sind. Mit gleichen Rechten und Pflichten ausgestattet wie jeder andere Mensch. Fühlen sie sich aber immer über alles erhaben und angegriffen, werden sie nie den Frieden erhalten.

Kaum war das jüdische Museum fertiggestellt, wurde vier Jahre später eine Erweiterung geplant. Der Blumengroßmarkt sollte weichen und der Umbau geschätzte 20 Millionen Euro kosten. Geplanter Baubeginn im Jahr 2010. Reicht der Schlossbau nicht. Diejenigen die in Berlin sitzen sind wohl vollkommen durchgedreht. Die haben jedes Maß verloren. Der Besitzer des Blumengroßmarktes möchte nun natürlich ein Ersatzgebäude. Dadurch steigen die Belastungen des Steuerzahlers, denn die Stadt Berlin möchte den Anbau, Kosten ca. 20 Millionen dem Museum schenken. Hoffentlich bezahlen sie dann auch die Schenkungssteuer. Vor allem lässt sich auch sehr schnell etwas verschenken, dass einem gar nicht gehört. Es sind unsere Steuergelder. Das Bauwerk hatte nun 16 Millionen plus 20 Millionen Euro plus der geforderte Neubau von 10 Millionen für den Großmarktbetreiber gekostet. Aus den 20 Millionen sind es nun wieder 46 Millionen Euro geworden. Welcher Bürger kann so etwas stillschweigend hinnehmen? Denn im gleichem Atemzug hörte man die Hiobsbotschaften von den Herren Riester und Rürup, die Renten werden nicht wie zugesagt steigen. Sozialleistungen werden gekürzt und die Krankenkassenbeiträge werden steigen. Wie lange wollt ihr das noch hinnehmen Bürger. Diese Verschwendungssucht hier beim Museum aufgezeigt, finden wir überall dort, wo die Regierung ihre Prunkbauten auch immer plant.

Warum nennt man das Bundeskanzleramt die Waschmaschiene? Weil da viel schmutzige Wäsche gewaschen wird. Unqualifiziertes Tun der Bauverwaltungen bringen dem Steuerzahler riesige Verluste. Und der dumme Michel schaut zu. Hier als Beispiel die Kosten des Bundeskanzleramtes. Vorab die Information, das Bundeskanzleramt ist achtmal so groß wie das Weiße Haus in Washington und zur Erstellung wurde eine Bauzeit von vier Jahren benötigt. Muss so etwas sein? Geplant wurde das Bundeskanzleramt mit einer Bausummevon 250 Millionen D-Mark. Zwischenzeitlich wurden schon 400 Millionen D Mark veranschlagt. Nach dreijähriger Bauzeit berichten die Medien von einer voraussichtlichen Summe von 467 Millionen D-Mark. Im Endeffekt wurde der Steuerzahler mit einer Halben Milliarde belastet. Weit über das Doppelte.

Ein einfacher Bauhof war mit 2,5 Millionen geplant. Tatsächlich betrug die Bausumme 4,6 Millionen D-Mark.

Wieder in Berlin. Eine Ausstellungshalle (Topographie des Terrors) wurde mit 35 Millionen D-Mark geplant. Die voraussichtlichen Kosten beliefen sich dann auf 76 Millionen D-Mark. Diese Ausstellungshalle kostete dem Steuerzahler bei der Endabrechnung das Dreifache, also 100 Millionen D-Mark.

Immer wird die Schuld an der Kostenexplosion der alten Regierung zugeschrieben. Doch Fakt ist, erst werden die Bausummen absichtlich niedrig angegeben, um den Steuerzahler nicht aufzuschrecken. Die üblichen Korruptionskosten treiben die Bausumme in die Höhe. Misswirtschaft bei der Bundesbaugesellschaft, bedingt durch Korruption, Unfähigkeit und schlecht aufgestellten Ausschreibungen ergeben dann die wirklichen Baukosten. Die schlauen Füchse bei den Baufirmen, die nur zum Zwecke der Prüfung von Leistungsverzeichnissen und Ausschreibungen eingestzt werden, zerflücken während und nach Beendigung der Bauzeit die Leistungsangaben der Bauämter. Hier treten dann enorme Mehrkosten auf, denn die Ausschreibungen werden so diletantisch ausgearbeitet, dass sich die Baufirmen auf die Nachforderungen freuen. Das Bundeskanzleramt durfte sogar von deutschen Architekten geplant und überwacht werden. Meinen Glückwunsch, denn je höher die Baukosten steigen, um so höher fällt das Hohorar aus. Nach nur knapp 10 Jahren kommt eben durch diese Baumaßnahme eine neue Belastung auf uns zu. Es treten die ersten gravierenden Bauschäden an den Regierungsgebäuden rund um den Spreebogen auf. Die Regressansprüche sind meist abgelaufen oder sie müssten über Jahre bei den Gerichten eingeklagt werden. Dann ist es doch einfacher und schneller wenn wir den Steuerzahler zur Kasse bitten.

Drei Weise

Drei Weise, so behaupteten sie es jedenfalls von sich, saßen am Stammtisch zusammen, diskutierten und machten sich gegenseitig Schuldzuweisungen. Es ging um die horrende Bausumme des Bundeskanzleramtes. Herr Schröder, er hatte einen Fensterplatz erwischt, meinte, die Schuld liegt bei Alt-Bundeskanzler Kohl, er hatte die Planung des Bundeskanzleramtes in Auftrag gegeben. Darauf sagte Herr Kohl, mir hätte der Bau läppische 250 Millionen gekostet, den Rest hätten die Baufirmen als Spende da-

zugegeben. Ich kann nichts dafür, dass die Wirtschaft die Roten und die Grünen nicht mag. Darauf anwortete Herr Schröder, ich habe doch schon alles getan um die Baukosten so niedrig wie möglich zu halten. Ich habe extra Fachkräfte aus dem Ausland einfliegen lassen, die für 2,50 D-Mark die Stunde arbeiteten. Die Dolmetscher wurden nur zu teuer. Nun meldete sich Angelika Merkel zu Wort. Nach dem ihr beiden nun einiges verbockt habt, müssen wir sehen, dass wir das Geld wieder hereinbekommen. Ich bitte um Vorschläge. Sofort eine zusätzliche Steuer schlug Alt Bundeskanzler Kohl vor. Eine zusätzliche Steuer grübelte Schröder, ja es könnte eine Reifensteuer sein schlug er vor. Das ist ein wunderbarer Vorschlag begeisterte sich Angelika Merkel. Die trifft jeden Steuerzahler, sogar die Grünen Radfahrer. Das Parlament wir begeistert sein.
Die neueste Pressemitteilung der Regierung für das Jahr 2001. Demnach haben die Arbeiter in Durchschnitt im Jahr 1991= 43400 D Mark verdient. Im Jahr 2001= 59800 D-Mark verdient. Das währen bei 13 Monatsgehältern 4600 D-Mark Brutto. Für den alleinstehenden Geringverdiener ohne Kinder ergab sich in Deutschland für das Jahr 2001 eine Abgabenlast von 34,2%, die nur noch von Dänemark übertroffen wurde. Zu diesem schlechten Ergebnis, auch bei den anderen Familienstrukturen, kam man nur, weil es in Deutschland die höchsten sozialen Abgaben gibt. Weil wir Millionen Nicht-Steuerzahler und Nichtstuer aus anderen Ländern mit durch schleppen müssen.
Schon wieder ein Steuergeschenk für die Unternehmer. Der Abschreibungssatz für Maschinen wird von 20% auf 30% erhöht. Vorgesehen ist diese Regelung bis 2007. Danach soll die vorgesehene Unternehmerreform in Kraft treten. Diese sieht vor, die Steuersätze für Betriebe spürbar zu senken. Der Staat wird durch diese Abschreibungsänderung voraussichtlich acht Milliarden D-Mark im Jahr weniger in der Kasse haben. Und was gibt man uns?
Die Botschaften fürs Volk. Rürup: Die Sozialbeiträge weden steigen. Riester: Die Rentenbeiträge werden nicht wie zugesagt sinken. Die Regierung will unser Bestes, sie will unser Geld. Im Zuge der Hartz Reformen steigen die Leiharbeitsfirmen sprunghaft an. Jeder möchte ein Stück von dem Kuchen abhaben. 4100 Leiharbeiterfirmen werden mit 6,5 Milliarden D-Mark fürstlich von unseren Steuergeldern entlohnt.
Wer saß eigentlich in der Hartz-Kommission? Es waren alles

Vorstandsmitglieder mit Millionengehältern. Das waren Herr Peter Hartz, Vorstandsmitglied bei VW, sicherlich noch allen bekannt. Norbert Bensel, Vorstandsmitglied von DaimlerChrysler. Eggert Vorscherau, Vorstandsmitglied von BASF oder Heinz Fischer, Vorstandsmitglied der Deutschen Bank, um nur einige der Millionenverdiener aus der Hartz IV- Kommission zu nennen. Diese Herren schafften die Gesetze zur Vermehrung der Armut und Ausbeutung des Arbeiters. Natürlich im Einklang mit den Gewerkschaften. Denn um den Widerstand des Arbeitervolkes nicht zu wecken, wurden auch Gewerkschafter, die keinen Widerstand leisten würden in die Hartz-Kommission berufen. Das waren, Isolde Kunkel Weber, Mitglied des ver.die Bundesvorstandes. Peter Gasse, Bezirksleiter der IG Metall Nordrhein Westfalen. Frau Kunkel-Weber freute sich über einen Kaffeplausch mit den hohen Herren. Kann ein Gewerkschaftsverrat idyllischer und billiger sein?

Diese Herren, inklusive der Gewerkschaftsunterstützung, schufen Gesetze, die nur eine Richtung hatten. Alles muss weg, was den Profit der Fabriken und Bankbesitzern hemmen könnte. Schröder sagte damals, die Bundesrepublik erhält eine Reform, wie sie es seit 1949 noch nie erlebt hat. Ab dem 1. Januar 2003 soll das erste Hartz-Gesetz in Kraft treten.

Die Hartz-Gesetze, die den Arbeitslosen und Sozialhilfeempfänger die Unterstützung rauben. Die Aufhebung des Kündigungsschutzes und anderer Arbeitsrechte. Die Bezahlung von Lehrstellen durch die Familie. Der staatlich organisierten industriellen Leibeigenschaft. Der staatlich organisierte Lohnraub. Wer ist da noch in der Gewerkschaft? Wer hat die SPD oder die Grünen, die Hartz zugestimmt hatten gewählt? Ja ihr Bundesbürger, wie lange wollt ihr noch weiter kuschen? Was uns der Staat da an Rechtsbeugung vorexerziert entbehrt jeglicher Grundlage bürgerlichen Rechts. Hier wird die zwei Klassen Gesellschaft dem Bürger deutlich angezeigt.

Denn das Ermittlungsverfahren gegen Ex-Bundeskanzler Kohl wurde gegen Zahlung von 300000 D-Mark eingestellt. Da freute sich die Wirtschaft, hatte sie doch Herrn Kohl für sein Schweigen sechs Millionen D-Mark angeboten. Welche Probleme hatte ich doch mit dem Finanzamt wegen ein paar lumpige D-Mark. So ist es immer, die kleinen hängt man, die großen lässt man laufen.

Hier noch ein Beispiel, wie blitzartig die Politiker reagieren, wenn es um die Gesundheit oder körperlichem Wohlergehen des Volkes geht. Knapp ein Jahr nach den tötlichen Angriffen von Kampfhunden auf Menschen tritt das Gesetz zur Bekämpfung gefährlicher Hunde in Kraft. Ein Jahr brauchen die für ein Verbot? Das ist wirklich lächerlisch. Wenn es darum geht dem Bürger das letzte Hemd auszuziehen, dann sind sie blitzschnell dabei.

Am 11.05.2001 wurde vom Bundestag die Reform des Rentensystems beschlossen. Hinzu kam noch die Riester-Lüge. Die Aussage von Arbeitsminister Riester, nach dem sich für jeden diese Altersvorsorge lohne, ist falsch. Denn in vielen Fällen ist die Riester Rente am Ende ein Minusgeschäft. So muss ein 30-jähriger Riester-Sparer mit einem jährlichen Bruttoeinkommen von 52000 Euro 92 Jahre alt werden, um seine eigenen Beiträge als Rente ausgezahlt zu bekommen. Bei einer Lebenserwartung von ca. 78 Jahren höchst unwarscheinlich. Vor allem muss man bedenken, wenn der Mensch das Rentenalter erreicht hat, wird ihm die Riester Rente eventuell zum Nachteil angerechnet. Der Rentner könnte durch die Riester Rente höher besteuert weden. Was aber bei einem Drittel der Rentner, die wohl mit ihrer Rente unter der Grundsicherung von 800 Euro liegen, zu beachten ist, wird ihnen zum Erhalt der Grundsicherung die Riester Rente angerechnet. Die Riester Rente ist Betrug am Volk. Die Armen finanzieren im Grunde die Förderung für die Mehrverdienenden, weil sie nicht in den Genuss der zusätzlichen Rente kommen. Die anderen weden keine 92 Jahre alt. So gesehen ist das eine heimliche neue Steuereinnahme für den Staat, für die Regierung, die mit dem Geld, wie mit unseren eingezahlten Rentenbeiträgen Jahr für Jahr sinnlos Geld für Investionen und Subventionen verschleudert. Hände weg von der Riester Förderung. Steckt euch das heimlich Gesparte unter das Kopfkissen. Das sieht der Staat noch nicht.

Die Reformen des Rentensystems stürzen viele zukünftige Rentner in die Armut. Viele, sehr viele zukünftige Rentner haben mit ihrer errechneten Rente gerechnet. Sie hatten auch nicht die finanzielle Möglichkeit in den letzten Jahren irgendwelche Rücklagen zu schaffen. Mit 58 Jahren zum Beispiel sind sie auch zu alt, um nach der Rentenreform die Rentenkürzungen noch durch Ansparungen und Versicherungsverträgen aufzufangen. Der Rentner wurde jahrelang betrogen und belogen. Seine Einzahlungen wurden nicht für die Rücklagen seiner versprochenen

Rente genuztzt, sondern zu Ausgaben die mit der Rente nichts gemein hatten.

Gestört hatte mich vor allem bei der ganzen Rentendiskusion, dass sich Menschen wegen einer Rentenerhöhung von 0,2% aufregten. Das können unsere Kinder nicht mehr finanzieren, oder wir arbeiten nur noch für die Alten. Unverschämt finde ich das. Sie hätten besser zum Reichstag marschieren sollen und mit den Rentnern das ihnen zustehende Geld einklagen sollen. Die Schuldigen sind nur dort zu finden. Und wo ist das laute Gebelle jetzt, wo der Staat hunderte von Milliarden Schulden hat? Können ihre Kinder das finanzieren? Sie wurden klein gemacht und kuschen genau so wie der deutsche Arbeiter.

Die Riester Rente war für den kleinen Mann gedacht, dagegen ist die Rürup Rente vor allem für Selbstständige, Freiberufler und ältere Anleger ausgelegt. Für Selbstständige ist die Rürup Rente die einzige Möglichkeit, mit staatlicher Unterstützung für das Alter vorzusorgen. Die Basisrente von Rürup ist für den interessant, der im Erwerbsleben einen relativ hohen Steuerzatz zahlt und in der Rentenphase einen niedrigen Steuersatz erwartet. Der Nachteil bei der Rürup Rente, die Auszahlungen können nur als lebenslange Rente fließen. Kapitalleistungen sind ausgeschlossen. Der Vorteil ist eine steuerfreie Ansparphase mit Zuschüssen vom Staat. Die angesparten Beträge werden erst beim Rentenantritt mit einem geringeren Steuersatz versteuert. Das ist ein sehr großer Vorteil gegenüber der Riester Rente. Selbst bei der Unterstützung zur Rente wird vom Staat, der Regierung, die Zwei-Klassen-Gesellschaft angeordnet.

Wieder ein halbherziger Versuch, Herr über die illegale Beschäftigung und Schwarzarbeit zu werden. Denn seit der Ausländerschwemme nehmen Schwarzarbeit und illegale Beschäftigung zu. Die Regierung sagte der Schwarzarbeit und illegaler Beschäftigung den Kampf an. Dabei tun sie alles, damit diese illegale Beschäftigung und Schwarzarbeit erst möglich wurde. Die Einführung eines Mindestlohns würde alle Spekulationen in dieser Hinsicht vom Tisch fegen. Dieser Mindestlohn muss aber mindestens 6 Euro betragen. Der eingeführte Betrag von 4,50 Euro ist zu wenig. Der Arbeiter würde 945 Euro Brutto im Monat verdienen. Nach Abzug aller Nebenkosten bleibt ein Nettobetrag von unter 300 Euro. Ersparnisse für die Rente ein Traum. Zum Leben zu wenig, zum Sterben zu viel.

Fast alle Ausländer gehen einer illegalen Beschäftigung nach. Teilweise arbeiten sie für einen Stundenlohn von 50 Cent. Nach der Einreise dürfen Ausländer ein Jahr nicht arbeiten. Da die Ausländer eine andere Mentalität und ein stärkeres Familienbewusstsein pflegen, arbeiten diese illegal bei den hier lebenden Familienangehörigen oder Landsleuten. Auch als Zeitungsausträger oder Botendienste für wenige Cent. In den Zeitungen preisen sie ihre Arbeitskraft an. Meist in den handwerklichen Bereichen anzusiedeln. Kommt ein Kontakt zu stande, wollen sie das Geld ohne Rechnung. Sie gehen einer Schwarzarbeit nach. Zudem sind es immer Einzelpersonen die zu dem Verhandlungsgespräch erscheinen. Die Arbeiten werden dann in der Gruppe von drei bis vier Mann erledigt. Dabei ist mir aufgefallen, dass die Angebote viel zu hoch gegenüber der aufzubringenden Leistung sind. Oft wird dann noch ein Preisnachlass von 100 Euro gewährt. Die Schwarzarbeiter-Angebote der Ausländer sind um ein vielfaches höher als die Angebote von Deutschen. Man kann ruhig mit dem Deutschen eine Rechnung aushandeln und das liegt noch unter dem Angebot der ausländischen Schwarzarbeiter. Grundsätzlich versuchen die Ausländer dem Deutschen ein Märchen zu erzählen. Übertreiben Maßlos in der Darstellung des Schadens oder dem Arbeitsaufwand. Kassieren von uns die Stütze und wollen uns noch übers Ohr hauen. Frech und Dreist. Die armen Ausländer, so die Wahlplakate der Grünen bei der letzten Wahl.

Es betreten zwei Männer das Hotelrstaurant im Adlon Kempinski in Berlin. Der erste der eintritt, ist in einem pikfeinen Smoking gekleidet. Der zweite eher etwas schüchtern und gehemmt von der tollen Pracht, sieht eher wie ein Bettler aus. Urplötzlich schreit der im Smoking, schmeißt den Hund raus. Blitzschnell packen zwei der Türsteher den armen Mann und werfen ihn auf sie Staße hinaus. Dieser rappelt sich nach einiger Zeit wieder auf und lief zum Wohnheim um sich für den nächsten Morgen zu rüsten. Am nächsten Morgen betrat er das Hotel Kempinski abermals. Diesmal aber durch den Hintereingang. Hier bewarb er sich als Koch und bekam die Stelle. Der Mann arbeitete Tag und Nacht. Probierte hier, probierte dort, bis er die richtige Mischung gefunden hatte. Genau an diesem Abend betrat der feine Herr im schwarzen Smoking wieder das Hotelrestaurant Adlon Kempinski. Der Koch bereitete ihm das bestellte Süppchen und servierte selbst. Kaum hatte der feine Herr die Suppe probiert, fing er an zu bellen. Da schrie der Koch, schmeißt den Hund raus, schmeißt ihn raus. So in etwa könnte sich die Zwei-Klassen-Gesellschaft entwickeln.

Wo blieb die Hilfe des Staates bei der Hochwasserkatastrophe im Jahr 2001? Für die Auslandshilfen ist das Geld schnell zur Hand. Im eigenen Land aber wird nur immer schnell und unbürokratisch mit dem Mundwerk geholfen. Das war es auch dann, oder besser gesagt, für den kleinen Mann. Denn Politiker nutzen diese Situationen schamlos aus. So wurden Hochwasserschäden am eigenen Haus gemeldet, obwohl kein Schaden am Haus entstanden war. Solche Leute müssten sofort als Betrüger vor den Kadi geschleppt werden. Gebe es die Spendenaktionen der Medien in unserem Lande nicht, sähe es für die Hilfe der Betroffenen schlecht aus. Denn gerade diese Unfähigkeit der Bauämter und Politiker im Bereich des Hochwasserschutzes bringt die Menschen in immer größere Gefahren. Nach dem Hochwasser im Jahr 2001 hatte die Regierung nichts anderes zu tun, als sofort einen international besetzten Experten-Workshop sowie ein Fachsymposium einzurichten. Nicht das dieser Hochwasserschutz sofort in Angriff genommen wird, nein, er ertreckt sich bis zum Jahr 2020 und soll mit 2,3 Milliarden Euro finanzier werden. Die Bundesregierung startet nicht ein sofortiges Hilfsprogramm und Maßnahmen für den Hochwasserschutz. Sie überlassen das den Bundesländern. Nun kann jedes Bundesland für sich alleine rumwursteln. Ein Fachgremium, einen Beraterstab einsetzen. Was diese Beraterstäbe bringen, haben wir in jüngster Zeit oft genug erlebt. Sie bringen die Steuergelder in die eigene Tasche. Hier entstehen schon wieder unnötige Kosten zu Ungunsten des Steuerzahlers. Eine unsinnige und unangepasste Siedlungs, Industrie und Verkehrsentwicklung ist eigentlich Schuld an den übermäßig hohen Hochwasserständen der letzten Jahre. Mehr als 85% der natürlichen Überschwemmungsauen wurden dem Rhein genommen. An der Donau gingen weit über 70% der Überflutungsflächen verloren. Überall wurde ein Hochwasseraktionsprogramm gestartet. Insgesamt sollen 12 Milliarden Euro eingesetzt werden. Jedoch können die Ziele, das Hochwasserrisiko einzudämmen kaum erreicht werden, wenn deren Umsetzung und deren politische Unterstützung so weiter geführt werden wie bisher. Vor allem lässt man sich unwahrscheinlich viel Zeit. Erst bis 2015 müssen Risikomanagementpläne zur Beweltigung

des Hochwassers vorliegen. Anschließend wird wieder über Jahre diskutiert bis keiner mehr weis, worum es eigentlich ging. Erst hatte man mit unseren Steuergeldern die Flüsse eingedeicht, ihnen ihr Flussbett und den normalen Verlauf genommen. Nur damit die Industrie ihre Betriebe näher am Fluss aufbauen kann. Ohne Rücksicht auf die Natur und den folgenden Umweltschäden.
Die ersten Hochwasserschutzmaßnahmen wurden nun endlich begonnen. Dabei wurden die vorhandenen Deiche zurück gebaut und weiter ins Land versetzt, neue Deiche erstellt. So einen Blödsinn, wie immer, was die auch planen. Schleusen in gewissen Abständen in die Deiche eingebaut sind viel effektiver. Hier kann man nun das Wasser, das langsam ansteigt gezielt ablaufen lassen. Die Kosten sind wesentlich geringer gegenüber den Baumaßnahmen der Bundesländer. Egal, die Kosten trägt ja doch der Steuerzahler.
Kosten die nicht in der Bausumme enthalten sind. Versteckte Kosten.

Wenn du denkst, dass du zu dumm bist, bilde einen Arbeitskreis.
Bringt der keinen Erfolg, vergrößere den Arbeitskreis durch internationale Fachleute.
Besuche andere Orte mit dem Arbeitskreis, um zu sehen wie man dort mit dem Problem fertig wurde.
Wähle Orte an denen du noch nie vorher warst und gerne deinen Urlaub verbringen würdest.
Versuche deine Geliebte als Sekretärin durchzumogeln.
Löst das nicht dein Problem, erhöhe den Qualitätsstandard durch neues teures Gerät.
Bilde eine Expertengruppe um die Geräte besser einsetzen zu können.
Lasse Analysen auf die unterschiedlichen Wasserstände und Einwirkungen auf das Bauwerk aufstellen.
Hole zur Verstärkung noch Facharbeiter aus dem Ausland, die das Projekt vielleicht noch retten können.
Du erklärst, dass der Abbruch und der anschließende Neubau kostengünstiger ist.
Du bildest eine Gutachterkommission, die das Bauwerk am Modell prüft.
Du lässt die Leistungsbedinungen und den Verlauf überarbeiten.

Du richtest eine unabhängige Prüfstelle zur Kostenüberwachung ein.
Du lässt die unabhängige Prüfstelle durch ein unabhängiges Management kontrollieren.
Diese unsinnigen Kosten entstehen bei jedem Projekt der öffentlichen Hand und werden mit unseren Steuergeldern finanziert.
Endlich bekennen sich die Politiker zu ihresgleichen. Für den Steuerbetrüger will man noch eine Flick-Ausstellung zeigen. Diese Ausstellung wurde von den Politikern unterstützt. Nur die Diskussion um die Nazivergangenheit der Familie Flick konnte dies verhindern. Haben die Politiker überhaupt kein Schamgefühl gegenüber dem Bürger, der immer pünktlich seine Abgaben leistet?
Am 2. Juli 2001 verurteilt die PDS in einer Erklärung den Mauerbau. Die Medien sind natürlich entrüstet, dass es keine Entschuldigung für die Toten an der innerdeutschen Grenze gab. Wofür sollten sich die PDS-Anhänger denn entschuldigen? Hatte einer von ihnen den Schießbefehl gegeben? Nein, diese Verantwortlichen machen sich heute auf unsere Kosten ein schönes Leben. Unsere Regierung hatte sie verschont. Honecker wurde bis zu seinem Tode von unseren Steuergeldern königlich gepflegt. Seine Frau Margot Honecker war Ministerin für Volksbildung in der DDR. Bis heute macht sie sich ein schönes Leben in Chile. In Chile bekam Frau Honecker einen Orden für ihre revolutionären Ansichten. Wir sorgen dafür, dass es ihr an nichts fehlt. Einer der Haupttäter starb vor kurzem in einem Altenheim und nicht im Gefängnis. Der andere wurde nach drei Jahren, für die Toten an der Mauer verantwortlich, von der Regierung begnadigt. Der Bundesrat billigt eine Ehrenpension von 650 Euro zusätzlich zur Rente der letzten DDR-Minister. Diese Minister wurden das erste Mal vom Volk frei gewählt. Hier waren aber auch einige darunter, die schon vor dem Mauerfall einen Ministerposten bekleideten. Keiner dieser Leute hatte sich je gegen den Schießbefehl oder das Regime aufgelehnt. Warum fordert man dieses immer von der PDS bzw. heutigen Linken? Fordert dieses von den Politikern, die die verantwortlichen noch schützen.
Der 11. September 2001 bleibt unvergessen. Bei diesem furchtbaren Terroranschlag starben in Amerika über 3000 Menschen und unzählige bei den folgenden Angriffen der Westmächte in Afghanistan. Die Kriege heutzutage setzen einen Vorwand voraus. Das bedeutet, dass die

Politik mit den Mitteln des Krieges ihre politischen Ziele erreichen will, die sie auf friedlichem Wege nicht erreichen kann. Der Angriff auf das World-Trade-Center und auf das Pentagon musste als Gelegenheit herhalten um die politischen Pläne der US-Regierung durchzusetzen. Für die US-Regierung kamen die Angriffe gelegen. Warum wurde kein Alarm ausgelöst als die Flugzeuge entführt wurden und ihren Kurs änderten? Waren die Geheimdienste in den USA blind, wobei doch Dutzende von Personen an dem Anschlag beteiligt waren. Nur etwa drei Wochen vor den Anschlägen, am 20. August 2001 hatten die Zeitungen in den USA die Befürchtung geäußert, der Weltkapitalismus stehe vor einer globalen Rezession von enormen Ausmaßen. Also ging es schon vor dem Angriff am 11. September mit der Wirtschaft bergab. Präsident Bush währe sicherlich ins Wanken geraten, da er auch schon Rücklagen, die für das soziale System gedacht waren, angegriffen hatte. Die Wirtschaftskrise begann schon lange vor den Angriffen der Terroristen und nicht wie man uns glauben lassen wollte, wegen den Angriffen. Angesichts der Kriegshysterie der US-Regierung und der von ihr gesteuerten Medien konnte Bush mit den Angriffen auf Afghanistan über die Probleme der Wirtschaft, verbunden mit der Regierung hinweg täuschen. Menschenleben wurden für die Unfähigkeit der Wirtschaft und Politik geopfert. Erst musste das Afghanische Volk unter der Herrschaft der Taliban leiden, dann unter den Angriffen der Westmächte und nun unter den rivalisierenden Stammesfürsten. Die Taliban waren geschlagen. Wie konnte es passieren, dass sie sich wieder zu einer starken Kampfgruppe formieren konnten? Haben die Westmächte geschlafen oder tatenlos zugesehen? Oder war es Absicht, um den Terror in Afghanistan und nicht in Amerika zu bekämpfen. Denn von Terroranschlägen auf westliche Botschaften und Einrichtungen hört man nichts mehr.
Die Wiederbelebung deutscher Großmachtpolitik nach der Wiedervereinigung. Der Einsatz der Bundeswehr in Afghanistan. Nie mehr deutsche Soldaten ins Ausland schicken, nie mehr deutsche Soldaten in den Krieg schicken. Der Ruf hallt noch in meinem Ohr. Mit den Stimmen der Grünen Partei und der Vertrauensfrage des Kanzlers wurden erst 1200 Soldaten nach Afghanistan geschickt. Für den Wiederaufbau heißt es. Haben wir es zerstört? Und nun, nun stecken die deutschen Soldaten mitten im Krieg. Die größte Gefahr besteht aber

darin, dass von nun an die Terroristen auch unser Land bedrohen. Dank der verfehlten Politik der Westmächte.
Die Grüne Partei, eine Partei ohne jegliche Ideologie, sie dreht sich um 180°, so wie es gerade sein muss. Die Grüne Partei hatte für den Einsatz in Afghanistan gestimmt und nun im Jahr 2010. Die sollten sich ein Beispiel an Greenpeace nehmen. Deren Themen waren schon immer der Schutz des Urwaldes. Greenpeace versteht seine Arbeit als Beitrag zum Frieden. Ein Frieden in einer gerechten Welt, die frei ist von Hunger und Armut, frei von Umweltzerstörung und frei von atomaren, biologischen und chemischen Waffen. Ihre Kampagnen sind ein Appel an die Konzerne und Politiker, Verantwortung für die eine Welt zu übernehmen. Jeder Bürger sollte mal die Internetseite der Greenpeace aufsuchen. Auch die Politiker. Die Grünen erscheinen nur noch da, wo die Medien sie ins rechte Licht setzen. Die ungeachtet aller Rückschläge zum Wohle der Menschheit arbeiten. Das ist Greenpeace.
Ab Ende September 2001 wurde mir das erst mal richtig bewusst. Fast monatlich stiegen die Lebensmittelpreise bzw. die Lebensunterhaltskosten still und heimlich immer um die 5 Pfennig. Am Ende des Jahres waren auf manchen Artikeln bis zu 40 Pfennig aufgeschlagen. Steckte vielleicht ein System da hinter? Es steckte ein System dahinter, die Wirtschaft wollte im neuen Jahr mit der Euroumstellung so richtig abkassieren.
Das Jahr 2001: Wir hatten noch nie so viele Arbeitslose, wir hatten noch nie so viele Sozialhilfeempfänger und arme Menschen. Wir hatten noch nie so einen hohen Benzinpreis und wir hatten verdammt wenig Geld in der Tasche. Die Abgaben an die Großfürsten machten uns zu schaffen. Der SPD liefen in Scharen die Mitglieder davon. Das ist keine soziale Partei mehr, war ihre einhellige Meinung.

Die Euroumstellung im Jahr 2002

Was wird uns das Jahr 2002 bringen? Was wird uns die Euroumstellung bringen?
Ging es für den Arbeiter bei der Amtsübernahme der SPD und Grünen schon bergab, kam 2002 der freie Fall. Wir sind über dem Berg, von nun an geht's bergab.
Am 1. Januar 2002 war es soweit. Der Euro wurde offizielles Zahlungsmittel. Ein trauriger Tag für die meisten Deutschen, denn sie trauern bis heute ihrer geliebten D-Mark hinterher. Sie vergleichen und rechnen noch immer den Euro in D-Mark um. Das liegt vor allem daran, dass durch die Euro-Umstellung dem Arbeiter das halbe Gehalt gestohlen wurde. Schon bald wurde aus dem Euro der Teuro. Nach der ersten Gehaltsabrechnung war den Arbeitern klar, wohin uns die Regierenden mit der Einführung des Euro bringen wollten. Sie wollten den aufstrebenden Arbeiter ganz klein machen. Das haben sie nun auch geschafft. Wer muckt denn heute noch auf? Alle zittern und bangen nur noch um ihren Arbeitsplatz. Zudem stiegen die Lebenshaltungskosten gegenüber dem Eurogehalt um über 100%. Denn die Wirtschaftsbetriebe reduzierten ihre Angebote nicht um die Hälfte, sie rechneten mindestens eins zu eins um und schlugen zu diesem Preis noch ein paar Cent dazu. So kostete eine Schlangengurke zu D-Mark Zeiten höchstens ab und zu mal 90 Pfennige. Nach der Euro Umstellung kostete die Schlangengurke 1,40 Euro. Das sind 2,62 D Mark und eine Preissteigerung von 191%. Für 4000 D-Mark Gehalt hätte ich mir 4444 Schlangengurken kaufen können. Für 2130 Euro Gehalt hätte ich mir 1521 Schlangengurken kaufen können. Hier kann man nun den Unterschied ganz deutlich erkennen. Nun werden es auch Politiker verstehen. Ein Blumenkohl für den 1,20 D-Mark bezahlt wurden kostete nach der Euro-Umstellung 2,40 Euro. Diese Liste könnte ich unendlich weiter führen. Wenn sich aber Politiker hinstellen und behaupten, es ist nichts teurer geworden, grenzt das schon an Volksverdummung. Man kann auch sagen, für die Politiker und allen anderen da oben ist es auch nicht teurer geworden. Denn sie haben sich ihr Gehalt in Euro umrechnen und aufbessern lassen. Manager, Aufsichtsräte und Betriebsratsvorsitzende sind diesem Beispiel gefolgt. Nur dem blöden Arbeiter, dem hatte man alles genommen und denen, die nichts hatten, wer half die weiter? Von die-

sen hochnäsigen, arroganten und überheblichen Politikern sicher nicht einer. Ich hätte das Geschrei mal hören mögen, wenn die nun auch mit der Hälfte ihres Geldes, mit 3500 Euro auskommen müssten. Durch die Unruhe des Volkes wohl aufgeschreckt, schaltete nach einem halben Jahr die Regierung Gutachter ein, die den Preisanstieg verfolgen und beurteilen sollten. Das Ergebnis, wie konnte es auch anders sein, war haarstreubend. Es war schon eine grenzenlose Frechheit, wie anschließend behauptet wurde, die Preise sind nicht gestiegen. Wenn alle Artikel eins zu eins ungeschrieben wurden sind die Zahlen konstant geblieben. Rechnet man aber die Hälfte des Lohnes dagegen, kann ich die Rechnung der Gutachter nicht nachvollziehen. Hatten sie die Vorgaben und Weisungen der Regierung nur weitergereicht? Es wunderte mich nicht mehr, auch die Presse verbreitete diese Lügenmärchen, Umfragen hätten ergeben, dass nichts teurer geworden ist, stand es rot und fett auf der ersten Seite. Das die Medien nun auch nicht mehr diese Pressefreiheit wie früher genießen, ist uns nun lange bekannt.

Selbst die Verkäuferinnen in den Geschäften bestätigten, es wurde nur das Eurozeichen vor die Zahl gesetzt. Das bedeutete, dass ein paar Schuhe bei Deichmann nicht mehr 37 D-Mark kosteten, sie kosteten nun 37 Euro. Also 70 D-Mark oder doppelt so teuer an dem Gehalt der Arbeiter gemessen. Wo soll das noch hinführen, der Teuro bringt uns um. Das war also der Grund, warum der Euro so schnell in Deutschland eingeführt wurde. Wurden wir zu D-Mark-Zeiten bis ins Mark ausgepresst, konnte nun mit der Einführung des Euro dem Volk die Daumenschrauben angesetzt werden. Wo blieben die Proteste, wo blieb der Aufschrei des Volkes, wo waren die Gewerkschaften? Alle waren wie erstarrt, zu einer Handlung unfähig.

Wie erkläre ich es meinem Kind. Die Mama hat das letzte Wertvolle, eine D-Mark Münze ins Wasser fallen lassen. Nun ist sie traurig. Denn es wird uns wohl längere Zeit nicht mehr gut gehen.

Hatte ich noch 2001 geglaubt, mit der Euro-Einführung würde es mit der deutschen Wirtschaft bergauf gehen und damit verbunden die Arbeitslosenzahl sinken, wurde ich nun eines besseren belehrt. Laut Angabe aus der deutschen Wirtschaft, sank der innerdeutsche Handel dramatisch ab. Nur die guten Exportquoten konnten den freien Fall abfedern. SPD und Grüne hatten in ganzer Linie versagt. Ihre Wirtschafts-

und Finanzpolitik brachten Deutschland an den Rand des Ruins. War es Absicht, oder hatten sie es versäumt, die Kaufkraft des deutschen Bürgers zu stärken. Es war Absicht, denn sie haben bis heute ihre politische Marschrichtung, den Bürger bzw. Arbeiter klein zu bekommen nicht geändert. Mir der Euroumstellung und der Kürzung des Lohns um die Hälfte hatte der Arbeiter kein Geld mehr. Er wurde an den Rand der Armut gedrängt. Bezahlte man vor 2002 noch für einen vollen Einkaufswagen bei Aldi und Co. Noch 80 bis 100 D-Mark, waren nun 150 Euro fällig. Der Wagen aber noch nicht ganz voll. Eine Preissteigerung über 100%. Natürlich ging es mit der Wirtschaft bergab. Eine Anzahl von nie dagewesenen Mittelständischen- und Kleinunternehmen mussten Konkurs anmelden. Dadurch stieg die Arbeitslosenzahl an die 5 Millionen. Laut Bundesregierung, die tatsächliche lag sicher bei 10 Millionen.
Um diese Steuerausfälle wieder herein zu bekommen, wurde natürlich wieder der kleine Mann geschröpft. Die Abgaben für die Sozialleistungen wurden erhöht. Die Mineralöl- und Tabaksteuer angehoben. Natürlich nicht auf Zigarren, dabei hätte sich die Rot Grüne Regierung selber eine verpassen können. Diese zusätzlichen Einnahmen kamen nicht den sozialen Leistungen zugute, nein die Großkonzerne wurden entlastet. Es herrschte das reinste Chaos in der Gesundheitspolitik. Seit der Amtsübernahme des Gesundheitsministeriums durch Ulla Schmidt konnten die gesetzlichen Krankenkassen machen was sie wollten Die Beiträge stiegen stetig, aber die Leistungen nahmen stetig ab. Ich konnte das Geschrei der Konzernbosse nicht mehr hören. Arbeitgeber-Präsident Hundt tat sich hier immer besonders hervor. Der ewige Ruf, die Nebenkosten sind zu hoch, die Löhne sind zu hoch, waren und sind für Sozialisten unerträglich. Für das Missmanagement ist kein Arbeiter verantwortlich.
Wenn man das Jammern der Wirtschaft hörte, fragte ich mich immer, wie haben die das bloß bis 2001 geschafft. Eine Firma zu führen und noch Millionen bzw. Milliarden D-Mark Gewinn erwirtschaften. Zu dieser Zeit gaben sie von 120 D-Mark 50 D-Mark für Lohnkosten aus. Ab 2002 gaben sie von 120 Euro 25 Euro für Lohnkosten aus. Sie sparten also 50% der Lohnkosten ein. In der Automobilindustrie kostete ein PKW ca. 30000 D-Mark. Im Jahr 2002 kostet dieser PKW 35000 Euro. Die Abgaben für Gehälter verringern sich um 50%. Der Gewinn beträgt 100%. Ist bei

diesen Vorgaben die Firmenleitung nicht in der Lage Gewinne zu erwirtschaften, muss man ihnen Versagen in der Führung anlasten. Im Grunde war es die ungezügelte Raffgier einiger Konzernbosse und Banker, die immer wieder diese Schlagwörter, die Löhne sind zu hoch, aufbrachten. Die Gewinne, die sie 2001 in D-Mark erwirtschafteten, wollten sie auch 2002 in der Euro-Währung erreichen. Das ging wieder nur zu Lasten des Arbeiters. Aber hier hatten sie die Rechnung ohne den Wirt gemacht. Der Arbeiter hatte kein Geld mehr um diese doppelt so teuren Artikel zu kaufen. Was blieb, es wurden wieder Arbeiter entlassen oder wie man so schön sagt, ausgelagert.

Am schlimmsten traf es aber nach der Euro-Umstellung die Rentner. Sie bekamen nur noch die Hälfte der ihr zustehenden Rente und mussten durch die ständigen Erhöhungen ihrer Abgaben an den Sozialstaat noch mehr Einschnitte hinnehmen. Die Rentner wurden von der Regierung betrogen. 51 Jahre werden sie bei Rentenantritt in die Rentenkasse eingezahlt haben. Das hätte eine Rente von ca. 3600 D Mark ergeben. Damit währe der Rentner gut ausgekommen. Nach der Euro-Umstellung wurde er nun mit 1740 Euro abgespeist und muss noch zwei Monate über sein verdientes Rentendasein arbeiten. Hätte er 50 Jahre seine Rentenbeiträge unter dem Kopfkissen angespart, könnte er mit der Mindestrente und dem Angesparten fürstlich leben. Und diese Betrügerpartei haben wir noch gewählt. Nie mehr, aber diese Einsicht kommt zu spät. Der Sozialstaat Deutschland exestiert nicht mehr und den wird es auch nie mehr geben.

Bei der Wahl im Jahr 2002 hatte der Bürger noch die letzte Möglichkeit eine Kehrtwendung herbeizuführen. Wie es der Wahlausgang gezeigt hatte, wollte es der Bürger wohl nicht besser. Hatte er die Gefahr noch immer nicht erkannt, die von der Regierung Rot-Grün ausging? Wer steckte dahinter, wer hatte so großes Interesse daran, den Sozialstaat Deutschland mit Hilfe und Unterstützung der Rot-Grünen Regierung zu zerschlagen? Denn alles was die Regierung unternahm war darauf ausgerichtet die Arbeiterklasse in die Armut und Verdummung zu treiben. Jeder im Ausland wunderte sich, dass die Deutschen diesem offensichtlichem Treiben ihrer Regierung einfach hinnahmen. Wo war das selbstbewusste Deutsche Volk geblieben? Wo die Errungenschaften, für die sie so lange gekämpft hatten. Die Deutsche Arbeiterklasse ist in Ehrfurcht erstarrt und zittert nur noch um ihre Arbeitsplätze. Der Einfluss der Politik, die tägliche Darstellung der Medien zur Lage der Nation haben die Deutschen eingeschüchtert und resignieren lassen. Das Gespräch mit der damaligen DDR-Bürgerin ist ein Beispiel, wie die politische Führung über Jahre das Volk beeinflussen kann. Werden in den Medien dann noch die Nachrichten und Informatinen so dargestellt, als wenn der Bürger zuviel fordert und die Maßnahmen der Regierung einfach erforderlich sind, wird der Bürger psychisch in die Richtung und Meinung der Politiker gedrängt. Arbeiter wacht auf, wehrt euch gegen eure Niederlage. Arbeiter steht auf und marschiert nach Berlin. Zeigt es denen, dass ihr noch lebt und fordert eure Rechte ein. Ohne euer Zutun wird es für uns noch schlimmer. Die Regierung und die EU sorgen schon dafür.

Traf es den Arbeiter und Rentner nach der Euroumstellung schon sehr hart, wusste ich wirklich nicht, wie Arbeitslose und Sozialhilfeempfänger mit der Hälfte ihrer Unterstützung auskommen sollten. Bekamen sie im Jahr 2001 noch 840 D-Mark Unterstützung und konnten sich bei Aldi ein Brot für 98 Pfennig kaufen,, mussten sie nun von 420 Euro ein Brot für 1,98 Euro kaufen. Die Regierung mit ihrer sozialfeindlichen Politk hatte sie in die Armut getrieben. Hatte da jemand an die Kinder gedacht? Den Kindern ist durch diese Maßnahme jegliche Zukunft genommen. Die Grünen und nachher von der Layen, wo wahren sie. Dumm schwätzen, wir brauchen Kinder. Aber nach Hartz haben die Kinder nun nicht mehr die Möglichkeit an einem geordneten Familienleben teilzunehmen. Die gewollte mangelhafte Unterstützung durch die Regierung lässt eine gute und ausreichende Schulbildung und Berufsausbildung nicht zu. Was nutzt das Kindergeld, dass doch von der Unterstützung abgezogen wird, die Aufforderung der Regierung Kinder in die Welt zu setzen, wenn sie danach im Stich gelassen werden. Wenn sie in Armut aufwachsen und ihr tägliches Essen von den privat eingerichteten Anlaufstellen holen müssen. Schon hier werden den Kindern, durch die politischen Einflüsse der Regierung, jegliche Lebensfreude und Ansporn genommen. Sie werden zu Duckmäusern erzogen und begehren nicht auf. Sie kuschen. So stellt sich die Regierung und Wirtschaft den arbeitenden Menschen der nächsten Generation vor. Mit diesen Voraussetzungen soll man nun Kinder in die Welt setzen? Mir schauderts und ich werde an das 17. Jahrhundert erinnert. Deutsches Volk erwachet und passt auf, dass ihr nicht bald mit dieser Zeit konfrontiert werdet.

Nach den Vorstellungen des Europarats werden schon bald die Arbeitsbeschränkungen für EU-Ausländer aufgehoben. Was das für Deutschland bedeutet kann sich jeder ausrechnen. Der Mindestlohn von 4,50 Euro wird dann zum Traum. Deutscher Arbeiter pass auf, dass dir das nicht wiederfährt. Noch hast du die Möglichkeit durch Wahlen den Kurs deiner Regierung zu bestimmen, oder setzt euch zu hunderttausenden vor den Reichstag und bekundet eure Unzufriedenheit. Spätestens nach drei Tagen werdet ihr Gehör finden. Denn diese Truppe dort hat Angst ihren Posten zu verlieren. Nehmt euch ein Beispiel an die Ukraine. Was haben diese Menschen nicht alles durch ihre friedliche Demonstration erreicht.

Erreicht hatte auch Schröder sein Ziel. Die Umfrageergebnisse für die SPD vor der Wahl waren niederschmetternd. In fast jedem Bundesland verloren sie ihr Mandat zur Regierungsbildung. War das deutsche Volk endlich aufgewacht? Wollten sie eine andere Regierung? Auch die Holzmann-Pleite kommt für Kanzler Schröder recht ungelegen. Hatte er sich doch so stark für den Holzmann-Konzern eingesetzt, zeigten ihm die Banken, wo der Weg lang geht. Zu dem folgen noch andere große Konzerne der Holzmann AG in den Konkurs. Darunter die Medienmogulen und Zocker Leo Kirch, Iwan Herstatt und Jürgen Schneider. Besonderes Aufsehen errang natürlich der Aufstieg und Fall des Immobilienkonzerns Neue Heimat, der sich zum Zeitpunkt des Niedergangs in der Hand der Gewerkschaft befand. Diese hatten erst vor kurzer Zeit den maroden Immobilienkonzern übernommen. Auch hier waren Missmanagement und eine fehlende eindeutige Firmenstruktur schuld am Niedergang der Neuen Heimat. Nach der Übernahme durch die Gewerkschaft, haben sie es versäumt den Konzern zu straffen und eine eindeutige Richtung vorzugeben. Warum hatte die Gewerkschaft diesen maroden Konzern zu einem Zeitpunkt gekauft, wo alle von der miserablen Wirtschaftslage wussten? Es waren schließlich eure Beiträge die da in den Sand gesetzt wurden. Eines muss man festhalten, die Konzernleitung und das Management wurden von den Gewerkschaftsbossen besetzt. Selbst bei einem Niedergang der Neuen Heimat konnten sie sich fürstlich bedienen und Abfindungen in Millionenhöhe abkassieren. Erfahrungen

diesbezüglich hatten sie ja genug gesammelt. Waren sie doch überall in den Vorständen der Konzerne vertreten und wussten wie man sich Millionenbeträge zuschiebt. Die Zeche habt ihr Gewerkschaftsmitglieder bezahlt. Die verschleudern euer gespartes und ihr schaut ruhig zu. Muckt nur nicht auf, kuscht weiter so. Nehmt endlich euer Ruder selbst in die Hand, vertretet eure Interessen selbst, aber mit Nachdruck.
Nach den Umfragen lag die SPD vor der Wahl hinter der CDU/ CSU. Der Hauptgrung lag wohl darin, dass Schröder sein Wahlversprechen 1998, Arbeitsplätze zu schaffen, nicht gehalten hatte. Die Arbeitslosenzahlen konnten nicht gesenkt werden. Rechnet man den Anstieg der Sozialhilfeempfänger noch hinzu, ergab sich eine viel größere Belastung für den Steuerzahler als vor der Amtsübernahme durch Schröder. Pech hatte er natürlich auch mit der Umstellung auf den Euro. Nur er hätte es wissen müssen, diese finanziellen Einschnitte kann kein Bürger einfach so hinnehmen. Schröder hätte schon bei der Umstellung auf den Euro gegensteuern müssen und das Verhältnis der Preissteigerungsrate im Verhältnis 1:1 verhindern sollen, dann hätte er auch nicht so lange zittern müssen. Die CDU/ CSU hatten dann wohl doch den falschen Mann an ihre Regierungsspitze aufgestellt. Denn nur so war der Gedankenwechsel und Sinneswandel vieler Bundesbürger bei der für uns so wichtigen Wahl zu verstehen. Zu viele Bundesbürger hatten die Zeichen der Zeit nicht erkannt. Wahren sie nun nicht selber an ihrem Elend schuld? Sie müssten doch selbst gemerkt haben, wie die Rot-Grüne Regierung in den vergangenen vier Jahren den Sozialstaat und die Errungenschaften der Arbeiterklasse systematisch zerschlägt. Wart ihr von Sinnen, als ihr bei der Bundestagswahl am 22. September 2002 der SPD und der Grünen-Partei zu einem knappen Sieg verholfen habt? Unter jeder anderen Partei oder Person währe es euch besser ergangen. Ich hatte damals die Linke-Partei gewählt. Für mich die einzige Alternative, die eine soziale Politik durchsetzen wollte und auch konnte. Ich bin für war kein Linker Anhänger, aber wen ausser Lavontaine und Gysi sollte man den Wandel zum Sozialstaat zutrauen. Wir bzw. das Volk müssten ein Gleichgewicht mit dem Kapitalismus, der Menschenverachtenen Globalisierung und Neoliberalisierung herstellen. Einfach gesagt, die da oben müssen merken, dass wir noch da sind und eins auf die Mütze bekommen. Diese Chance

habt ihr vertan. Die Hoffnung auf einen sozialen Staat Deutschland können wir nun zu Grabe tragen.
Schon kurz nach dem knappen Sieg SPD mit den Grünen unter Schröder sank die Popularität der Bundesregierung stetig. Noch nie hatte eine Bundesregierung so wenig Zustimmung. Der Konjunktureinbruch, 4,7 Millionen Arbeitslose waren ein Zeugnis für diese miserable Regierung. Das einzige was denen dann einfiel, waren höhere Abgaben und Steuern. Wie zu Zeiten der Landesfürsten, die dann ihre Schergen auf das Volk los hetzten. Manchmal schien es, die Regierung ist ein Irrenhaus, kaum an der Regierung meldeten sich schon die ersten Spinner zu Wort. So sollten Beitragszahler ohne Nachwuchs höhere Rentenbeiträge bezahlen. Zu beachten ist, hier waren wieder nur die Beitragszahler angesprochen. Die an der Regierung und im Bundestag bezahlen nämlich keine Rentenbeiträge, die kassieren nur beim Überbrückungsgeld von der Rentenkasse ab. Ich möchte mal wissen, wie viele von denen in die Rentenkasse greifen und was damit alles Fremdfinanziert wird. Bei Anfragen habe ich bisher keine Aufstellung bekommen. Um noch tiefer in die Rentenkasse greifen zu können, haben die uns ja schon die Hälfte der Rente gestrichen.
Haben sie es so gewollt, oder war es ein Schock für die Regierung? Nach der Pisa-Studie belegte Deutschland den 21. Rang. Die Deutsche Jugend verblödet, stand in den Zeitungen. Ein Schock über dieses Ergebnis hatte die Bildung in den Medien wieder zum Thema gemacht. Wie es nicht anders zu erwarten war. Tagelang wurde in den Medien nach dem Warum spekuliert und analysiert. Die da für zuständigen Ministerien wollten dem Bildungszerfall energisch entgegentreten. Das wars. Nach einer Woche interessierte sich niemand um die Schulbildung unserer Kinder. Die Regierung hatte ihr Ziel erreicht. Unsere Kinder mussten weiter in maroden Schulen mit viel zu wenig Bildungsmöglichkeiten und Lehrpersonal am Schulunterricht teilnehmen. Die Förderung von Eliteschulen, dass war das Ziel der Rot Grünen Regierung. Aber eins sollten wir nicht vergessen. Ohne die Zustimmung der CDU/ CSU-Fraktion währen diese neuen Gesetze und Verordnungen nie durchzusetzen gewesen. Die CDU/ CSU und FDP besaßen die Mehrheit im Bundesrat. Sie tragen also die Mitverantwortung. Hier begann der erste Schachzug der Angelika Merkel. Sie ließ es gerne zu, wie sich die SPD ihr eigenes Grab schaufelte. Sie konnte warten, dass das Volk darunter litt war der

machthungrigen Person egal. Auch später in der großen Koalition schlug sie der SPD ein Schnippchen.

Damit es nun für alle sichtbar und klar wurde, dass die Parteien und die Wirtschaft nur ein Ziel verfolgten, den deutschen Arbeiter klein zu bekommen, zeigte die Rot-Grüne Regierung der Wirtschaft, wie man Arbeitsplätze abbaut. Die Regierung ließ immer lauter verlauten, die Löhne der Beamten sind zu hoch. Dieser Spruch wurde systematisch in den Medien verbreitet. Schon bald kam von den Gewerkschaften keine Gegenwehr und die Presse stellte diese Situation schon bald so dar, als wenn die Regierung recht hatte und der Schuldige, der Ausbeuter der Nation, der Beamte war. Diesen Spruch, die Löhne sind zu hoch, kann ich nicht gelten lassen. Die Mehreinnahmen durch die Mehrwertsteuer in Euro, die Anhebung der Tabak und Spirituosensteuer, die Halbierung der sozialen Ausgaben und die Halbierung der Beamtengehälter mit der Einführung des Euro kamen der Regierung Milliarden zusätzlich zu gute. Auch die Beamten bekamen nach der Euro-Umstellung nur noch die Hälfte ihres Gehalts in Euro ausgezahlt. Ich kann beim besten Willen nicht nachvollziehen, warum die Gehälter zu hoch sind. Hier müssen sich die Finanzminister der Länder und der Bundesfinanzminister wohl verrechnet haben.

Diese Vorgehensweise der Regierung war Wasser auf den Mühlen der Konzerne und Arbeitgeberpräsident Hundt. Von nun an hatten sie freie Bahn und konnten ihren Forderungen Nachdruck verleihen. In jedem Gewerbe wurde nun über niedrige Löhne und Mehrarbeit verhandelt. Was machten die Gewerkschaftsbosse, sie machten dieses Spiel mit. Eigentlich müsste es der Gewerkschaftführung auch klar gewesen sein, dass jeder dieser Arbeiter nach der Euro-Umstellung schon um die Hälfte seines Lohns betrogen wurde. Hier wurde und wird mit den Arbeitern ein schändliches Spiel getrieben. Konnten sich die Konzerne mit ihren Wünschen nicht durchsetzen, drohten sie mit der Verlagerung des Betriebes ins Ausland. Hier hättet ihr laut rufen sollen, baut eure Artikel im Ausland, wir kaufen sie nicht. Und was unternahm die Regierung in diesen Fällen? Die Erpresser wurden noch belohnt. Sie bekamen von unseren Steuergeldern eine Subventionszulage oder wurden zu bestimmten Artikeln von der Steuer befreit. Mittlerweilen sind die Subventionen so

hoch, dass wir unsere Arbeitsplätze selber bezahlen und die Konzerne immer mehr von der Steuer befreit werden.
Was hatte die Regierung eigentlich mit den Mehreinnahmen durch die Mehrwertsteuer und der hälftigen Lohnersparnis gemacht? Hatten sie diese zum Schuldenabbau genutzt? Das kann eigentlich nicht sein, denn trotz allem Bemühen an dem Arbeiter zu sparen, wurde für das Jahr 2003 ein noch höherer Kredit aufgenommen. Welch seltsame Sparweise.
Wir Menschen sind so unterschiedlich. Wir kommen aus verschiedenen Ländern, sprechen verschiedene Sprachen, denken anders, fühlen anders. Eins aber ist uns allen gemeinsam. Wir suchen einen Sinn in unse rem Leben. Wir suchen Trost in einer Welt voller Angst. Wahre Liebe in einer Welt voller Lieblosigkeit. Hoffnung in einer Welt voller Hoffnungslosigkeit. Wir suchen Wege, die wir gehen können, Wege, die zu einem Ziel führen. Wege, die uns den Frieden bringen.
Zufällig trafen sich zwei junge Männer auf der Straße. Beide 27 Jahre alt. Nach ihrem Gespräch zu urteilen, kannten sie sich aus der vergangenen Schulzeit. Der junge Mann der zuerst losstürmte und den anderen fast erdrückte war fein gekleidet und hatte eine lässige fast überhebliche Art an sich. Mensch Kurt, wie geht es dir, brüllte er los, damit bloß die anderen Menschen auf ihn aufmerksam wurden. Bevor der Gefragte, noch in seiner Arbeitskleidung und etwas plump aussehende antworten konnte, zählte der andere auf was ihm alles wiederfahren war. Nach dem Studium habe er das Geld seiner Eltern an der Börse verzehnfacht. Nun besitzt er eine kleine Firma und spekuliert mal hier und spekuliert mal dort. Und was macht, konnte Kurt gerade mal dazwischen bringen, zählte der andere schon weiter auf.. In der knapp bemessenen Zeit spielt er mal Golf oder fährt mit seiner Yacht. Aber das wird zeitlich immer weniger. Wieder wollte Kurt mit seiner Geschichte anfangen, unterbrach ihn der andere schon wieder. Sei mir nicht böse Kurt, wir treffen uns sicher mal wieder, ich muss los, habe eilige Termine. Und fort war er und ließ einen grübelden etwas neidisch dreinblickenden Kurt zurück. Mögen gerade mal 10 Jahre vergangen sein, da trafen sich die beiden zufällig fast an der gleichen Stelle wieder. Nur diesmal ging Kurt auf seinen damaligen Schulfreund zu und fragte ihn nach seinem Befinden. Das siehst du doch antwortete der andere etwas verbittert. Nach einem Schlaganfall und zwei Herzinfarkten bin ich an den Rollstuhl gefesselt. Meine Firma

ist fast verloren. Ich glaube meine Angestellten haben mich betrogen. Nun lass ich sie überwachen. Mir geht es nicht so gut Kurt, wie geht es dir? Kurt stutzte einen Moment und antwortete dann. Nun ja, reich bin ich sicher nicht, aber ich bin gesund. Dann verabschiedeten sie sich. Kurt schüttelte den Kopf und dachte, der leidet an Verfolgungswahn, lässt andere überwachen.
Diese kleinen Geschichten sollen all die jenigen Mut machen, die arm sind. Bleiben sie gesund.
Wie in all den Jahren vorher, gibt es nichts schönes mehr zu berichten. Das Leben ist ein Kampf. Die Wirtschaftskrise rüttelte an allen Türen. Unvorstellbar in dieser Zeit auch noch arbeitslos zu weden. Hin und wieder hörte man, dass die großen Firmen nun ihre Aufträge im östlichen Ausland, bis nach Indien erledigen lassen. Für 180 bis 220 Euro. Da kann kein deutsches Büro mithalten. Ein Büro hatte es versucht und ist daran untergegangen. Eine Frechheit dieser Konzernführung. Mit unseren Steuergeldern finanzierte Projekte werden im Ausland erledigt und wir nagen am Hungertuch. Warum unternimmt die Regierung nichts dagegen? Stellt dies vor Auftragserteilung zur Bedingung. Sie können nicht, denn diese feinen Bundestagsabgeordneten oder Landtagsabgeordneten sitzen oben in der Chefetage der Konzerne im Aufsichtsrat und kassieren fleißig mit ab. So lange das nicht unterbunden wird, werden wir arbeitendes Volk nie unsere Rechte durchsetzen können.
Hatte das Europäische Parlament schon 2002 geahnt das wir 2008 in eine Wirtschaftskrise schlindern? Denn sie vergab die Zuständigkeit zur Überwachung der Finanzmärkte an das Bundesaufsichtsamt für den Wertpapierhandel (BAWe). Dieser wirt eine wirksame bundesweite Marktaufsicht sicherstellen. Damit wird auch der Entwicklung auf europäischer Ebene Rechnung getragen. Die europäische Richtlinie zur aufsichtsrechtlichen Behandlung des Marktmissbrauchs sieht vor, dass in jedem Mitgliedsstaat nur eine Behörde für die Überwachung und Verfolgung zuständig ist. Wenn man diese Richtlinien liest, ist man erst etwas verwirrt und liest sie ein zweites mal. Dann begreift man, dass es ja gar keine Weltwirtschaftskrise gegeben haben kann, denn die Regierung in Vertretung des Bundesaufsichtsamtes hatte ja den Finanzmarkt immer im Blick und hatte ja aufgepasst. Heist es doch so schön, dieser wird eine wirksame bundesweite Marktaufsicht sicherstellen. Im Nachhinein ist

man eigentlich nicht entsetzt, sondern fühlt sich eher in seiner Meinung über die Europäische- und Bundesregierung bestätigt. Man ist nur von Versagern umgeben. Oder dieses Versagen war Absicht, dann würde sich meine Meinung bestätigen.
Politiker sind Steh-Auf-Männchen. Was ich eigentlich nicht für möglich gehalten hätte, tritt doch im Jahr 2002 tatsächlich ein. Ein Grüner Abgeordneter und Gregor Gysi bereicherten sich an unseren Steuergeldern. Vor allem war ich von dem Grünen Abgeordneten Özdemir enttäuscht. Hatte der das nötig, wegen den paar Euro so ein schlechtes Licht auf sich und seine Partei zu werfen? So sind die da oben eben. Raffgierig, komme was wolle. Die Bonusmeilenaffäre lässt Özdemir aus dem Parlament fliegen. Wo finden wir sie heute? Özdemir ist Vorsitzender Grünen und Gysi führt die Linken. Ein anderer hat es bis zum Finanzminister gebracht. Verfolgt man die Liste der Wiederkehrer bzw. Steh-Auf-Männchen, muss man annehmen, es gehört zum Ehrenkodex, mindestens ein mal den Steuerzahler betrogen zu haben. Nur das werden wir uns nicht mehr lange mit ansehen. Spätestens bei der nächsten Wahl kommt die Rache.
Das furchtbarste Ereignis das Deutschland nach dem Krieg traf, war das Jahrtausend Hochwasser. Das Hochwasse an der Elbe, Mulde, Havel und Donau überflutete riesige Landstriche. Zehntausende wurden obdachlos. Verloren ihr Hab und Gut. Viele verloren auch ihr Leben. Leider stand hier nicht Alt-Bundeskanzler Helmut Schmidt zur Seite, der damals in Hamburg tatkräftig und energisch die richtigen Entscheidungen traf. Ein Vorbild für alle Politiker. Hier im Jahr 2002 war wieder eine Regierung nicht in der Lage selbstständig Entscheidungen zu treffen. Währen diese vielen Tausende freiwilligen Helfer nicht an Ort und Stelle gewesen, die ganze Hilfsaktion währe zum Chaos ausgeartet.
Dank sei den freiwilligen Helfern und Spendern, mit denen die größte Not der armen, leidenden Menschen erst einmal gelindert werden konnte. Was tat die Regirung, die Landesminister? Wenige, sehr wenige ließen sich in den überfluteten Gebieten sehen. Und wenn, dann nur um sich vor der Kamera darzustellen und den abgedroschenen Satz, wir werden schnell und unbürokratisch Helfen, los zu werden. Hatte einer von denen mal einem Kind einen Zehner in die Hand gedrückt, nein, sie achteten streng darauf, sich nicht die Schuhe schmutzig zu

machen. Wie sah denn die schnelle unbürokratische Hilfe aus. Für die Verteilung der Hochwassermittel will Schröder ein Politiker-Gremium berufen. War er nicht in der Lage selber schnelle Entscheidungen zum Nutzen der Betroffenen zu treffen? Dieses Gremium mit dem zugehörigen Beraterstab und Fachleuten trat erst nach Tagen zusammen und stritt erst mal über die Finanzierungsmöglichkeiten. Der arme dumme Mensch konnte ja warten. Der arme dumme Mensch konnte ja durch die Fehlleistungen der Politiker und Planer in seinem Unglück warten. Nicht die Bundesbankgewinne aus dem Jahr 2001 sollten verwendet werden, nein wir und die Geschädigten sollten die Kosten für die Fehlplanungen der Politik tragen. Die zweite Stufe der Steuerreform sollte verschoben werden. Das verteilt die Lasten fair und ausgewogen, so Schröder. Fair und ausgewogen? Der hat doch keinen Cent dazugesteuert. Das ist dann die schnelle unbürokratische Hilfe der Regierung Rot-Grün. Wer hatte die eigentlich noch 2002 gewählt? Wir Deutschen werden in letzter Zeit von denen da oben immer in den Hintern getreten. Kommt im Ausland auch nur annähernd eine Katastrophe vor, fließen sofort Millionen oder Milliarden aus unserem Steuersäckel in die Hände ausländischer Regierungen. Ohne jegliche Kontrolle, denn jedem ist es bekannt, den großen Batzen holen sich wie hier erst die Regierenden, die dann ihre Prunkbauten und Hotels sanieren. Wie oft kann man das im Fersehen verfolgen, dass nach fünf Jahren die eigentlich Betroffen immer noch in ihren Notunterkünften leben müssen. Warum werden die Ausländer immer bevorzugt, wir fordern auch die schnelle Hilfe ein. Gleiches Recht für alle. Wir möchten genauso behandelt werden wie die Ausländer. So weit ist es in unserem Land schon gekommen. Die schnelle Hilfe für uns Deutsche betroffenen Bürger sieht dann immer so aus. Erst wird ein Gremium mit hochrangigen Politikern und Spitzen aus der Wirtschaft, die alles wissen, aber keine Ahnung von der Materie haben, geschaffen. Zusätzlich wird noch ein Beraterstab aus Professoren und Fachingenieuren herangezogen, die alles wissen, aber mit diesen Dimensionen noch nie konfrontiert wurden. Ihnen ist jegliche selbstständige und praktische Tätigkeit abhanden gekommen. Dieses Gremium berät, redet und redet und berät bis der Bürger eingeschlafen ist und die Medien kein Interesse mehr zeigen. Diese Tätigkeiten kosten dem Steuerzahler mehrere Millionen Euro. Warum wurden nach dem

Hochwasser im Jahr 2001 nicht Sofortmaßnahmen ergriffen? Weil die eingestzten Gremien und Fachleute immer noch redeten und beratend tätig waren. Das Hilfsprogramm für die Betroffenen verschwindet in den Hintergrund. Auffallend war, man hatte keinen Grünen Politiker in den betroffenen Gebieten gesehen, oder die Medien hatten kein Interesse an ihnen. Der einzige Kommentar von den Grünen zum Hochwasser war Menschen-verachtend. Riesige Naturflächen sind vernichtet. Wir müssen sehen, dass wir den Umweltschutz dort wieder im Einklang mit der Natur bringen. Der Mensch zählt bei denen auch nicht.
Nach dem Jahrtausend Hochwasser hatte es die Bundesregierung doch tatsächlich geschafft, schon im Juni 2005 eine Flussgebietskonferenz zu führen. Daran waren dann doch sechs Bundesministerien beteiligt. Fehlen durfte natürlich nicht nationale und internationale Wissenschaftler sowie ausgewählte Vertreter aus Politik, Verwaltung, Wirtschaft und Gesellschaft. Alleine können die da oben nichts mehr zu stande bringen. Die Kosten brauchen die ja auch nicht zu schäuen. Diese ganzen Gremien und Berater verschlingen mehr Geld, wie überhaupt für den Katastrophenschutz zur Verfügung steht.
Schröders Wahlversprechen nach der Wahl im Jahr 2002. Viel Reform und wenig Gerechtigkeit. Die Steuerreform sollte der große Wurf von Schröder und Eichel werden. Das heißt, die Arbeitnehmer tragen die Steuerlast. Die Unternehmer zahlen noch weniger als zu Zeiten der Kohl-Regierung. Umbenennen müsste man die beiden Regierungsparteien. Das K für Kapitalisten müsste vorn stehen. Für die SPD steht dann die KPD (Kapitalistische Partei Deutschland) und für die Grünen steht dann die Krünen (Nichts aussagend).
Das Un-Wort des Jahres 2002 war wohl „Nachhaltigkeit". Was Schröder mit: Die Nationale Nachhaltigkeitsstratigie der Bundesregierung im Jahr 2002 mit den Perspektiven für Deutschland meinte, bleibt wohl sein Geheimnis. Wohin seine Nachhaltigkeit führte und was ich darunter verstehe, er schaffte nachhaltig für den deutschen Arbeiter Perspektiven, die ihn in die Armut führten.
Der deutsche Arbeiter kämpfte um jeden Euro den er hinzu verdienen konnte und die in der Politik und Wirtschaft hatten nichts anderes zu tun, um sich durch betrügerische Maßnahmen selbst zu bereichern, oder ihren Verfolgungswahn auszuleben. So jagte auch im Jahr 2002

ein Politik- oder Wirtschaftsskandal den anderen. Wir haben observiert, sagte der Ex-Sicherheitschef der Telekom aus. Das sei so auch bei anderen Dax-Firmen gang und gäbe. Diese Aussage bedeutete den Abschied von Telekom-Chef Ron Sommer. Denn Sommer ließ schon im Jahr 2000 Presseleute und Journalisten bespitzeln. Der Abgang von Ron Sommer wurde noch durch die schlechte finanzielle Lage der Telekom beschleunigt. Denn durch die Übernahme des US-Konzerns Voicestream stieg die Verschuldung der Telekom auf 71 Milliarden Euro. Die Aktie fiel auf einen Kurs von 8,14 Euro, dass einen Verlust von 92% beinhaltete. Die Aktionäre sahen sich geprellt und reichten eine Sammelklage ein. In der Musterklage gegen die Telekom und der Bundesrepublik ging es um Schadenersatzforderungen von 80 Millionen Euro. Warum auch eine Klage gegen die Bundesregierung (Bundesrepublik). Diese waren immer noch an der Telekom beteiligt. Und wo auch immer die Bundesregierung beteiligt ist, der Steuerzahler muss für die Misswirtschaft und Betrügereien anderer zahlen.

Warum hatte die Bundesregierung und die Telekom bei diesem Musterverfahren dem Kläger die Einsicht in die Unterlagen verweigert? Ist die Bundesregierung nicht dazu verpflichtet als gewählte Volksvertretung alles offen zu legen? Verpflichtet sins sie schon, nur keiner macht es und keiner klagt es ein. Durch den Diletantismus von Schröder und Eichel bei dem Sommer-Rauswurf wurden nach Angaben von Herrn Eichel Gehälter bis zum Jahr 2005 an Ron Sommer gezahlt. Das waren 11 bis 12 Millionen unserer Steuergelder als Schweigegeld gezahlt. Im Gespräch war auch eine Abfindung von 65 Millionen Euro. Wie immer wurde auch dieses Verfahren gegen einen hoch dotierten Manager, hier nun Ron Smmer, eingestellt. Die Verfahrenskosten können wir natürlich auch noch bezahlen. Eigentlich kann man auf ein Verfahren gleich verzichten, dann sparen wir Steuern. Das Recht wird bei denen doch immer gebeugt. Zum Dank an Ron Sommer vermittelt Schröder wohl noch Sommer als Berater zu Blackstone, die an der Telekom beteiligt ist. Durch Schröders gute Beziehungen zu Russland bekommt Sommer den Sitz des Vizepräsidenten bei dem russischen Mischkonzern AFK Sistema. Was sind das für Machenschaften. Bespitzelungen wie zu Hitlers Zeiten und den Stasi-Methoden. Die Regierung mitten drin.

Oh wie ginge es uns ohne Schröder und den Grünen so schön. Erfuhr

man wieder einmal durch die Medien welche neuen abzockenden Maßnahmen und Schandtaten der Bundesregierung eingefallen sind, konnte man immer diese resignierende Antwort hören. Wen sollten wir den sonst wählen. Wie kann man sich durch Resignation sein Grab selber schaufeln? Gibt es doch genug Alternativen. In der heutigen Zeit kann man jede freiheitliche demokratische Partei wählen. Vier Jahre halten wir es mit jeder durch und schlimmer kann es gar nicht kommen. Zur Not setzen wir sie vorher ab. Hauptsächlich geht es darum, denen da oben zu zeigen was eine Harke ist. Vor allem müssen mal die alten Strukturen gelockert, aufgelöst und zur Not abgestzt werden. Nur leider kostet uns jeder abgesetzte Politiker (Abgeordnete) Millionen an zusätz-lichen Steuergeldern. Das zieht sich bis in die unteren Landtage und Stadträte hin und wird teilweise von unseren Rentenbeiträgen finanziert. Bezahlen müssen wir arbeitendes und schaffendes Volk immer.
Auch in die sinnlose Umweltpolitik der Regierenden. Umwelt und Naturschutz werden in Deutschland ganz groß geschrieben. Wir bezahlen ja jedes Jahr Milliarden Euro, damit die Regierenden es nicht für den Umweltschutz verwenden, sondern in ihre eigenen und andere Taschen stecken können. Immer wieder werden wir täglich auf unsere Verantwortung zur Umwelt und zum Schutz unserer Kinder hingewiesen. Wen wundert es da schon, dass die eigentlichen Umweltsünden von der Wirtschaft verschuldet, von den Regierenden gedeckt und geschützt werden. Eigentlich ein Skandal und um den zu beseitigen, wir wieder zur Kasse gebeten werden.
Der nordrhein-westfälische Landesverband der Bund für Umwelt und Naturschutz Deutschland (Bund) hatte bereits im Jahr 2002 die Behörden über das Aufbringen schadstoffhaltiger Bodenersatzstoffe im Raum Sauerland informiert, ohne das danach je diese Praxis beendet wurde. Die Flüsse Ruhr und Möhne waren bereits durch die giftige Industriechemikalie PFT verseucht. Selbst im Trinkwasser wurden schon für den Menschen zu hohe PFT-Anteile gefunden. Die zuständige Regierung winkte ab und wollte beschwichtigen. Nach dem Jahre nichts entgültiges unternommen wurde, hatte der Bund für Umwelt und Naturschutz Deutschland am 6.9.2006 bei der Staatsanwaltschaft Arnsberg bzw. Paderborn Strafanzeige erstattet. Beihilfe durch Unterlassen des Einschreitens wirft man den Behörden im Kreis vor. Wer kümmert sich

nun um diese Angelegenheit? Was unternahm NRW-Umweltminister Eckhard nach Aufforderung? PFT gilt als fortpflanzungsgefährdend und krebserregend. PFT-Gifte werden in der Natur so gut wie gar nicht abgebaut. Das ist die so hoch gepriesene Selbstverantwortung der Industrie. PFT sind perfluorierte Tenside die auch für wasserdichte Jacken benötigt werden. PFT entsteht durch eine chemische Produktion und wird durch die chemische Industrie hergestellt. PFT wurde nun auch in den bayrischen und saarländischen Gewässern gefunden. Ebenso wurde PFT in dem von der Nato verwendeten Universaltreibstoff JF-8 gefunden. Hierdurch lässt sich auch der hohe PFT-Wert in den Bereichen des von der Nato bzw. Bundeswehr genutzten Geländes erklären. Erschwerend wirkt noch die Tatsache, PFT kann in normalen Kläranlagen nicht abgebaut werden. Der Klärschlamm muss nachträglich behandelt werden. Hilfe, wir werden vergiftet.

Nachdem die Regierung uns ausgequetscht hatte will sie uns vergiften. Anders kann man diese Vorgehensweise der Regierenden nicht deuten. Sie wurden schon im Jahr 2002 auf die erhöhten Werte an PFT-Anteilen hingewiesen. Nach neuen Erkenntnissen wurden auch erhöhte Werte von PFT in der Muttermilch und Pommes gefunden. Wo war die Grüne Regierung, wo der Aufschrei von Frau Künast? Ach ja, sie saß ja in der Regierung. Nun endlich hatte die Europäische Kommission zunächst eine Grenze von 0,1 Prozent vorgeschlagen, diese aber wieder am 12. Dezember 2006 dahingehend geändert, dass ab den 27. Juni 2008 PFT-Anteile mit einem Massegehalt von 0,005% oder mehr nicht mehr verwendet werden dürfen. Sechs Jahre hatte die Regierung gebraucht um uns vor dem Gift zu schützen. Welche Schäden dem Menschen durch diese Verschleierungstaktiken an Geist und Körper entstehen, interessiert nicht. Wo waren die Umweltsheriffs? Die interessieren sich nur noch für den ÖKO-Bauern oder jagen hinter den Auspuffgasen der deutschen Autofahrer hinterher.

Die neun Umweltauflagen.

Die Bauern, die ihre Kühe auf die Weide treiben, müssen ab sofort den Dunk oder die Kuhfladen täglich sammeln und jeweils wöchentlich eine Probe an das zuständige, hierfür eingesetzte Gremium, schicken. Hierbei sind die Kuhfladen für jedes Tier einzeln in einem wasserdichten Raum zu lagern. Die Probe der Kuhfladen muss für jedes Tier die

Abmessungen von 4x4 cm haben und mit Namen und Anschrift versehen an das zuständige Gremium geschickt werden. Der Dunk darf erst nach der Genehmigung durch das Gremium weiter verwendet werden. Zuwiderhandlungen werden mit bis zu zehn Jahren bestraft.

Die Gesundheit, unser höchstes Gut, wird uns fast jeden Tag von der Regierung vermiest. Hat man die anschließenden Zeilen gelesen, trügt der Eindruck sicher nicht, die Gesundheitsministerin erzählt uns Märchen. Denn die Bundesregierung, sicher vertreten durch die Gesundheitsministerin, hatte den forschenden Arzneimittelherstellern am 8. November 2001 die Zusage gegeben, für die Jahre 2002 und 2003 auf gesetzliche Preisregulierungen zu verzichten. Das neue Beitragsicherungsgesetz der Bundesregierung von 2002 sah nun eine Abkehr dieser Vereinbarung vor. Durch diese andauernde verkehrte Politik unserer Regierung geraten wir Arbeiter in immer größeren Schwierigkeiten. Natürlich drohten nun die Arzneimittelhersteller mit Kürzung bzw. Einstellung von Investionen und den Verlust von Arbeitsplätzen. Negativ wird auch der Standort Deutschland bezeichnet. Das bedeutet, die Androhung von Betriebs- und Industrieauslagerungen ins Ausland. Soweit hat es nun die Regierung gebracht. Durch ihre falsche Politik des Nachgebens gegenüber der Industrie hat sie sich erpressbar gemacht. Nur ausbaden müssen wir es immer. Sei es durch höhere Beiträge an die Krankenkassen oder höhere Zuzahlungen. Erklärend trugen die Arzneimittelhersteller vor, dass die Ursache der Krankenkassendefizite nicht in der pharmazeutischen Industrie zu finden sind. Die Ursachen liegen in der verfehlten Politik der letzten Jahre. Neue Gesetze, neue Rechtsprechung und die Rentenreform mit dem Hartz-Konzept trugen hauptsächlich zu den Milliardenverlusten der Krankenkassen bei. Die finanziellen Schwierigkeiten der gesetzlichen Krankenkassen sind in erster Linie durch Entscheidungen der Politik verursacht. Die Arzneimittelpreise sind im Jahr 2002 stabil geblieben. Schuld an den stetig steigenden Preisen war auch die Bundesregierung mit ihren stätig neuen Gesetzen und Verordnungen. So wurde die Klausel, dass importierte Arzneimittel mindestens 10% billiger sein sollten, gestrichen. In Folge dessen stiegen die Preise von Auslandsprodukten zu Lasten der Krankenkassen. Noch im Jahr 2009 wurden Arzneimittel zu Preisen von 2007 gehandelt. Das Gesundheitsministerium hat es nun so weit gebracht, dass nun gesetzliche Krankenkassen vor dem finanziellen Ruin stehen und die Versicherten von anderen Kassen abgewiesen werden. Es dauert Wochen, bis endlich Informationen aus dem Ministerium zu hören sind. Man will sich um die Versicherten kümmern und mit den gesetzlichen Krankenkassen eine Lösung finden. Die gesamte Gesundheitspolitik ist nur darauf ausgerichtet, damit der Arbeiter nicht mehr so alt wird. Wenn du deinen Obulus bis zum Renteneintritt bezahlt hast, kannst du abdanken. Wie eng verflochten ist doch Lug und Betrug im Deutschen Bundestag. Wollte uns die Gesundheitsministerin Schmidt doch immer erzählen, die Arzneimittelpreise sorgen für das Milliardendefizit der gesetzlichen Krankenkassen, schrie keiner der Abgeordneten auf, um uns die Wahrheit zu berichten. Dabei spielen noch ganz andere Faktoren bei der immerwährenden Neuverschuldung der gesetzlichen Krankenkassen mit. Warum haben die privaten Krankenkassen diese Probleme nicht? In Deutschland ist gegenüber den gesetzlichen Kassen nur ein geringer Teil privat Krankenversichert. Nur an einem besseren Management kann es doch nicht liegen? Oder doch? Erstens müsste die Regierung den gesetzlichen Krankenkassen verbieten, mit unseren Beiträgen Krankenkassenfremde Leistungen zu begleichen. Es war modern, den Bau von Gewerbeparks und Bürogebäuden zu finanzieren und später langfristig zu vermieten. Das läuft aber in den letzten Jahren nicht mehr so gut. Die Verluste bei diesen Geschäften werden uns dann als Verluste aus der Preiserhöhung durch die Arzneimittel vorgegaukelt. Zweitens bringt die verkehrte Sozialpolitik der Regierung die Milliarden Verluste bei den gesetzlichen Krankenkassen ein.

Ebenso ist die Arbeitsmarktpolitik der Rot-Grünen Regierung miserabel. Durch die immerwährende Forderung der Regierung, die Löhne sind zu hoch, blasen nun auch die Arbeitgeber aus der Industrie in das selbe Horn. Dabei sind die Löhne am Preisprodukt gemessen um die Hälfte gefallen. Die sozialen Abgaben der Firmen so gering wie nie. Wir haben zu viele Arbeitslose die nicht in die Sozialkassen einzahlen. Dann die Förderung der Ein-Euro Jobs. Hier können sich die Firmen so richtig bedienen. Einzahlung in die Sozialkassen gleich Null. Auch durch die 400-Euro Jobs sind kaum die Sozialkassen aufzufüllen. Die Arbeitslosen, die vom Arbeitsamt in die Billiglohn-Berufe gezwungen werden bezahlen keine oder sehr wenig Sozialbeiträge. Erschwerend für uns Steuerzahler

kommen noch die vielen Ausländer hinzu. Die meisten dürfen nicht Arbeiten, bei der hohen Arbeitslosenzahl auch nicht möglich, beabspruchen aber die Leistungen, die wir nur mit Zuzahlungen erreichen würden. Die Ausländer holen ihre sogenannten Kinder, Frauen und engste Verwandte nach Deutschland, lassen sie behandeln und schicken sie wieder fort oder sie beantragen für jeden Unterstützung. Die Deutschen suchen immer weniger die ärztlichen Praxen auf, sei es auch nur aus Furcht vor dem Verlust des Arbeitsplatzes. Heute in den Arztpraxen sieht man nur vermummte Frauen mit ihren Kindern, die noch nie einen Cent in die Sozialkassen gezahlt haben. Durch dieses Fehlverhalten der Politiker wird die Belastung für uns wenigen einzahlenden Bürger untragbar. Die Arbeiter sind es leid, für Ausländer die Kassen zu füllen. Die Arbeiter sind es leid, Tag und Nacht zu arbeiten, damit sich die Ausländer ein schönes Leben machen können. Den Abschied vom Sozialstaat haben wir der SPD und den Grünen zu verdanken. Die haben auch dafür gesorgt, dass jeder hier ins Land kommen kann und es sich von unserem hart verdientem Geld wohl ergehen lässt. So geht das nicht weiter. Zeigt es ihnen bei der nächsten Wahl und kuscht nicht immer. Auch die FDP Gesundheitsminister werden an dieser Aufgabe scheitern.
Kurz vor der Bundestagswahl 2002 wurde Schröder von einem Reporter gefragt, ob er denn glaube, dass die SPD wieder die stärkste Kraft würde. Was den Umfragen zufolge fast unmöglich war. Schröder antwortete dazu, die SPD ist die einzige Kraft, die einen CSU-Kanzler verhindern kann. Wenn die SPD nicht an die Regierung komme, gibt es einen CSU-Kanzler. Fast wünsche ich es mir, dass wir nicht an die Macht kommen. Dann sieht der Bürger, worauf er sich da eingelassen hat. Und wenn sie doch an die Macht kommen? Dann wird das Volk sehen, worauf es sich da eingelassen hat. Das kann ich nicht verstehen, warf der Reporter ein. Das ist auch nicht gewollt, dass sie das verstehen. Mir genügt es schon, wenn sie mir ihre Stimme geben.
Sitzt eine Frau wohl um die 70 Jahre im Warteraum eines Krankenhauses. Verschämt hatte sie eine leicht verschmutzte alte Decke über den Rollstuhl, mit dem sie hereingekommen war, geworfen. Sie hatte um 8 Uhr einen Termin in der stationären Ambulanz. Mittlerweile zeigte die große Uhr an der Wand 10 Uhr 30 an. Sie aber wartete geduldig. Da betrat ein ausländisches Ehepaar den Warteraum und ging geradewegs zur

Anmeldung der stationären Ambulanz. Sie mögen bitte im Warteraum Platz nehmen und warten bis sie aufgerufen werden rief die Arzthelferin den beiden nach. Der Ausländer ignorierte diese Anweisung oder hatte er sie nicht verstanden und zog seine etwas verwirrte Frau hinter sich her in das Arztzimmer. Hier hörte man nun ein paar laute Stimmen und die Tür wurde vom Arzt aufgerissen. Da schrie der Ausländer in seinem gebrochenen Deutsch, er werde sich beim Ausländeramt wegen der schlechten Behandlung beschweren und verlangte nach dem Chefarzt. Was nun geschah war überraschend, der Arzt schloss die Tür wieder leise zu. Der Ausländer hatte gewonnen. Etwa eine halbe Stunde später schob eine Krankenschwester eine vermummte Frau, um die 40 Jahre, in einem Rollstuhl ins Wartezimmer. Die Krankenschwester sah sich um, wartete kurz und wollte die vermummte Frau in ein anderes Arztzimmer schieben, da meldete sich die alte Frau und sagte. Das sie schon seit 8 Uhr warte. Sie möge warten antwortete die Krankenschwester, dass ist ja schließlich eine Ausländerin. So ungefähr beugt die Regierung, vor allem die Grüne, unsere Deutsche Demokratie. Unsere Rechte sind nachrangig.

Wie mit den Russlanddeutschen umgegangen wird, ist schon eine Diskriminierung gegenüber anderen Ausländern die hier einreisen wollen. Was hier von den Spätaussiedlern, sogenannte Russlanddeutsche, verlangt wird, ist eine Zumutung. Die Regierung hält wohl an ihrer Verantwortung der Russlanddeutschen fest, misst aber gleichzeitig mit zweierlei Maß. Vor der Einreise wird von ihnen und den Familienangehörigen eine ausreichende Kenntnis der deutschen Sprache gefordert. Es geht darum, Integrationsprobleme zu vermeiden, die in den vergangenen Jahren das Verhältnis der Russlanddeutschen zu den Deutschen belasteten. Hier räumte die Regierung zum ersten mal ein, dass die Hilfsmaßnahmen der vergangenen Jahre schlecht geplant, zu teuer und kaum zu kontrollieren waren. Für die Sprachförderung im Ausland hatte die Bundesregierung, natürlich von unseren Steuergeldern, für Russlanddeutsche im Jahr 2001 dann 859 Millionen D-Mark bezahlt. Im Jahr 2002 dann 430,7 Millionen Euro. Ob dieses Geld nun in Russland dafür genutzt wurde, oder genutzt werden konnte, sei dahingestellt. Für die soziale Beratung und Betreuung wurde im Jahr 2002 von unseren Steuergeldern noch 39,6 Millionen Euro bereitgestellt. Dann eine Milliarde Euro für das Sofortprogramm, für den Abbau der Jugendarbeitslosigkeit. Hierbei wurden die jugendlichen Ausländer besonders gefördert. Die Gesellschaftliche Integration der Russlanddeutschen kostete dem Steuerzahler im Jahr 2002 nochmals 29,907 Millionen Euro. Stellt man sich vor, dass dieser gewaltige Betrag auch für die anderen Ausländer von unseren Steuergeldern zur Verfügung gestellt wurde, leben wir bald oder leben schon in Armut. Warum verlangt man von den Russlanddeutschen die Kenntnis der Deutschen Sprache und anderseits kann hier jeder Schafhirte auf unsere Kosten leben. Das ist diskreminieren. In jedem anderen Land ist zur Einreise die Landessprache bzw. der Arbeitsnachweis erforderlich.Wir sind das Land wo Milch und Honig fließt. Hier bekommt man Geld ohne zu arbeiten. Das Geld wird den Ausländern nachgeschmissen. Unsere Kinder haben keinen ausreichenden Spielraum, keine Spielplätze, die Kindergärten und wenn vorhanden, in einem desolaten Zustand. Die Schulen teilweise abbruchreif, ohne Turnhallen. Die Hallen- oder Freibäder werden geschlossen. Die Begründung: Es ist kein Geld da. Aber Geld um den Irak und Afghanistan wieder aufzubauen, dass die Amerikaner zerbomt haben, dafür ist Geld da. Habt ihr das Volk gefragt, ob sie ihre Steuergelder für einen sinnlosen Krieg rausschmeißen möchten? Ihr habt es euch einfach genommen.

Kurz vor der Wahl 2002 hatte Schröder wohlweislich seinen letzten Trumpf gezogen. Er lehnte die Beteiligung an den Irak-Krieg ab. Eine Zusage hätte ihn wahrscheinlich zu viele Stimmen gekostet. Diese Absage belastete das Verhältnis zu Amerika schwer. Von nun an nutzte die US-Regierung unter Bush jede Gelegenheit, um sich die Rot-Grüne Regierung unter Schröder vom Hals zu schaffen. Es passte der US Regierung nicht, dass sich Frankreich und Deutschland nicht an den Irak-Krieg beteiligten. Die Bundesregierung hätte es Bush ganz klar sagen sollen, ihr verhandelt nicht, ihr sprecht nicht mit den Muslimen, ihr zerstört nur und wir sollen es wieder richten. Ihr verlangt nur unser Geld. Nach der Wahl versuchte Schröder alles, um sich den Amerikanern wieder anzunähern. Das kostete aber wieder unsere Steuergelder. So hatte die Bundesregierung nur im Jahr 2002 von unseren Steuergeldern 126 Millionen Euro für den Wiederaufbau in Afghanistan gezahlt. Hinzu kommen noch die Beträge aus der EU Kasse, an der wir auch ein großes Stück beteiligt sind. Was die Amerikaner zerbomt hatten, müssen wir mit unseren Steuergeldern bezahlen. Allein die Afghanistan-Konferenz, bei der im Jahr 2002 nichts herauskam, kostete dem deutschen Steuerzahler Millionen. 30 Delegationen trafen sich auf dem Bonner Petersberg und mussten feststellen, dass sie kein Stück vorangekommen waren. Die internen Kriege flammten immer wieder auf. Herrschten ein Tag vor den Terroristen Ruhe, bekämpften sich die verschiedenen muslimischen Gruppen untereinander. Das Volk leidet immer noch. 20000 Kriegstote und der Rauschgiftanbau bzw. Handel nimmt zu. Das war das Ergebnis der Folgekonferenz auf dem Petersberg. Millionen Steuergelder für nichts, dass war unser Ergebnis. Fast 3 Milliarden Euro hatte der Krieg in Afghanistan der EU gekostet. Nehmen wir diese Summe zum Anhaltspunkt für den Irak-Krieg, fällt mir nichts mehr ein. Baut doch endlich Kindergärten und Schulen für unsere Kinder. Stellt mehr Lehrer ein. Für die Bildung unserer Kinder. Es ist kein Geld da, wir können es nicht finanzieren, wir müssen sparen. Auffällig ist, dass Millionen bzw. Milliarden Euro für Ausländer im In- und Ausland vorhanden sind. Sie müssen ja von unserem Geld unterstützt werden. Wir Deutschen und unsere Kinder gehen leer aus. Wir werden ausgepresst wie eine Zitronre. Immer öfter ist zu beobachten, wie Arme, wie alte Deutsche die Mülleimer durchsuchen. Das muss anders werden. Deutsches Volk, ändert das. Wählt eine Partei die keine Kriege unterstützt, die die Soldaten aus dem Ausland holt. Wir wurden nicht angegriffen, wir brauchen uns nicht zu verteidigen. Die Amerikaner müssen ihre aggressive Politik gegen eine Politik des Friedens eintauschen. Nur der Dialog und Anerkennung fremder Kulturen bringt Ruhe und Frieden auf dieser einen Welt.

Was ist denn mit der Regierung los, sie interessieren sich für die Belange der Radfahrer, dabei haben sie doch genug Radfahrer in ihren eigenen Reihen. Aber nur sprichwörtlich. Der Verkehrsminister legt einen Radverkehrsplan vor. Vorher wurde aber erst ein Gremium mit einer Analyse beauftragt. Diese stellten dann fest, dass 90% der Bevölkerung zwischen 6 und 18 Jahren ein eigenes Fahrrad besitzen. Das muss eine Analyse vor 2002 gewesen sei, denn nach der EuroEinführung stieg die Armut so sprunghaft an, dass sich kaum 90% ein eigenes Fahrrad leisten konnten. Festgestellt wurde auch, dass aber nur 9% aller täglichen Wege mit dem Fahrrad zurück gelegt werden. Damit sich das ändert, hat die Bundesregierung im Jahr 2002 den Nationalen Radverkehrsplan vorge-

legt. Dann fangt doch mit der Änderung an. Die drei Kilometer bis zum Reichstag schafft ihr doch allemal. Oder habt ihr Angst. Das braucht ihr nicht, kein Bürger wird sich an eurer schmutzigen Wäsche die Hände schmutzig machen. An die 98 Millionen Euro habt ihr Jährlich von unseren Steuergeldern für den Bau und die Erhaltung von Radwegen abgezweigt. Habt ihr da oben auch kontrolliert, ob die Städte und Gemeinden die zur Verfügung gestellten Beträge nicht zweckentfremdet hatten? Die Radwege sehen mir so geflickt aus.
Wir können nicht davon augehen, dass es uns unter einer CDU/ CSU Regierung besser ergangen währe. Denn auf dem CSU Parteitag im Juni 2002 ließ Frau Merkel mit einer Behauptung aufhorchen, die Hartz-Pläne sind ein Armutszeugnis der Regierung Schröder. Zu bedenken ist, Frau Merkel ist nun über fünf Jahre als Bundeskanzlerin im Amt und konnte oder wollte die Hartz-Gesetze nicht ändern. Das ist ein Armutszeugnis für Frau Merkel.
Die Hochwasserkatastrophe war noch nicht vergessen, da soll die Donau nach einem Beschluss des Bundestages von 2002 einen sanften Ausbau erhalten. Was das auch immer bedeuten mag, jeglicher Eingriff in ein Flussbett gefährdet nicht nur die Natur, sie gefährdet vor allem Menschenleben. Das schlimmste und skandalöste an der ganzen Sache, die Bayrische Staatsregierung finanziert weiterhin mit Steuergeldern Untersuchungen, um doch noch den Ausbau mit Staustufen zu erreichen. Wer hält hier wieder die Hand auf, wer von der Bayrischen Regierung wird als Interessenvertreter vor den Karren der Wirtschaftsinteressen gespannt? Ist das Leben von Menschen der Bayrischen Staatsregierung gleichgültig? Die Untersuchung kostet unsere Steuergelder, der Bau kostet unsere Steuergelder, den Nutzen hat die Wirtschaft, die Beseitigung der Katastrophenschäden kostet unsere Steuergelder. Die Verantwortung für die Menschen müsst ihr tragen. Die Trauer um die Toten auch. Aber Verantwortung, dass Wort ist euch fremd. Auch wenn dem Volk das Wasser bis zum Halse steht, wen interessiert das schon.
Am 23. April 2002 gab das Deutsche Institut für Wirtschaftsforschung und das Statistische Bundesamt folgende Prognose heraus. Man beachte, es war schon April 2002. Die deutsche Wirtschaft fast am Ende, der Arbeiter am Bettelstab. Die Weltwirtschaft steht vor dem Aufschwung. Die deutsche Wirtschaft befindet sich im Frühjahr 2002 am Beginn eines

Aufschwungs. Angeregt wird die Konjunktur durch die Geldpolitik. In diesem Jahr wird ein Zuwachs von 1,2%, im Jahr 2003 um 2,8% erreicht. Die Tariflohnsteigerung wird mit 2,8% angegeben. Alles spricht dafür, dass sich der Aufschwung und damit die Investionen fortsetzen wird. Der private Konsum wird ebenfalls wieder zunehmen. Die Arbeitslosenzahl wir auf 3,8 Millionen zurückgehen. Diese Institute müssen Weltfremd, von der Realität weit entfernt sein. Seit 2002, seit der Euro-Umstellung blieben dem Deutschen nur noch die Hälfte des Geldes, dass er vor 2002 zur Verfügung hatte um die Wirtschaft anzukurbeln. Ein PKW der vor 2002 ca. 21000 DM gekostet hatte, muss nun mit 21000 Euro bezahlt werden. Ein Kleinwagen, also eine Klapperkiste ist ab 13500 Euro zu haben. Wer hätte 2001 für so einen Karren 26000 D-Mark gegeben? Man konnte es buchstäblich verfolgen, wie die kleinen Geschäfte einer nach dem anderen schlossen. Vor allem die Möbelindustrie hatte einen schweren Stand. Wer konnte oder wer wollte für einen Schrank der 3500 D-Mark gekostet hatt nun 4200 Euro bezahlen? Der private Konsum nahm nicht zu, er stürzte rapide ab. Der innerdeutsche Handel und das Gewerbe brachen zusammen. Tausende mittelständische Unternehmen meldeten Insolvenz an oder gingen in den Konkurs. Ebenso ging die Voraussage, die Arbeitslosenzahlen würden bis auf 3,8 Millionen sinken, in die falsche Richtung. Ende 2002 hatten wir nach Angabe der Regierung 4,8 Millionen Arbeitslose. Wer glaubt das noch. Werden diese Zahlen doch immer wieder von der Regierung vorgegeben. Da sind zum Beispiel die 400 Euro-Jobs, von denen kein Mensch leben kann. Die Teilzeitstellen die den Menschen in die Armut treiben. Die Leiharbeiter, die monatlich um ihre Arbeitsstelle bangen. Befände ich mich in einer derartigen Situation, könnte man mich bald in die Nervenheilanstalt bringen. Hinzurechnen kann man auch die sogenannten Ich-AGs. Kaum einer hält es mehrere Monate durch. Fällt die Unterszützung, durch unsere Steuergelder finanziert, einmal weg, ist es schon bald mit der Herrlichkeit der Ich-AG vorbei. Wer möchte als Selbstständiger schon unter dem Sozialhilfeniveau arbeiten. Zählt man all diese armen Menschen zusammen, liegt die Arbeitslosenzahl bei 10 Millionen. Über das ganze Jahr 2002 hörte man nur das Gejammere der Arbeitgeber und Politiker. Die Löhne sind zu hoch, die Abgabenlast ist zu hoch. Dann wundert es mich doch, dass schon im Jahr 2002 die Gewinne in Milliardenhöhe über den erzielten Gewinnen im Jahr 2001 lagen. Von nun an begann die grenzenlose Gier der Konzern und Bankmanager. Die Abgeordneten wollten nicht nachstehen. Die Gewinne die man zu D-Mark Zeiten erzielt hatte, wollte man unbedingt in der Euro-Währung wiederholen bzw. übertreffen. Wen von den Managern oder Politikern interessierte da schon ein verlorener Arbeitsplatz mit dem sozialen Abstieg der Familie. Die Gewinnausschüttungen intertessierten, sonst nichts. Denn hiernach wurden und werden die Einnahmen der Firmen- und Bankbosse geregelt. Die deutsche Arbeiterfamilie war am Ende. Das deutsche Familienleben wurde mit einem Schlag zerstört. Der Euro hat sie, so wie sie einst bestand hatte, zerstört. Wer überleben wollte, dem blieb nur eine Möglichkeit. Wie zu DDR-Zeiten mussten beide Ehepartner, mussten einer beruflichen Tätigkeit nachgehen. Wenn es irgendwie machbar war, musste es eine Vollzeitstelle sein. Nur die brachte die finanziellen Verluste, durch den Euro bedingt, wieder rein. Eine Teilzeitstelle oder ein 400 Euro Job erfreute nur den Fiskus. Die politischen Versager zerstörten nicht nur ein intaktes deutsches Familienleben, sie zerstörten auch gleichzeitig die Geborgenheit, die Kindheit und die wundervolle Jugendzeit unserer Kinder. Das Familienleben der früheren DDR hatte uns eingeholt. Die politische Führung der DDR hatte aber dafür gesorgt, dass jedem Kind ein Kindergartenplatz, eine Kindertagesstätte und Aufsichtspersonen zur Verfügung standen. Unsere Kinder standen im Jahr 2002 alleine da. Vermehrtes agressives Verhalten und falsche Ernährung waren die folge. Dieses auffällige Fehlverhalten wuchs von Jahr zu Jahr an und endete mit den tragischen Morden an unseren Schulen. Lange brauchten die Politiker nicht nach den Schuldigen suchen. Ihre falsche Finanz- und Schulpolitik führten zum Ergebnis. Die Politiker hatten selbst nach der Pisa-Studie ihre Schulpolitik nicht geändert. Sollten die Lehrer doch sehen, wie sie mit dem Problem fertig werden. Schon die Reaktion der Politiker nach der vernischtenden Pisa-Studie, macht deutlich, wir haben es geschafft, die nächste Generation buckelt und kuscht weiter.

Verfolgt man den Werdegang des deutschen Volkes, fällt auf, die Deutschen können in keiner Demokratie leben. Das Volk braucht einen Führer. Schon zu Kaisers Zeiten rannten sie hinter ihm her und kannten sonst nur ihre Arbeit. Dann folgte die Zeit der Reichskanzler. Das Volk duckte sich verängstigt in die Ecken und sah tatenlos zu wie ihr Land,

wie sie in die Arbeitslosigkeit und Armut getrieben wurden. Dann kam Hitler. Das Volk sah tatenlos zu wie er an die Macht kam und wie er sie in die grausamen vernichtenden Kriege führte. Und was kam danach? Die Regierenden konnten machen was sie wollten, dass deutsche Volk kuschte. Begehrte nie auf. Unvorstellbar für Länder wie Frankreich und Belgien. Die Schweiz ist wohl das Demokratische Land schlechthin. Wobei in Deutschland die Studentenunruhen nicht die Probleme des Volkes beherrschten. Der Aufstand der Roten Armee Fraktion nur die Zerstörung der Demokratie beinhaltete. Die eingestzten Mittel dies durchzusetzen glichen eher einer Mörderbande. Unverständlich das diese Menschen jemals frei kommen, dass sie auch begnadigt wurden. Eine Schande für die leidenden Opfer und die Zurückgebliebenen. Das ist dann unsere Deutsche Führungselite, die Minderheiten, seien sie auch noch so radikal eingestellt, immer bevorzugt behandelt. Der dumme Arbeiter sitzt Jahre für ein kleines Vergehen und diese mehrfachen Mörder werden begnadigt. Und um den Schlimmsten wird noch gestritten und diskutiert. Mittlerweile ist es still im Land. Kein Mensch wagt zu atmen. Er könnte affallen und das Interesse auf sich ziehen. Das hat die Regierung durch ihre Politik, Minderheiten mehr Rechte als dem deutschen Arbeiter einzuräumen, nun erreicht. Die Deutschen zittern und kuschen.
Durch die sinnlosen Einsätze deutscher Soldaten in Afghanistan und dem Irak wird das Volk nun vom Terror bedroht. Nicht die Regierenden mit ihrer falschen Politik werden bedroht, nein, das Volk muss es ausbaden. Wie zu Kaisers und Hitlers Zeiten. War das nicht der Schwur aller Parteien, war das nicht im Grundgesetz verankert, nie mehr deutsche Soldaten im Ausland? Von dem Grundsatz der Gleichbehandlung kann in unserem Rechtsstaat nicht mehr gesprochen werden. In jedem Rechtsstaat gibt es Volksentscheide, Volksbegehren und die freie Meinungsäußerung. Hier in Deutschland wird der Bürger entmündigt. Wählt endlich eine Partei eures Vertrauens, die die jetzt im Bundestag sitzen, haben euer Vertrauen verspielt.
Ich war voller Hoffnung und musste zu tiefst enttäuscht auf das Jahr 2002 zurückblicken. Zuerst hatte man mir die Hälfte meines Lohnes geraubt. Die Verbraucherpreise wurden nicht dem Gehalt angepasst, sondern in 1 zu 1 umgerechnet. Seit meinem 14. Lebensjahr zahle ich in die Rentenkasse ein und was bleibt, die Hälfte meiner zugesagten Rente.

Mit einem Almosen muss ich die letzten Jahre meines Lebens auskommen. Mit 60 Jahren wollte ich die Rente beantragen, auch das haben mir die Schausteller da oben durch ein neues Gesetz verweigert. Durch die Euro-Umstellung brach der Binnenmarkt zusammen. Zehn Millionen Arbeitslose, 10 Millionen die keine Sozialabgaben leisten können. Die Angst geht um, dass ich bald dazu gehöre. Wen stört das schon. Ist ja nur ein armer kleiner Wicht der da in die Armut abgleitet. Jeder Arbeiter musste am Ende eines jeden Monats feststellen, dass er trotz Arbeit und Überstunden schon am Rande der Armut stand. Nur der karge Rest des zusätzlich ausgezahlten Weihnachtsgeldes konnte dem einen oder anderen ein erträgliches Weihnachtsfest bescheren. Wie schaffen es die vielen Millionen armen Menschen, die kein Weihnachtsgeld bekommen, die von den Almosen leben müssen, die ihnen diese kapitalistischen Ausbeuter belassen. Es ist schon seltsam, dass ein Mensch in gewissen Stunden das ganze Elend dieser Zeit vergisst. Das ist der Heilige Abend.

Es ist gleichgültig

Zu dem CDU-Vorsitzenden kam, während der Vorbereitung auf den Wahlkampf, ein Bürger mit dem Parteibuch der SPD und gab, wohlweislich der Brisanz seiner Information seinem Feindbild, der CDU zum Besten, jeder in der Hartz-Kommission habe von der Regierung 250 Millionen für die Ausarbeitung zur Knechtschaft des deutschen Arbeitervolkes erhalten. Der CDU-Vorsitzende, der gerade das Zimmer verlassen wollte, sagte: Nein mein Freund, diese Information können wir nicht nutzen. Warum nicht, fragte der SPD Anhänger. Es ist geistiges Eigentum der SPD und Grünen-Regierung. Eben darum, sprach der CDU-Vorsitzende, in dem er ihn missachtend ansah. Die SPD und Grünen-Regierung braucht diese Hartz-Gesetze um sich später selbst zu richten und um solche Schurken auszubeuten und zu knechten, wie er.

Durch die Wiederwahl der SPD und Grünen im Jahr 2002 habt ihr das Vorgehen der Regierung Schröder legitimiert. Im Grunde habt ihr hier die Hartz-Gesetze und den Abbau des Sozialstaates Deutschland selber unterschrieben. Jede andere Regierung wird nun in die Fußstapfen des vorgegebenen Weges gehen. Ihr werdet es erleben. Ihr werdet es erleben wie sie ohne Rücksicht auf den Hartz IV Empfänger wegen ein paar Euro streiten und dabei nur die Landtagswahlen im Blick haben. Der Mensch ist denen gleichgültig.

Das Prestigeprojekt von Umweltminister Trittin. Das Dosenpfand. Die einzige Möglichkeit der Grünen sich während der Regierungszeit einen armseligen Erfolg zu schaffen, nach dem sie in der Friedens- und Antikernkraftpolitik versagt hatten. Der Aufwand war in keinem Verhältnis zum Erfolg zu sehen. So stritten Bundestag, Bundesrat, Verwaltungsgerichte, der Bundesgerichtshof, der Europäische Gerichtshof und das Europäische Parlament über das Dosenpfand, oder ob ein Supermarkt die woanders gekaufte Dose zurücknehmen muss. Der Hersteller von Rücknahmegeräten für Getränkeverpackungen, Tomra Systems, setzte auf das deutsche Dosenpfand. Für den norwegischen Weltmarktführer steckte hier ein riesiges Wachstumspotential. Analysten erwarteten Mehreinnahmen von rund einer Milliarde Euro. Bemerkenswert war auch der Hinweis, dass mehrere deutsche Banken die Tomra Aktie empfohlen hatten. Aha, hatten die Banken schon wieder spekuliert, oder hatte jemand anderes die Hand im Spiel oder aufgehalten. Warum wurde dieser Dosenpfand so kurzfristig und schnell mit allen Mitteln durchgepeitscht? Wussten die Banker das Trittin das Spiel gewinnen würde? Wie konnten sie sonst die Aktie empfehlen? Am 10. September 2002 hatten dann überraschend Düsseldorfer Verwaltungsrichter entschieden, das Dosenpfand wird es in Nordrhein-Westfalen nicht geben. Merkwürdig war die ganze Aufregung der CDU/CSU Opposition, die unbedingt das Dosenpfand verhindern wollte. War doch dieses Dosenpfand schon bei CDU-Vorgänger Klaus Töpfer und Angelika Merkel im Gespräch. Was interessiert mich das Geschwätz von gestern. Das Dosenpfand kommt definitiv zum 1. Januar 2003 lautete die Kampfansage der Regierung. Was machte der Handel, er ignorierte einfach die Gesetzesvorlage von Umweltminister Trittin. Eigentlich hatte der Handel recht. Der Grund war natürlich wieder eine nicht ausgereifte und durchdachte Gesetzesvorlage der Regierung. In diese Lücken und Schwachstellen stieß der Handel immer wieder und verlangte nun vom Bürger, die Dosen auf eine hierfür eingerichtete Deponi zu bringen, oder die Dose wieder an den Ort des Kaufes einzulösen. Das aber durchzusetzen führte nun doch zu erheblichen Problemen. So griff der Handel wieder zum Allheilmittel und drohte wie immer mit Entlassungen und Kurzarbeit. War nun endlich der Pfandstreit beendet, stritt man nun über das Rücknahmesystem, die Abrechnungsstelle (Clearing-stelle).

Hier wurde mit Pfandgeldern von rund sechs Milliarden Euro gerechnet. Wer trägt die Verwaltungskosten, der Verwaltungsaufwand währe immens. Doch im Dosen-Krieg um Macht und Ansehen gibt es nur einen Verlierer, der Verbraucher.

Das Dosenpfandproblem in Deutschland beschäftigt nun auch Brüssel. Selbst nach dem die EU-Kommission die Pfandpflichtregelung für vereinbar mit europäischem Recht hielt, ließ der Handel nicht locker und Trettin tanzt. So verlautete aus der Industrie: Klar ist, dass die Kunden ihre Einwegverpackungen ab Januar noch nicht zurückgeben können. Um Verwirrungen und Nachteile für Verbraucher zu vermeiden, lehnt der Handel für die Zeit zwischen dem 1. Januar und dem 1. Juli 2003 Einzellösungen zur Pfandrücknahme ab. Der Handel: Wir wollen doch mal sehen, wer in Deutschland das Sagen hat. Was nun Trittin? Was solls, die Investionskosten trägt sowieso der Verbraucher.

Die Unternehmer glauben, dass ihr ungehemmtes Gewinnstreben vor dem Allgemeinwohl steht. Ihr bezahlt alles. Die Unternehmer haben gezeigt welche Macht sie auf die Politik ausüben können. Die Regierung hat gezeigt, wie schwerfällig und hilflos sie sich gegenüber der Wirtschaft behaupten kann. Sie ist, oder wollte zum Spielball der Wirtschaftsinteressen werden. Weil sich nach Veranstaltungen die zurückgelassenen Dosen regelmäßig in eine wahre Goldgrube verwandeln, kann die Stadt mindestens eine Oper retten. Zum Dank steht dann im Stadtwappen: Ich war eine Dose.

Türkische Migranten beklagen die Informationsdefizite, auch in den Umweltfragen. Dabei brauchten sie doch nur das Fernsehgerät einschalten oder eine Zeitung lesen. Wenn man sich natürlich nur in der eigenen Landessprache unterhält und nicht daran denkt bzw. gewillt ist, sich der Landessprache und den Gewohnheiten des Landes, in dem man leben will, denn wir haben sie nicht gerufen, anzupassen, wird man ausgegrenzt. Informationen müssen wir Deutsche uns auch selbst beschaffen. Uns trägt auch keiner was nach. Immer diese Forderungen nach Sonderstellungen. So etwas wie hier in Deutschland, so viel Fürsorge findet ihr in keinem anderen Land. Wir Deutsche sollen uns integrieren, wollt ihr das? Dann verfolgt mal die Sätze, die Frau Roth vom BündnisGrüne gesprochen hatte. Die Gleichbehandlung von Mann und Frau. Es darf keine frauenfreien Zonen geben.

Claudia Roth vom BündnisGrüne bei einer Wahlveranstaltung. Hier pries sie durch BündnisGrüne erreichten Erneuerungen an. Das waren zum Beispiel der soziale Umbau (Hartz IV). Die ökologische Erneuerung (Dosenpfand, Froschtunnel). Mehr Demokratie (in sehr vielen Stadtteilen traut sich die Polizei noch der Bundesbürger hinein). Die Gleichbehandlung von Mann und Frau und es darf keine frauenfreien Zonen geben (bis heute haben die Grünen das nicht erreicht, die Frauen werden bei den Ausländern missachtet und niedergeknüppelt). Ach dann habe ich mein ärmliches Leben Frau Roth bzw. den Grünen zu verdanken. Sie hatte auch geholfen den Sozialstaat zugrunde zu richten. Sie hatte auch geholfen, dass Menschen die Mülltonnen durchsuchen. Und dann brüstet sie sich noch? Die ökologische Erneuerung war der größte Flop der Regierung. Die Atomkraftwerke stehen und arbeiten noch heute. Die Kohlekraftwerke werden noch immer gebaut. Die Elbe wurde mit Zustimmung der Grünen ausgebaggert. Nur damit sie an die Regierung kommen. Die erneuerbare Energie der reinste Hohn. Die verschlingen so viele Subventionsgelder, dass sie erst im Jahr 2030 effektiv arbeiten. Vorher wurden die Wind- und Solargeräte wegen Schäden drei mal erneuert und ausgetauscht. Der Strompreis ist drei mal so hoch wie herkömmlicher Strom. Arbeitsplätze wurden nicht hier sondern im Ausland geschaffen. Die Betonpfeiler machen sich gut in der Nordsee. Hoffentlich haben sie vorher die Fische gefragt, ob die Geräusche sich nicht störend auf ihr Paarungsverhalten auswirken.

Mehr Demokratie, wer soll das verstehen. Damit der Bürger sich beim Finanzgericht durchsetzen kann, muss er erst einige 100 Euro Gerichtskosten vorstrecken. Bevor der Bürger eine Auskunft beim Finanzamt bekommt, muss er Gebühren bezahlen. Das lässt sich endlos weiterführen. Sie meinten sicherlich, mehr Demokratie-Abbau.

Die Gleichberechtigung und Gleichstellung von Mann und Frau gibt es schon seit Jahrhunderten in Deutschland. Sie brauchten nur mal eine deutsche Familie besuchen. Kein Mensch kann einer Frau gegenüber einem Mann das gleiche Gehalt bei gleicher Arbeit bezahlen. Das ist unmöglich. Das haben sie nicht erreicht und werden es auch nie erreichen. Alles andere sind Probleme männerfeindlicher Frauen die mit ihrem Dasein unzufrieden sind. Es aber nicht ändern wollen. Dann setzen sie sich doch mal ernsthaft für die Gleichberechtigung und

Geichbehandlung der Frauen bei unseren ausländischen Familien ein. Keine Traute, zu Feige? Dort könnten sie sich so richtig entfalten. Wer hier in Deutschland lebt, sollte gleichbehandelt werden. Also handeln sie danach. Sie haben sich gegen frauenfreie Zonen ausgesprochen und dafür eingesetzt? Dann laufen sie mal durch die besetzten Gebiete unserer Ausländer in Deutschland. In Hamburg zum Beispiel, ist ein ganzes Viertel unter ausländischer Kontrolle. Keine Frau traut sich durch diese Gebiete (Gettos) zu gehen. Überall werden sie angepöbelt und auf die Straße gedrängt. Selbst ausländische Frauen sieht man höchstens zum Einkaufen. Überall gibt es in Deutschland seit der Amtsübernahme der Grünen und Roten frauenfreie Zonen. Nur die Regierenden wollen sie nicht sehen. Dumm reden, dass können sie gut.

Ich habe schon viel erlebt, bin in der Nachkriegszeit aufgewachsen, habe die 60er Jahre erlebt, die wunderbare leise Revolution mitgemacht. Habe die Rote-Armee-Fraktion überstanden, habe die Grünen Chaoten überstanden. Aber so ein Jahr wie 2002 mit all ihrer menschenfeindlichen Politik und Wirtschaftsinteressen habe ich noch nie erlebt.

Wir haben das Glück verloren

Wo ist die Freude, das Glück, das Leben? Die Regierung hat es uns genommen. Ein Traum von Hoffnung und von Ruhm zerplatzt in einer Wahl um 2002. Was bleibt, ein Weg endlos mit Steinen übersät. Wir werden müd, unsere Herzen wenn sie schrein, gebt nicht auf es geht vorbei. Was solln wir uns beklagen, das Glück, der Ruhm, alles geht mal vorbei. Ein Licht, ein neuer Weg, die neue Regierung zieht vorbei. Ist es ein Traum von Hoffnung und vom Ruhm? Die Freude, das Glück, das Leben ziehen wieder vorbei.

2003 das Allheilmittel, die Ökosteuer

Wie die Jahre 1999 bis 2002 begannen, stand auch uns zum 01.01.2003 eine saftige Steuererhöhung bevor. Die fünfte Stufe der Ökosteuer wurde durchgepeitscht. Durch diese Ökologische Steuerreform in fünf Schritten musste der Bürger an Treibstoff 30 Cent/Liter, Strom 4 Cent/kwh, Heizöl 4 Cent/Liter, Erdgas 0,32 Cent/kwh mehr bezahlen. Das sind nur die Werte, die uns die Regierung angibt. In Wirklichkeit fiel die Teuerungsrate durch Inflation und Preisanpassungen der Konzerne wesentlich höher aus. Hinzu kamen noch die Mehrwertsteuererhöhung und die rasanten Preisanstiege der einzelnen Zulieferer. Das Kartellamt muckte mal auf und kündigte an, die Preissteigerung streng zu prüfen. Das wars dann aber auch. Warum sollten sie es auch tun, die oberen können es doch gebrauchen. Friedrich Merz kündigte vor der Wahl im Jahr 2002 die Abschaffung der fünften Stufe zur Ökosteuer an. Er wollte Steuererleichterungen durchsetzen und wurde prompt von der CDU abgeschoben. Ein Wirtschaftsweiser berechnete den Benzinpreis und kam zu dem Ergebnis. Der reale Benzinpreis lag im Jahr 2003 um rund 40% unter dem von 1960. Musste ein Arbeiter 1960 rund 13 Minuten für einen Liter Benzin arbeiten, so sind es im Jahr 2003 nur noch vier Minuten. Kein Wunder, dass die Regierung nichts zustande bringt, bei diesen Beratern.

Die Berechnung zu meinem Gehalt ergibt ganz andere Vergleichszahlen. In den Jahren 1970 bis 1980 hatte ich noch ein sehr kleines Gehalt und so arbeitete ich für einen Liter Benzin 4,6 bzw. 3,87 Minuten. Im Jahr 1990 nur noch 2,09 Minuten und im Jahr 2000 noch 2,4 Minuten. Nach der Euro-Umstellung musste ich im Jahr 2003 noch 2,7 Minuten für einen Liter Benzin arbeiten. Legt man aber die Nettolöhne zugrunde, arbeitete ich 1990 für einen Liter Benzin 3,34 Minuten und 2003 noch 5,02 Minuten. Rechnet man noch die geschwächte Kaufkraft durch die Halbierung des Lohnes hinzu, ergeben sich ganz andere Verhältnisse. Ganz einfach gesagt. Der Benzinpreis in Euro entspricht dem Preis in D-Mark im Jahr 2000. Nur das Volk bekommt den halben Lohn.

Die SPD und Grüne betreiben ihre Steuerpolitik des Lohnraubs weiter. Jetzt sollte es mal die Wirtschaft treffen. Die schreien zwar laut auf, reichen aber diese Steuererhöhung kalt lächelnd dem Steuerzahler weiter. Die Steuer wird auf Erdgas von knapp 3,5 auf 5,5 Euro pro Magawattstunde, die Steuer auf schweres Heizöl von 17,89 auf 25 Euro je Tonne und die Steuer auf Flüssiggas wird von 38,34 Euro auf 60 Euro je Tonne angehoben. Das riss tiefe Löcher in unsere Geldbörse. Fast mit den gesamten Ökosteuereinnahmen von 129 Milliarden Euro ist es der Bundesregierung nicht gelungen, die Rentenversicherungsbeiträge auf einem niegrigen Niveau zu halten. Denn mit der Ökosteuer wird die Rentenkasse ausgeglichen. Eigentlich ist das unfassbar. Was haben die mit unseren eingezahlten Rentenbeiträgen gemacht? Was haben die mit unseren Rentenbeiträgen fremdfinanziert? Die Renten sind sicher. Das Volk wird nur noch belogen und betrogen. Die Steuerlast für einen Liter Benzin lag im Jahr 2003 bei über 80 Cent. Was machen die mit dem ganzen Geld Wie hatten es Die Regierungen zu D-Mark Zeiten mit wesentlich geringeren Einnahmen geschafft? Das Zeitalter der Maßlosigkeit brach an.

Es war schon eine Frechheit, dass die Mehreinnahmen duch die Ökosteuer zum Stopfen der Haushaltslöcher genutzt wurden. Ging oder geht es uns mit dem Solidaritätszuschlag nicht genauso? Im Regierungsvertrag der SPD mit den Grünen, wurde eindeutig festgelegt, dass mit der Einführung der Ökosteuer die Rentenbeiträge sinken. Das wurde nicht eingehalten. Zusätzlich zur Ökosteuer stand der Rentenbeitrag so hoch wie nie zuvor. Die nehmen das Doppelte ein und halbieren unsere Rente. Wer hatte diese Betrüger gewählt?

Sieht ganz so aus, als wollten die uns verkohlen. Der Kohlendioxidausstoß in Deutschland stieg seit dem Jahr der Einführung (1999) der Ökosteuer ständig, obwohl Deutschlands Autofahrer angesichts der hohen Spritpreise wesentlich weniger gefahren sind. Die Frage, warum die Abgaswerte steigen? Jeder stinkende LKW, Bus oder PKW wird zu Tausenden ins Land gelassen. Fahren über unsere Autobahnen durch das ganze Land. Ohne jegliche Kontrolle und Steuerabgaben. Hier müssen auch für ausländische Fahrzeuge Grenzwerte gesetzt werden. Der Flugverkehr nimmt rasant zu. Ein Flug von Berlin nach London erzeugt so viel Schadstoffe, wie ein Aurotag in ganz Deutschland. Keiner von denen fordert hier Beschränkungen der Emissionswerte. Denn fliegen, dass tun die Herren ja gerne. Das Beste, sie buchen einen Flug und kehren nimmer heim. Sie dürften auch Steuergelder dazu verschwenden.

Durch die Ökosteuer und zusätzlicher Mehrwertsteuer, die auf den Gesamtpreis angerechnet wird, entsteht eine Doppelbesteuerung. Mich wunderts, dass ist doch nicht zulässig. Aber wo haben wir diesen Fall nicht? Wo kassieren die nicht doppelt ab.
Allem Anschein nach sollte das Jahr 2003 für den Arbeiter wohl nicht besser als das Jahr 2002 werden. Am Arbeitsmark sah es gar nicht rosig aus. Über vier Millionen nach Angabe der Regierung. So verlautete aus Regierungskreisen, mit der neuen Strukturreform, der Agenda 2010, wurde Arbeit billiger. Welch ein Satz oder gesprochenes Wort der Wirtschaftsexperten und Politiker. Die Arbeiter werden ärmer. So muss es heißen. Minijobs, Leiharbeit, Teilzeitjobs und Ich Ags ließen vorübergehend die Arbeitslosenzahl sinken. Das Groteske und Grausamste was sich je eine Regierung und Wirtschaft herausgenommen hatte, durch die Agenda 2010 verdrängten Teilzeitstellen und Leiharbeit die regulären Jobs. Die Zahl der Vollzeitbeschäftigten war seit 1997 stetig gesunken. Jeder Vierte arbeitete 2003 inzwischen Teilzeit, als Leiharbeiter oder auf 400 Euro Basis. Die Zahl war von 2,6 Millionen auf 7,68 Millionen betroffene Arbeitnehmer gestiegen. Im Gegenzug die Zahl der Versicherungspflichtigen um 1,53 Millionen gesunken. Die soziale Last wird auf immer weniger werdende Arbeiter verteilt. Dank der Arbeitsmarktpolitik der Regierung Rot-Grün. All diese Menschen die gezwungen werden, diese Aushilfsarbeit zu übernehmen werden als Rentner in Armut leben. Menschen, die ihr ganzes Leben gearbeitet haben, werden nicht mehr als 1130 Euro Rente bekommen. Das sind mal gerade 300 Euro über der Grundsicherung. Wozu ein Leben lang über 19% Rentenbeiträge bezahlen, um dann von denen da oben ein Almosen zu erbitten. Wenn ich auch noch das Pech habe über 65 Jahre zu arbeiten und immer Rentenbeiträge bezahle, dann kann ich gleich Sozialhilfe beantragen. Denn die Rister Zulage wird kein Arbeiter ausschöpfen können, geschweige von dem kargen Lohn einzahlen können. Dann ist es besser, der Arbeiter bleibt zu hause und verdient sich ein paar Euro so nebenher, die er dann wie früher unters Kopfkissen verstecken kann.
Die Agenda 2010 wurde in der Regierungserklärung von Schröder am 14. März 2003 verkündet. Als Ziele nannte er unter anderem die Verbesserung der Rahmenbedingungen für mehr Wachstum und für mehr Beschäftigung, sowie den Umbau des Sozialstaates und seine

Erneuerung. Die Worte „wir werden Leistungen des Staates kürzen“ und die angekündigten Maßnahmen führten zu heftigen Kontroversen innerhalb der Partei. Hunderte von SPD Mitgliedern gaben ihr Parteibuch zurück. Das die Grüne Partei auf ihrem Sonderparteitag der Agenda 2010 fast einstimmig zugestimmt hatte, war für mich keine Überraschung. Hatten die doch bisher für den Arbeiter überhaupt keine Interessen gezeigt. Sprüche wie die Unterschicht und für den Umweltschutz muss man Arbeitslosigkeit in Kauf nehmen, zeugen von diesen Tatsachen. Wer hatte die eigentlich gewählt? Eine Partei, bei dem der Mensch nichts zählt und nur noch an Diätenerhöhung denken, ist Gift für das Volk. Eine innerparteiliches Mitgliederbegehren der SPD gegen die Agenda 2010 mit ihren Sozialkürzungen scheiterte. Bedenken und mahnend anzeigen sollte man auch, dass große Teile der Agenda 2010 von der CDU/CSU und FDP unterstützt und aktiv mitgestaltet wurden. In ihrer Regierungserklärung vom 30. November 2005 äußerte sich Nachfolgerin von Gerhard Schröder, Angelika Merkel. Ich möchte Kanzler Schröder ganz persönlich danken, dass er mit der Agenda 2010 mutig und entschlossen eine Tür aufgestoßen hat, unsere Sozialsysteme an die neue Zeit anzupassen. Wer hatte die denn gewählt? Ihr seit selber an eurem Unglück schuld.

Der Begriff Agenda 2010 verweist auf Europa. Im Jahr 2000 beschlossen die europäischen Staats- und Regierungschefs die EU nach der Lissabon-Strategie bis zum Jahr 2010 zum „wettbewerbsfähigsten und dynamischsten“ Wirtschaftsraum der Welt zu machen. Sehr schnell war dieses Vorhaben auch erreicht. Schon im Jahr 2008, bevor die Agenda 2010 in Schwung kam, gings bergab. Hatten die Amerikaner mit ihrer Bankenkriese dafür gesorgt, oder war es die Unfähigkeit der Finanzminister, Wirtschaftsminister samt Bundeskanzlerin. Oder war es die Wirtschafts- und Bankendynastie, die nun den Arbeitern den Todesstoß versetzten.

Die Agenda 2010 setzt inbesondere arbeitgeberfreundliche Ideen um. Da der Staat in einer Marktwirtschaft gewerbliche Arbeitsplätze nicht per Anweisung schaffen könne und auch nicht durch öffentliche Investionen bestehende Arbeitsplätze sichern oder neue schaffen könne. Was haben die denn in den letzten Jahren gemacht? Kaum hatte einer von den Konzernbossen geschrien, haben die bisher immer Milliarden

Investionen von unseren Steuergeldern abkassiert. Die sind jetzt schon so hoch, dass wir unsere Arbeitsplätze selber bezahlen.
Förderung des Mittelstandes ist auch eine von den Agendalügen. Denen da oben schert es einen Kehricht, wenn eine mittelständische Firma schließen muss. Da werden ja maximal 300 Menschen arbeitslos. Das ist nicht medienwirksam, da kann man sich nicht ins Rampenlicht setzen. Gefördert werden nur die, die bestimmte Kriterien erfüllen können. Da der Mittelstand aber eine finanzschwache Decke hat, kann er diese Anforderungen der Regierung nicht erfüllen und wird nicht gefördert. Zwei Drittel der Beschäftigten in Deutschland sind im Mittelstand beschäftigt. Darüber hinaus stellt der Mittelstand 80% der Ausbildungsplätze. Der Mittelstand ist im Grunde der Motor der deutschen Wirtschaft. Nur aus Gründen der Selbstdarstellung sind die Politiker sofort auf dem Plan, wenn die großen Konzerne um Hilfe ersuchen. Diese Hilfe lässt sich ja von unseren Steuergeldern leicht gewähren.
Der Staat, besser die Regierung nimmt uns unsere Arbeitsplätze weg. Sie sorgen in der Agenda 2010 für die Lockerung des Kündigungsschutzes, für die Senkung der betrieblichen Lohnnebenkosten und für eine besondere Ausbildung der Jugendlichen. Wo waren denn die Gewerkschaftsbosse als am runden Tisch arbeiterfeindliche Maßnahmen ausgekungelt wurden? Arbeiter tretet aus und fordert eure Rechte selber ein. Kuscht nicht immer. Die Verringerung der Lohnnebenkosten für Arbeitgeber wurde auf eure Sozialabgaben draufgeschlagen. Die besondere Ausbildung für Jugendliche fängt eigentlich schon im Kindergarten an. Sind genügend Kindergärten vorhanden, obwohl schon seit Jahren versprochen? Nein. Verlassen Jugendliche mit der 10. Klasse die Schule, haben sie das Wissen eines Zwölfjährigen. Verlassen Jugendliche die Schule mit der 12. Klasse, haben sie das Wissen eines Vierzehnjährigen. Und das ist Absicht. Von den Regierenden so angeordnet. Diese Jugendlichen haben Probleme eine Ausbildungsstelle zu finden. Was bleibt, eine Aushilfsstelle mit einem mickrigen Lohn. Genau das möchte die Wirtschaft (Regierende Wirtschaft) auch haben. Und ihr wählt immer noch die etablierten Parteien?
Hierunter fällt natürlich auch der Witz, die Regierung möchte innerhalb von fünf Jahren die Bildungsausgaben um 25% erhöhen. Und was ist danach geschehen? Wir haben immer noch zu wenig Kindergärten und

Lehrer. Habt ihr bessere Bildungschancen? Sie haben das Bafög gekürzt, sie haben die Studiengebühren erhöht. Alles um euch zu verblöden. Die armen Menschen die in dieser schweren Zeit arbeitslos werden, auch an die hat die Regierung samt CDU/CSU/FDP gedacht. Das Arbeitslosengeld wird auf 12 Monate gekürzt. Unabhängig von der Einzahlung in die Arbeitslosenversicherung. Für Menschen ab 55 Jahre gilt eine Verkürzung des Arbeitslosengeldes von 32 auf 18 Monate. Die Arbeitslosenhilfe wird abgeschafft. Nach Ablauf des Arbeitslosengeldes können Arbeitslose das Arbeitslosengeld 2 (Alg2) in Höhe des Sozialhilfesatzes beantragen. Alg2-Zahlungen werden nur gewährt, wenn das Vermögen bestimmte Grenzen nicht überschreitet und das Einkommen der Bedarfsgemeinschaften nicht zu hoch ist. Z.B. ca. 1200 Euro Netto monatlich für eine dreiköpfige Familie. Empfänger des Alg2 müssen im vollem Umfang ihre Vermögensverhältnisse offenlegen. Einschließlich der Rücklagen für die Altersforsorge und der Kindersparbücher. Bis zu einem Freibetrag in Höhe von 4850 Euro sind die Sparbücher geschützt. Freibeträge: Pro Lebensjahr 150 Euro und zusätzlich 250 Euro pro Lebensjahr für Gelder aus der Altersforsorge, die erst nach Rentenantritt ausgezahlt werden. Werden diese Grenzwerte überschritten, erfolgt keine Auszahlung des Alg2 bis das Privatvermögen verbraucht ist. Das ist die Sorge um unsere Kinder. Zweitens ist das gegenüber Einwanderern eine unverschämte Benachteiligung und mit dem Grundsatz der Gleichstellung für alle Bürger nicht vereinbar. Die Deutschen haben Jahrelang in das Sozialsystem eingezahlt, denen wird die Unterstützung verweigert. Unseren Kindern werden die Sparbüscher beschnitten und den Ausländern, die noch keinen Cent in die Sozialkassen eingezahlt haben und auch nie einzahlen werden, wird das Geld hinterher geschmissen. Das ist die größte Ungerechtigkeit, die je einem Bundesbürger widerfahren ist. Wer hat die gewählt? Drittens, wenn die Altersforsorge diese Grenzwerte übersteigt, was dann? Die Versicherung wird kaum einen Teilbetrag auszahlen. Muss der Betroffene dann verhungern? Warum haben Berühmheiten oder solche die es meinen, im Ausland eine Ferienwohnung oder ein Haus und beziehen hier Alg2? Warum bekommen Ausländer die in ihrer Heimat eine Ferienwohnung und ein Haus besitzen hier Alg2? Warum beziehen oder bekommen Politiker oder Manager der Landesbanken die arbeitslos wurden oder

den Staat betrogen und sich selbst bereichert haben, eine Rente von unseren Steuergeldern? Die Politik der da oben ist so Menschenverachtend gegenüber dem arbeitendem Volk geworden, dass sie den Arbeiter schon als Unterschicht betiteln und ihn auch so behandeln Wählt diese arroganten Parteien weiter und kuscht, dann werdet ihr keine Änderung herbeiführen.
Die Regeln zur Zumutbarkeit für Arbeitsangebote wurden verschärft. Jede Arbeit, die nicht sittenwidrig ist, gilt als Zumutbar. Hoffentlich werden hier auch gefeuerte Politiker und Manager einbezogen. Hierbei spielt es keine Rolle, ob die Qualifikation des Arbeitslosen wesentlich höher liegt als die angebotene Stelle, oder ob die angebotene Stelle einen existenssicheren Lohn garantiert. Bei Nichtannahme werden die Leistungen gekürzt. Das ist unzumutbar, eine Familie muss auf einmal mit 900 Euro auskommen und bekommt keine Unterstützung, weil der Mann oder die Frau über dem Regelsatz verdient. Die Regierung ebnet hier den Arbeiter den Weg in die Armut bis ans Lebensende. Wird nun dieser Arbeiter arbeitslos, so muss das Arbeitsamt nur noch 65% von den 900 Euro Verdienst auszahlen. So eine Arbeit die macht keinen Sinn, wo bleibt da die Arbeitsmoral für eine Arbeit die auf dem Sozialhilfeniveau steht. Das ist gewollter Lohnraub und Zwangsarbeit wie zu Hitlers Zeiten, nicht zumutbar. Und ihr wählt weiter Rot-Grün, CDU/CSU-FDP.
Sozialhilfeempfänger erhalten durch die Zuordnung zum Alg2 Zugang zu den Förderungsmaßnahmen der Agentur für Arbeit. Das ist ein Witz. Hatte schon jemand daran teilgenommen, bzw. es ist ja auch ein Zwang an diesen Förderungsmaßnahmen teizunehmen. Da treffen sich 20 bis 30 Arbeitssuchende aus den unterschiedlichsten Berufen und müssen die Zeit mit dem Ausfüllen von Anträgen und Bewerbungsschreiben über Wochen totschlagen. Bei Nichtteilnahme wird die Leistung gekürzt. Möchte aber jemand einen Busführerschein oder LKW Führerschein machen, weil gerade genug Angebote in der Zeitung stehen, wird das nur gefördert, wenn der Arbeitssuchende die Stelle durch einen Arbeitsvertrag nachweisen kann. Wer stellt schon jemanden ein, der zu dem Beruf keinen Befähigungsnachweis vorlegen kann. Die Stellen die bisher durch die sogenannten Jobcenter vermittelt wurden beinhalten immer einen sozialen Abstieg in die kurzzeitigen Billigjobs. Das wichtigste für den Menschen aber, das Selbstwertgefühl ging verloren.

Die Verabschiedung und Umsetzung des Gesetzes zur Modernisierung der gesetzlichen Krankenkassen (GKV-Modernisierungsgesetz) oder GMG. Viele bislang gewährte Leistungen werden aus der gesetzlichen Kranken kassenversicherung gestrichen. Die Einführung eines Selbstkostenanteils von 2% des Bruttojahreseinkommens. Bei chronisch Kranken sind es immerhin noch 1%. Je Quartal sind beim Hausarzt und Zahnarzt je 10 Euro Praxisgebühr fällig. Die Zuzahlung bei Medikamenten wurde erhöht. Die Notaufnahmegebühr beträgt ebenfalls 10 €. Ziel der Regierung war, den Durchschnittsbetrag des Krankenkassenbeitrags von 14,4% auf 13% des Einkommens zurückzuführen. Diese Maßnahme entlastete nur die Arbeitgeber und die Zahlen waren eine Lüge. Die Krankenkassenbeiträge standen im Jahr 2003 bei 12,1 bis 12,7%. Die steigenden Krankenkosten sind vor allem dem chaotenhaften Missmanagement der gesetzlichen Krankenkassen und dem Gesundheitsministerium zu verdanken. Seit Ulla Schmidt das Ministerium führt, gibt es nur einen Schritt vor und zwei Schritte zurück. Erst wurde das altbewährte System, wonach der Hausarzt die Überweisung zum Facharzt bestimmte von Frau Schmidt geändert. Der Kranke sollte nun sofort den zuständigen Facharzt aufsuchen. Nach drei Jahren rückwärts Marsch Marsch. Nun musste nach dem Willen der Gesundheitsministerin Ulla Schmidt der Kranke erst den Hausarzt aufsuchen und mit der Überweisung zum Facharzt gehen. Jedes Jahr mindestens eine Gesundheitsreform. Diese Reformen dienten in den letzten Jahren meist der Stabilisierung des Beitragssatzes. Das ist nun ab 2003 nicht mehr gegeben. Beitragsänderungen und Leistungskürzungen wirken sich auf die Lohnnebenkosten und auf die Lebenshaltungskosten der Versicherer negativ aus. Das bedeutet, dass von nun an der Arbeiter die Beitragsänderungen bzw. Erhöhungen alleine zu tragen hat. Die Arbeitgeber werden nicht mehr höher belastet. Vor allem, es blieb ja nicht bei dieser einen Reform. Es wurde Reformiert und Reformiert, ganz nach dem Willen der gesetzlichen Kassen. Man konnte sich des Eindruckes nicht verwehren, Frau Schmidt war an den Einnahmen der Krankenkassen beteiligt. Zu leicht konnten die Krankenkassen ihre Forderungen durchsetzen. Auffallend war, dass nach jeder Reform ein Gewinn von ca. 2,5 Milliarden Euro erwirtschaftet wurde und im nächsten Jahr ein Verlust von 7,5 Milliarden Euro bei den Krankenkassen zu Buche standen. So etwas ist einfach unmöglich, dass kann man dem

Bürger nicht erzählen. Die Deutschen gingen wesentlich weniger zum Arzt. Die Arztkosten und die Leistungen wurden gekürzt. Die stetik steigenden Forderungen der Arzneimittelhersteller, wie man es uns glauben lassen wollte, waren anhand der Angaben aus der Arznrimittelindustrie zu widerlegen. Der Grund war wohl das nicht sehr große Interesse von Frau Ulla Schmidt am Gesundheitsministerium. Denn sonst hätte sie nicht verlauten lassen, ich bin ja privat versichert. Selbst bei der Gesundheitsreform im Jahr 2007 war sie nicht anwesend. War sicherlich mal wieder mit ihrem Chauffeur unterwegs. Es war schon Maßlos und Unverschämt wie diese Frau mit unseren Steuergeldern, auch in ihrem privaten Bereich umgegangen ist. Ach ja Norbert, wir vermissen dich so sehr.

Je mehr Ministerien mit ihren Beratern geschaffen werden, um so chaotenhafter und diletantischer führt sich die Regierung auf. Ein Beispiel hierfür ist der Gesundheitsfond. Der Gesundheitsfond, der selbst neue Kosten für seine Verwaltung und die zusätzlichen Nebenkosten erzeugt, belastet den Arbeitnehmer und Beitragszahler mit zusätzlichen Milliarden. Und nur, weil das Gesundheitsministerium nicht richtig und diletantisch geführt wird. Dieser ganze Apperat der da in Bewegung gesetzt wird, hat nur darauf zu achten, ob die Einnahmen der Kassen den Ausgaben genügen. Sind die Ausgaben höher, ist ein Zuschlag von 1% der Krankenkosten möglich. Wetten, dass die Ausgaben der Krankenkassen ab jetzt jedes Jahr höher sein werden. Ebenso sollte die Regierung darauf achten, dass nicht eine Person mehrere Aufsichtratspositionen bekleiden kann. Es sollte auch den Politikern untersagt werden, ihre knapp bemessene Freizeit in den Stühlen der Aufsichtsräte zu verbringen. Interessenkonflikte sind unausweichlich und machen den Politiker befangen. So ergeht es auch den Betriebsräten. Wie schafften oder schaffen das die privaten Krankenkassen? Wie haben es früher die gesetzlichen Krankenkassen geschafft, obwohl mehr Deutsche den Arzt aufsuchten? Der Grund war ein straff geführtes Management mit einem gesunden Konkurrenzdenken. Jede Krankenkasse hatte ihren eigenen Vorstand. Heute ist das anders. Krankenkassen schließen sich zu Großkonzernen zusammen und versuchen soviel Kapital wie möglich zu erwirtschaften. Hierbei treten nicht mehr nur die Einnahmen aus der Krankenkasse, sondern hauptsächlich die Einnahmen aus Konzernfremden Aktivitäten in den Vordergrund. Die Verluste werden dann mit Zustimmung der Regierung an die Versicherten weitergeleitet. Es gibt nur eine Möglichkeit sich diesem Teufelskreis zu entziehen, in dem man die Krankenkassen wirtschaften lässt. Geht dabei eine Krankenkasse in die Insolvenz oder macht Konkurs, dann muss sie geschlossen werden. Die anderen Kassen werden sich um die Versicherten reißen. Nur so ist ein Gesundungsprozess mit konkurenzfähigem Management zu erreichen. Heute wirtschaften nur alle in die eigene Tasche. Die Regierung sollte auch darauf achten, in den Beraterstäben, ohne die sie ja mangels Kenntnis und Erfahrung nicht auskommt, Aufsichtsräte und ehemalige Aufsichtsräte nicht einzubeziehen. Die können nicht kooperativ und leujal Wirken. Der Mensch oder die Kranken in den gesetzlichen Krankenkassen stehen hinten, ganz hinten im letzten Glied.

Warum werden Menschen die in der privaten Krankenkasse versichert sind, den Menschen aus der gesetzlichen Krankenkasse vorgezogen? Das ist mir noch vor kurzem aufgefallen. Bei einer Untersuchung im Krankenhaus entschuldigte sich der Arzt bei mir, weil ich als Privatpatient eine Viertelstunde warten musste. Als ich ihn darauf aufmerksam machte, dass ich diese Zweiklassengesellschaft nicht richtig finde, tat er es einfach mit den Worten ab, wer mir eigentlich diesen Termin gegeben hatte, Privatpatienten bekommen eigentlich immer Nachmittags einen Termin. Der Schuldige für derartige Situationen ist eigentlich in der Politik zu finden. Meine letzte Arztrechnung machte es ganz deutlich. Ich hatte sicherlich eine Viertelstunde bis zwanzig Minuten den Hausarzt beansprucht. Dann kommt noch die Zeit für zwei Arzthelferinnen hinzu. Plus Strom, Heizung, Miete und Abnutzung der Geräte bekam ich eine Abrechnung als Privatpatient von 37 Euro. Ich war vom guten Glauben ab. Das ist doch viel zu wenig. Dann kann man sich vorstellen, wieviel ein Arzt für die Behandlung eines gesetzlich Versicherten erhält. Einzurechnen sind dann immer noch die Abrechnungskosten mit den Kassen und Eintreibung der Praxisgebühr. Auch die Abrechnungen bei meinem Augenarzt und Zahnarzt können das bestätigen. Warum streiken die Ärzte nicht? Was machen die Regierenden mit unseren Krankenkassen und Rentenbeiträgen?

Natürlich ließ man die Rentner bei der Agenda 2010 nicht alleine. Das Eingreifen von Maßnahmen, die die Rentenversicherungsbeiträge konstan bei 19,5% des Bruttolohnes halten sollte. Diese Maßnahmen wurden bei der Ökosteuer schon beschrieben. Hierbei war eigentlich vorgesehen, die Rentenbeiträge zu senken. Aber nicht einmal die 19,5% konnte die Regierung Rot-Grün halten. Neu war noch die Ergänzung der Rentenformel um den Nachhaltigkeitsfaktor. Dieser sollte einen weiteren Anstieg der Beiträge dämpfen. Man beachte, dämpfen nicht verhindern. Vorgesehen wurde noch die Reduzierung der versicherungsfremden Leistungen. In welche dunklen Kanäle fließen, besser verschwinden unsere mühsam ersparten Rentenbeiträge? Die Nachfragen beim Arbeitsminister, um welche Leistungen es sich da handelt, auf diese Antwort wartet man heute noch. Wir müssen Renteneinschnitte in Kauf nehmen, damit die durch ihre miserable Politik entstandenen Finanzlöcher gestopft werden können. Es soll da noch jemand sagen, die Rentner zerstören durch ihre Gier das Leben unserer Kinder. Wir haben 50 Jahre eingezahlt, dass nach uns niemand mehr schaffen wird. Die, die Rentner angreifen sollten endlich mehr Kinder in die Welt setzen, dass machen und wollen sie nicht, oder sollten endlich eine Partei wählen, die nicht immer mit vollen Händen in die Rentenkasse greift und auf das Wohl unserer Kinder bedacht ist. Die etablierten wollen es nicht.

An einer Straßenbahnhaltestelle zu Essen kam eine alte von Krankheit gebäugte Frau des Morgens, um nit der Bahn nach Mülheim zu fahren. Weil es noch früh war, so war, außer ein paar junge Männer, noch niemand an der Haltestelle da. Wie nun die alte Frau immer an den jungen Männern mit zittrigen und stolpernden Schritten auf und nieder ging, kam einer von den jungen Männern heran und sagte:„ Gute Frau, ihr habt noch lange Zeit, die Bahn wird so bald nicht kommen.“ Setzt euch derweil auf einen Platz. Die alte Frau, welche wohl sah, dass man ihr zum besten haben wollte, weil weder Platz auf Stuhl noch Bank vorhanden war, antwortete:„ Hier gemahnt michs wie zu Hause auf der Hühnerleiter. Da sind auch keine Stühle und Bänke mehr frei, aber desto mehr Flegel.“

Der kluge Politiker hat so viel Zeit zu denken, dass er keine Zeit hat zu reden. Der Dummkopf hat so viel zu reden, dass er keine Zeit hat zu denken.

Der Zwang nach einem Jahr jede Stelle anzunehmen, drängte Arbeitslose aus ihren alten Berufsfeldern. Ihre Chancen qualifizierte Arbeit zu fin-

den, sanken mit steigender Zahl an jahren, die sie in Fremdberufen arbeiteten. Häufig waren das Aushilfstätigkeiten im Niedriglohnbereich.
Die Gleichstellung der Arbeitslosen mit der Sozialhilfe zum Arbeitslosengeld II führte zu mehr Armut. Die Armutsquote der Leistungsempfänger vor der Reform gut die Hälfte, erhöhte sich auf zwei Drittel. Nur die wirkliche Armutsquote liegt ja wesentlich höher. Jede Familie, in der es nur einen Verdiener gibt der bis 1300 Euro Netto verdient, ist als Arm zu bezeichnen.
Die Maßnahmen der Agenda 2010 trugen nur kurzfristug zur Belebung des Arbeitsmarktes, zur Lösung des Rentenproblems und der steigenden Kosten der Krankenversicherung bei. Im Gesundheitsbereich wird immer häufiger die Zwei-Klassenmedizin angeprangert. Bei der gesetzlichen Krankenversicherung werden die wichtigsten Leistungen für Kranke nur gegen Barzahlung erfolgen. Trotz sinkender Krankheitstage und höheren Versicherungsbeiträgen. Was bleibt von der Agenda 2010 für uns? Verzicht auf Lohn bis zum Sozialhilfeniveau. Eine Arbeit die uns krank macht, diese Krankheit aber nicht von der Krankenkasse übernommen wird. Wir werden früher sterben. Was bleibt den Arbeitgebern? Mehr Geld und die Genugtuung uns zu knechten und auszupressen.
In 15 bis 20 Jahren wird es wieder wie früher die Großfamilie geben. Von 12 Menschen finden dann zwei eine Arbeit mit einem kargen Lohn. Wie früher im 17. Jahrhundert. Leute steht endlich auf, denkt an eure Kinder, sollen die alle in Armut leben? Mensch kusch nicht immer. Wie lange habt ihr für eure Freiheit und dem sozialen Gefüge gekämpft. Lasst euch das nicht in wenigen Jahren kaputt machen. Denkt an die nächsten Wahlen, resigniert nicht immer und wählt eine Partei, die euch wohlgesonnen ist. Es gibt noch genug davon.

Das Sprachproblem

Als Bundeskanzler besuchte der Genosse Gerhard auch Ausländer, unter denen sich auch viele Türken befanden. Da zu diesen Ereignissen immer die Medien vertreten waren, richtete er für gewöhnlich ganz bestimmte Fragen an die einzelnen. Nämlich nach dem Lebensalter, nach der Verweildauer und ob sie richtig ihre Löhne erhielten usw. Da man nun wusste, dass die Türken die Fragen nicht verstehen würden, dressierte man sie für bestimmte Antworten. Ein Türke war nun folgendermaßen unterrichtet worden. Auf Frage 1: Wie alt bist du? Soll er antworten:

Zwanzig Jahr, Herr Bundeskanzler! Auf Frage 2: Wie lange bist du hier? Zwei Jahre, Herr Bundeskanzler! Auf Frage 3: Hast du immer Brot und Löhnung richtig erhalten? Beides richtig, Herr Bundeskanzler! Als der Bundeskanzler nun an diesen Mann herantrat, fragte er mal in einer anderen Reihenfolge wie gewöhnlich. Der Türke scherte sich aber um die Frage gar nicht, sondern wiederholte im Stillen immer die gelernten Antworten. Schwanßig Jarreh, Herr Bundeskanzler! Schwei Jarreh, Herr Bundeskanzler! Beides richtig, Herr Bundeskanzler! So entwickelte sich nun zwischen dem Bundeskanzler und dem Türken folgendes Zwiegespräch:
Nun, wie lange bist du hier mein Sohn? Schwanzig Jarreh, Herr Bundeskanzler! Donnerwetter, wie alt bist du? Schwei Jarreh, Herr Bundeskanzler! Na Kerl, bist du verrückt oder bin ich es? Beides richtig, Herr Bundeskanzler!
Sind das nicht zwei wunderbare Wörter, die uns an das Unvermögen der Regierung im Jahr 2003 erinnern? Dosenmaut und LKW-Pfand! Die Wörter des Jahres.
Die Regierung ist nicht in der Lage mal etwas eigenständiges auf die Beine zu stellen. Nur um die LKW-Maut-Gebühren einzutreiben und den Betrieb sicherzustellen wird eine eigenständige Firma gegründet. Die Toll Collect GmbH. Schon vor der Maut-Einführung wurden Milliardenverträge mit der Toll Collect abgeschlossen. Diese Firma hat natürlich eine Geschäftsführung mit einem Vorsitzenden. Dieser Vorsitzende gibt nun an, dass die jährlichen Betriebskosten des Systems weiter gesenkt werden könnten. Ab 2009 werden sie voraussichtlich 11% der Mauteinnahmen betragen. Für ein Geschäftsjahr stellte Toll Collect dem Bund 598 Millionen Euro in Rechnung. Darin sind enthalten: Die Betriebskosten und die Vergütung der Zahlungsdiestleister. Die LKW-Maut gilt für alle LKW ab 12 Tonnen Gesamtgewicht für alle in- und ausländischen Nutzer. Ausnahmeregelungen für Notdienste, für bundeseigene Fahrzeuge und der Straßendienste gibt es natürlich. Die Höhe der Maut wird in drei Kriterien aufgeteilt. Nach der Schadstoffklasse, dass heißt, jeder stinkende LKW kann gegen einen Geldbetrag unsere Umwelt belasten. Wo waren die Umweltsheriffs? Nach der Regierungsbeteiligung vollkommen untergetaucht. Die LKW-Maut richtet sich noch nach der Achszahl eines LKW und nach der Länge der mautpflichtigen Strecke. Bei

nicht in Deutschland zugelassenen Fahrzeuge gilt für die Schadstoffklasse die Vermutungsregel. Hier ist wieder jedem Ausländer für Betrügereien Tür und Tor geöffnet. Eine Abgasuntersuchung an der Grenze wäre die beste Lösung. Zeit um die Umwelt zu schützen, muss vorhanden sein und die Worte, es ist kein Geld da, dann ist der Umweltschutz bei der Regierung Rot-Grün eine Umweltlüge. Eine schnelle Abgasuntersuchung sorgt dafür, dass deutsche Unternehmen nicht benachteiligt werden. Für diese Tätigkeit könnte man Arbeitslose oder Sozialhilfeempfänger gegen Lohn einsetzen. Der Bund hatte im Jahr 2009 rund 4,3 Milliarden Euro durch die LKW-Maut eingenommen. Das waren 800 Millionen Euro mehr als im Jahr 2008. Rechnet man die angegebenen Beträge der Fa. Toll Collect hinzu, könnte der Staat 5 Milliarden Euro durch die LKW-Maut einnehmen. Durch den Einsatz von zehntausend Arbeitssuchenden, die an bestimmten Stellen die LKW-Fahrzeuge anhand von Papieren kontrollieren, hätte der Staat die horrenden Kosten der Anlage und anschließende Betriebskosten gespart. Die Einnahmen würden sicher noch 4 Milliarden betragen. Das wichtigste, man hätte zehntausend Familien glücklich gemacht. Aber was bedeutet das den da oben schon. Nach der Einführung der LKW-Maut, ein Jahr später als geplant, kann man nur Mitleid mit den Menschen haben, die an Straßen wohnen, die nahe der parallel verlaufenden Autobahn liegen. Auf diesen Straßen hat der LKW-Verkehr drastisch zugenommen. Die Maut-Flüchtlinge kommen heißt es dann, wenn die LKW-Conweus über die Straßen jagen. Die Straßenschäden sind immens, denn der Straßenbelag einer Verkehrsstaße ist diesen Belastungen nicht gewachsen. Trotz mehrerer Eingaben und Beschwerden wurden nur drei Straßen für den Schwerlastverkehr gesperrt und um die betroffenen Bürger still zu halten, wurden Verkehrszählungen vorgegaukelt. Wobei diese Verkehrszählungen nie durchgehend ermittelt wurden und in den Abendstunden und Nachts vollkommen ausfielen. Das bedeutet, der Umweltschutz interessiert die da oben überhaupt nicht. Nur wenn es ums Abkassieren geht. Die Regierung nimmt nun durch die LKW Maut Milliarden mehr ein, aber was hat der Bürger davon? Die Leiden der Bürger nehmen zu und kümmern die einen Kehricht. Die Sanierungs und Flickarbeiten an den Bundes- und Landstraßen nehmen zu, bezahlen muss der Bürger mit seinen Steuergeldern alleine. Eine Entlastung der Bürger ist bis heute nicht eingetreten.Dafür ist für ihm ein gesund-

heitlicher Schaden eingetreten. Bürger wehrt euch, gebt nicht nach. Seid euch einig, baut Straßensperren und blockiert die Straßen, bis die da oben ihren Kurs des Abzockens und Gleichgültigkeit ändern und nachgeben. Die LKW-Maut kommt pünktlich zum 31. August 2003 hieß es damals. Der Mautbeitrag sollte dann durchschnittlich bei 12,4 Cent liegen. Gestartet ist die LKW-Maut aber erst an 1.Januar 2005. Zuvor hatte das Bundeskartellamt die Vergabe des Milliardenauftrags zum Ausbau eines LKW-Mautsystems an DaimlerCrysler, Telekom und der französischen Confiroute gestoppt. Das Kartellamt hielt ein Nachprüfungsverfahren für erforderlich, denn das Ages-Konsortium, dem neben verschiedenen Tankstellenketten auch der Mobilfunkbetreiber Vodafone angehört, hatten nach einer Niederlage im Bieterwettstreit eine Nachprüfung beim Kartellamt beantragt. Das Vergabeverfahren des Bundes und die Sicherheitsaspekte des Konsortiums ETC seien zweifelhaft, betonte das Ages-Konsortium.
Ob die Sicherheitsaspekte nun zweifelhaft oder das Ages-System kostengünstiger waren interessierte die Regierung nicht, sie wollte die Verzögerung nicht in Kauf nehmen und stellte einen Eilantrag beim Kartellamt zur Genehmigung. Damit dürfte sich die für Juli 2003 geplante Einführung der LKW-Maut weiter verzögern. Das System sollte bereits im Januar 2003 starten. Auch dieser Termin wurde schon vom Oberlandesgericht Düsseldorf, die gravierende Fehler bei der Vergabe festgestellt hatten, gestoppt. Bis heute sind Sicherheitsaspekte und Kosteneinsparungen ein Fremdwort für die Regierungen. Es geht ja nur zu Lasten der Bürger. Das Bundesverkehrsministerium wird seit 1999 für die Einführung einer LKW-Maut beraten. Diese Berater wurden für ihre Tätigkeit bis Ende 2003 mit 15 Millionen Euro bezahlt. Da es hier um ein Auftragsvolumen in der Höhe von 3,4 Milliarden Euro gehe, seien diese Beraterhonorare in dieser Höhe durchaus üblich, betonte ein Regierungssprecher. Mit der Angabe von 3,4 Milliarden, wurde der Bürger wieder für dumm verkauft. Aber Monate um eine Erhöhung von 3,0 Euro für Harz IV streiten. Bürger ändert das ab. Wie viele Milliarden haben die da oben für ihr Versagen, für ihre Unwissenheit, an falschen und fehlerhaften Beratungen schon von unseren Steuergeldern rausgeschmissen. Der Berater wird immer zu seinem Vorteil arbeiten, da die Auftraggeber, die Politiker, keine Ahnung haben. Seit 1999 bis Ende

2003 waren 15,6 Millionen Euro an die Berater geflossen. Für das Jahr 2004 seien Beraterhonorare von 750000 Euro gezahlt worden. Bei der Einführung der Maut, habe die Beratergruppe völlig versagt, so der Haushaltsexperte der CDU. Wenn er das doch gewusst hatte, warum hatte er sich nicht vorher geäußert? Warum hatte er den Bürger nicht vor einem Millionen-Schaden bewahrt? Weil denen der Bürger gleichgültig ist. Aber wen überrascht das schon. Diese Situation finden wir bei jedem Projekt, dass die Regierungen in Bundes- und Landesebene in Angriff nehmen.

Wie viel hatte das Mautprojekt dem Bürger nun wirklich gekostet. Die Regierung gab damals 3,4 Milliarden Euro an. Bekannt ist aber nun, wenn die Regierung Baukosten ermitteln lässt, ist mit einem Zuschlag von mindestens 25 bis 30% zu rechnen. Der Bau der Anlage wird wohl fünf Milliarden Euro an Steuergeldern verschlungen haben. Dies ist immer durch fehlende, fehlerhafte und falsche Ausschreibungen bedingt. Die Einführung des Mautsystems im Januar 2005 für LKW entwickelte sich zu einer Pannenserie. PKW- und LKW-Fahrer hielten die auf der A3 installierten Geräte für eine Radarfalle, bzw. wurden durch die Parabolspiegel geblendet und stoppten ihre Fahrt abrupt ab. Massenunfälle waren die Folge. Die Polizei ließ die Spiegel abkleben und stellte Warnschilder auf. Nun läuft ein Rechtsstreit der Bundesregierung gegen die Firma Toll Collect seit fünfeinhalb Jahren. Durch die verspäteten Einnahmen aus der LKW-Maut fordert die Regierung von Toll Collect etwa fünf Milliarden Euro ein. Dieser Rechtsstreit hat dem Steuerzahler bisher 60 Millionen Euro gekostet. Nach Aussage der Regierung habe Daimler und Telekom dieses technologische Großprojekt grandios vergeigt. Durch die Pannenserie ist der Start des Mautsystems um 16 Monate verschoben worden. Ein Vergleich der beiden Kontrahenten sollte nun den Jahre andauernden Sreit beenden. Was kam dabei heraus? Alles wurde geheim gehalten. Es ist schon eine Unverschämtheit, mit welcher Arroganz die Beteiligten dem Bürger, der die Anlage finanziert hatte, seine Rechte auf Auskunft verweigern.

Wer die Straßen nutzt, der soll auch zahlen. Was machen wir die ganzen Jahre durch die Zahlung der KFZ-Steuer? Die immer höher werdenden Einnahmen, bedingt durch die steigenden Zulassungen, sollten ausschließlich für den Straßen- und Autobahnbau benutzt werden und

nicht um die Haushaltslöcher der unfähigen Politiker zu stopfen. Von den ganzen Maut-Einnahmen ist kaum etwas für die Infrastruktur bzw. Autobahnbau verwendet worden. Mehr Geld für den Straßenbau? Durch die Konjunkturpakete und den Mehreinnahmen aus der LKWMaut konnte der Autobahn- und Straßenbau verbessert werden. Diese großen Sprüche muss man sich von Politikern anhören. Wofür werden dann unsere KFZ-Steuergelder verwendet, die doch für den Ausbau des Straßennetzes vorgesehen waren? Auch die neue Regierung mit der CDU/CSU und FDP setzt den eingeschlagenen Weg der Steuerverschwendung fort.
Durch die geplante neuerliche Erhöhung der LKW-Maut will man mehr Güter auf die Schiene verlagern. Nur der Bundesverkehrsminister übersieht dabei, die Bahn hat für diese zusätzlichen Transporte überhaupt keine Kapazitäten zur Verfügung. Das Bundesbahnnetz ist in weiten Teilen Deutschlands marode oder stillgelegt. Eine Sanierung der Trassen würde wiederum Milliarden verschlingen. Vorteile für den Umweltschutz gibt es nicht. Die Nachteile durch den Elektrosmog hinlänglich bekannt. Eine Verlagerung der Gütertransporte über die Binnengewässer ist die einzige Alternative. Die Maut-Debatte vernebelt nur und soll von den Unzulänglichkeiten ablenken. Ein gezielter Einsatz der Maut-Einnahmen könnte Millionen an Einsparungen bringen. Wer aber am lautesten von den Landesregierungen schreit, bekommt das Geld. Hier wird es dann für den Ausbau des Straßennetzes genutzt oder auch nicht. Wobei das auch nicht, wohl eher zu vermuten ist. Der Zustand unserer Straßen sagt alles aus.
Die Debatte über eine zukünftige PKW-Maut gibt zu Denken. Auch diese Sprüche von Ramsauer, wer Globalisierung will, der braucht Verkehrswege. Das ist eine Andeutung auf die Einführung der PKW Maut unter dem Mantel der Globalisierung. Nur welcher Bürger möchte die Globalisierung? Hatte sie uns doch gerade in den finanziellen Ruin getrieben. Hatte uns der Staat nicht in ein Milliardendefizit hinein gesteuert, dass erst durch die Globalisierung entstanden ist. Der Bayer ist doch wirklich vergesslich. Zeigt sich doch wieder, die neue Regierung ist keinen Deut besser als die SPD mit den Grünen. Ich hatte schon geglaubt, es geht nicht mehr, die zeigen uns aber, dass es wirklich noch mehr zum Auspressen gibt. Denn seit neuem fordert unter der Führung von Seehofer die CSU vehement die Einführung einer PKW-Maut.

Die einzige Alternative die Autobahnen zu entlasten, ist der Gütertransport mit dem Schiff über die Binnengewässer. Die Schiffe mit den Ladekapazitäten und die Gewässer sind vorhanden. Das schont die Umwelt und es hat sich herausgestellt, dass die Wirtschaft dadurch 20% der Transportkosten spart. Hier haben wir wieder ein Beispiel, dass dem Bund an der Umweltbelastung nichts liegt. So stellte die Regierung Merkel nur 480 Millionen Euro für den Ausbau des Neckars zur Verfügung. Die Bahn wird mit Milliarden auch aus der LKW-Maut subventioniert. Der Anteil der Binnenschifffahrt liegt im Bundesgebiet bei ca. 15%. An diesem Beispiel kann man erkennen, welche immensen Vorteile sich bieten, wenn der Gütertransport über die Wasserwege geführt wird. 10751 Güterschiffe ersetzen 500-Tausend Schwerlast LKW. Die Leerfahrten der LKW sind noch nicht einmal mit eingerechnet. Umweltfreundlich, günstig und sicher, so bezeichnet ein Gutachtebüro und die Bundesanstalt für Gewässerkunde ein von der Wasser- und Schifffahrtsverwaltung des Bundes angeforderte Gutachten. Ein auf wenige Seiten zusammemgefasstes Gutachten wird fast sechs Monate von den Ministerialen zurückgehalten. Unbeeindruckt des Gutachtens setzte damals Verkehrsminister Tiefensee (SPD) seinen Masterplan „Güterverkehr und Logistig" durch. Das war wie immer die traditionelle Bevorzugung von Straße und Schiene. Von den gesamten Investionen in die Verkehrsinfrastruktur erhalten die Autobahnen 50%, die Bahn mehr als 40% und für die Wasserstraßen bleiben 6 bis 7%. Die Bevorzugung der Bahn und LKW beruht darauf, dass der Bund an der Bahn beteiligt ist und durch das erhöhte LKW-Verkehrsaufkommen Milliarden abkassiert. Zwar räumte die Bundesregierung ein, dass die Binnenschifffahrt ein umweltfreundlicher Verkehrsträger ist, setzte aber erst einmal einen Arbeitskreis ein, der die Potentiale der Binnenwasserstraßen vor dem Hintergrund des Klimawandels in einem Forschungsprogramm überprüfen und Anpassungsstrategien entwickeln soll. Das kann Jahre dauern und welche Honorare dabei fließen, haben wir bei der LKW Maut gesehen. Wenn ich das höre, da nehmen die das Wort Klimawandel in den Mund, um den Gütertransport über die Binnengewässer zu verhindern. Diese Prüfung sollten sie doch wohl eher bei den immer schneller zunehmenden LKW-Verkehr anordnen. Umwelt dreht die Regierung, auch die Grünen, wie sie es gerade braucht. Warum sind die Grünen

nicht auf dem Plan? Seit sie mit in der Regierung sitzen, sind sie keinen Deut besser als die etablierten Parteien.
Hier noch ein Beispiel, wie die Politiker absichtlich verkehrte Verkehrspolitik zum Schaden der Bürger betreiben. In Berlin mussten 300-Tausend Tonnen determinierte Erde abtransportiert werden. Die LKW mussten hierzu 12500 mal quer durch Berlin fahren. Über den Wasserweg währen nur 300 Fahrten erforderlich gewesen. Berlin ist vernebelt, man sieht die Roten, Gelben und Grünen Umweltschutzplaketten an den Straßenrändern nicht mehr. Das Wort Wasser und Schiff weckt wohl Angstgefühle bei denen da oben, denn sonst währe diese Geschichte, einem Schildbürgerstreich gleich, nicht möglich gewesen. Der JadeWeserPort, ein Tiefseehafen für die größten Containerschiffe der Welt wird einfach, ohne jeglichen Sinn nach Wilhelmshaven verlegt. Hier ist der Hafen nur über die Autobahn oder über die Schiene zu erreichen. Nicht aber über eine Binnenwasserstraße. Das war doch wohl Absicht.

Der alte Kahn

Ein Kapitän der Binnenschifffahrt müde des langen Tages Arbeit, wollte, bevor er sich in die Koje begab, ein Bier in der nahegelegenen Gastwirtschaft trinken. Er öffnete die Tür des Wirtschaftsgebäudes und schrak zurück. Ein beizender Zigarren und Zigarettenqualm vermischt mit dem Dunst des Alkohols kam ihm entgegen. Er betrat im wahrsten Sinne eine regelrechte Spielunke. Durch den Nebel, der in der Luft hing, suchte er sich einen Weg zur Theke und bestellte ein Bier. Ein ziemlich lautes Gepoltere und Gegröle weckte seine Aufmerksamkeit auf zehn, unrasierte, nach dem Alter zu urteilen noch junge Männer, die hinten in einer dunklen Ecke an einem runden Tisch saßen. Es war schon ein ziemlich bunt gewürfelter Haufen, der sich da jaulend zuprostete. Draußen vor der Tür sind dem Kapitän einige LKW aufgefallen. Das müssten die Fahrer sein, ging es ihm durch den Kopf. Es muss wohl einem der Kapitäne der Landstraße aufgefallen sein, dass sie beobachtet wurden. Denn einer rief zu ihm herüber, he Alter, dass du es mit deinem Schrottkahn schon so schnell hierher geschafft hast, wir sind schon den halben Tag hier. Die Gruppe viel in ein lautes, grölendes Gelächter ein. Nun ja, meinte der Kapitän, die alte Dame ist nicht mehr die schnellste, aber wir kommen immer mit unserer Ladung ans Ziel.

Vor allem brauchen wir nicht so viel Sprit wie eure LKW. Wer weiß, was einem Trunkenbold auf einmal geritten ist, er wollte per du eine Wette abschließen. Wetten Smutje, dass wir mit einem LKW schneller einen Kilometer ohne Diesel zurücklegen, als du mit deinem Schrottkahn da draußen, natürlich auch ohne Motorantrieb. Der Kapitän überlegte kurz und antwortete dann gelassen, die Wette nehmen wir an. Wenns recht ist, morgen um Zehn Richtung Köln. Die Gruppe war begeistert und tanzte vergnügt um den Tisch herum. Morgens um Zehn traf man sich. Die Großmäuler von gestern, noch ziemlich verkatert, warteten schon und schienen ihres Sieges sicher. Die Straße hatte in Richtung Köln ein leichtes Gefälle und sollte zu ihrem Vorteil dienlich sein. Also meine Herren rief der Kapitän, ich löse jetzt die Festmacher und beim Signal geht's los. Gesagt getan, Nach dem Signal stemmten sich die Zehn gegen den LKW und bewegten ihn langsam voran. Der Kapitän steuerte behend sein Schiff in den Strom und sauste mit der Strömund davon. Es hatte die ganze Nacht geregnet und schickte die Strömung vorbei. Die Gruppe der Zehn, sie waren entsetzt und blickten hinterher. Der Kapitän wartete und nach einem Kilometer ward niemand mehr gesehn.
Auch im Jahr 2003 sahen die Bürger wieder hinterher. Die Auftragslage war so schlecht, dass an eine Gehaltserhöhung für sie wieder nicht zu denken war. Die stetig steigenden Wohnungsmieten und die stetig steigenden Nebenkosten machten den Menschen zu schaffen. Nun war es schon so weit, dass in der Nebenkostenabrechnung die Abwasserkosten über den Abgaben der eigentlichen Wasserkosten lagen. Jeder der die Möglichkeit hatte, griff kräftig in die Taschen der Bürger. Städte und Gemeinden inbegriffen. Diese dachten nicht daran den günstigeren Anbieter für Gas und Strom im Netz freizuschalten. Es wurde der Anbieter genommen, der am besten passte. Mit dem eine freundschaftliche Beziehung verband, oder der die besten Argumente mittels einer Spende oder Überweisung auf das private Konto vorweisen konnte. Die Müllgebühren stiegen ständig. Wir müssen sparen, wir müssen sparen, hörte man immer wieder von der Regierung. Dann fangt doch endlich mal an. Es wurde nicht gespart, nur Mehrkosten dem Bürger aufgebürdet oder angeordnet. Jedes Jahr nahm die Regierung mehr Geld ein, gab aber auch jedes Jahr mehr Geld aus. Das hatte und hat bis heute nichts mit Sparen gemein. Ab und zu blitzte es mal auf, wenn in den Zeitungen angekündigt wur-

de, dass sich das Kartellamt um diese oder jene Preisabsprache kümmern wollte. Das wars dann auch. Warum sollte die Regierung auch auf Mehreinnahmen durch eine höhere uns aufgebürdete Mehrwertsteuer verzichten? Mehreinnahmen und nochmals Mehreinnahmen und die Regierung ist so hoch verschuldet wie nie zuvor.

Die Lebenshaltungskosten wurden auch nicht vom Staat reguliert. Für unser Gehalt waren sie einfach zu hoch. Hinzu kamen noch Preisabsprachen in den verschiedenen Gewerbezweigen und die stetigen Firmen- bzw. Konzernübernahmen ließen ein Konkurrenzdenken erst gar nicht aufkommen. Der Staat oder die Regierung war in der Hand der Konzern- und Bankmanager und der Bürger? Der Bürger stand mitten drin und wurde zerquetscht. Hier im Land kämpften die Arbeiter ums Überleben. Keiner konnte und kann außer das Notdürftigste an Lebensmitteln, sich noch etwas besonderes leisten. Im Inland brachen die Märkte zusammen. Tausende von kleinen Firmen und Geschäften meldeten Konkurs an. Diese schlechte Wirtschaftslage in Deutschland nahmen die Konzerne zum Anlass, um mit betriebsbedingten Kündigungen und Betriebsverlagerungen ins Ausland zu drohen. Sind sie nicht selber Schuld an ihrer Misere? Bei der Euro-Umstellung konnten sie ja den Hals nicht voll genug bekommen. Damals nach der Euro-Umstellung im Jahr 2002 hätten sie den Preis ihrer Waren nicht im Verhältnis eins zu eins anbieten dürfen. Dadurch stimmte das Verhältnis des finanziellen Rahmens zum Warenwert nicht mehr. Das was in den Köpfen der Firmenbosse eingeplant war, nämlich im Inland das Doppelte zu verdienen, kehrte sich ins Gegenteil um. Unverständlich war, dass zu dieser Zeit der Börsenkurs für deutsche Firmen täglich stieg. Warum, der Exporthandel florierte so gut wie seit Jahren nicht mehr. Die Firmen nahmen Milliarden ein und übertrafen die Gewinne vergangener Jahre erheblich. Deutschland wuchs zum Exportweltmeister heran. Dem Arbeiter wurde aber immer nur die schlechte Ertragslage im Inland vorgegaukelt. Was war mit den Gewerkschaften los? Warum hielten sie sich mit den Informationen, die sie ja aus den Vorstandsitzungen hatten, zurück? Warum wurde dem Arbeiter nicht gesagt, dass die Firma oder der Konzern durch die gute Auslandsnachfrage Milliarden Gewinne erwirtschftet. Ohne großes Aufmurren wurden Tausende entlassen. Tausende mussten Gehaltskürzungen oder längere Arbeitszeiten in Kauf nehmen. Viele

wurden in die Tochtergesellschaften abgeschoben und müssen dort zu einem kargen Lohn arbeiten. Warum das alles, damit die da oben noch höhere Dividenden ausschütten können. Warum seit ihr eigentlich in der Gewerkschaft? Die bestimmen euren Kurs schon lange nicht mehr. Sie wurden gekauft. Das neue Spiel der Regierenden und Wirtschaftsbosse begann. Begonnen hatten eigentlich die Regierenden damit. Das Spiel heißt: Die psychische Behandlung des Menschen durch die Politiker über die Medienverbreitung. Der Mensch, hier das Volk, wird über die Medien mit Schlagwörtern und Meinungen solange konfrontiert, bis er von seiner Schuld oder dem richtigen Tun der Politiker überzeugt ist. Hier an diesem Beispiel kann man den Einfluss der Medien, gesteuert durch die Politik, erst richtig erfassen.
Krieg der Generationen. Alt gegen Jung. Mit diesen Schlagwörtern und Interviews wurde der Rentner in Deutschland solange konfrontiert, bis er nicht mehr wagte nach einer Rentenerhöhung zu fragen. Er könnte sonst als selbstsüchtiger Kindermörder angeprangert werden. Zuvor wurden zusätzlich in den Medien immer wieder Interviews mit jungen Menschen ausgestrahlt. Die jungen müssen für die Alten bluten und die rücksichtslose Lebensweise der Alten sei Schuld an eine zerstörte Umwelt, Jugendarbeitslosigkeit, Rekordstaatsverschuldung und maroden Rentenfinanzen. Wer so redet, hat jegliche Realität zum Leben in der heutigen Zeit verloren oder wurde schlichtweg für so ein Interview der Ahnungslosigkeit gekauft. Sind doch diese Interviewpartner an ihrem Elend selber schuld. Jahrelang hatten sie die Möglichkeit bei den Wahlen ihre angedachte Politik zu bestimmen. Die zerstörte Umwelt haben sie doch größtenteils durch ihre Reisen, auch mit dem Flugzeug, verschuldet. Oder wissen die es nicht, dass ein kurzer Flug mehr Umweltschäden anrichtet wie tausende von PKW? Sie müssten eigentlich auch wissen, das Prinzip der Rente basiert darauf, dass die Kinder für die Rente der Eltern aufkommen. Da die jungen Leute heute kaum noch Kinder haben, schneiden sie sich ins eigene Fleisch. Kein Rentner kann irgend etwas dafür, dass die Verwalter des Staates jahrelang seine eingezahlten Rentenbeiträge zweckentfremdet hatten und immer noch machen. Für die rücksichtlose Lebensweise geht immer der junge Mensch durch sein aggressives Verhalten voran. Man sollte immer bedenken und nicht vergessen, die Alten sind die Generation, die 48 und mehr Jahre

in die Rentenkasse eingezahlt hatten und haben. Dafür verlangen sie Gegenleistungen und das zu ihrem Recht. Nur die junge Generation von heute trägt die meiste Schuld an der zerstörten Umwelt. Für alles was sie im Hause, im Büro oder in der Freizeit unternehmen, für alles brauchen sie eine elektrische Fernbedienung. Nur nicht bewegen, es könnte schmerzen. An der Jugendarbeitslosigkeit und der Rekordstaatsverschuldung müsst ihr schon die Schuld bei euch suchen. Arbeitet und schafft mehr, dann bezahlt ihr auch mehr Steuern und der Staat kommt von seinem Schuldenberg herunter oder verschleudert es sinnlos wie immer. Wählt die richtige Partei, die sich für die Jugend und deren Belange einsetzt. Aber ihr, die Jugend denkt nur an sich und verbreitet dummes Geschwätz in der Öffentlichkeit.

Im Jahr 2003 sind wir noch einmal an einem sehr großen Fehler der Politiker und Planer vorbei geschlittert. Die Bewerbung Leipzigs zur Olympiastadt hätte dem Steuerzahler wieder mehrere hundert Millionen gekostet. Schon der Irrsinn, in einer Region der höchsten Arbeitslosigkeit so eine Veranstaltung zu planen, zeugt von jeglichem realitätsfremden Denken der Beteiligten. Es wurden zwar Millionen für die Bewerbung in den Sand gesetzt, aber der Schaden war im Verhältnis zur Ausrichtung der Olympischen Spiele gering. Es ist unverständlich, wie Menschen, nachdem Leipzig bei der nationalen Ausscheidung gewonnen hatte, so laut jubeln konnten. Hatten sie doch weiß Gott andere Sorgen. Gerade in diesen Zeiten, in denen es Menschen auf der ganzen Welt schlechter ging, werden diese Veranstaltungen immer teurer, immer imposanter und maßloser. Mit dem Geld, dass einem ja nicht gehört, für das man ja nicht schwitzen musste, lässt es sich leicht gigantische Bauwerke errichten, die nach den Veranstaltungen zu Ruinen verkommen. So währe es auch den Menschen in Leipzig und dem Bundesland Sachsen ergangen. Erstens hätten sich die meisten, die doch eigentlich dieses Ereignis finanziert hätten, bei der Ausrichtung der Olympischen Spiele keine Eintrittskarte leisten können. Anschließend aber hätten sie für die Sünden der Politiker büßen müssen. Denn es ist kaum anzunehmen, dass der schon hoch verschuldete Haushalt der Landesregierung es hergegeben hätte, die leerstehenden Stadien und Hallen zu pflegen. Die Städte und Gemeinden sind ja kaum in der Lage den Betrieb der Hallen- und Freibäder bzw. Turnhallen für unsere Jugend aufrecht zu erhalten, geschweige denn zu finanzieren. Ihr hättet mit euren Steuern und Abgaben diese zusätzliche Belastung in Kauf nehmen müssen. Seit froh, dass es so gekommen ist. In dem Glanz des Spektakels hätten sich doch nur die Politiker als Schausteller gesonnt. Nach euch hatte und wird auch nie jemand fragen. Nur drei Tage vor einer Wahl, da wird euch eine dicke fettfleischige Hand gereicht. Und ihr, ihr nehmt sie dankbar an. Habt vergessen, was sie in den letzten vier Jahren an Elend über euch gebracht hatten. Und nach der Wahl werdet ihr wieder für blöd gehalten und auch so behandelt.

Des Volkes Stimme

Es war wieder so weit, kurz vor der Landtagswahl in Nordrhein Westfalen. Da machten sich wieder viele Bürger der verschiedenen Parteien, unsere netten Nachbarn, die für den Landtag kandidieren wollten auf, ihre ach so gebeutelten Mitbürger zu besuchen. Es schellte an der Tür und Herr Meier, der für die CDU kandidierte war zu erkennen. Ausgerechnet der Meier, der sonst auf der Straße niemanden kannte. Der nach der Wahl keine Anfragen oder Bitten beantwortete. Der Umworbene war aber trotzdem neugierig und öffnete die Tür. Sofort riss Herr Meier nach dessen Hand und fragte schleimend nach dem Befinden. Der so übertölpelte unterbrach ihn in seinen Redefluss des nicht überzeugenden Interesses. Sie wissen doch Herr Meier, dass es einen Arbeiter in dieser Zeit sehr, sehr schlecht geht. Darum bin ich hier, ich werde für diese Region im Landtag kämpfen, ich werde den Aufschwung herbeiführen, antwortete Herr Meier. Ich weiß, sie sind ein überzeugter Sozialist, aber was hat es gebracht, wir die CDU werden alles besser machen. Ihre Versprechen und Argumente können mich aber nicht überzeugen, mein Vater war Sozialist, mein Urgroßvater war Sozialist und ich bin immer noch Sozialist antwortete der Umworbene und wollte das Gespräch beenden. Da fragte Herr Meier, nehmen wir an , ihr Großvater war ein Esel und ihr Vater war ein Esel, was währen sie dann? Da antwortete der Betroffene kühl, dann, dann währe ich sicherlich ein Spitzenpolitiker in der CDU.

Die Betrügereien derer, die schon genug hatten, nahmen auch im Jahr 2003 kein Ende. Ein Steuerbetrug nach dem anderen beschäftigte die Gerichte und Medien. Die Steuerfahndung war einem Hinweis zu folge bei der Commerzbank fündig geworden. Diese hatten es dann sehr eilig, einen alten Fund zu melden, der einem Steuerbetrug sehr nahe lag. Die Commerzbank vertrat danach irrtümlich die Meinung, zufällig gemachte steuerlich relevante Funde werden nicht strafrechtlich verfolgt. Ebenso sind bei den Commerzbanktöchtern in Luxemburg Unregelmäßigkeiten aufgefallen. Was ist das für eine Welt, voller Intrigen, Bestechungen, Betrügereien und Steuerhinterziehungen. Das Schlimmste und Unglaublichste, bei den Commerzbanktöchtern in Luxemburg hatten hoch verschuldete Gemeinden und marode Pleitefirmen Millionen Euro gebunkert. Unsere hart erarbeiteten Steuergelder haben die leichtfertig aufs Spiel gesetzt. Dem Bürger werden Leistungen eingeschränkt, bzw. für unsere Kinder ist für Schule und Beruf kein Geld da und die bereichern sich an unsere Steuergelder. Das ist, wie sagt man so schön bei Wiso, dass ist das Letzte. Das ist das Letzte Frau Merkel. Ebenso rät die Deutsche Bank ihren betuchten Kunden, sie mögen ihr Geld bei den Deutschen Bank Töchtern im Ausland anlegen. Warum wohl, hier kann der Fiskus die Kontrolle nicht ausüben, die er in diesen Finanzetagen (absichtlich?) viel zu wenig ausübt. Sonst könnten bei sachgemäßer Prüfung nicht Millionen an Steuerschuld anwachsen. Könnte der Staat auf die Gelder der Steuerbetrüger zurückgreifen, würden nach Aussage von Steinbrück in Deutschland die Steuersätze sinken. Dann unternimmt endlich ernsthaft etwas gegen diese Machenschaften. Diejenigen, die durch Steuerhinterziehung und Steuerbetrug, durch Korruption und andere Erscheinungsformen wie Maßlosigkeit, Exzesse und Übertreibungen dieses Wirtschafts- und Sozialmodell in Frage stellen, sind diejenigen, die die soziale Marktwirtschaft zerstören wollen.

Der Neoliberalismus zerstört das soziale Gefüge in Deutschland und die Erscheinungsformen der Maßlosigkeit und Korruption wurden seit der Einführung des Euro erst sichtbar. Diese Rekordgewinne, die nach 2001 durch die Euro-Umstellung erzielt wurden, zwangen die Manager zu immer neuen unüberschaubaren Handlungen.

Das Eingeständnis eines einfachen Arbeiters. Es ist schade, dass ich nicht in der Lage bin den Staat um Millionen zu betrügen. Sie hätten es da oben verdient.

Leider hatte der Arbeiter im Jahr 2003 viel zu wenig verdient. Den gewohnten Lebensstandard konnte er nach der Euro-Unmstellung nicht mehr halten. Es ging bergab. Vor allem fehlte das Geld, dass durch Nebentätigkeiten die Haushaltskasse aufbesserte. Es gab keine Arbeit mehr. Und wenn, dann war sie einer Sklavenarbeit gleich. Aus lauter

Verzweifelung wurden dann zum Beispiel diese Arbeiten angenommen. Als Zusteller für diverse Zeitungen und Reklame. Die Konditionen, die da genannt werden sind erschreckend. Für einen Bezirk der ca. 3 Stunden Arbeitszeit in der Woche in Anspruch nahm, werden 56 Euro im Monat gezahlt. Voraussetzung ist der Besitz eines PKW, mit dem man die Zeitungen abholen muss. Zeitaufwand noch einmal eine Stunde. Das bedeutet, für eine Arbeitszeit von 16 Stunden erhalten diese armen Menschen gerade mal 56 Euro. Für einen Stundenlohn von 3,50 Euro muss man bei Wind und Wetter arbeiten. Das Benzin für den PKW noch nicht inbegriffen. Das ist Halsabschneiderei, dass ist Ausbeutung an die Ärmsten der Armen. Die Kosten der beschädigten Kleidung muss man auch noch selber tragen. Das ist unmöglich, das kann kein Mensch hinnehmen. Bürger wehrt euch. Sollen die, die solche menschenunwürdigen Voraussetzungen geschaffen haben oder ausnutzen doch selber diese Arbeiten erledigen. Hierzu spreche ich auch die ausländischen Arbeiter an. Die unterwandern noch dieses armselige Almosen, indem sie Bekannte und Verwandte schwarz arbeiten lassen. Ihr ausländischen Arbeiter, zeigt euch solidarisch mit dem Deutschen und lehnt diese Almosen ab. Zwingt die da oben, einen Mindestlohn von 8 Euro durchzusetzen. Die da oben sollen sich auch einmal solidarisch mit dem Arbeiter zeigen. Durch unseren Fleiß und Schweiß verdienen sie Milliarden und sahnen dabei kräftig ab.

Die EU und der Euro schaffen es uns arm zu machen. So hatte der deutsche Steuerzahler im Jahr 2003 für den europäischen Haushalt 17,8 Milliarden Euro überwiesen. Das ist eine unvorstellbare Summe, die wir erst einmal erwirtschaften müssen. Im Einklang mit den ausländischen Arbeitern muss die EU abgeschafft werden. Denn jeder Deutsche und jeder ausländische Arbeitnehmer vertritt die Meinung, ohne den Euro und ohne die Europäische Unio ging es uns wesentlich besser. Zu den 17,8 Milliarden Euro müssen wir noch die nicht üppigen Gehälter der Abgeordneten mit anschließender Rente hinzurechnen. Und das alles aus unserer Rentenkasse. Hatte uns jemand gefragt, ob wir bereit sind, auf jährlich 17,8 Milliarden zu verzichten. Hatte uns jemand gefragt, ob wir beit sind für die Abgeordneten im EU-Rat, die doch für nichts Nutze sind, auf den Lohn zu verzichten? Es hatte uns niemand gefragt. Wir sind das einzige Land in der EU, in dem die Bürger entmündigt wurden.

Hatten die deutschen Arbeiter im Jahr 2003 die Last des EU-Haushaltes mit 17,8 Milliarden Euro zu tragen, wurden ihm noch die 17,6 Milliarden Euro aus der hinterzogenen Umsatzsteuer aufgebürdet. Die Regierung war und ist bis heute nicht in der Lage, Steuerprüfer regelmäßig einzusetzen, die diese Steuerhinterziehungen verhindern können. Die Regierungen verhindern wohl absichtlich diese Machenschaften der Konzerne nicht. Die sich an die uns zustehenden Gelder bereichern und wir müssen dafür blechen. Die Wirtschaftsbosse und Regierungen verschwenden maßlos die Gewinne bzw. unsere Steuern und wenn es mal knapp wird, springen wir mit unserem Geld natürlich hilfreich ein. Der unfähige Manager oder Politiker darf doch nicht auf sein hochdotiertes Gehalt verzichten.

Es gibt Menschen, die geizen mit ihrem Verstand wie andere mit ihrem Geld.

Im Jahr 2004 begann der Abschied von Schröder

Das Jahr 2004 für die deutschen Arbeiter noch schlechter als zum Vergleich das Jahr 1972. Der Arbeiter verdiente im Jahr 1972 ca. 1500 D-Mark Netto und konnte sich einen neuen PKW für 12500 leisten. Er hätte das Auto mit 8,2 Gehältern bezahlt. Das war durchaus überschaubar. Heute verdient der Arbeiter ca. 2400 Euro Netto, muss aber für einen vergleichbaren PKW 60000 Euro bezahlen. Er benötigte hierzu etwa 25 Gehälter. Das ist das Vierfache zum Lohnvergleich von 1972 und daran krankt die Automobilbrange. Die Autos sind für einen Arbeiter heute nicht mehr finanzierbar. Die Argumente der Autobauer mit einer längeren Lebensdauer, einer besseren Ausstattung und besseren Technik kann man nicht gelten lassen. Auch ein PKW um 1972 erbaut konnte man durchaus eine Lebenserwartung ohne große Probleme eine Lebenserwartung von 10 Jahren zutrauen. Vor allem hatte man mit den Nebenaggregaten nie Probleme. Die Heizung ging immer. Die Scheinwerfer gingen immer und ließen sich schnell ausbauen. War ja auch noch Deutsche Wertarbeit. Heute muss man alle zwei Monate in die Autowerkstatt, um eine Glühbirne auszuwechseln. Spätestens nach 6 Jahren ist die Heizung überholungsbedürftig oder muss ausgetauscht werden. Roststellen sind meist schon nach 6 Jahren an den bekannten Stellen sichtbar. Der Bürger benötigt ein Auto, dass verlässlich fährt. 1986 verdiente der Arbeiter 4000 D-Mark Brutto. Im Jahr 2010 verdient er 4000 Euro Brutto. Nur im Jahr 1986 hatte er nicht diese horrenden Abzüge und die hohen Lebenshaltungskosten. Ein Brot kostete 1986 80 bis 90 Pfennige. Heute kostet das Brot 2,40 Euro. Das wollen die da oben einfach nicht kapieren. Die Hartz-Gesetze sind eine Zumutung für jeden Bürger. Denn jeder Bürger könnte sehr schnell in diese Armutsfalle stolpern. So muss es den Menschen bis 1890 auch ergangen sein. Von den Großfürsten, von den Fürsten und dem ganzen Gesindel bis auf das Mark ausgepresst.

Dachte Schröder schon an einen Rückzug, nach dem enttäuschte Genossen die Gründung einer neuen Partei erwogen? Denn schon am Anfang des Jahres 2004 gab Schröder sein Amt als Parteivorsitzender an Müntefering ab. Münteferings Parteiführung war harch und unerbittlich. Sein Führungsstiel erinnerte an längst vergangene Zeiten. Unvergessen, wie er vier Abtrünnige der SPD, die es gewagt hatten gegen einen Gesetzesentwurf der SPD zu stimmen, niedergemacht hatte. Sie sollten dankbar sein, dass sie es in der SPD so weit gebracht hatten und ohne die tatkräftige Unterstützung durch die SPD währen sie nie so weit gekommen. Darf man in diesem Land seine Meinung nicht mehr äußern? Auch als Politiker sollte man seine Meinung vertreten, auch wenn sie gegen die Interessen der Führungselite verstößt. Es gibt immer weniger von denen. Lieber flüchten sie sich in sinnloses Geschwätz und applaudieren auch dann, wenn die Rede oder Vorschläge der Parteiführung gähnende Langeweile erzeugt. Politiker sind nur noch Mitläufer, schlechte Schausteller und Selbstdarsteller. Es gibt keinen, der sich zum Wohle des Volkes einsetzt.

Die Angst der Bürger seit Einführung der Hartz-Gesetze schlägt sich in die Wiederauflebung der Montagsdemonstrationen nieder. Hier werden zwar Parolen und Transparente wie „Schröder soll zum Teufel gehen, mit seiner Agenda 2010“ gezeigt, aber der Zuspruch war einfach zu gering. Hier hätte die Gewerkschaft mit ihren Möglichkeiten das Volk mobilisieren müssen. Das währe die Chance, die Möglichkeit gewesen, den Kanzler und all diese Lumpen zu stürzen. Zum Rücktritt aufzufordern. Einen Erfolg hatten hingegen die Opelaner im Verbund mit den Karstadt-Quelle Mitarbeitern zu verbuchen. Die geplanten Einsparungen bei Opel und Karstadt-Quelle konnten sich nicht im vollem Umfang durchsetzen. Und noch einen riesen Erfolg haben wir diesen Protesten zu verdanken. Fast unbemerkt plante die Regierung einen Feiertag, den Tag der Deutschen Einheit zu streichen. Um Arbeitsplätze zu schaffen, hieß es aus Regierungskreisen. Aus Angst, diese Proteste der Opelaner und Karstadt-Quelle Mitarbeiter könnten dann auf das ganze deutsche Volk übergreifen, wurde der Vorstoß schnell zurückgezogen. So muss es sein, so könnt ihr eure Rechte einfordern. Dank an die, die es ohne Gewalt geschafft haben.

Es ist einfach nicht zu fassen. Was in den letzten Jahren innerhalb der Parteien für ein Fiasko abläuft, kann man nur mit Dilettantismus bezeichnen. In den Reihen der SPD werden Unregelmäßigkeiten bekannt. Unregelmäßigkeiten, was für ein Wort, besser ist wohl Betrügereien und Unterschlagungen. Und genau diese Leute haben den Arbeitslosen und Sozialhilfeempfängern Millionen geraubt. Musste 2002 der damalige Vorstandschef der Bundesanstalt für Arbeit Jagoda seinen Posten wegen geschönter Vermittlungsstatistiken abgeben, holte im April 2002 der Kanzler den SPD-Politiker Gerster. Dieser sollte die schwerfällige Behörde in eine moderne Dienstleistungsagentur umkrempeln. Kaum war Gerster im Amt, wurde mit den Millionen nur noch um sich geschmissen. Allein die Umstellung auf den neuen Namen, Bundesagentur (BA) verschlang Millionen, die man vorher den Arbeitslosen abgenommen hatte. Milliarden wurden bisher für die Aufrechterhaltung und Finanzierung der Job-Center ausgegeben. Auch hier sind Betrüger Tür und Tor geöffnet. Kein Mensch kann nachvollziehen, ob die angegebenen Leistungen auch ausgeführt wurden. Zu all dem Durcheinander hat Gerster dann einen Vertrag mit einer Berliner Beraterfirma über 1,3 Millionen Euro ohne Ausschreibung abgeschlossen. Im Januar 2004 wird bekannt, dass Gerster mit einem Münchener Unternehmensberater sechs Verträge mit einem Gesamtvolumen von 12,5 Millionen Euro abgeschlossen hatte. In der laufenden Prüfung wird bekannt, Gerster habe mit fünf Beraterfirmen Vereinbarungen ohne Ausschreibung in der Höhe von 38 Millionen getroffen. Nun hatte der Verwaltungsrat der Bundesagentur für Arbeit Gerster das Vertrauen entzogen. Die Entscheidung gab die DGB-Vizechefin bekannt. Nur was hatte sie, bzw. der Verwaltungsrat die ganze Zeit, in der Gerster das Geld zum Fenster hinaus warf getan? Gerster konnte solche Summen nicht einfach verheimlichen. Darum muss man sagen, der Verwaltungsrat war unfähig und müsste entlassen werden. Gerster sagte doch tatsächlich noch zu seinem Abschied, Ziel der Kampagne sei es offenbar Personen zu beschädigen und den Reformprozess zu stören. Dass der Mensch noch ruhig schlafen kann, schmeißt Millionen zum Fenster hinaus, weil er selbst nicht in der Lage war, die Bundesagentur zu führen und spricht von Reformprozessen, bei denen die Arbeitslosen jeden Stolz und Achtung verlieren. Hätte er sich zur Beratung mal ein paar Arbeitslose geholt, die würden ihm zeigen, wo der Wind weht. So ist es eine Schande, was die Regierung wieder mit uns gemacht hat. Um den Haushalt auszugleichen müssen wir sparen, tönt es überall aus Politikerkreisen. Auch von der CDU/CSU und FDP. Aber das Geld, dass man den armen Arbeitslosen weggenommen hatte, denen hinterher zu schmeißen, die doch ihr gutes Auskommen haben, dass ist Menschenverachtend.

Nur den Ausländern, denen wird alles hinterher geworfen. Nun ist es auch so weit, die Polizei und Hostessen haben Angst und lassen sich in den Gebieten, wo auch Ausländer wohnen nicht sehen. Hier parken die mit ihren PKW zweispurig im Halteverbot, beschädigen vorbeifahrende PKW und nichts passiert. Aber in Gebieten. Wo überwiegend Deutsche leben, dort tummeln sie sich scharenweise. Soweit ist es in Deutschland schon gekommen. Wir kuschen wie damals, vor einer Minderheit. Mir ist aufgefallen, dass immer mehr Asylbewerber Verfassungsbeschwerde beim Bundesverfassungsgericht einlegen. Woher haben sie die Informationen ihre angenommenen Rechte bis zum obersten Gericht auszuschöpfen? Möchte man doch von ihnen irgendwelche Informationen, sind sie der deutschen Sprache doch nicht mächtig, oder stellen sie sich nur so.
Warum darf der Zentralrat der Juden Vertreter in die Aufsichtsgremien der öffentlichen Rundfunkanstalten entsenden? Sind die Juden keine deutschen Staatsbürger, oder wollen sie keine sein? Mich wundert, dass sogar dänische und andere Minderheiten Vertreter in den öffentlichen Rundfunkanstalten sitzen haben. Dem Zentralrat Deutscher Sinti und Roma wurde das bisher verwehrt. Fühlt sich diese Minderheit auch nicht als deutsche Staatsbürger? Fühlen sich diese Gruppen als deutsche Staatsbürger und nehmen alle Rechte und Pflichten in Anspruch, braucht er keine Vertreter zu entsenden. Diese sitzen ja schon in den Gremien. Fühlen sich diese Minderheiten als Ausländer, brauchen sie keine Vertreter in den Gremien. Diese Gruppen bzw. ausländischen Minderheiten nehmen alles wie sie es gerade brauchen. Als ausländische Minderheit werden sie von der Bundesregierung gefördert und anerkannt. Wer fördert den deutschen Arbeiter? Er darf mit seinen Steuergeldern und seiner Arbeitskraft diese Gruppen unterstützen. Und reicht die Sozialhilfe nicht, dann gehen die Ausländer bis vor das Bundesverfassungsgericht. Niemand darf seine Meinung über Ausländer sagen, geschweige denn Filme drehen. Im Jahr 2004 wurde der niederländische Filmemacher van Gogh von einem Islamisten erschossen. Aus Angst setzte die ARD einen Tatortkrimi mit ausländischem Hintergrund ab. Buchverlage lehnen die Veröffentlichung über Bücher mit der Kritik an Ausländer ab. Sagt irgend jemand seine Meinung über Ausländer, mischen sich sofort die Juden ein und stellen einen Vergleich zu Hitler her. Das geht zu weit, hier in Deutschland kann noch, die betonung liegt auf noch, jeder seine

Meinung sagen. Wem das nicht passt, der kann gehen. Je schneller um so besser.
So geht das nicht weiter. Wir regen uns schon nicht mehr auf, wenn jemand aus der Regierung nachweislich unsere Steuergelder verschleudert oder einsteckt. Das ist nicht normal Bürger, dem Treiben müssen wir Einhalt gebieten. Wir wollen uns nicht aufregen, aber hier geht es nicht anders. Welches böse Spiel treiben die Politiker? Uns zieht man jeden Cent aus der Tasche und die gehen in der Zeit, die sie eigentlich zum Wohle des Volkes nutzen sollten, einen wenn nicht sogar drei lukrative Nebenjobs, natürlich unversteuert, nach. Auch im Jahr 2004 verließen wieder einige Politiker ungern freiwillig ihre Ämter. Schaut doch mal hin, wenn im Fernsehen diese nichtssagenden Debatten dem Zuschauer vorgeführt werden. Wo sitzen unsere Volksvertreter? Sie sitzen in den Vorständen von RWE, VW usw. Das nennt man Vorteilsnahme, denn ohne den Stuhl im Reichstag, hätten sie diesen Posten nie erhalten. Im Dezember 2004 wurde berichtet, dass Laurenz Meyer (CDU) von der RWE AG Strom zum verbilligten Mitarbeitertarif bezieht. Eine Woche später tauchten neue Anschuldigungen auf, Meyer hatte noch während seiner Tätigkeit als Generalsekretär der CDU Gelder vonRWE erhalten. Daneben erhielt Laurenz Meyer immer noch Bezüge als Vizepräsident des Landtags von Nordrhein-Westfalen. So erhielt Meyer zeitweilig drei Gehälter. Als Laurenz Meyer vom Posten des CDU Generalsekretärs zurück trat, bekam von der CDU eine Abfindung von 52000 Euro. Laurenz Meyer ging zu RWE zurück. Hier wurde Anfang 2005 das Arbeitsverhältnis rückwirkend zum Dezember 2004 mit einer Abfindung von 400000 Euro beendet. Komisch, dass diese Leute immer wieder aufstehen und dummes Zeug reden. Laurenz Meyer hatte bei einer Fersehsendung, als Wirtschaftssprecher der Union behauptet, Harz IV Empfänger mit einem Minijob (400 Euro) könnten dieses Geld ohne Abzüge behalten. Er ist befürworter der Hartz-Gesetze. Dabei äußerte Meyer noch, den Verfall des Sozialstaates konnte er nicht feststellen. Kann er auch nicht, weil er wie gesehen, keine Ahnung von diesem Thema hat. Der frühere VW-Betriebsrat (SPD) Janssen war bis Ende 2004 Gehaltsempfänger von VW. Gehaltszahlungen ohne Gegenleistung? Er stand dort nicht mehr in einem Arbeitsverhältnis. In der niedersächsischen SPD standen mehrere Abgeordnete auf der Gehaltsliste bei VW.

Warum scheut ihr euch, einen Cent am Fiskus vorbei zu verdienen. Wie ihr seht, die schaufeln mit vollen Händen.
Zu allem Überfluss greift diese Maßlosigkeit nun auch bei den Richtern und Richterinnen um sich. Bei den richterlichen Nebentätigkeiten handelt es sich nicht um die Förderung und Ausbildung des richterlichen Nachwuchs, wie allgemein angegeben wird. Das sind zum Beispiel: Treuhänder für Banken und Versicherungen. Vortragsredner, besonders für Banken und Versicherungen. Leiter von betrieblichen Einigungsstellen. Schiedsrichter, besonders bei Streitigkeiten zwischen Unternehmen. Leiter von Seminaren, Seminar-Referenten. Herausgeber von juristischen Fachzeitschriften. Abgeordnete in Kommunalparlamenten und Kreistagen. In machen Gerichtszweigen liegt die Nebentätigkeit bei über 81% und der Nebenverdienst bis zu 100000 Euro. Erfahrung und Logik lassen nur den Schluss zu, dass die meisten Nebentätigkeiten nur in der regulären Arbeitszeit ausgeübt werden können und somit Richtertätigkeiten beeinträchtigen. Die Folge sind Fehlurteile mit unnötigen Berufungen und Revisionen. Macht doch nichts, wir bezahlen doch. Ein Ausschluss der zahlreichen Nebentätigkeiten würde die Überlastung der Justiz verringern und Abhängigkeiten verhindern. Die Regierung kennt diese Situation, unternimmt wie immer nichts.

9 Tipps für Politiker

1. Treiben sie viel Sport, dass könnte ihre abgestorbenen Hirnzellen wieder erneuern. Suchen sie sich Freunde oder Freundinnen die mit machen. Aber suchen sie nicht zu lange, sie werden keine finden.
2. Achten sie auf ihren Puls. Wenn sie zu lange im Bundestag schlafen ist er zu niedrig und sie können sich nicht auf den Job bei RWE und Co konzentrieren.
3. Verfolgen sie nicht stündlich die Aktienkurse, dass führt zu Überhitzungen des Körpers und ihr Kreislauf könnte versagen. Das wollen wir doch wohl nicht.
4. Kommen sie gestresst aus einer Aufsichtsratssitzung braucht der Körper Ruhepausen. Nutzen sie hierfür die gelegentlichen Sitzungen im Bundestag. Es fällt niemanden auf.
5. Sparen sie nicht mit Kalorien. Wenn sie abnehmen merkt man ihnen die Überbelastung durch ihre Nebentätigkeiten an. Deshalb sind die im Bundestag alle so wohl beleibt.

6. Müssen sie eigenständig einmal eine Entscheidung treffen, vertrauen sie auf professionelle Hilfe und bilden ein Gremium mit einem zusätzlichen Beraterstab.
7. Hören sie nie auf ihre innere Stimme und denken sie nie an die vielen Millionen Hartz-Empfänger, denn das Gewissen könnte ihnen schlalose Nächte bereiten, die dann wieder zu hässlichen Augenrändern führen.
8. Achten sie auf ihre Gelenke, denn schmeißt das Volk einmal mit´Tomaten oder Schuhen, müssen sie sich schnell abducken können.
9. Haben sie keine Lust auf die Regierung, machen sie mal Pause. Ach sie sind ja schon eingeschlafen.

Es ist schon alltäglich und wird kaum noch wahrgenommen. Am 7.April 2004 tritt Bundesbankpräsident Welteke nach Bekanntwerden der Luxushotel-Affäre zurück. Dass wir wieder die Dummen waren, ist auch nichts außergewöhnliches. Nur das jemand die Schamlosigkeit besitzt, nach dem ein Verfahren gegen ihn gegen Zahlung eingestellt wurde, noch höhere Ruhegelder zu fordern, zeigt uns den ganzen Abschaum dieser Gesellschaftsschicht
Nach seinem Rücktritt (Rausschmiss) lässt Welteke einfach nicht locker, nachdem die Aussichten auf einen gerichtlichen Erfolg gegen seinen ehemaligen Arbeitgeber Bundesbank stark gesunken waren, wollte Welteke nun den Prozess um die Aufstockung seiner Pension gegen das Land Hessen weiter führen. Im Rahmen der Adlon-Affäre, Welteke hatte Gratisübernachtungen für seine Familie, die von der Dresdner Bank bezahlt wurden im Hotel Adlon angenommen. Es war sicherlich kein Drei-Sterne Hotel. Die Kosten beliefen sich auf über 7000 Euro. Das Ermittlungsverfahren wurde natürlich wieder gegen eine lächerliche Summe von 25000 Euro eingestellt. In Kassel geschieht nun das Unfassbare. Der Hessische Verwaltungsgerichtshof billigt den früheren SPD-Politiker künftig ein Ruhegehalt von 13100 Euro. Den Zuschlag muss allerdings das Land Hessen, also wieder wir mit unseren Steuergeldern bezahlen.
Solche Menschen, die schamlos ihre Stellung als Beamter oder dergleichen ausnutzen, um unentgeltliche oder finanzielle Vorteile für sich und

ihre Familie zu erhalten, sollte der Prozess gemacht werden. Ist ihm in dem Verfahren eine Schuld nachzuweisen, muss er ins Gefängnis. Das schreckt ab. Wir armen Teufel können uns auch nicht freikaufen. Ist der Person eine Schuld nachzuweisen, muss sie fristlos entlassen werden. Ohne weitere Zahlungen. So ergeht es auch uns. Es ist kein Wunder, dass der Staat nicht mehr mit dem Haushalt zurecht kommt. Es gibt mittlerweilen Hunderttausende Schmarotzer, Beamte, Betrüger und der gleichen Geschmeiß, die auf Kosten des Steuerzahlers jährlich mindestens 150000 Euro je Person von unsreren Rentenbeiträgen und Abgaben abkassieren.
Die EU bedroht uns. Am 1.Mai 2004 beginnt die EU-Osterweiterung. Nur gut, die Feier brauchen wir nicht zu bezahlen. Der irische Staatspräsident auch nicht, aber er hat nach Dublin eingeladen. Wenn man es sich recht überlegt, der irische Staatspräsident wird doch wohl nicht von unsreren Zuzahlungen zur EU das Bier eingekauft haben? Im Moment sind die deutschen Arbeiter noch durch Sondergesetze vor der Ausländerschwemme geschützt. Läuft dieses Gesetz aber aus, dann wird es, man kann es kaum glauben, das Ende für den deutschen Arbeiter bedeuten. Ausländer werden in unser Land kommen und ihre Arbeitskraft weit unter unserem Lohnniveau anbieten, Der Staat nimmt dann keine Steuern und Abgaben ein, es fehlen die Einzahler, weil wir alle von Hartz IV leben. Hartz wird aber bald aufgebraucht sein. Was dann?
Es gibt Situationen, da fragt man sich, ob die Regierungschefs nichts besseres zu tun haben. So hatten sich die Staats- und Regierungschefs der EU für Beitrittsverhandlungen mit der Türkei entschieden. Zu diesem Zeitpunkt, im Jahr 2004, war das der größte Schwachsinn. Ein Land, dass ein anderes EU-Land nicht anerkennen will, hier Zypern, hat in Europa, in der freien Welt nichts zu suchen.
Der Özedmir von den Grünen, auch so einer, erst sich selbst bereichern und nun wieder Vorsitzender der Grünen, meldet sich zu Wort. Seit dem die Grünen politische Verantwortung tragen und jemand findet mal Gehör, kostet es immer nur unser Geld. Herausgekommen ist bisher rein gar nichts. Jetzt bezeichnet Herr Özedmir die Aufnahme des griechischen Südteils von Zypern als Fehler. Will er damit sagen, die griechischen Zyprioten seien Untermenschen, man hätte die Türkei vorziehen sollen? Auf jeden Fall kann man in diesem Teil Zyperns ohne Angst

seine Meinung sagen und den christlichen Glauben, den selbstgewählten Glauben annehmen, ohne verfolgt oder ermordet zu werden.
Ein Land wie die Türkei, ohne Menschenrechte, mit Folter von der Obrigkeit angeordnet, mit Hass auf die westliche Welt, wo Frauen als Menschen zweiter Klasse eingestuft werden hat in Europa keinen Platz. Man kann sich noch gut an die Auftritte von Erdogan erinnern. Das war Volksverhetzung und hätte sofort mit Gefängnis bestraft werden müssen. Aber zumindest sofort an den Kragen gepackt und ab ins Flugzeug. Oder die Rede des türkischen Botschafters. Das war eine Aufforderung zum Aufstand. Was liest man in der Presse, er hat die falschen Worte gewählt. Ein Deutscher wird hier in den Medien und von den Politikern zerrissen, wenn er einmal seine Meinung äußert. Die Angst vor den Ausländern geht bei denen auch schon um. Zeigt endlich das ihr stolz auf dieses Deutschland seit. Nehmt euch ein Beispiel, seht nach Frankreich.
Warum tun wir uns das immer wieder an? Warum lassen wir zu, dass Volksverhetzer, Terroristen und ungebetene Ausländer durch mehrere Instanzen auf unsere Kosten die Gerichte beschäftigen? Die sind doch schon durch ihre Nebentätigkeiten überlastet. Zum Beispiel bleibt die radikal islamische Vereinigung Kalifatstaat wegen ihrer aggressiven Haltung gegenüber dem deutschen Staat verboten. Das Bundesverfassungsgericht bestätigte das von Bundesinnenminister Schily Ende 2001 erlassene Verbot. Aber im Jahr 2004 befassen sich die Gerichte noch immer mit dem Fall Kaplan. Der Verein wollte notfalls mit Gewalt die verfassungsmäße Ordnung des Landes beseitigen, hieß es in dem Beschluss. Das Urteil wurde schon vorher vom Bundesverwaltungsgericht in Leipzig gefällt und vom ersten Senat des Verfassungsgericht bestätigt. Der als Kalif von Köln bekannte Kaplan war im Jahr 2000 vom Oberlandesgericht Düsseldorf zu vier Jahre Haft verurteilt worden. Er hatte öffentlich zur Ermordung eines religiösen Widersachers aufgerufen. Die Bundesregierung hält Kaplan für ein Sicherheitsrisiko und will ihn abschieben. Das Verwaktungsgericht in Köln hatte dies jedoch verhindert. Am 13.Oktober 2004 wird der Gründer der Organisation „Kalifatstaat“ Metin Kaplan endlich abgeschoben. Was hier wieder abgelaufen ist, wird in keinem anderen Staat möglich sein. Die Ausländer werden hier mit Samthandschuhen angefasst. Solche menschenverachtende Organisationen und Verbrecher muss man kurzen Prozess machen

und aus dem Land jagen. Gefühle für andere Menschen haben die sicher nicht.

Es gibt auch in Deutschland schon einige Tausende, die für den Arbeiter keine Regung geschweige denn Gefühle zeigen. Die Wirtschaft ist im Jahr 2004 durch den Exporthandel gewachsen. Zugleich hat die Armut weiter zugenommen, wie der Armutsbericht der Bundesregierung deutlich zeigt. Wobei diese Eingeständnisse der Regierung weit untertrieben sind. Denn zunehmender Fortschritt bedeutet in Deutschland zunehmende Armut. Im Durchschnitt erhielt ein Arbeitnehmer zum Vorjahresvergleich 0,8% bzw. 200 Euro weniger Bruttolohn. Durch die stetig steigenden Abgaben fiel dieser Kaufkraftverlust im Nettobereich wesentlich höher aus. Die Lohn- und Gehaltsentwicklung stagnierte oder war rückläufig in den Bereichen, in denen ohnehin schon am wenigsten verdient wurde. Im Gastgewerbe sanken die Gehälter um 4,1% bzw. 602 Euro jährlich. Hierbei hatte insbesondere die Zunahme der geringfügig Beschäftigten einen entscheidenden Einfluss. Nur in den Bereichen, wo schon immer viel verdient wurde, stiegen die Löhne um 1,7%. Das sind im Jahresdurchschnitt 702 Euro. Aber wem nutzten selbst die 1,7%, wenn schon alles durch die Inflationsrate und den Preissteigerungen aufgefressen wurde. Für die deutsche Wirtschaft war das Jahr 2004 gar nicht so schlecht. Die große Zunahme in den Exportbereichen bescherte ihnen nochmals gegenüber dem Jahr 2003 Gewinne in Milliardenhöhe. Dem deutschen Volk aber wurde vorgegaukelt, die deutsche Wirtschaft liegt am Boden, nur um den Arbeiter unter Druck zu setzen. Um ihnen geringere Löhne, längere Arbeitszeiten, Verzicht eines Feiertags, Verzicht auf Urlaubs- und Weihnachtsgeld aufzuzwingen. Und dann wird noch behauptet, die Lebeshaltungskosten und Lebensmittel sind im Vergleich zum Jahr 2001 um 4% gefallen. Ein Witz der Marktforscher. Die Gewerkschaftsbosse und Politiker schauen tatenlos zu oder fördern dieses unselige Treiben der Wirtschafts- und Bankkonzerne.

Das ist der Sinn der Politiker und Manager. So kann man aus den wenigen die noch Vollzeit arbeiten noch mehr herauspressen. Die Sozialhilfe, eine Mindestabsicherung, soll so niedrig wie möglich sein, damit der Mensch einen Anreiz zur Arbeit hat, anderseits sind die Löhne so niedrig, damit die Wirtschaft mehr Arbeiter einstellt. Die größte Zahl der Hartz-Empfänger möchte arbeiten und die, die Arbeit haben, möchten für ihre Arbeit auch gut bezahlt werden. Diese miserable Politik der letzten Jahre hat dafür gesorgt, dass kein Geld und keine Arbeit vorhanden ist. Besorgt den armen Hartz IV-Empfängern endlich Arbeit, Arbeit die sich wieder lohnt. Die Wirtschaft und die Regierung hat seit dem Jahr 2002 der Euroumstellung, Milliarden mehr gegenüber den Vorjahren eingenommen. Die Globalisierung führt nicht zu steigenden Exporten, sie sorgt für niedrige Lohnkosten. Lässt sich das nicht durchsetzen, wird die Produktion ins Ausland verlagert. Die da oben werden immer maßloser, immer geldgieriger und wir, wenn wir nicht aufpassen, werden immer ärmer. Hartz IV kann nicht mehr die Existens eines Menschen sichern. Dank sei denen, die nicht geschlafen haben, die die Gefahr erkannt hatten. Die Regierung will uns weismachen, die erneuerbare Energie sei das Maß aller Dinge. Der CO2 Ausstoß beim PKW wird durch Biosprit drastisch reduziert. Nur was über Jahre verheimlicht wurde, durch Biosprit werden die Grundnahrungsmittel in den anbauenden Ländern knapp und für die Armen unbezahlbar.

Der kolumbianische Kleinbauer Dias starb paradoxerweise, weil die Welt durch „grüne“ Energie besser werden sollte. Sein Fehler war, dass er sein Land nicht an eine Gruppe von Paramilitärs verkaufen wollte, die aber eines Tages auftauchten und ihn umbrachten. Paramilitärs sind den Terroristen gleichzustellen. Aber eine Mörderbande, die vom Staat eingesetzt und bezahlt wird. Heute wachsen auf dem Land der so vertriebenen Kleinbauern Ölpalmen der Agrarsprit-Firma Uapalma, die mit den Paramilitärs zusammen arbeiten. Diese Machenschaften unterstützt unsere Regierung durch Subventionen. Unsere Steuergelder. Große Regenwaldflächen sind in dem südamerikanischen Land inzwischen in Palmöl-Plantagen verwandelt worden. Angeheizt durch den Energiedurst der Industriestaaten. Die sogenannte „umweltfreundliche“ Energie aus nachwachsenden Rohstoffen. Diese von der Industrie geforderte Richtung hat katastrophale Konsequenzen für hunderttausende Kleinbauern. Paramilitärische Gruppen gehen auf der Suche nach Land für Palmöl mit brutaler Gewalt vor. Sie sagen dem Kleinbauern, wenn du nicht verkaufst, verhandeln wir morgen mit deiner Witwe. Kommen uns diese Machenschaften nicht bekannt vor? Bei uns wird zwar nicht mit der Ermordung der Person gedroht, dafür wird uns aber ein Ultimatum gestellt, entweder ihr arbeitet für den Hungerlohn, oder wir verlagern den Betrieb ins Ausland. Die umweltfreundliche Energie ist eine gigantische globale Lüge. Agrarenergie rettet nicht das Klima, sondern zerstört Regenwälder, Savannen und Moore und heizt damit die Klimakatastrophe sogar noch an. Als Konkurrenz zum Nahrungsmittelanbau verschärft Agrarenergie den weltweiten Hunger und wird zum sozialen Sprengsatz. Die Millionen Kleinbauern, die angeblich vom Agrarenergie-Boom endlich zu Wohlstand kommen, sucht man vergebens.Es geht ihnen wie uns. Hier findet man nur global agierende Konzerne, die es längst zu Reichtum gebracht haben. Trotzdem erhält der Agrartreibstoffsektor weltweit so viele Subventionen aus öffentlichen Geldern wie kaum eine andere Branche. Allein durch das Abfackeln von Regenwäldern und Torfgebieten in Südostasien, um Platz für Palmölplantagen zu schaffen, werden Megatonnen CO2 freigesetzt, bevor nur ein Gramm CO2 bei bei uns eingespart wird.

Stoppt den Agrarenergie-Wahn. Nicht den ansässigen Bauern geht es besser, sie werden verhungern. Diejenigen die am Ruder sitzen, sind einige Konzerne des globalen Nahrungsmittelhandels, der Erdöl- und Automobilindustrie, Gentechnikunternehmen und globale Investmenfiren. Und alle werden noch von unseren Steuergeldern subventioniert. Der Preis der hier für die angebliche umweltfreundliche Energie bezahlt wird, ist einfach zu hoch. Vor allem ist die Gesundheit der Menschen durch hoch gefährliche Krebserregende Substanzen, die bei der Gewinnung eingesetzt werden, bedroht.

Die Grüne Umweltpolitik verabschiedet sich wohl von ihren Grundsätzen. Auf jeden Fall die Parteispitze, denn wie sonst kann man die Politik der Umweltvernichtung so stillschweigend hinnehmen. Die Konsequenz konnte nur sein, Auflösung des Regierungsbündnisses mit der SPD. Aber die Grünen hängen wie besessen an ihren Parteiposten. Das ist die Meinung zur Grünen Partei von ihren Anhängern. Demonstranten zeigen immer öfter die Plakate. Grün ist die Hoffnung, Rot-Grün ist Verrat. Trittin und Schröder werden immer blöder. Oder, Grüne Versprechung, strahlende Zukunft. Wobei wohl die Atomenergie gemeint ist. Warum hat die Partei der Grünen immer noch einen Zuspruch von 10%? Im Jahr 2011 sogar 26%.

Umwelt ist in der Gesellschaft nicht vorhanden, es sei denn als Verkaufsargument.

Der Sparsame

Die Hartz IV Empfänger haben es wirtschaftkich nicht eben leicht. Die Allmosen müssen für Frau und Kindern reichen. Daher fragte man ein einen Hartz IV Empfänger verwundert, wie er denn solch Meisterstück fertig brächte. Der Hartz IV Empfänger antwortete:„ Dahinter steckt ein Geheimnis, man muss jeden Cent, ehe man ihn ausgibt, dreimal umdrehen und dann, erst noch paarmal wieder in die Tasche stecken. Von der Gier zur Selbstlosigkeit mit weniger Egoismus und mehr Menschlichkeit. Das hatten wir von der globalen Marktwirtschaft erwartet. Mit der Globalisierung würde es den Arbeitern besser gehen, hatte man es versprochen. Die staatlich geförderte Globalisierung läuft nun langsam in das schon vergessene Sklaventum hinaus. Wir bezahlen mit unseren Steuergeldern über die Subventionierung der Managergehälter unseren Niedergang zum Sklaventum. Mit dem Unterschied, dass die Menschen nicht mehr mit der Peitsche zur Arbeit angetrieben werden. Bei der Peitsche sah man wenigstens noch die Narben. Und jeder wusste, diese Narben entstehen durch die Peitsche. Die Psychopeitsche wird mit einem Lächeln angewandt. Mit einem Lächeln wird gesagt, dass sie entlassen sind. Mit einem Lächeln wird den Hartz IV Empfängern gesagt, dass sie noch zu viele Euro erhalten. Es sind keine körperlichen Narben zu erkennen, doch um so tiefer sitzen diese Narben in der Seele. Man braucht sich über die depressive Gesellschaft nicht zu wundern. Da sind die Hetzkampagnen in den Zeitungen, von der Regierung angeordnet, vollkommen fehl am platze. Es gibt keine Arbeit-Geber mehr, es gibt nur noch Manager, die Betriebe zum Eigennutz verwalten und die Arbeitskräfte auspressen. Haben die Politiker beim Amtsantritt einen Meineid geleistet, als sie schwörten, zum Wohle des Volkes zu handeln! Sie handeln durch ihre Gesetzgebung nur noch zum Wohle der Wirtschaft.

Noch vor kurzem klagte ein Ausländer aus Malaysia, wo ihm viel Leid wiederfahren war. In Malaysia hatte er einen kleinen Bauernhof und hatte dadurch sein Auskommen. Doch eines Tages kamen die die Schergen der Ölkonzerne um diese erneuerbare Energie, die Palmölplantagen anzubauen und vertrieben ihn von Haus und Grund. Er konnte sich mit seiner Familie gerade noch retten. Was blieb, waren die Verwandten in der nächsten Stadt. Doch auch hier musste er flüchten. Der Drogenhandel

hatte sich seit der Vertreibung der Kleinbauern durch die Multies so verstärkt, dass Mord und Totschlag an der Tagesordnung waren. Nun war er hier in Deutschland nach jahrelanger Unrast angelangt. Ihre Lebenspsychologie lässt sie das durchhalten.
Der Fluss fliest. Das Leben ist. An beiden können wir nichts ändern. Und wenn wir uns auf den Kopf stellen oder in den Weg. Das einzige was passiert ist, dass wir nass werden. Lassen wir uns ein wenig treiben und weniger Pläne schmieden und geringere Bedürfnisse haben. Die Chancen und Möglichkeiten kommen, wenn die Zeit dafür reif ist. Wir müssen nicht fordern und nichts forcieren. Trauen wir uns dem Leben an. Wir sind Natur, wir stammen aus der Natur. Warum sollen wir uns nicht ihren Gesetzen anvertrauen.
Stand der Ölpreis im Jahr 2001 noch bei 20 US-Dollar, stieg er im Jahr 2004 auf 53 US-Dollar. Der Ölpreis hatte zum ersten Mal die psychologisch wichtige Marke von 50 US-Dollar pro Barrel (159 Liter) überschritten. Damit kostete das Rohöl rund 75% mehr als im vergangenen Jahr. Fragt man sich nach dem Warum, werden immer irgendwelche Unruhen, die nie aufhören, herangezogen. Nur um den Ölpreis in die Höhe zu treiben. Das Kartellamt meldet sich zu Wort, wird dann aber wohl von der Regierung ermahnt, denn man hörte nichts mehr vom Amt. Auch das ewige Märchen, in 40 Jahren gibt es kein Öl mehr ist eine Lüge. Riesige Erdölvorkommen sind bis heute nicht erschlossen. Nur um das Volk dumm zu halten.
War das noch eine schöne Zeit damals. Da konnte man mit Metallkanistern a 20 Liter zur Heizölfirma fahren und Heizöl für den Diesel kaufen. Heute gibt es nur noch eine Alternative und die heißt Flüssiggas (LPG). Die Anlage und der Einbau kostet 1450 bis 2100 Euro, je nach Zylinderanzahl des Fahrzeugs und das Tanken macht mit 65 bis 70 Cent wieder Freude.
Wir leben noch, uns geht es gut, kann das einen Menschen aufrichten? Natürlich konnte einem Menschen das nicht aufrichten, wenn man sah, wie schnell die Oberen ihre Gehälter dem Euro angepasst hatten. Die Abgeordneten Gehälter: Diäten = 7000 Euro, Kostenpauschale = 3589 €, Fahrkostenersatz bei Dienstreisen, Fahrten mit dem Flugzeug oder Schlafwagen werden im Einzelfall erstattet. Kranken- und Pflegeversicherung wird die Hälfte erstattet. Überbrückungsgeld wird

auch bei Tod des Politikers den Hinterbliebenen aus der gesetzlichen Rentenversicherung gezahlt. Aus unserer Rentenversicherung, in denen die meisten noch nie einen Cent eingezahlt haben. Unsere Frauen werden mit 60% unserer kargen Rente abgespeist. Und wie das mit den Fahrkosten und Flugreisen für private Zwecke genutzt wird, haben wir schon tausendfach erlebt. Frau Ulla Schmidt war das beste Beispiel. Die sollte sich was schämen, verdient jeden Monat nur fürs nichts tun und hämisch lachen über 10000 Euro und bestielt den armen Steuerzahler.
Jemanden wissentlich etwas unwahres sagen heißt lügen. Jemanden zu belügen ist unehrlich. Aber ist man unehrlich, wenn man eine Frage nicht beantwortet? Ehrlichkeit kommt von Ehre. Ehrlich sein, bedeutet sich ehrenhaft verhalten. Ein Begriff, der bei Politikern und Managern verpönt scheint. Steht es doch für einen vermeintlich unbequemen Weg. Im Prinzip treffen alle Punkte auf die obere Riege. Nur das ehrenhafte Verhalten muss man ihnen absprechen. So hören sich Lügen an.
Die Wahlversprechen vom Medienkanzler und Genosse der Bosse, wurden von der gesamten SPD und Grünen Partei unterstützt bzw. mit getragen. Es wurde versprochen, die Arbeitslosenzahlen zu senken. Die Investionen in Bildung und Forschung zu verdoppeln. Die Kriminalität und ihre Ursachen zu bekämpfen. Die Rente zu sichern. Das haben sie geschafft, in dem sie dem Volk die Hälfte abgenommen haben. Zum Wahlkampf 2002 haben uns Schröder und Müntefering dann Hartz IV angepriesen und versprochen, die Arbeitslosenzahlen von vier Millionen auf die Hälfte zu reduzieren. Die Pläne von Peter Hartz wurden als riesiger Fortschritt angekündigt. Sie haben aber die Arbeitslosenzahlen nicht senken können. Dafür hat Hartz die Sozialschwachen in die Armut geführt. Peter Hartz, der Erfinder von Hartz IV wurde am 25. Januar 2007 vom Landgericht Braunschweig wegen Untreue und Begünstigung zu einer Freiheitsstrafe von zwei Jahren auf Bewehrung verurteilt und gilt seit dem als vorbestraft. Jeder Arbeiter oder Angestellte hätte ins Gefängnis gemusst. Das ist unser Rechtstaat. Soziale Gerechtigkeit, für uns nicht. Nur für die Genossen da oben. Im Wahlkampf hatte die SPD versprochen, dass es mit ihr keine Mehrwertsteuererhöhung geben werde. Nunmehr sind es 19%. Die große Koalition hatte es bis auf 5.982 Millionen Arbeitslose gebracht. Nach Angaben der Regierenden klafft die Schere zwischen Arm und Reich immer weiter auseinander. Ein Ende

ist nicht in Sicht. Gerechtigkeit ist ein Fremdwort und es gibt in unserem Land Stadtteile, in die sich kein Polizist traut, da dort Menschen mit Migrationshintergrund das Recht in die eigenen Hände genommen haben. An diesen Missständen sind die Regierenden schuld. Das ist von den Wahlversprechen der Roten und Grünen geblieben. Der SPD Müntefering gab doch tatsächlich von sich, es ist unfair Politiker an ihren Wahlversprechen zu messen. Oder, „ Wer nicht arbeitet, soll auch nicht essen. Dann müssten die Politiker schlank wie eine Gerte sein. Wahrer Sozialismus ist nicht mehr rot.

Ende 2004 lebten 6,7 Millionen Ausländer in Deutschland. Davon sind 1,4 Millionen hier geboren. Die Arbeitslosenquote liegt nach Angabe der Regierung bei 20,4%. Rechnet man die Niedriglohnarbeiter, die Ein-Euro-Jobs und die vielen nicht gemeldeten hinzu, sind es 30% die von unseren Steuergeldern leben.

Deutschland steht vor dem größten Umbruch seiner Geschichte. Vierzig Jahre Geburtenrückgang und Masseneinwanderung haben die Basis für den Bevölkerungsaustausch gelegt. Bereits jedes dritte Neugeborene besitzt mindestens einen ausländischen Elternteil. Jede fünfte Ehe ist international. In Deutschland leben mittlerweilen mehr als 15 Millionen Menschen mit einem Migrationshintergrund. Das sind 20% der Bevölkerung. In den großen Städten sind nach Angabe des Bundesamtes bereits 60% der jungen Jahrgänge ausländischer Herkunft. Tendenz in den nächsten Jahren, stark steigend. Währenddessen überaltert die deutsche Rest-Bevölkerung. Die durchschnittliche Kinderzahl der Deutschen liegt bei 1,2. Jede neue Generation ist somit mehr als ein Drittel schwächer als ihre Elterngeneration. Anders ausgedrückt, ein Drittel der deutschen Frauen bekommt gar keine Kinder mehr. Setzt sich dieser Trend fort, wird in absehbarer Zeit eine eigene Partei von den Ausländern gefordert. Erst eine und dann für jede Bevölkerungsgruppe mindestens eine Partei. Da die Deutschen ohnehin der Wahlen überdrüssig sind, werden wir bald von einer ausländischen, vielleicht muslimischen Partei regiert. Uns besteht eine Hundert-Parteienlandschaft bevor. Die unterschiedlichen Bevölkerungsgruppen werden sich wie in ihrer (alten) Heimat bekriegen. Und dazwischen die deutsche Frau mit einem Kopftuch oder Hejab und wie sie alle heißen bei der Arbeit auf dem Feld. Der deutsche Mann, vollkommen eingeschüchtert verdient sich als Karrenfahrer seinen kargen

Tageslohn. Dies kommt einer Katastrophe gleich und ist den Grünen und Bundespräsident Wulff zu danken.

Miteinander verstehen.

Der Schwarze Nanu musste im Jahr 2020 in Deutschland feststellen, dass die Volksstimmung so arg gegen die Ausländer eingestellt war, dass er eines Tages im Schloßpark von einer Menschenmenge bedroht wurde, die brüllte:„ Hängt den Kerl, er ist ein Ausländer." Nanu blieb stehen und rief der wütenden Menge zu:„ Deutsche ihr wollt mich umbringen, weil ich ein Schwarzer, ein Ausländer bin. Bin ich denn, weiß Gott nicht gestraft genug, kein Deutscher zu sein?" Die Horde wütender Deutsche war von seiner Sprachgewanntheit überrascht und jeder lud ihn geschmeichelt zu sich nach Hause ein.

Erst kürzlich hörte ich wieder von einer Freundin, die im Jobcenter, wie die Ausländer die deutschen Gesetze beugen und zu ihren Gunsten verstehen können. Erst konnte der Kerl kein Wort deutsch und die Angestellte musste einen Dolmetscherin holen. Als es aber um die Verteilung der Finanziellen- und Haushaltsmittel ging, fing der Kerl auf einmal an Forderungen nach dem Deutschen Recht zu stellen, berichtete sie erbost. Hier haben wir nun zwei Geschichten gelesen und erkennen sofort die Problematik des Ausländertums. Sie stellen sich frech und dumm.

Könnte der Arbeiter es, währe er dazu gebohren? Von RWE bekam er 14 Monatsgehälter a 4254 Euro. Zusätzlich die Vergütung als CDU Landtagsabgeordneter in Nordrhein-Westfalen. Die Vergütung als Bundesvorsitzender der Christlich-Demokratischen Arbeitnehmerschaft (CDA). Er bekam zusätzliche Naturallieferungen von 7500 Kilowatt kostenlosen Strom. Das reichte für das ganze Jahr. Er war stellvertretener Fraktionschef, Vorsitzender der Christlich Demokratischen Arbeitnehmerschaft, Mitglied des CDU-Präsidiums und Vorsitzender des CDU-Bundesfachausschusses Sozialpolitik. Er war vollkommen ausgelastet. So kamen ihm die 700000 Euro, die er seit 1992 von der Rheinbraun AG, heute RWE Power AG bekam gerade recht. Er sah es als arbeitsloses Einkommen an, denn die 8300 Euro als Landtagsabgeordneter und die Einnahmen aus den Präsidien reichten nicht aus. Er stehe dem Unternehmen, dass ihn finanziell unterstützt, jederzeit zur Verfügung, wenn ich gebraucht werde. Das zeigt deutlich seine Käuflichkeit auf. So sieht die Abzocke unserer Volksvertreter aus. Vom Bürgermeister bis zur Regierungsspitze haben sie sich durch ihre Maßlosigkeit in die Abhängigkeit der Wirtschaft gegeben. Ohne Gegenleistung wirft auch RWE nicht monatlich 4254 Euro zum Fenster hinaus. Der politische Sumpf ist allgegenwärtig.

Werden solche Taten mal von den Medien aufgedeckt und angeprangert, hört man von den Politikern keinerlei Erklärung, dass das Verhalten mit den Grundsätzen und Werten der Partei und der parlamentarischen Demokratie unvereinbar sei. Nach dem Rücktritt der betreffenden Person bekundet man dem Politiker noch Respeckt. Auf andere Parteien wird dann geschossen und eine Neid-Debatte angezettelt. Kein Politiker äußerte je die geringste Kritik an RWE und Co. Die sind tabu. Vermutlich erhalten alle eine Zusatzversorgung, als arbeitsloses Gehalt getarnt. In welchem tiefen Sumpf die Politiker stecken zeigt jedesmal die Rechtfertigung ihres abgewählten Kollegen auf. Als der rote Genossenfilz in NRW angeprangert wurde, versickerte die Kampagne schnell aus den Reihen der CDU. Die CDU wurde mit Vorteilsgaben von RWE und WestLB ruhig gestellt, die CDA eingekauft. Nun kann die Wirtschaft schalten und walten wie es gefällt. Der Widerstand wurde eingekauft. So geht das nicht weiter. Die Regierenden haben nichts mehr zu sagen, aber das Volk könnte noch etwas sagen. Entweder bei der nächsten Wahl oder durch Protestkundgebungen. Zeigt das ihr noch lebt, noch nicht aufgegeben habt.

Sind die Medien Regierungshörig? Ja sie werden von der Regierung geleitet. In vielen Fällen, in denen sich Zeitungsreporter gegenüber der Regierung nicht loyal verhielten, wurden sie abgemahnt, versetzt oder sogar entlassen. Das geht soweit, dass die Parteispitzen bei dem Verleger anrufen und ihn darauf aufmerksam machen, sollte der betreffende Reporter nicht entfernt werden, werden jegliche Informationen und Interviews nicht mehr der Zeitung zugänglich sein. Das ist die neue Rechtsstaatphilosophie. Wirkung hat es gezeigt. Es gibt kaum noch Kritik an der politischen Richtung bzw. Führung. Die Wünsche und Vorhaben der Regierung werden groß hervorgehoben. Belastungen die auf das Volk, dem Steuerzahler zukommen, werden nicht zerrissen, sie werden so oft als richtig dargestellt, dass der Bürger sich nachher schuldig fühlt. Über die Wünsche der Regierung wird breit und täglich Seitenweise berichtet. Interessantes das den Bürger anspricht wird vielleicht mal an-

gedeutet. Hinterfragt wird von den Reportern schon lange nicht mehr und einen Tatbestand vielleicht mal wöchentlich oder monatlich zu verfolgen scheint schier unmöglich zu sein. Die eigene Darstellung scheint viel wichtiger, die Sache nur der Selbstdarstellung von Nutzen. Im Gespräch waren Millionen von Euro die als Überschuss bei den gesetzlichen Krankenkassen nicht dem Bürger zu gute kamen. Interessant für das Volk, aber nicht für die Regierung. So wurde nichts, auch gar nichts in den Nachrichten gebracht. Das Neveau der Nachrichtensendungen hat sich einem Revolverblatt angepasst. Täglich wird von Schießereien und Demonstrationen aus dem Ausland berichtet. Werden die Führer dieser Länder verurteilt. Nur hier im eigenen Land, können die Politiker die Polizei auf das Volk hetzen, hier wird nichts berichtet oder verurteilt. In allen Medienbereichen werden das Verhalten und Betrügereien von Politik und Wirtschaft angeperangert, als Aufmacher genutzt. Wie der Sachverhalt oder Tatbestand sich weiter fortsetzt oder ob Konsequenzen für die Person zu erwarten sind, ist dann nicht mehr von Interesse.
Das Jahr 2004 für uns Bürger, weiß Gott nicht berauschend.Doch schon im Januar 2005 zeichnet sich ein Hoffnungsschimmer für viele Bürger unseres Landes ab. Ist Hartz IV verfassungswidrig? Denn die Hartz IV Gesetze enthalten Klauseln, die im Grundgesetz ausdrücklich weder bestimmt noch zugelassen sind. Vor allem die Arbeitgebergem einschaften von Kommunen und Arbeitsagenturen seien verfassungsrechtlich zu überprüfen. Bundeswirtschaftsminister Clement übernahm 2005 die Verantwortung und verweist auf den zu erwartenden schnellen Rückgang der Arbeitslosenzahlen. Vor allem die Jugendarbeitslosigkeit werde mit Konsequenz angegangen, versprach er noch vollmundig. Bis zum März 2005 müsse jeder Arbeitssuchende unter 25 Jahre mit der Arbeitsagentur einen Eingliederungsvertrag abschließen. Wer sich weigere, werde kein Geld vom Staat bekommen. Jeder Jugendliche hätte sich weigern sollen, so eine menschenunwürdige Forderung zu unterschreiben. Kommen die Jugendlichen aus dem Gefängnis, werden die deutschen Jugendlichen wieder gegenüber Ausländern benachteiligt und müssen jede Arbeit, ja Zwangsarbeit annehmen? Es war und ist eine Zumutung, einem Jugendlichen vorzuschreiben welche Tätigkeit er für sein ganzes Leben nachgehen muss. Ist einer von denen da oben bereit, nach seinem politischen Absturz in seinen alten Beruf zurückzukehren?

Nein, dass wird ihm vom Gesetzgeber nicht zugemutet, er kann doch keine Anweisungen von Vorgesetzten nach seiner Tätigkeit entgegennehmen, wird dann argumentiert. Aber den Jugendlichen den Weg in ein glückliches Leben verbauen, dass können die.

Wenn ich das Wort „Eingliederungsvertrag" schon höre, läuft mir ein Schauer über den Rücken. Erinnert mich dieses Wort doch an die Naziherrschaft und anderen diktatorisch geführten Staaten. Jahrzehnte haben unfähige Politiker dafür gesorgt, dass Deutschland dem Niedergang entgegensieht. Das können und sollen die Jugendlichen nicht ausbaden. Die Industrie bzw. die gesamte Wirtschaft, die Städte, die Gemeinden und die Regierung müssen ausreichende Lehrstellen anbieten. Nur 6 Jahre später suchen die Supermänner händeringend nach Fachkräften. Das war und ist eine tolle Leistung unserer Regierung und dem Management. Schließlich bezahlen wir mit unseren Abgaben die Milliarden Subventionsgelder, die den Managern und Geschäftsführern ein sattes Gehalt einbringen. Über die Drohung, ohne Investionszulagen müsstet ihr ins Ausland abwandern, kann man nur lächeln. Verlagert doch die Firma ins Ausland. Nach Frankreich, Spanien oder Italien, da werdet ihr mehr bestreikt wie gearbeitet wird. Zum Osten, nach Polen, Russland oder anderen Staaten, da müsst ihr noch Geld mitbringen, so wenig wird dort gearbeitet. Aber bedenkt, die Verluste die ihr im Ausland einfährt, die könnt ihr hier in Deutschland nicht mehr steuerlich absetzen. Und eure Artikel werden wir Deutschen nicht mehr kaufen.

Geht es um des Volkes Wohlergehen, dauert es leider bei den zuständigen Gerichten immer sehr lange, bis sie zu einer Entscheidung kommen. So hatte sich herausgestellt, dass Sanktionen gegen Hartz IV Empfängern verfassungswidrig sind. Vorher wurde dem Hartz IV Empfänger, je nach gut Dünken des Sachbearbeiters, Geldbeträge vom Jobcenter vorenthalten. Hartz IV Regelsätze für Kinder bis 14 Jahre sind verfassungswidrig. Auch die Leistungen für Familien werden nun vom Bundesverfassungsgericht geprüft. Das Hessische Landessozialgericht hält sie schon für verfassungswidrig. Und die Regierung streitet. Soll sie doch nun mal endlich anfangen und richtig sparen. Es gibt genug Möglichkeiten die niemanden Einbußen bringen. Westerwelle hatte sie kurz vor der Wahl 2009 aufgezeigt. Nun an der Regierung hat er sie vergessen und schweigt. Dieses Geld könnte man für Hartz IV Empfänger

verwenden. Aber die da oben schlagen eine andere Richtung ein. Sie nutzen jede Möglichkeit, den Hartz IV Empfänger dem deutschen Volk als Feindbild darzustellen. Anschließend kann man mit Unterstützung der wenigen Steuerzahler die Leistungen der Hartz IV Empfänger kürzen. Passt auf, Deutsches Volk, lasst euch von dieser maßlosen Truppe nicht für diesen hinterhältigen Weg benutzen.
Der Vorsitzende der Jungen Union, Mißfelder, hatte sich abfällig über Hartz IV Empfänger geäußert. So Mißfelder:„ Die Erhöhung von Hartz IV war ein Anschub für die Tabak- und Spirituosen-Industrie." Bereits im Jahr 2003 attackierte Mißfelder die Alten, in denen er kritisierte, dass sich zu viele alte Menschen künstliche Hüftgelenke von der Krankenkasse bezahlen lassen. Mißfelder, dass Mißfällt, hoffentlich kommen sie mal in den Genuss, diese Leiden zu überstehen. Volk ihr werdet wie Hunde behandelt. Aber ihr dürft nur einmal bellen und das zur Wahl. Sonst schweigt stille. Das nehmt ihr einfach hin?
Die Sprüche von der Grünen Roth, Arbeitslosigkeit muss man für den Umweltschutz in Kauf nehmen. Die Sprüche von Westerwelle über die Arbeitslosen und Hartz IV Empfängern. Die Sprüche von Müntefering, wer nicht arbeitet, braucht auch nicht zu essen. Oder die Danksagung von Merkel an Schröder bei dessen Abschied. Hartz IV Empfänger werden von denen öffentlich als Unterschicht bezeichnet. Geht endlich mal alle zur Wahl und zeigt denen, wie schnell auch die zur Unterschicht gehören können. Nehmt das nicht hin.

Hartz IV und eine Familie

Von den 211 Euro die meine 16 Monate alte Tochter bewilligt bekommen hatte, wird ihr dann noch 164 Euro Kindergeld als Einkommen angerechnet und abgezogen. Es wird Zeit, dass die Bürger in Deutschland sich wehren, damit die da oben mal so richtig Angst bekommen Die selbe Angst spüren wie Millionen andere die ums Überleben kämpfen. So hart sich das anhört, ich weis nicht wie ich mein Kind so durchbringen soll. Ich könnte heulen. Mein Mann ist 46 Jahre und gelernter Maler und Lackierer und findet keinen Job mehr. Was sollen wir tun? Weg aus Deutschland? Wie denn? Ohne Geld. Alles Sch..., einen anderen Ausdruck gibt es nicht. Das ist das wahre Hartz IV. Und die Regierung zahlt eine Kopfpauschale für Neugeborene. Lächerlich, bei diesen Voraussetzungen die diese Regierung unseren Kindern bietet. Kinder in diese Welt setzen? Unverantwortlich. Um den Vorderungen über eine Verbesserung von Hartz IV nachzukommen, hatte Ursula von der Leyen bis 2011 gebraucht. Eine Erhöhung um 5 Euro und ein monatelanger Streit um weitere drei Euro zeigen jedem Bürger auf, wie die mit euch umspringen. Verwunderlich auch, dass ausgerechnet nach der Wahl in Hamburg 2011 sofort eine Einigung zwischen SPD und Regierung zustande kam. Der Hartz IV Empfänger als Spielball der Politik.

Im Jahr 2005 der Abschied von der deutschen Wertarbeit?

Anfang 2005 stand ein Artikel, eine Beurteilung über Deutschland, in einer spanischen Zeitung. Das Urteil über Deutschland fiel vernichtend aus. Deutsche Wertarbeit und Disziplin gehören der Vergangenheit an. Deutschland ist zu einer Heimstätte von Korruption und Skandalen geworden. Recht hatte der Verfasser dieser Einschätzung über die deutsche Führungselite. Die Deutsche Wertarbeit wird ja schon zum größten Teil im Ausland, auch in Spanien produziert. Korruption und Skandale findet man nicht nur in Deutschland. Diese lange Schlange beginnt in der obersten Etage, in den Vorständen der Konzerne und endet bei den Betriebsratsmitgliedern. Diese lange Schlange beginnt bei der EU in Brüssel und endet beim Bürgermeister oder Ratsmitglied. Die armen Arbeiter haben keine Chance sich an diesem Spiel zu beteiligen. Die müssen alle Verluste die Europa oder die deutsche Regierung durch Betrügereien entstehen, durch höhere Steuerabgaben wieder ausgleichen.

Nur kurze Zeit später, am 7. Februar 2005 wird mitten in Berlin die Deutsch-Türkin Hatun Sürücü mit geraden 23 Jahren von ihrem Bruder auf offener Straße erschossen.

Es hätte ein Märchen werden können.

Ein gerade 16 Jahre altes Mädchen wurde in der Türkei zwangsverheiratet und kurze Zeit später schwanger. Dem Ruf der Freiheit folgend floh sie allein nach Deutschland, wo sie ihren Sohn Can zur Welt brachte. Sie lernte schnell, konnte sich gut den deutschen Gepflogenheiten anpassen. Als allein erziehende Mutter lernte sie die deutsche Sprache und weigerte sich das Kopftuch zu tragen. Ohne Kopftuch fühlte sie sich freier und ungebunden. Mit ihrem kleinen Sohn suchte sie sich eine kleine Wohnung und begann eine Ausbildung zur Elektroinstallateurin. Hatun, schon eine junge Frau machte den Führerschein und machte das, was deutsche Frauen in ihrem Alter auch machen. Sie ging aus und lebte modern. Nur der türkischen Familie passte diese Lebensweise ihrer Tochter nicht. So wie die meisten Türken, die nach Deutschland kommen, fanden sie, ihre Tochter führt eine verwerfliche Lebensweise. Diese junge Frau hätte als Vorbild für die Integration anderer Türken oder auch anderer Ausländer stehen können. Aber was machen diese türkischen Verwandten, sie beraten und schicken den jüngsten Bruder von Hatun los um sie zu töten, um sie zu erschießen. Auf offener Straße an einer Bushaltestelle schießt er ihr drei Kugeln in den Kopf. Unfassbar, unfassbar auch, dass der Junge es alleine geschafft haben soll. Es müssen Mittäter dabei gewesen sein. Unfassbar auch das Verhalten der Eltern, besonders der Mutter. Was sind das für Menschen. Erbärmlich und feige schicken sie den jüngsten, in der Hoffnung einer nicht so hohen Strafe. Die zwei älteren Brüder, sicher bei der Tat anwesend, wenn nicht gar selber die Täter, oder haben sie sogar die junge Deutsch-Türkin gehalten? Eine grauenvolle Vorstellung. Die beiden älteren Brüder von Hatun wurden frei gesprochen. Bevor der Bundesgerichtshof den Fall neu aufrollen konnte, hatten sich die beiden Mitschuldigen in die Türkei abgesetzt. Dieses Verhalten des Jungen ist mit den Selbstmordattentaten verhasster Muslime zu vergleichen. Was für Volk beherbergen wir in unserem Land, die zu solchen Taten fähig sind? Nur weil sie in der Stunde einen Euro weniger für ihre Arbeit fordern als die freundlichen Spanier und Italiener, herrscht unter der deutschen Bevölkerung Angst und Schrecken. Möge der Herr dafür sorgen, dass unsere Tochter keinen Türken, keinen Muslimen mit nach Hause bringt.

Man kann es nicht verstehen, wo kommen die Leute her, warum wurden sie in unser Land gelassen. Nur damit die Konzernbosse noch mehr Geld einstreichen können und der deutsche Arbeiter wurde entlassen. Ein Beispiel für diese Abzocke der Firmenbosse konnte man vor nicht all zu langer Zeit sehr realitätsnah im Fernsehen verfolgen. Vor allem arbeiten sehr viele Ausländer ohne Steuerkarte. Der Trick, einer ist angemeldet und lässt 5 bis 6 Ausländer für sich arbeiten. Wie man des öfteren schon erfahren konnte und auch auf Baustellen des Bundes und der Bahn erlebt hatte. Geschehen ist nichts. Auf den Deutschen wird eine regelrechte Hatz veranstaltet.

Bald können wir nach Deutschland, in ein Land, wo Milch und Honig fließt. Hier bekommt man Geld ohne zu arbeiten.

Oder wie in Berlin geschehen. Ein Ausländer der Neuankömmlingen und Unwissenden öffentlich auf einem großen Platz erklärt, wie man die deutschen Sozialämter betrügen und ausnehmen kann. Was ist aus Deutschland geworden, was haben die Politiker aus unserer Heimat gemacht. Ein Heim für Asylanten und Schafzüchter.

Der dumme Arbeitssuchende

Herr Meier steht tief versunken morgens um 7 Uhr vor einem Kiosk und liest die Arbeitsangebote in der Zeitung. Er bemerkt nicht, dass Jusuf, ein junger Türke sich neben ihn stellt und neugierige Blicke über seine Schulter in die Zeitung wirft. Suchst du Arbeit Mann, quatscht Jusuf Herrn Meier an. Dieser wegen der Anrede schon sauer, blickt Jusuf nur aus den Augenwinkeln geringschätzig an und gibt keine Antwort. Jusuf hatte es wohl nicht bemerkt und redet weiter auf Herrn Meier ein. In der Zeitung findest du nur Billigjobs. Das ist nicht gut. Herr Meier nun wohl doch etwas freundlicher gesonnen antwortet:„ Was soll ich sonst machen, von Hartz IV kann ich auf Dauer die Familie nicht ernähren und Schwarzarbeit ist mir zu gefährlich, dazu bin ich zu feig." Du musst es so machen wie ich riet ihm Jusuf, morgens gehe ich zum Job-Center, melde mich an und kassiere ab. Aber des Nachts, ab 22 Uhr, wenn alles schläft, dann bin ich auf der Baustelle und arbeite bis sechs. Das bringt mir viel Geld, die Arbeit ohne Steuerkarte. Hierauf entgegnete Herr Meier:„ Das ist nicht mein Ding, das ist mir einfach zu billig. Ich möchte richtige Arbeit und richtiges Geld verdienen. Du machst doch mit deiner Einstellung und ohne Steuerkarte deinen Chef noch reicher." Jusuf schüttelte den Kopf und meinte:„ Wenn du aber weiter in der Zeitung nach Arbeit suchst verdienst du kein Geld. Warum für 100 Euro über dem Hartz IV-Satz arbeiten, sie mich an, mir geht es gut und ging pfeifend von dannen. Zurück ließ Jusuf einen hilflosen deutschen Arbeiter, der die Regierung verteufelte. Aber eine Änderung herbeiführen, dass kann er nicht. Warum unternimmt die Regierung, das Arbeitsamt nichts gegen diese ausländischen Arbeitstruppen. Diese Machenschaften sind doch allen bekannt.

Ist er bald der letzt Arbeiter, ist er bald der letzte Deutsche Staatsbürger? Denn die Auswanderung der Deutschen nimmt ständig zu. Die Meinung vieler ist zur Auswanderung der Deutschen. Das ist der Verlust der Besten, während im Austausch weniger gut qualifizierte Einwanderer nach Deutschland kommen. Vor allem zieht es immer mehr Akademiker ins Ausland. Sie finden dort einfach bessere und besser bezahlte Arbeitsbedingungen. Ebenso spielen auch immer mehr Arbeitslose und auch Arbeiter mit dem Gedanken im Nachbarland eine Arbeit zu suchen. Wenn es möglich ist, auch eine Wohnung anzumieten, denn die letzten

Jahre hatte zu vielen zu schaffen gemacht. Die Regierenden sorgen für die Massenflucht des deutschen Volkes aus ihrer Heimat. Sind aus diesem Grunde schon damals die Völkerwanderungen entstanden?

Im Zuge dieser Wanderbewegungen der Deutschen werden auch die Übergriffe auf Ausländer angeprangert. Es ist besser für Schwarze, bestimmte Gegenden wie in Brandenburg zu meiden. Die Zunahme an Übergriffen sei vor allem durch die Ost-West-Wanderungen zu erklären. Die, die zurück bleiben, fühlen sich als Verlierer, bzw. im Stich gelassen. Um den Rechtsradikalismus entgegenzuwirken, muss mehr Bildung und Ausbildung in Ostdeutschland zur Verfügung gestellt werden. Aber für dererlei Unterstützung und Hilfe ist ja kein Geld da. Die lasche Ausländerpolitik und Bevorzugung von Minderheiten in der Sozialpolitik der Grünen ist Schuld an diesem Chaos und Unverständnis der Bevölkerungsgruppen. Es ist und kann nicht normal sein, dass es in Deutschland Gebiete gibt, in denen sich nicht einmal die Polizei wagt. Es ist nicht normal, dass es Stadtbereiche gibt, in denen sich kein Deutscher wagt und auch Gegenden, in denen sich kein Ausländer wagt. Nur gut, dass die Grünen Chaoten nicht mehr an der Regierung beteiligt sind. Die stetige Zunahme an Übergriffen haben wir nur ihrer Verharmlosung gegenüber den radikalen Gruppierungen, ob Ausländer oder Deutsche zu verdanken. Auffallend ist die Zunahme der Gewalttaten in den Bereichen der öffentlichen Verkehrsmittel. Niemand ist sich mehr sicher. Eine Kleinigkeit genügt, dass diese Schlägertruppen auf einem einprügeln. Zum Dank bekommen die auch noch während ihres Gefängnisaufenthalts von den Grünen, besser von unseren Steuergeldern, schöne Urlaubsreisen und den Führerschein bezahlt. An die Opfer denken die Grünen nicht. Jeder Arbeitslose währe dankbar, wenn man ihm den Führerschein bezahlen würde, könnte er dann vielleicht eine Arbeitsstelle finden. Diese Politik der Roten und Grünen macht nicht nur das Volk arm, nein, sie fördern noch die Bereitschaft zu gewalttätigem Handeln.

Die verkehrte Politik der Grünen setzt sich mit der Anhörung ihres Außenministers Fischer vor dem Visa Ausschuss fort. Ja es gab Fehler in meiner Verantwortung, die zu Missbrauch geführt haben. So der damalige Minister Fischer. Nur diese lasche Politik der Grünen müssen wir jetzt ausbaden. Die haben es geschafft, dass wir uns nicht mehr frei in unserem Land bewegen können. In all den Jahren ihrer Regierungstätigkeit haben die Grünen nichts zustande gebracht. Sogar in der Umwelt- und Atompolitik haben sie versagt. Einst eine Herausforderung für die Grünen, sind sie seit der Verantwortungsübernahme nur noch zum Mittläufer geworden.

Am 16. Februar 1998, genau vor sieben Jahren wurde das Protokoll zum Klimaschutz beschlossen. Jetzt tritt die Umweltlüge in Kraft. Von nun an kann die Regierung jedes Jahr nach Belieben zusätzlich Steuern eintreiben, vorausgesetzt sie kann die Umweltlüge gut dem Volk verkaufen. Von nun an wird jeder wahnwitzige Gedanke oder Vorschlag eines Politikers oder Ausschusses in die Tat umgesetzt, koste was es wolle. Der blöde Steuerzahler wird es schon richten. Von 1998 bis 2005 ist der CO2-Ausstoß von rund 21 auf 29 Milliarden Tonnen gestiegen. Darunter wird fast die Hälfte des CO2-Ausstoßes von vier Staaten verursacht. China, die Vereinigten Staaten, Russland und Indien sind für 50% des weltweiten CO2-Ausstoßes verantwortlich. Verantwortlich ist auch die Rot-Grüne Regierung, denn sie hatte zugestimmt, dass die deutschen Konzerne ihre maroden Anlagen in diese Länder verkaufen können. Der Chinese hatte schon recht gehabt, als er behauptete, ihr habt es doch so gewollt und jetzt fordert ihr unmögliches.

Zu diesem CO2-Ausstoß ist auch die Verwendung fluorirter Treibhausgase um 4,8% gestiegen. Was unternimmt die Regierung ernsthaft dagegen? Nichts, denn die Einnahmen des Bundes aus umweltbezogenen Steuern betrug im Jahr 2005 rund 55 Milliarden Euro. Darauf wird keine Regierung je verzichten. Die gesamten Steuereinnahmen der öffentlichen Haushalte betrug im Jahr 2005 genau 489,2 Milliarden Euro. Trotz dieser Steuereinnahmen hatten es die Grünen nicht geschafft eine konkrete Umweltpolitik noch den Ausstieg aus der Atomenergie zu schaffen. Im Gegenteil, alte marode Anlagen, die schon längst vom Netz abgeschaltet sein müssten, laufen immer noch. Personen die Reaktorunfälle und Fehler absichtlich verschwiegen haben, sitzen immer noch im Amt oder auf ihrem Posten. Denn spätestens seit Harrisburg und Tschernobyl sollte wohl allen klar sein, dass Atomenergie die gefährlichste und teuerste Energieform ist, die es je gab. Die Folgen eines Super-Gaus sind nicht mehr zu bewältigen und das Risiko einer Kernschmelze lässt sich auch bei den veralteten Atomkraftwerken nicht ausschließen.

Doch wie sieht es mit dem Atommüll aus? Ein noch größeres Problem stellt die Entsorgung des Atommülls dar. Hatten sich nicht damals die Grünen im wahrsten Sinne des Wortes vor die Zugtransporte geworfen und laut geschrien, Schluß mit den Atomtransporten, Schluß mit den Zwischen- und Endlagern? In ihrer Regierungs- und Amtszeit sind noch mehr Zwischen- und Endlager gebaut worden. Die Umwelt- und Atompolitik der Grünen ist eine Lüge. Ihre Politik der letzten Jahre erweckt den Anschein, dass sie sich nur aus Postenerhascherei, Selbstdarstellung und Eigennutz dieser Bewegung angeschlossen hatte. Selbst der letzte Unfall im Endlager, bei denen mehrere Leckagen in den Atommüllbehältern entdeckt wurden brachte die Grünen Umweltsheriffs nicht auf den Plan. Sie ließen diese für das Volk gefährliche Situation, wie auch die Regierung und Medien, einfach in den Sand verlaufen. Zudem werden wir auch durch die Kernkraftwerke und Atommülltransporte in unseren Nachbarländern bedroht. Immer wieder liest und hört man von Störungen in den Kernkraftwerken und Schäden an den Transportbehältern. Sehen wie einem schleichendem Tschernobyl entgegen? Auch Russland ist nicht weit, denn Frankreich verkauft gebrauchte Kernkraftwerksteile aus stillgelegten Anlagen nach Russland. Dadurch ist die Bedrohung für die Menschheit nicht abgewendet. In der Schweiz wurde konterminiertes Material an den Zügen festgestellt. So könnte man die Liste mit den Störungen in den Kernkraftwerken und während der Transporte des Atommülls auf der ganzen Welt, unendlich fortsetzen.

Ernsthaft und konsequent setzt sich nur Greenpeace gegen die Atommülltransporte und Atompolitik der Regierungen ein. Bei den neuesten Messungen durch Greenpeace wurden während des Transports des Atommülls höhere Strahlungen als im Jahr 2005 gemessen. Die Sicherheitsstandards werden immer lascher gehandhabt und die Transportbehälter entsprechen auch nicht mehr dem Zustand, um solche, für die Menschheit gefährliche Ladung zu transportieren. Die Strahlenbelastung des Begleitpersonals, der tausend Polizisten die zum Schutz der Transporte notwendig sind, der Anwohner und der Demonstranten sind unverantwortlich. Auch die schädliche Wirkung von Niedrigstrahlung auf den Menschen wurde schon nachgewiesen. Damals als Umweltministerin hatte Frau Merkel die Transporte noch gestoppt. Heute, wo die Transporte gefährlicher und strahlungsinten-

siver sind, hat Frau Merkel das Interesse verloren. Hat sie ihr Ziel doch erreicht, sie ist Bundeskanzlerin und damit sind die Belange des deutschen Volkes nachrangig. Wenn Greenpeace sich wehement gegen die Transporte einsetzt, hat es sicherlich einen Grund. Denn es wird nicht dafür gesorgt, dass die Atommüllbehälter weniger Strahlung abgeben. Messungen von Greenpeace ergaben eine erhöhte Wärmeentwicklung an den Behältern. Das bedeutet, dass in den alten Atommeilern mit stark erhöhter Radioaktivität gearbeitet wird. Das ist unverantwortlich. Sind doch diese Atommeiler für diese Grenzbelastung gar nicht ausgelegt. Leider wird es Greenpeace untersagt noch näher an die Behälter mit dem Atommüll heranzugehen und weitere Messungen vorzunehmen. Es wird schon seinen Grund haben. Die Regierungen spielen mit unserer Gesundheit, mit unserem Leben und der Welt. In den 50er Jahren wurden die Atommüllbehälter ins Meer versenkt, was ist daraus geworden? 11000 Tonnen Atommüll in 35800 Behältern hatten Belgien, Frankreich, Niederlande, Großbritanien und Deutschland in den Atlantik versenken lassen. Zudem kommen noch die zigtausend Fässer die Russland in die Barentsee gekippt hatte. Nicht zu vergessen sind auch die unzähligen Atom-U-Boote, die teilweise einfach versenkt wurden. In all diesen Gebieten wird erhöhte Radioaktivität festgestellt. Wir leben sozusagen auf einer Zeitbombe. Dieses Problem wird von den Verantwortlichen einfach tot geschwiegen.
1998 schlug die Koalitionsregierung aus Rot-Grün den kompletten Ausstieg aus der Atomenergie vor, nach dem man festgestellt hatte, dass die Abfallbehälter äußerlich kontaminiert waren. Doch das waren leere Versprechen, denn die Städte sind mit bis zu 42,5% an den Atomkraftwerken beteiligt. Ein Ausstieg hätte also riesige Löcher in die Finanzkassen gerissen. Der Ausstieg aus der Atomenergie war eine Rot-Grüne Lüge. Warum sollte man im Jahr 2005 die Grünen wählen, die seit 1998 stetig für die Verarmung des deutschen Volkes gesorgt hatten, bzw. mit getragen hatten. Selbst die Umwelt- und Atompolitik stellte eine Fehlleistung dar. Der Bau eines Kernkraftwerkes kostete 1968 knapp 265 Millionen D-Mark. Der Abriss kostet heute das Vierfache, also 500 Millionen Euro. Das ist eine verdammt teure Energiequelle. Natürlich haben spezialisierte Firmen die Einnahmequelle erkannt und sind nun weltweit in dem Bereich, Abbruch von Atommeilern tätig.

Keine Technologie ist ohne Risiko. Auch die Erneuerbare Energie birgt ihre Gefahren. So scheint die Nutzung von Biomasse harmlos, doch auch Biogasanlagen können zur Todesfalle werden. Bei dieser Technologie wird die Biomasse in großen Reaktoren zersetzt, wobei überwiegend Methan (Erdgas) entsteht. Das Gas ist entzündlich und es kann zu Explosionen kommen. Bedauerlicherweise hat es schon etliche Tote durch Gasvergiftungen gegeben.

Das war‘s

Auf den Weg von Essen nach Bochum, von der Ruhr herüber zernebeln Explosionsschwaden die gleizende Vormittagssonne. Unterhalb der ehemaligen Theodor Heuss-Brücke mit der Ruhrallee blicke ich auf das zerstörte Ufer der in Schutt und Asche liegenden Ruhrmetropole gegenüber. Im Dunst der andauernden Explosionen sehe ich dort, wo einmal das Hafenbecken war, eine riesige Wasserfläche. In Paketen nebeneinander rostfarbene, ausgebrannte Transportschiffe. Irgendwo dort, mittendrin, stand einmal ein Turm, dass nun mit seinen skurillen Aufbauten aus Bohrturm ähnlichen Gebilden und merkwürdig verformten Kränen die phantastischsten Formen darstellt. Ich bin allein, kann ich überleben?

Bewahre mich vor dem naiven Glauben, es müsse im Leben alles glatt gehen. Schenke mir die nüchterne Erkenntnis, das Schwierigkeiten, Niederlagen, Misserfolge und Rückschläge eine selbstverständliche Zugabe zum Leben sind, durch die wir wachsen und reifen.

Am 19. April 2005 wird ein Deutscher, Joseph Kardinal Ratzinger zum Papst gewählt. Seine ersten Worte zu der jubelnden Menge:„ Ich bin nur ein demütiger Arbeiter im Weinberg des Herrn. Würde er einmal die Trauben ernten und unter das arme Volk verteilen, dann währe der Zuspruch der Kirche gewiss. In der heutigen Zeit mischt sich die Kirche zu wenig ein. Gegen Kriege und Kampfeinsätze müsste sie lauter protestieren und sich gegen diese Regierungen stellen. Immer mehr vermisst man die Annäherung zur armen Bevölkerung. Auch diese Menschen bezahlen Kirchensteuern. Die Kirche aber wendet sich mehr den reichen Leuten zu, die mal eine größere Spende zum Vatikan schicken. Wie oft bekommen die Reichen eine Audienz beim Papst. Einen Armen wurde das bisher nicht gewährt. Das ist eine Diskreminierung der armen Bevölkerung. Wie oft kann man beobachten, wenn alte Menschen ihre Rente zur Kirche tragen, wie der Pfarrer dort dann ein und aus geht.

Das hat mit einem überzeugenden christlichen Glauben nichts mehr gemein.
Die Bundesagentur für Arbeit gibt einen neuen Nachkriegsrekord bei den Arbeitslosen bekannt. Im Februar 2005 waren demnach 5,216 Millionen Menschen ohne Arbeit. Diese Nachricht zeigte deutlich auf, die Regierung Rot-Grün hatte versagt. Zu allem musste Finanzminister Eichel eingestehen, dass er nun zum vierten Mal einen verfassungswidrigen Haushalt zu verantworten hatte und erneut gegen die Defizitgrenze des Maastricht-Vertrages verstieß. Die Rot-Grüne Bundesregierung bricht damit zum vierten Mal in Folge nationales wie europäisches Recht. Wie war das möglich, betrugen doch die Steuereinnahmen des Bundes im Jahr 2005 noch 459,2 Milliarden Euro. Im Jahr 2006 stiegen sie auf 526,3 Milliarden Euro. Der Bundeshaushalt im Jahr 2001 betrug mal gerade 477 Milliarden D Mark. Wo ist das Geld geblieben? Der Bund sparte doch Milliarden an den Gehältern seiner Angestellten und Beamten ein, die nach der Euro Umstellung nur noch die Hälfte der Gehaltes bekamen. Überall konnte die Regierung nach der Euro-Umstellung höhere Steuereinnahmen verbuchen. Wie hatten die Regierungen es zu D Mark-Zeiten geschafft, einen ausgeglichenen Haushalt zu führen? Mussten sie doch mit wesentlich geringeren Beträgen den Haushalt führen. Die Ausgaben für den Beamtenapperat waren höher, die Mehrwertsteuereinnahmen wesenlich geringer. Die Regierung Rot Grün hatte uns in allen Punkten belogen. Der größte Fehler war die Abkehr vom Sozialstaat. Die Gelder die eingespart wurden bzw. den sozial Schwachen gekürzt und vorenthalten wurden, sind im doppelten Umfang an die Konzerne weitergeleitet worden. Doch die dachten nicht daran mehr Menschen einzustellen, sie bauten nach dem Vorbild der Regierung nur noch Arbeitsplätze ab. Der Bundeshaushalt 2005 war in einem noch schlechterem Zustand als der Haushalt 2004. Das Defizit betrug rund 60 Milliarden Euro und steigt zu 2004 um 10 Milliarden Euro an. Der ausgeglichene Haushalt, wie so oft zur Entschuldigung der unbeliebten Sparmaßnahmen vorgebracht, zerplatzt wie eine Seifenblase. Diese Situation der Finanzen zeigte ganz deutlich auf, gespart wird und wurde nur am Bürger, dass Geld wurde anderweitig zum Fenster hinausgeworfen. Mit dem Spruch, wir müssen sparen, wurde das Volk von Rot-Grün belogen. Und nicht zu vergessen, von den Politikern die noch heute an der Spitze von Rot-Grün sitzen.

Und die soll das Volk wählen? Nach all den Querelen innerhalb der SPD, der Bekanntgabe der höchsten Arbeitslosenzahl und der Finanzlage der Regierung war es eigentlich keine Überraschung mehr, dass die CDU die Wahlen in Nordrhein-Westfalen gewonnen hatte. Zudem hatte die SPD sich auch falsch aufgestellt. Ihr fehlten die Mitreißer vergangener Tage. Clement oder Forscherau hätten die SPD zum Sieg geführt. Warum wurde die Grüne Partei für ihre desolate Regierungszeit nicht abgemahnt? Es ist kaum zu ergründen.

Am 22. Mai, kurz nach der herben Niederlage der SPD in Nordrhein westfalen, die SPD hatte immerhin 7% hinter der CDU gelegen, hatte der SPD-Vorsitzende Müntefering die Grundlage für die Neuwahlen des Bundestages gelegt. So Müntefering: Wir suchen die Entscheidung. Es ist Zeit, dass in Deutschland die Verhältnisse geklärt werden. Die Menschen sollen sagen, von wem sie regiert werden wollen. Nun war die CDU gefragt, die richtige Kanzlerwahl, als Gegenpart zu Schröder zu finden. Wollte die SPD gerade in dem Jahr ihres schlechtestem Abschneidens Neuwahlen herbeiführen? Es war die Zeit der Bewegungen in der SPD angebrochen. Einige gingen, andere die man schon tot gesagt hatte, standen wieder auf und meldeten sich zu Wort. Das bemerkenswerte Ereignis war wohl der Austritt Oskar Lafontaine aus der SPD. Aus Protest gegen die Hartz Gesetze war seine Argumentation. Als Sozialist, der er nun mal war, konnte er diese menschenunwürdigen Reformen auch nicht mit tragen.

Oskar Lafontaine wendet sich der WASG zu, die auch seine politischen Richtungen und Gedanken in ihrem Grundsatzprogramm führte. Allein war die WASG zu schwach um gegen die etablierten Parteien bestehen zu können. Im Osten brauchte man Verbündete. Die PDS, schon lange von ihrem kommunistischen Gedankengut abgekehrt, sollte der richtige Partner für die WASG und Lafontaine sein. Am 3. Juli 2005 fusionierte die WASG mit der PDS zu einer Partei „die Linken" und stellte ihr Programm für die vorgezogene Bundestagswahl im September 2005 vor.

Bevor es aber dazu kommt, werden am 10. Mai 2005 genau 2711 Betonklötze in Berlin eingeweiht und schon drei Jahre später saniert. In 1361 von 2711 Betonklötzen hatten sich Haarrisse (kleine Oberflächenrisse) im Beton gebildet. Diese Sanierung hatte wohl wieder

Millionen gekostet. Musste doch erst wieder ein Gutachten erstellt werden und was das kostet, wissen wir ja zur Genüge. Ist denn niemals ein Mensch vom örtlichen Bauamt in der Lage solche Kleinigkeiten zu erledigen? Das kommt davon, wenn ein Politiker irgendwo hingesetzt wird, von dem er keine Ahnung hat. Im Prinzip trifft das auf alle Politiker zu. Man kann sich des Gefühls nicht verwehren, diese Gutachten werden nur zur eigenen Haushaltssanierung erstellt. Fällt doch immer ein nettes Sümmchen in die eigene Kasse ab. Das diese Schäden einmal auftreten würden, ist jedem am Bau befindlichen Arbeiter bekannt. Warum wurde dieses anfällige Material gewählt? Um immer ein Nebeneinkommen zu haben.

Am 10. Mai 2005 wurde das Mahnmal zum Gedenken an 6 Millionen ermordeter Juden in Europa eingeweiht. Der ganze Komplex kostete dem Steuerzahler 28 Millionen Euro. Nach Angabe der Bundesregierung. Die tatsächlichen Kosten werden wieder weit darüber liegen. Die Betonblöcke sind von innen hohl und haben eine Wandstärke von 15 cm. Ihre Grundfläche beträgt konstant 2,38 x 0,95 Metern. Nur die Höhen variieren. Ein unterirdisches 930 m2 großes Museum ergänzt den Komplex. Fast 15 Millionen Euro kosteten die Betonblöcke. Zusätzlich 10,5 Millionen für den Bau des Ortes der Information. 2,3 Millionen für den Ausstellungsbau. Das Grundstück, mit dem Wert von ca. 40 Millionen Euro stellten wir kostenlos zur Verfügung. Der laufende Jahresetat beträgt 2,7 Millionen Euro. Schäden und willkürliche Schäden sind natürlich nicht inbegriffen. Jeder Hilfsarbeiter hätte den Professoren und Doktoren darauf aufmerksam machen können, dass bei diesen Abmessungen und Wandstärken von 15 cm für die Betonblöcke die Schäden jedes Jahr immens sein werden. Die Kosten trägt ja nur der Steuerzahler. Die Regierung hatte mal wieder übertrieben, wie sie es immer mit den Ausgaben und Leistungen für Ausländer übertreibt. Das eigene Volk, wie die armen Hartz IV Empfänger können es ja richten. Auch die Juden waren von diesen riesigen Bauten, dem Holocaust Mahnmal nicht begeistert, eine stille kleine Gedenkstätte vollkommen ausreichend.

Kaum hatte das Volk diesen Kostenschock verdaut, wurde im September 2005 die neue Ausstellung für die Juden eingeweiht. Nur der Umbau kostete 605000 Euro. Die Kosten tragen wir und nicht zur Hälfte der

Bund und das Land. Was maßen die sich da oben immer an, haben die je nur einen Cent für diese oder andere Prunkbauwerke ausgegeben. Zur Einweihung sind sie alle da und lassen sich noch auf unsere Kosten bewirten. Der, der dieses Vorhaben erst möglich gemacht hatte, bleibt außen vor. Ausgerechnet das Bundesland Berlin, dass die dortigen Politiker runtergewirtschaftet haben, kann nicht mehr einen Cent ausgeben. Es ist eine Schande, wie die mit unserem Geld umgehen. Den Hartz IV Empfängern wird jeder mögliche Cent abgezogen. Die unglaubwürdigen Spargeschichten kann man nicht mehr hören. Die Juden hätten sicher Verständnis gehabt, wenn man ihnen in vier oder fünf Jahren eine Gedenkstätte erbaut hätte. Sie waren nie von dem Mahnmal begeistert, oder wollten es haben. Nur unsere Politiker brauchten mal wieder eine Gelegenheit um sich in der ersten Reihe ablichten zu lassen. Mitten im Bauvortschritt des Mahnmals, als bekannt wurde, dass die Firma Degussa, deren Tochtergesellschaft zur Nazi-Zeit Giftgas herstellte, an dem im Bau befindlichen Mahnmal mitwirkte, wollte Lea Rosh ohne Rücksprache die Degussa ausschließen. Dieser Umgang mit der Vergangenheit zeigt den Kleingeist dieser Menschen auf, die einfach nicht verstehen wollen, dass kein Arbeiter oder Angestellter jemals einem Juden ein Leid angetan hatte oder hat. Die Deutschen haben mit der Ermordung der Juden nichts mehr gemein. Diese grauenhaften Taten weniger Deutsche sollte in den Geschichtsbüchern erhalten bleiben. Eine einfache Gedenkstätte, wie für alle anderen Toten dieses grausamen Krieges hätte vollkommen ausgereicht. Und haben die Regierungen daraus gelernt? Nein, sie schicken deutsche Soldaten ins Ausland, dorthin, wo sie überhaupt nichts zu suchen haben. Oder Israel mit ihrem andauernden Kriegszustand. Dort wird auch nicht alles Menschenmögliche versucht, um den Menschen endlich Frieden zu geben.

Die Kritik an dem Mahnmal ebbt nicht ab. Für den einen ist es zu teuer, für die Juden ist es in diesem Sinne auch kein Mahnmal und wird unter anderem auch vom Zentralrat Deutscher Sinti und Roma kritisiert. Ihre Meinung, es werde nur an die ermordeten Juden Europas gedacht. Nicht aber an die anderen Opfer des NS-Regimes. Wenn die Sinti und Roma auch recht haben, aber sobald ein Ausländer ruft, steht die Regierung stramm. Die Kritik der Sinti und Roma wurde abgeschwächt durch die Bewilligung eines weiteren und etwas kleineren Denkmals für die ermordeten Sinti und Roma. Das war natürlich auch nicht richtig, denn die Sinti und Roma fühlten sich durch die Trennung der Mahnmale und einzelne Opfergruppen diskriminiert.

Kritisiert wurde auch die Neuerrichtung des Mahnmals in Berlin von den Juden, da in Deutschland angesichts einer Vielzahl authentischer Holocaust-Gedenkstätten dieses Mahnmal völlig unnötig sei. Was hatte sich die Bundesregierung eigentlich dabei gedacht? Baut für 28 Millionen Euro eine Gedenkstätte und keiner möchte sie haben. Wie viele arme Kinder hätte man mit dem Geld helfen können. Aber für uns Deutsche, die das ganze immer finanzieren, ist kein Geld da. Und diese Leute wollt ihr wieder wählen. Die verdienen nur Verachtung.

Der Jude Ignatz Bubis stellte fest, dass die Juden diese Gedenkstätte für ihre Trauer nicht benötigen. Er wirft den Deutschen vor, dass dieses Mahnmal für die Deutschen erbaut wurde, damit diese ihre Täterschaft und Schuld vermindern. Sollte das die allgemeine Meinung der Juden sein, dann haben sie jeglichen Sinn für die Realität verloren. Kein Bürger wurde gefragt ob dieses Mahnmal erbaut werden sollte. Schuldgefühle, hatte ich noch nie, das Deutsche Volk braucht keine Schuldgefühle zu haben. Denn sie haben noch nie einen Juden bzw. Menschen getötet. Das waren bis 1945 die Naziz. Warum haben die Juden sie nicht aufgehalten? Das deutsche Volk war zu schwach.

Kaum sprach einer der Juden darüber, dass er die Gedenkstätte lieber in der Gedenkstätte „Topographi des Terrors“ gesehen hätte, wurde diesem Wunsch sofort entsprochen. Die Umbaukosten betrugen 605000 Euro. Im Jahr 2005 wurden für Gedenkstätten der Juden 28,6 Millionen Euro von unseren Steuergeldern bezahlt. Das ist die Sparweise der Deutschen Regierung. Ich habe kein Verständnis für die ewig andauernden Forderungen der Juden. Wissen sie doch all zu gut, wieviel Elend es in diesem Land gibt, wie viele Kinder hier in Armut leben. Aber das scheint egal, da sie diese Kinder noch für die Nazi Herrschaft verantwortlich machen, nur um noch mehr aus diesem Land, den Steuerzahlern, herauszupressen. Kritisiert wird auch von den Juden der hohe Kostenfaktor des Mahnmals in Berlin. Denn durch den hohen Kostenaufwand sind andere Gedenkstätten der Juden nicht mehr su gut unterhalten worden. Auch sei der Jahresetat von 2,7 Millionen Euro für das Mahnmal in Berlin zu niedrig. Das Bundesland Bayern stellt für die Gedenkstätten in Bayern jährlich 4,5 Millionen Euro zur Verfügung. Nicht das Bundesland stellt diese unverschämten Forderungen zur Verfügung, der Steuerzahler stellt diese Beträge zur Verfügung. Stellt jedes Bundesland zur Pflege der jüdichen Gedenkstätten 3,0 Millionen zur Verfügung, so kostet das dem Steuerzahler jährlich 48 Millionen Euro. Die Regierung, wir müssen sparen.

Wo findet man die Gedenkstätten für die verfolgten und ermordeten Opfer des DDR-Regimes? Wo findet man eine Gedenkstätte für die deutschen Soldaten, die in diesen sinnlosen Krieg gezwungen wurden. Wo findet man eine Gedenkstätte für die Hunderttausend Frauen, die während des Krieges und nach dem Krieg in den Besatzungszonen furchtbar gelitten haben und gestorben sind? Wo findet man eine Gedenkstätte für unser gemeinsames Deutschland, z. B. die Mauer? Sie
fristet irgendwo ein Schattendasein. Wo ist die Erinnerung, auch für die schönen Stunden der damaligen DDR-Bürger? Der Palast der Republik? Ihn hätte man den Bürgern nicht nehmen dürfen. Wo findet man eine Gedenkstätte für die vielen Maueropfer?

Am 5. Juli 2005 wurden die 1065 Mauerkreuze am Checkpoint Charli entfernt. Aber auch alles was den Deutschen an vergangene Zeiten erinnert, wird entfernt oder fristet ein karges Dasein. Der Deutsche wird entmündigt oder entfernt.

Korruption beim Bau der Kölner Messehallen. Beteiligt waren damals, der Oberbürgermeister der Stadt Köln, die Sparkasse und ein Immobilienunternehmer. Es besteht der Verdacht einer Bestechung und Bestechlichkeit in einem besonders schweren Fall, begründete der Kölner Oberstaatsanwalt. Die Kölnmesse muss für vier Ausstellungshallen und das neue Konferenzzentrum jährlich 20,7 Millionen Euro Miete zahlen. Sollte die Gesellschaft das Geld nicht aufbringen können, muss der Steuerzahlerler die Kosten, die Mietkosten in voller Höhe übernehmen. Gegen den früheren Vorstandsvorsitzenden der Sparkasse Köln-Bonn wird ein Ermittlungsverfahren wegen Untreue eingeleitet. Der Sparkasse Köln Bonn sind durch dubiose Immobiliengeschäfte Verluste bis zu 100 Millionen Euro entstanden.

Korruption

Der Stadtrat von Ulm hatte beschlossen, neue Türen und Fenster ins Rathaus einzubauen. Die Ausschreibung war flux erstellt und schon bald

darauf flatterten die ersten Angebote ins Haus. Es waren nachher genau fünf. Der Stadtrat, der CDU-Partei zugehörig, ließ nach Durchsicht und Abwägung der Angebote, ein Angebot kam von einem Linken und war das Günstigste, eine neue überarbeitete Ausschreibung erstellen. Sehr schnell kamen die Angebote zum Stadtrat, auch diesmal Fünf. Das Billigste kam von der SPD, das zweit Günstigste von den Linken, dann von den Grünen und der FDP. Schließlich nimmt die Mehrheit unter Einschaltung des Baurats das teuerste Angebot von der CDU. Um Geld zu sparen, wählt man von nun an, nur noch die SPD.
Die Parteigenossen und der Koalitionspartner die Grünen waren vorher informiert. Eine große Anzahl der Abgeordneten sollte sich der Stimme enthalten. Mit Vorankündigung stellte Schröder am 1. Juli 2005 die Vertrauensfrage und verliert sie. Sein Ziel waren Neuwahlen. Eigentlich ohne Grund stellte Schröder die Vertrauensfrage, denn die Niederlage der SPD in Nordrhein-Westfalen machte die Koalitionsregierung Rot-Grün immer noch regierungsfähig. Ein weiteres Jahr hätte die Stimmung in der Bevölkerung sicher geändert. Im Moment stand die Bevölkerung noch unter dem Schock der hohen Arbeitslosigkeit und der hohen Verschuldung der Politiker. Die sagen immer der Bund oder der Staat ist hoch verschuldet, die Schulden haben die Politiker durch ihre Unfähigkeit gemacht. So aber hatte Schröder beabsichtigt die Vertrauensfrage verloren und den Weg für vorgezogene Neuwahlen im September freigemacht.
Am 18. September 2005, seines Sieges zu sicher, machte Schröder doch ein langes Gesicht, weil es für Rot-Grün nicht reichte. Nur vier Mandate lag die CDU/CSU Fraktion vor der SPD. Selbst CDU-Chefin Merkel macht ein langes Gesicht und ist über diese Situation nicht erbaut, es reicht nicht für ihre Wunschkoalition mit der FDP. Die Wahlbeteiligungen, bedingt durch die Resignation des Volkes, wird immer geringer. Zu so einer wichtigen Bundestagswahl gingen nur 77,6%. Mensch Leut, dass ihr bei diesen Alternativen keine Lust habt, kann man verstehen. Wenn aber diese 22% eine andere Partei gewählt hätten, dann würde da oben die Post abgehen. Die Stimmvergabe im Jahr 2005.
CDU = 27,78% = 180 Sitze, CSU = 7,89% = 46 Sitze, SPD = 34,25% = 222 Sitze, FDP = 9,83% = 61 Sitze, Bündnis 90 die Grünen = 8,12% = 51 Sitze, Die Linke = 8,71% = 54 Sitze.

Welche Partei auch immer sich anmaßt zu behaupten, mit 34 oder 35% habe sie den Wählerauftrag zum Regieren, der sollte sich immer vor Augen halten, 65% haben mich nicht gewählt. Zu diesem Zeitpunkt hätte eine starke Linke Partei das Ruder vielleicht noch herum reißen können. Zu diesem Zeizpunkt hatte der Sozialstandort Deutschland noch eine Chance. Ihr, die nicht zur Wahl gegangen seit, habt ihn verspielt. Von nun an müsst ihr mit Hartz IV leben.
Zwei Monate nach der Wahl ist die Entscheidung gefallen. Die Bundesrepublik wird zum zweiten Mal von einer großen Koalition geführt. CDU/CSU und SPD regieren unter Kanzlerin Merkel. Zum ersten Mal wird Deutschland von einer Frau geführt. Ob das im Sinne der Wähler war? Sicher nicht. 63 Millionen Euro kostet dem Steuerzahler zusätzlich zu den Parteigeldern eine Bundestagswahl. Diese Gelder werden an Städte und Gemeinden für deren Unkosten gezahlt. Getränke für die freiwilligen Helfer und das Anmieten und Säubern der Wahllokale. Zu Schröders Abschied oder Agenda. Diese Rot-Grüne Regierung unter Schröder hatte es doch tatsächlich geschafft unser Land innerhalb von 2,5 Jahren in die Armut zu stürzen. Kein Aufschrei derer, die damals wegen einer Rentenerhöhung von 0,2% auf die Barrikaden gingen. Diese Lasten können unsere Kinder nicht mehr tragen, hieß es damals. Wo sind sie geblieben? Sie haben aufgegeben. Sitzen in der Ecke und kuschen. Volk steht auf und macht es denen da oben klar, wir leben noch.

Die Agenda 2010

Im Berlin lebte einst ein Weiser mit seinen Genossen an den Ufern des heiligen Flusses die Spree. Jeden Abend unterwies er seine Nachfolger in dem alt ehrwürdigen Reichstag über die Agenda 2010, der sie andächtig lauschten. Eines Tages jedoch lungerte ein armer Mann während des Vortrages in dem Raum herum und zog die Aufmerksamkeit auf sich. Das wiederholte sich zum Leidwesen des Weisen von nun an jeden Tag. So band er den armen Mann schließlich jeden Abend vor Beginn der Erläuterungen draußen an einen Baum und löste ihn erst, wenn der Vortrag beendet war. Die Jahre verstrichen und der Weise musste gehen. Seine genossen versammelten sich wie gewohnt jeden Abend zum gemeinsamen Studium der Agenda 2010 und banden vorher den armen Mann draußen an einem Baum, wie sie es vorher gesehen. Der arme Mann wurde älter und starb schon bald. Aber unverdrossen hielten die

Genossen am Ritual der Agenda 2010, denn keiner von ihnen wusste, weshalb der arme Mann angebunden worden war. Sie suchten einen neuen armen Mann, den sie von nun an jeden Abend draußen an einen Baum festbanden.

Wenn es keine Frau währe, könnte man sagen, so ein schlauer Fuchs. Wo lernt man diese abwartende Haltung, auf die Fehler anderer wartend, um sie dann zu beseitigen. So war es auch in ihrer ersten Amtszeit als Bundeskanzlerin. So gerissen wie sie war, überließ sie alle Ministerien, mit denen sie sich beim Volk nur Feinde machen kann, der SPD und ließ sie gewähren und walten. Die neuer große Koalition besetzte folgende Ministerien.

Bundeskanzlerin: Merkel (CDU), Außenminister: Steinmeier (SPD), Arbeit und Soziales: Scholz (SPD), Innenminister: Schäuble (CDU), Justizministerin: Zypris (SPD), Finanzminister: Steinbrück (SPD), Wirtschaftsminister: Glos (CSU), ab 2009: Guttenberg (CSU), Ernährung und Landwirtschaft, Verbraucherschutz: Seehofer (CSU), später Aigner (CSU), Verteidigung: Jung (CDU), Familienministerin: von der Leyen (CDU), Gesundheitsministerin: Ulla Schmidt (SPD), Verkehrsminister: Tiefensee (SPD), Umweltminister: Gabriel (SPD), Bildung und Forschung: Schavan (CDU), Wirtschaftliche Zusammenarbeit und Entwicklung: Wieczorek-Zeul (SPD), Bundesminister für besondere Aufgaben und Chef des Bundeskanzleramtes: de Maizie're (CDU).

Nur gut, dass es den Personen, die einen Ministerposten bekleiden nicht um die Aufgabe geht, dem Volke zu dienen, sondern nur um einen Stuhl zu besetzen, denn sonst könnte man sie nicht so hin und her schubsen.

Ausgerechnet Ulla Schmidt und dann wieder das Gesundheitsministerium. Hatten wir in den letzten Jahren nicht schon genug Ärger mit ihrer mangelhaften Gesundheitspolitik. Noch nie stand ein Ministerium so oft in den Schlagzeilen und zur Diskussion wie sie. Wie konnte die Merkel das zulassen. Oder war es Absicht, dann war es eine schändliche Haltung dem Volk gegenüber. Es werden vier harte und lange Jahre werden. Nur danach wurde es auch nicht besser.

Und dann war da noch Steinbrück, hatte der nicht vor kurzem noch Nordrhein-Westfalen zu Grunde gerichtet? Die Quittung hatte er ja von den Wählern erhalten. Grauenhaft der Gedanke, er könnte sich jetzt am Volke rächen.

Frau Merkel, eure Kanzlerin, da kommt noch einiges auf uns zu. Hatte die sich nicht zum Abschied von Schröder für dessen Durchsetzung der Hartz-Gesetze bedankt. Es konnte nicht schlimmer kommen, denn durch die Aufteilung der Ministerien wird sich nichts für den Arbeiter ändern.
Die Hartz-Gesetze, die andauernden Steuerbetrügereien der oberen ohne Bestrafung, die Investionsbetrügereien und keinerlei Unterstützung der Arbeiter durch die Regierung. Es war nicht davon auszugehen, dass die neue Regierung aus CDU/ CSU/ SPD den eingeschlagenen Kurs der vergangenen Regierung Rot-Grün ändern würde. Da habe ich die Linken gewählt.
Die Linken warum nicht. Auch die CDU hat Stasi-Spitzel in ihren Reihen. Betrachtet man die Geschichte der Ost-CDU und inklusive DBD (Demokratische Bauernpartei Deutschlands). Auch der Zusammenschluss von West-FDP mit den Ost-Parteien LDPD (Lieberale-Demokratische Partei Deutschlands) und NDPD (Nationale Demokratische Partei Deutschlands). All diese Blockparteien hatten im SED-Regime nur eine statistenhafte Rolle, um eine Mehrparteienlandschaft vorzugaukeln. Im Falle der Union wurde laut Spiegel das ehemalige VOB-Vermögen unsauber übernommen. Unsauber deshalb, weil man zuvor angab, nur rechtstaatlich erworbenen Besitz zu übernehmen, aber angeblich dann auch nichtrechtstaatlichen Besitz von der VOB zur Unions GmbH übertragen hatte. Der FDP soll der Zusammenschluss mit der LDPD und NDPD die dreifache Mitgliederzahl und zahlreiche Immobilien eingebracht haben.
Wenn man empört über PDS und Linke reagiert, heißt das, Wasser predigen und Wein trinken.
Ich habe die Linke gewählt, weil ich die Meinung vertrete, so wie sich die Parteien in der heitigen Zeit darstellen, halten wir es mit jeder demokratisch geführten Partei aus. Schlimmer kann es gar nicht mehr für den Arbeiter kommen. Die da oben müssen wachgerüttelt werden. Eine Linke oder andere demokratische Partei mit 30% würde bei denen Angst und Schrecken verbreiten. Es würde sich etwas bewegen. Wählt weiter so und es bewegt sich nichts.
Auch die Regierung Merkel schaffte nicht den erhofften Aufschwung. Eher gesagt, es wird dem Arbeiter vorgegaukelt, die Wirtschaftslage ist

schlecht. Die Manager müssen Zauberer sein, wie schafft man sonst bei einer schlechten Wirtschaftslage Gewinne bis über 5 Milliarden Euro. Immer wieder hört man, die Wirtschaft stagniert seit 2001. Und dann melden sich immer wieder irgendwelche Dummschwätzer zu Wort. Das klingt dann so, mehr Arbeit bringt auch mehr Wachstum und eine geringere Anzahl von Arbeitstagen bringt weniger Wachstum. Gegen diesen Unsinn kann man dann diese Nachricht halten. Der Deutsche Bank Chef Ackermann verkündet für 2005 einen Rekordgewinn und will gleichzeitig 6400 Stellen streichen. Dann hört man immer wieder, ohne den Außenhandel, ohne die weltwirtschaftliche Dynamik stände Deutschland vor einer Wirtschaftskrise, dass sei allen Globalisierungsgegnern gesagt. Hier merkt man wieder, der diese Worte von sich gegeben hatte, hat von der Globalisierung und Neoliberalisierung des Welthandels keine Ahnung.

Steht die deutsche Wirtschaft seit 1997 nicht konstant in einer Wirtschaftskrise, oder redet die Wirtschaft sie nicht ständig herbei, um die Regierung und den deutschen Arbeiter unter Druck zu setzen. Mit immer weniger Beschäftigten machen die Konzerne Milliarden Gewinne. Im Jahr 2002 konnten sie Ihre Gewinne fast verdoppeln und daran krankt die deutsche Wirtschaft. Diese erreichten Rekordgewinne müssen jedes Jahr übertroffen werden, um die Maßlosigkeit der Manager und Aktionäre zu befriedigen.

Nicht die Globalisierung der Wirtschaft hält denen da oben den Arbeitsplatz oder Vorstandsstuhl sicher, die Arbeiter sind es, die denen durch Steuern und Abgaben mit Milliarden Investionen das Leben versüßen. Mit 7,50 Euro die Stunde Brutto, dass sind ca. 14,70 D-Mark, hätte vor 2002 keiner gearbeitet. Die Arbeit wird unter der Armutsgrenze der EU-Vorgaben vergütet. An den Sozialabgaben brauchen sich die Firmeninhaber auch nicht mehr in dem Maße zu beteiligen wie es vor 2002 üblich war. Nicht die Globalisierung unterstützt das Wachstum der Konzerne und deren Gehälter, der deutsche Arbeiter ist es, der mit immer weniger Lohn und mehr Leistung die deutsche Wirtschaft am Leben hält. Ist es der Wirtschaft nicht mehr möglich, den Arbeiter noch weiter auszupressen, wird eine Weltwirtschaftskrise herbeigelogen. Um den Konzernen noch höhere Gewinne zu ermöglichen, werden Langzeitarbeitslose von den Arbeitsämtern (Jobcenter) gezwungen, für einen Euro die Stunde über einen Zeitraum von ca. ½ Jahr befristet zu arbeiten. Neuerdings wird diese billige Arbeitskraft auch länger schamlos ausgebeutet. Mit Unterstützung der Arbeitsämter. Die Politiker, ob CDU/ CSU/ FDP/ SPD oder Grüne, sie applaudieren und sonnen sich im Glanz der Milliardäre.

Bei den Arbeitern fehlte es an allen Ecken und Enden. Zusätzliche Arbeit zu finden war ein Problem. Zu viele Betrüger boten gut bezahlte Arbeit in den Zeitungen an. Immer wieder stellte sich bei denen heraus, erst die Waren bzw. Artikel kaufen und dann wird Geld verdient. Die einzigen die bei dieser Masche Geld verdienen, sind diese Betrüger, die diese Arbeiten vermitteln. Zu den Betrügern und Ausbeutern kann man auch die unzähligen Arbeitsvermittlungen zählen. Die armen Menschen, die monatelang vergeblich eine Arbeit gesucht hatten, wenden sich in ihrer verzweifelten Lage an die Arbeitsvermittler. Es ist schon ein Unding, dass die Firmen nicht mehr eigenständig eine Arbeitskraft suchen, dass machen nun die Vermittler und die nutzen das schamlos aus. Die Agentur für Arbeit und der Arbeitsminister schauen tatenlos zu. Hier werden Menschen für eine Zeitarbeit und einem Lohn von ca. 1000 Euro vermittelt und merken meist erst zu spät, der Arbeitsvermittler streicht Monat für Monat 300 Euro ein. Der Lohn wird von den Firmen zum Arbeitsvermittler überwiesen, der dann sofort die Provision einhält. Das geht so lange, bis der Arbeitgeber den Menschen, die Arbeitskraft nicht mehr braucht, oder dieser enttäuscht aufgibt. Denn meistens handelt es sich hier um Arbeit, deren Stundensätze unter fünf Euro liegen. Der ausgezahlte Lohn liegt dann unterhalb der festgelegten Armutsgrenze und nach allen Abzügen wie Miete, Heizung und Strom noch unter dem Hartz-Niveau.

Hatte es die große Koalition geändert oder es versucht ein neues Gesetz für diese Ausbeutung der Arbeitswilligen zu schaffen? Nein, die Regierung aus CDU/ CSU und SPD hatten nichts unternommen. Im Gegenteil, sie haben diesen Skavenhandel noch unterstützt und gefördert. Um die Wirtschaft nicht aufzuschrecken und die dicke Freundschaft mit den Milliardären zu gefährden, haben sie es tunlichst vermieden, einen Mindestlohn zu fordern. Diese Regierung blieb auf Kurs und der hieß, Kontrolle der Bevölkerung und Freiheit für das große Geld. Diese Regierung unternahm alles, damit kein Arbeiter eine Chance hatte auch nur mal eben 400 Euro nebenbei zu verdienen. Hierzu wurde die Kontenevidenz-Zentrale (KEZ) eingerichtet. Die Unterhaltung dieser neuen Überwachungsstelle verschlingt Millionen, die sie sicher nicht einbringt. Eine neue Schikane für den Arbeiter und Belastung für diejenigen, die noch eine Arbeitsstelle hatten. Werden jetzt die Stasimachenschaften übernommen? Durch die KEZ können per Knopfdruck nicht nur Finanzämter, auch Sozial,- Wohnungs, Arbeits,- Bafög- und Rentenämter erfahren, wo ein Bürger ein Konto hat und welche Beträge ein und ausgehen.

Dann ist es ein Rätsel, wie die Milliarden in die Schweiz, nach Lichtenstein und andere Steueroasen gebracht werden konnten. Schon wieder eine abgesprochene Sache zwischen den Steuerbetrügern und der Regierung? Auch unter Kanzlerin Merkel ändern sich diese Machenschaften nicht. Die neuen Gesetze und Verordnungen werden nur noch gemacht, um den Arbeiter zu knechten und in die Leibeigenschaft zu treiben. Die Stasi-Methoden werden übernommen und angewandt. Auf meine Anfrage zum Problem des Menschenhandels in Deutschland zum Zweck der Ausbeutung der Arbeitskraft bekam ich vom Ministerium keine Antwort.

Fragte ein Regierungsbeamter einen Hartz IV Empfänger:„ Wie beurteilen sie die politische Lage? Antwortet der Gefragte:„ Ich denke.“ Der Regierungsbeamte erbost:„ Das genügt, ihnen wird Hartz IV gekürzt.“

Das Finanzamt verhört einen Steuerhinterzieher. Geben sie zu, dass sie 400 Euro nebenbei verdient haben? Ja. Geben sie auch zu, dass sie diese Einnahmen nicht dem Finanzamt angegeben haben? Ja. Würden sie auch für 300 Euro unserer Kanzlerin den Garten pflegen? Sicher, wenn sie mir auch die 300 Euro schwarz auf die Hand gibt, wie sie es mit anderen Aushilfskräften gemacht hatte.

Neuerdings hat es sich eingebürgert, dass korrupte Politiker sich ihre Dienstleistungen schwarz (bar auf die Kralle) bezahlen lassen. Dann kann es dem Bürger nur recht sein, diesen Vorbildern zu folgen. Die Schwarzgeldkassen und der Siemens-Skandal können für andere deutsche Unternehmen negative Folgen haben. Denn Korruption lässt auch ausländische Auftraggeber zurückschrecken. Bei einer Umfrage hielten fast alle der Befragten die Wirtschaft für korrupt, wobei 34% der Bevölkerung auch die politischen Institutionen für korrupt halten. Am

schlechtesten stehen die Politiker da.59% halten die Politiker für korrupt. Affären wie in Köln und Wuppertal prägen sich eben ein. Haben die Politiker versucht diese abwertende Meinung des Volkes durch entsprechende Maßnahmen zu ändern? Nein, es interessiert sie überhaupt nicht. Gesetze werden für das Volk gemacht, die Politiker stehen darüber. Ab jetzt wird die Korruption bei den Beamten und Regierenden unter dem Mantel des Sponsoring versteckt fortgeführt. Beamte dürfen keine Geschenke annehmen, deren Wert bei 25 Euro oder höher liegt. Für das Sponsoring gelten diese Grenzen nicht. Hierbei finanzieren dann Firmen, die ein besonderes Interesse an die teilnehmenden Politiker zwecks einer Auftragsvergabe haben, die rauschenden Gartenfeste. So macht man sich Politiker gefügig und bindet sie in die eigenen Interessen ein. Das nennt man auch Vorteilsnahme der Politiker und müsste bestraft werden.
Seit Jahren ratifiziert die Bundesregierung, auch unter Merkel, die UN Konvention gegen Korruption nicht. Der wesentliche Grund ist die unzureichende strafrechtliche Verfolgung und Regelung der Abgeordnetenbestechung. Gerade dieser Tatbestand im Strafgesetzbuch muss verschärft werden um den Anforderungen der Konvention gerecht zu werden. Bislang liegen im Bundestag nur Gesetzentwürfe der Grünen und der Linken vor. Keiner von denen da oben wird die Unterschrift zu dieser Konvention vorantreiben. Die Regierung hatte schon dieser UN-Konvention, schärfer gegen die Korruption vorzugehen, zugestimmt, aber wer wird sich schon selber die Schlinge um den Hals legen. Das ist ein klares Zeichen für die Bürger, dass jeder von den Regierenden und Wirtschaftsbossen an den Korruptionen beteiligt ist, aber zumindest davon profitiert. Raus Sekretärin, Hedda Höbig bestellte den Flieger und alle nutzten diesen als ihr Sündenbabel. Gesponsert und bezahlt von der West-LB, die dafür unsere Steuergelder aus ihren Kassen nahm. Die Bundesregierung blockiert zu dem schärfere Antikorruptionskont rollen der OECD (Organisation für wirtschaftliche Zusammenarbeit und Entwicklung). Warum blockiert die Bundesregierung wohl die diese Forderungen der OECD? Weil sie sich und ihren Freunden eine zusätzliche Einnahme nicht abschneiden möchte. Bürger, jetzt reicht es doch wohl. Ihr rennt zur Wahl und wählt diese korrupten Parteien. Wählt diese Lügner endlich ab. Italien ist dagegen ein Kindergarten.
Die Firma Bilfinger und Berger hatte Gelder an die Firma eines britischen

Anwalts bezahlt, um einen lukrativen Auftrag im Ausland zu bekommen. Gegen diesen Anwalt wurde im Rahmen einer Korruptionsuntersuchung ermittelt.

Gegen DaimlerChrysler wurde in den USA wegen Korruptio ermittelt. DaimlerChrysler unterhielt in den USA geheime Konten, die für Korruptionszahlungen vorgesehen waren. Nur für diese Zwecke der Verschleierung, Korruptionszahlungen, Schwarzgeldkonten und Verlustabschreibungen werden marode Firmen im Ausland gekauft. Die deutsche Regierung segnet alles ab und Beamte halten die Hand auf. Staatsanwälte werden in ihren Ermittlungen behindert oder angewiesen die Ermittlungen einzustellen. Sonst droht die Versetzung oder Absetzung, denn der Arbeitgeber der Staatsanwälte ist die Bundesregierung.

Gegen die Firma Fraport wurde wegen Bestechung in mehreren Fällen ermittelt. Die Schuld trugen zwei kleine Mitarbeiter, die im Grunde überhaupt keine Chance hatten, Geschäfte in dieser Größenordnung nachzugehen.

Die Firma Siemens wird im Bericht über Korruption im Irak mit 62 anderen Firmen erwähnt. Hierbei hatte die Siemens Power Generation 990000 Dollar auf Konten in Andorra und Florida eingezahlt. Seit Korruption in Deutschland verboten ist, werden diese Provisionsvereinbarungen in Subunternehmer- und Consultingverträgen umgewandelt. Wie geschmiert, kann man das wörtlich nennen. Bei der Vergabe von Exportgarantien unterstützt die Bundesregierung durch die Vergabe von Hermesgarantien diese Machenschaften der Konzerne im Ausland. Welche Abscheu hatten wir gegen die italienische Mafia, oder Italiens Regierungschef Berlusconi. Italien ist gegen die Machenschaften die hier in Deutschland ablaufen, ein Waisenland.

Mitte 2009, unter Kanzlerin Merkel, bestellten 115 Abgeordnete 396 Füller im Gesamtwert von 68800 Euro. Jeder Füller kostete dem deutschen Steuerzahler etwa 174 Euro. Denen müsste die Schamröte ins Gesicht steigen, wenn sie ein Kind sehen, dass im Mülleimer nach Nahrung sucht. Diese Maßlose Politikergarde habt ihr gewählt. So etwas kann man nicht durchgehen lassen.

Wie viele kleine Steuersünder wurden vom Finanzamt schon strafrechtlich verfolgt, nur weil sie ein paar Euro nicht angegeben hatten. Die aber, die den Staat bzw. die Steuerzahler betrügen und Verluste in Millionenhöhe einbringen, fühlen sich diesen Steuergesetzen nicht unterworfen. Durch die Nebeneinnahmen der Arbeiter kurbeln sie die Wirtschaft noch an. Die Steuerbetrüger hingehen, die das im großen Stiel, mit dem Einverständnis der Regierung machen, bunkern das Geld irgendwo im Ausland und versuchen hier in Deutschland durch Korruption, Betrügereien und Absahnen von Steuergeldern sich ein schönes Leben zu machen. Und die Regierung hilft ihnen noch dabei. Sie greift bei ihresgleichen nicht durch und lässt sie schalten und walten wie vor den Vorgaben des Bund esverfassungsgerichts, denn das Verschweigen von Nebentätigkeiten gilt bei denen weiterhin als Kavaliersdelikt. Es gibt zwar Verhaltensregeln, wonach Nebeneinkünfte schriftlich angezeigt aber nicht veröffentlicht werden müssen. Die Abgeordneten halten sich nicht daran, die Regeln werden immer noch von ihnen als Kann Vorschrift ausgelegt.

Der frühere Bundesinnenminister Schily wehrt sich gegen die Offenlegung seiner Nebeneinkünfte. Die Argumente die er vorbringt sind einfach lächerlich. Er kann die Namen seiner Mandanten nicht preisgeben. Braucht er auch nicht, er sollte nur den Betrag seiner Nebeneinkünfte angeben. Was maßen die sich an, mit welchem Recht setzen die sich über das Steuerrecht hinweg. Das ist die typische deutsche Politikergarde. Wer hat Schily in den Bundestag gewählt, damit der sich an unsere Steuergelder bereichern kann? Man stelle sich vor, ein Bekannter, vielleicht auch Nachbar kandidiert für den Bundestag. Mit deiner Stimme hast du ihn geholfen und der hat nichts anderes zu tun, um den ganzen Tag zu überlegen, wie er an dein Geld herankommt. Diese Beispiel bezieht sich auch auf die Landes- und Stadtratsmitglieder. Solche Menschen habt ihr gewählt. Sagt nicht immer, wen sollten wir denn sonst wählen. Es gibt genug Alternativen, denen man auch eine Chance geben kann.

Gerade in dieser Zeit erhallt der Ruf in den Reihen der CDU nach weniger Kündigungsschutz. Dieser Ruf sollten wir an den Bundespräsidenten oder dem Bundesverfassungsgericht senden, damit es uns möglich gemacht wird, Politiker die nicht zum Wohle des Volkes arbeiten, frühzeitig abzusetzen. Dann hätten wir sicherlich einen leeren Reichstag oder ständig eine Minderheitsregierung, denn es gibt nur wenige, die zum Wohle des Volkes arbeiten. So wie es am Reichstaggebäude steht.

Um all diesen Problemen zu entrinnen, die auf die armen gescholtenen Abgeordneten durch die Angabe von Nebeneinkünften auf sie zukom-

men, werden neuerdings korrupte Politiker in Bar auf die Tatze bezahlt. Die Korruption geht mitten durch das Herz des Rechtstaats.
Konnte man doch glauben, dass Kanzlerin Merkel durch ihre Vergangenheit in der DDR zur Maßhaltigkeit aufrufen würde, so sah man sich in dieser Hinsicht getäuscht. Die Verschwendungssucht konnte noch gesteigert weden. Unter Kanzlerin Merkel stimmte die CDU/CSU und FDP gegen einen Antrag der Grünen, dass die Ausgaben für die üppige Residenz des ehemaligen Ministerpräsidenten Stoiber gekürzt werden oder nicht im vollen Umfang vom Steuerzahler zu erbringen sind. Stoiber residiert weiter in einem Büro mit 13 Zimmern in einer noblen Lage. Er hat zwei Beamte zur vollen Verfügung, zwei persönliche Sekräterinnen und einen eigenen Chaffeur. Nur der Unterhalt dieser Residenz kostet dem Steuerzahler jährlich 450000 Euro. Hinzu kommem noch die Millionen, die Stoiber aus seiner Zeit als Ministerpräsident und zusätzlich als Bundestagsabgeordneter abkassiert. Wieviel nun Günther Beckstein, der nächste Ex-Ministerpräsident von Bayern dem Steuerzahler kostet, kann man nur erahnen. Es wird nicht viel weniger sein. Wie viele Ministerpräsidenten, Bundespräsidenten, Bundeskanzler, Abgeordnete des Bundes und der Länder, Minister des Bundes und der Länder, Bürgermeister usw. versüßen wir mit unseren Abgaben das Leben. Nicht das wir nur für ihr leibliches Wohl sorgen, es kommen noch die Kosten für die Bediensteten, die Büros mit Sekräterinnen und Chaffeur hinzu. Und nur wenige haben jemals irgendwelche Abgaben oder Rentenbeiträge gezahlt. Diese horrenden Summen, die jährlich aufzubringen sind, zerstören den Sozialstaat Deutschland. Nur aus diesem Grund wurden die Hartz-Gesetze gemacht, die Steuerlast ständig erhöht, die Renten drastisch gekürzt. Der Arbeiter kann diese Last nicht mehr tragen. Auch damals zur Zeit der Könige und Fürsten ist das Volk aufgestanden, weil sie die Last der Abgaben und Steuern nicht mehr tragen konnten.
So wie Helmut Kohl die Rentenkasse plünderte, schickt sich Frau Merkel nun an, jetzt auch noch die Arbeitslosenkassen auszurauben. Der Staat und unsere Abgeordneten bedienen sich. Die Rentenkassen sind leer, die Rentner erhalten nur noch die Hälfte ihrer Rente, geht es den Arbeitslosen ebenso?

Der Bettler und der Staatsdiener

Der Abend neigt sich dem Ende zu und der Bürger Joke versucht es noch einmal. Er versucht es noch einmal den hohen Herrn seinen guten Willen vorzuweisen. Durch die Fenster sieht er sie tanzen, wie die hohen Herren auf seine Kosten rauschende Feste feiern. Er nimmt allen Mut zusammen und klopft an der verzierten großen Eingangstür. Ein Staatsdiener, fein im Frack öffnet die große schwere Tür und fragt erstaunt und leicht brüskiert nach dem Wunsch des armen Joke. Der bringt im Moment nicht viel heraus, räuspert sich und sagt, eher befielt, der Herr möge mir meinen Anteil geben an dem rauschenden Fest. Der Staatsdiener verblüfft der befehlenden Bitte, fragt noch einmal nach dessen Wunsch. Da antwortete Joke, noch einmal mein Herr, ich habe mein letztes Hemd den Steuereintreibern des großen Herrn gegeben. Nun will ich meinen Anteil an dem rauschenden Fest. Der Staatsdiener noch immer verblüfft, verweist Joke nach hinten zur kleinen Tür, dort bekommt er was er verdient. Der arme Joke packt seinen Klüngel und begibt sich zur dunklen kleinen Nebentür. Der Staatsdiener öffnet die Tür und bittet Joke sich doch zu bücken und tritt ihn voll in das Gesäß. Das ist es, was das deutsche Bauernvolk verdient. Haben wir das wirklich verdient?

Bringt die neue Regierung im Jahr 2006 die Wende?

Was wird uns das Jahr 2006 bringen? Wird die große Koalition den Weg zum Wohle des Volkes zurückfinden? Nach drei Monaten Amtszeit von Frau Merkel kann man nur hoffen. Taten sind noch nicht vollbracht worden.

Für viele begann das Jahr 2006 nach den Ferien mit dem Schreckgespenst der Kurzarbeit. Ist Kurzarbeit angesagt, was ist dann zu beachten bzw. was muss der Arbeitnehmer unternehmen, sind doch die meisten Arbeiter vollkommen unwissend.

Die Kurzarbeit wird vom Arbeitgeber bei der Bundesagentur für Arbeit angemeldet. Für einige Berufszweige ist auch die unbefristete Kurzarbeit jederzeit möglich. Das sind dann die Berufe, die keiner Gewerkschaft noch Berufsverbänden angeschlossen sind. In den meisten Berufszweigen muss der Betriebsrat zustimmen oder der Arbeitnehmer, wenn die Kurzarbeit im Arbeitsvertrag nicht geregelt ist. Wird die Zustimmung verweigert, kann der Arbeitgeber die Kurzarbeit mit der Änderungsankündigung durchsetzen. Ankündigungsfristen muss der Arbeitgeber nur einhalten, wenn sie vereinbart sind. Allerdings wird nur bei Anordnung einer vorübergehenden Kurzarbeit Kurzarbeitergeld von der Bundesanstalt gezahlt. Kurzarbeitergeld wird für längstens 18 Monate (bis zum 31.12.2008 nur 12 Monate) gezahlt. Die Lohnkürzung errechnet sich aus der reduzierten Arbeitszeit. Bei halber Arbeitszeit kann auch der Lohn halbiert werden. Das Kurzarbeitergeld wird zusätzlich zum Lohn bis zu einer Höhe von 67% für Arbeitnehmer mit mindestens einem Kind und 60% für alle anderen Arbeitnehmer ohne Kinder gezahlt. Diese Prozentzahlen beziehen sich auf das gesamte ausgezahlte Monatsgehalt. Insgesamt bekommt man während der Kurzarbeit 60 bzw. 67% seines letzten Nettolohns. In Betrieben, in denen Kurzarbeit verrichtet wird, kann ein Arbeitnehmer zwar eine Nebentätigkeit aufnehmen, diese wird aber 1:1 mit dem Kurzarbeitergeld verrechnet. Wie kann man nun diese Vorschrift als Arbeiter umgehen, ist man nicht auf diese zusätzliche Einnahme angewiesen. Nehmen wir uns ein Beispiel und machen es unseren Vorbildern, den Politikern nach. Zuerst lässt man sich das Nebeneinkommen in kleinen Beträgen auf den Namen einer anderen Person auszahlen. Erst nachdem die Kurzarbeit vorüber ist, wird die Schlussrechnung gestellt.

Wo man auch hinschaut, nirgendwo wird gespart.Es fängt bei der Außenbeleuchtung, die auch am Tage brennt an. Der Bürger sollte jeden Tag den Bürgermeister an seine Sparappelle erinnern, denn den Strom bezahlt der Steuerzahler. Gespart wird nur bei den Armen. So hatte das Statistische Bundesamt im Jahr 2006 genau 130000 deutsche Haushalte über ihre Einkommensverhältnisse befragt. Demnach waren 13% der deutschen Bevölkerung armutsgefährdet. Das sind 10,6 Millionen Menschen. Darunter 1,7 Millionen Kinder unter 16 Jahre. Die Armutsgefährdungsquote, nicht die Armutsgrenze, liegt in den neuen Ländern bei 17%, in den alten Ländern bei 12%. Diese Armutsgefährdungsquote besagt, wenn eine Person mit weniger als 60% des mittleren Einkommens auskommen muss, ist sie armutsgefährdet. Die Armutsgefährdungsgrenze liegt für eine Familie mit zwei Kindern unter 14 Jahre bei 1798 Euro. Bei einer allein Erziehenden mit einem Kind unter 14 Jahre liegt sie bei 1113 Euro. Für allein Stehende bei 856 Euro. Zwar geht die Umfrage von 60% des mittleren Einkommens aus, vermeidet aber das mittlere Einkommen anzugeben. Das mittlere Einkommen für eine Familie mit zwei Kindern unter 14 Jahre müsste bei ca. 3000 Euro liegen. Diese Umfragewerte, wahrscheinlich von der Regierung Merkel in Auftrag gegeben, sind der größte Hohn. Welcher Arbeiter verdient in der heutigen Zeit 3000 Euro Brutto. Eins zeigen diese Umfragewerte ganz deutlich. Jeder Hartz Empfänger wurde von den Regierenden in die Armut getrieben. Selbst der größte Teil der Kurzarbeiter hat nicht dieses hohe Einkommen um aus der Armutsgefährdungsgrenze herauszufallen. Es hat auch nicht den Anschein, dass die Regierung Merkel jemals in dieser Richtung für den Arbeiter oder Hartz-Empfänger etwas tun würde. Eher erlässt sie ihren Freunden Ackermann und Zumwinkel die Steuerschuld. Statistiken spiegeln zwar nicht das Leben des deutschen Volkes wieder, aber die hier aufgezeigte berührt die Arbeiterklasse. Denn alle sozialen Statistiken weisen ab dem Jahr 2002 einen scharfen Knick nach unten auf. Die Reformen von Rot-Grün begannen zu wirken. Drastisch verringerte Einkommen, Rentenreform, Gesundheitsreform, Hatz Gesetze und eine höhere Mehrwertsteuer haben zusammengenommen die Gesellschaft völlig verändert.

Ganz oben werden sagenhafte Reichtümer angehäuft, die Mittelschicht zerfällt und arme Menschen stürzen ins Bodenlose. Das einstige Hochlohnland Deutschland ist auch unter Schwarz-Rot zu einem Billiglohnland geworden. Alles hätten die Arbeiter getragen und ertragen, nur im Jahr 2002 hätte die Regierung darauf achten müssen, dass der Lohn zur Ware nicht um 50% gekürzt wurde. Besser gesagt, es hätte verhindert werden müssen, dass die Wirtschaft die Preise zu ihren Artikeln im Verhältnis 1:1 umschreibt und der Arbeiter auf 50% seines Lohnes verzichten muss. Mit Wehmut denken wir an das Jahr 2001 zurück. Wie ging es uns Arbeiter 2001 noch gut. Innerhalb von vier Jahren hatte die Bundesregierung aus Deutschland ein Armenhaus gemacht. Die Firmen meldeten Kurzarbeit an und Dank der verkehrten menschenunwürdigen Politik muss der Arbeiter 16 Stunden arbeiten um diese Ausfälle finanziell aufzufangen. Und die Regierung schmeißt unsere Steuergelder den Industriellen hinterher. Die staatlichen Subventionen im Jahr 2006 betrugen nur für Forschung und Entwicklung 11,2 Milliarden Euro. Mit unseren Steuergeldern finanzieren wir den Konzernen, kleinere Betriebe werden nicht unterstützt, die Milliarden Renditen. Nur bei uns, die das alles möglich machen und alles finanzieren, da kommt nichts an. Im Gegenteil, wir finanzieren unsere Arbeitsplätze weg.
Mit unseren Steuergeldern unterstützt und bezahlt die EU zum Beispiel Rumänien, damit die ihren Haushalt so gestalten können, um ein Billiglohnland zu bleiben. Wir bezahlen zum Beispiel Rumänien, damit die abwandernden deutschen Firmen in Rumänien billige Arbeitskräfte finden. Wir bezahlen hier in Deutschland mit Milliarden Subventionen die Konzerne, damit sie in Deutschland bleiben und bezahlen Ostblockstaaten, damit sie der westeuropäischen Wirtschaftelite bei Bedarf billige Arbeitskräfte zur Verfügung stellen. Das ist die allheilbringende Globalisierung, die uns alle zu Reichtum bringt. Den einzigen, die diese Neoliberale Marktwirtschaft zu Reichtum verhilft, sind die Konzerne, die erst in Deutschland die Milliarden Investionen absahnen und dann mit Unterstützung der EU, unsere Steuergelder, in Osteuropa Fördermittel zur Firmenansiedlung bekommen. In welchen Teufelskreis sind wir geraten? Und das alles unter Mitwirkung von Frau Merkel. Sollte die Regierung ihren Kurs nicht ändern, wird sie sie Vorbereitung auf

Massenproteste forcieren, um die Armen, anstatt die Armut bekämpfen zu können.

Immer wieder wird von den Medien gezeigt, wie deutsche Ausbilder Afghanen erfolgreich zum Polizisten ausbilden. In Wirklichkeit ist die Polizeiausbildung in Afghanistan nur eine Verschwendung von Milliarden. Nach Angaben von Ausbildern kann man innerhalb von 8 Wochen keinen Analphabeten, der noch nie etwas vom Rechtsstaat gehört hatte, ausbilden. Die Regierung Merkel musste Erfolge vorweisen, denn hier wurden wieder Milliarden Steuergelder in den Sand gesetzt. Zur Beschleunigung der Ausbildung wollten Politiker Feldjäger heranziehen. Mangels Masse ist dieser Vorschlag wieder verworfen worden. So wird weiterhin Geld in eine Polizeiausbildung gesteckt die nur Summen verschlingt, den Afghanen aber nicht weiterhilft. Trotzdem Kanzlerin Merkel über diese Brisanz weiß und diese missliche Situation ändern möchte, geschieht nichts, es kommt nichts, genau wie in ihrer gesamten Amtszeit.

Wie in der Politik geschieht auch beim Fußball nichts. Der Torhüter schießt den Ball zum Verteidiger, der schießt den Ball zum rechten Verteidiger. Der rechte Verteidiger schießt den Ball zum in der Mitte postierten Manndecker, der nimmt den Ball auf und schießt ihn zum gut bewachten Mittelfeldspieler. Der Mittelfeldspieler kann gerade noch den Ball zum Verteidiger schießen. Der Verteidiger nun auch stark bedrängt, kann den Ball nur noch zum Torwart schießen. Dem bleibt nichts anderes übrig, als den Ball vor den heranstürmenden Gegner ins Aus zu schießen. Das hätte man mit wesentlich weniger Aufwand auch schaffen können. So lebt die Politik auch von Kanzlerin Merkel ihr Dasein dahin. Ohne jeglichen Schwung oder Interesse.

Im Jahr 2006 begann man die Leitplanken an den Autobahnen durch Betonteile zu ersetzen. Die Autobahnen werden zubetoniert. Diese Betonplanken seitlich der Autobahnen werden zur Todesfalle, denn das Wasser steht bei Regenwetter teilweise bis zur Kriechspur und läuft nicht ab. Herankommende PKW erkennen diese Gefahr erst viel zu spät und gleiten über das Wasser ins nichts, dank der Fehlplanung der Verantwortlichen. Hier wohl der Verkehrsminister. Früher stand der Grünstreifen noch zur Verfügung, wohin das sich aufstauende Wasser ablaufen konnte. Nun mit der Eindämmung der Fahrspur verhält es sich wie bei den Kanälen, die Abwasserführungen bzw. Ablaufschächte sind viel zu weit entfernt und das Gefälle des Straßenbelags durch die Einschnürung viel zu gering. Wie bei der Eindämmung der Wasserwege wird auch hier leichtfertig mit dem Leben der Bevölkerung umgegangen. Von den Verkehrsministerien muss eine neue Entwässerungsführung geplant und ausgeführt werden.

Schon Ende 2005 wurde in China die Vogelgrippe entdeckt, umso verwunderlicher, dass sie Deutschland im Jahr 2006 ohne jegliche Vorsorge erreicht. Mit einem Schlag findet man zuerst auf den Inseln hunderte verendete Tiere. Durch die schlechte Vorsorge und mangelhaftem Katastrophenschutz greift die Epedemi sehr schnell um sich und erreicht das Festland. Unvorstellbar, Deutschland würde eine größere Katastrophe treffen. Es bleibt dem Bauer oder Tierhalter, der gefiederte Tiere hält nur eine Möglichkeit, nach dem die Freilandhaltung untersagt wurde. Die Tierhalter müssen einen Stall bauen. Mit dieser Aktion konnte man die Vogelgrippe bremsen, aber nicht die unersättliche Raffgier einiger Fleischverkäufer. Immer wieder wurde bei Einzelhändlern oder in großen Lagerhallen Gammelfleisch in großen Mengen gefunden. Hier konnte man wieder die unersättliche Gier einiger Betrüger bzw. Verbrecher erkennen, denen das Leben oder die Gesundheit des Menschen nichts angeht. Vor allem brauchte mal wieder die Regierung sehr lange, bis sie das richtige Strafmaß gefunden hatte. Es erweckte immer wieder den Anschein, als hätten diese Betrüger sehr gute Beziehungen zur Regierung, wie sonst konnte verdorbenes Fleisch, deren Haltbarkeitsdatum schon mehrere Jahre überschritten war, größtenteils tonnenweise in Bayern gefunden werden. Hatten die bayrischen Buben immer wieder versucht, solche Prozesse zu vertuschen?

Wie war es überhaupt möglich, dass trotz Lebensmittelkontrollen immer wieder Gammelfleisch, mit anderen Fleischsorten vermischt, im Handel und an den Imbissständen angeboten wurde? Hier musste wieder einer die Hand aufgehalten haben.

Zum einen subventioniert die Bundesregierung die Umweltverschmutzung, zum anderen werden Milliarden für erneuerbare Energien verschwendet. Seit Merkel an der Regierung sitzt, ist man nach allen Seiten offen. 500 Millionen Euro pro Jahr an Mindereinnahmen, weil die Bundesregierung die größten Umweltverschmutzer, die Fluggesellschaften von der

Mehrwertsteuer befreit hatte. Zusätzlich fallen noch Mindereinnahmen von 8,7 Milliarden Euro für die Steuerbefreiung des Flugbenzins, dem Kerosin an. Und zu allem Übel, wird noch der Elektrosmog verbreitet unterstützt. Kein Aufschrei der Grünen, da sie ja für deren Einführung gekämpft hatten. Die LKW Maut wird zur Hälfte als Investion an die Bahn gezahlt. Da geht doch wieder etwas nicht mit rechten Dingen zu. Die Bunderregierung oder besser der Steuerzahler ist doch an der Bahn beteiligt, wir bezahlen Jährlich 80 Milliarden an die Bahn, die wiederum jedes Jahr in Etappen Preisaufschläge vorsieht. Warum wird dann die Bahn nochmals mit über 50% der Mauteinnahmen subventioniert? Ist dieser Betrag für die Abfindungen, Schweigegelder und Ruhestandsgelder gedacht? Hatte uns die Regierung nicht versichert, die LKW-Maut wird ausschließlich für die Erneuerung der Wege und Straßen verwendet. Man hatte den Bürger schon wieder belogen. Mindestens 30 Milliarden zusätzlich aus den Mauteinnahmen werden Jährlich der Bahn zur weiteren Umweltverschmutzung hinterher geworfen und gleichzeitig werden Milliarden für die Standortbestimmung und Errichtung der erneuerbaren Energieanlagen verschwendet. Für die Erstellung der Antragsunterlagen, für das Genehmigungsverfahren, insbesondere für die Gutachten fallen Kosten an. Die Höhe der anteiligen Kosten ergibt sich aus den jeweiligen Verträgen. Die Bundesregierung hat in diese Kostenaufstellung keine Einsicht. Jeder kann sich bis zu einem Höchstbetrag bedienen. Der Bürger glaubt ja die Mehr von der alternativen Energiegewinnung und bezahlt jeden Preis. Hinzu kommen dann noch die Kosten für die Gebühren und Auslagen. Die Berechnung erfolgt nach Aufwand bis zu einer Höchstgrenze von 50000 Euro für die Genehmigung zur Errichtung der Anlage und 10000 Euro für die Genehmigung zum Betrieb der Anlage. Diese Höchstgrenzen wurden bei allen erteilten Genehmigungen immer erreicht.

Werden von Regierungen gegen ein Land wirtschaftliche Sanktionen eingeleitet und beschlossen, muss sich das aber nicht auf den Wirtschaftsverkehr der beteiligten Länder beziehen. Im Jahr 2006 gingen die wirtschaftlichen Beziehungen deutscher Unternehmer mit dem Iran zurück. In diese Breche sprangen dann Russland und China und erhöhten die wirtschaftlichen Beziehungen zum Iran. Geld regiert die Welt und die deutsche Wirtschaft wollte auch wieder an den Kuchen beteiligt werden, den der Iran verteilte. Man wollte Russland und China diesen ergiebigen Markt nicht überlassen. Wen interessierten da schon menschliche und politische Zusammenhänge. Um nun die wirtschaftlichen Beziehungen deutscher Konzerne mit dem Iran weiter führen zu können und das deutsche Volk nicht auf diese Kehrtwendung aufmerksam zu machen, wurden die Waren über Dubai in den Iran importiert. Wen wundert es da noch, dass auch amerikanische Produkte über Dubai und Zwischenhändlern in den Iran gelangten. Hierbei sorgten asiatische Banken für die Abwicklung. Und das alles unter der Schirmherrschaft der deutschen Regierung. Denn durch die Hermes Bürgschaften für Auslandsgeschäfte war die deutsche Regierung unter Merkel und Außenminister Steinmeier immer informiert. Die deutsche Wirtschaft inklusive dieser Regierung würde den Iranern die Atombombe verkaufen und sie dann in den Nachrichten zu deren Abbau auffordern. Und das würden nicht nur die Deutschen machen, so verlogen ist die Politik.

Das Jahr 2006 und deutsche Soldaten immer noch in Afghanistan. Dabei nehmen die grauenhaften Erlebnisberichte über deutsche Soldaten im Ausland ständig zu. Was haben uns die Regierenden nicht alles über Afghanistan und dem Irak erzählt. Was berechtigt einen deutschen Soldaten in einem Land zu kämpfen, dass er gar nicht kennt, wozu er keinerlei Beziehungen hat? Was berechtigt deutsche Politiker, deutsche Soldaten in ein Land zu schicken, deren Menschen uns bisher noch kein Leid zugefügt hatten? Nur um dem amerikanischen Wahnsinn einen Dienst zu erweisen. Man konnte miterleben, wie Glücklich die US-Regierung nach der Niederlage der SPD wahr. Es war am Fersehgerät gut zu verfolgen wie Bush Frau Merkel umgarnte und nach kleinen Tätcheleien grinsend und zufrieden nach Amerika flog. Er hatte mal eben Frau Merkel zur Unterstützung und Finanzierung seines Alptraums einige Millionen Euro aus der Tasche gelockt. Frau Merkel, von dem großen Amerika sichtlich beeindruckt fiel prompt auf die kleinen Zärtlichkeiten herein und opferte dafür das Leben deutscher Soldaten. Das Amerika ließ Frau Merkel so in Verzückung geraten, dass sie Europa fast vergaß. Es gab des öfteren kleinere Spannungen mit unseren Nachbarländern, deren Freundschaft Schröder behutsam aufgebaut hatten. Russland, zu dem Schröder ein sehr gutes Verhältnis aufgebaut hatte und dem man in der heutigen Zeit mehr Vertrauen entgegen bringen kann als der

US Regierung, wurde des öfteren vergessen. Und all diesen taktischen Spielereien fielen unsere Soldaten zum Opfer. Viele, sehr viele werden das Erlebte in Afghanistan nie mehr vergessen können. Diese Bilder des Grauens sollte man jeden Tag denen da oben zeigen, dann würden sie nicht so leichtfertig mit Menschenleben umgehen. Was maßen die sich eigentlich an, über das Leben eines Menschen zu bestimmen. Das macht das Deutsche Volk alles mit? Wählt die endlich ab, damit wieder Friede auf dieser Welt herrschen kann. Ist es schon aufgefallen, dass sich in den letzten Jahren immer die US-Regierung als Retter der Welt darstellt und im Grunde nur die eigenen Interessen verfolgt, aber bei diesen Versuchen kläglich versagt?

Es ist nicht gerade berauschend was die Regierung Merkel im Jahr 2006 zustande gebracht hatte. Irgendwie erinnert mich das Rumgewurstel an die letzten Tage der SPD und Grünen-Regierung. Nicht ein politisches Vorhaben wurde ernstlich angepackt. Die Kanzlerin als Führungsperson oder Vorbild für die Nation, undenkbar. Reformen wurden verhandelt, vermittelt und dann doch verworfen. Nach monatelangem Gezetere einigte sich die große Koalition dann auf das Kleinste was möglich war und das war noch zu groß. Hatte die Regierung aus UNION und SPD nun gedacht, sie hätten den Durchbruch geschafft, so sahen sie sich fast immer getäuscht. Stets kam nach spätestens einem Tag die Kritik aus den eigenen Reihen. Es ist schon furchtbar für ein Volk mit ansehen zu müssen, wie sich jeder Politiker als Selbstdarsteller versucht und nicht zum Wohle des Volkes arbeitet. Hierdurch werden dann nur Gesetze und Reformen beschlossen, die niemanden zu Nutze sind. In dieser großen Koalition gibt es keinen, der die Marschrichtung angibt. Auch Kanzlerin Merkel nicht, die lauert auf die Fehler der anderen. Die Gesundheitsreform, das reinste Chaos. Wer ist auf die Idee gekommen, das Gesundheitsministerium weiter mit Frau Ulla Schmidt zu besetzen? Es war sicher die Kanzlerin, damit das Volk bei der nächsten Wahl nur die CDU wählt. So viel wie an der Gesundheitsreform herumgedoktort wurde, ist es schon keine Reform mehr und der Patient hätte schon lange tot sein müssen. Die Kanzlerin bleibt bei ihren Grundsätzen. Mit vielen Worten nichts zu sagen. Die Grundsätze in der Gesundheitsreform bleiben, es werde nur noch leichte Änderungen geben. Die Reform werde aber kommen und zwar im Grundsatz so, wie wir die Grundsätze vereinbart haben. Es hört sich so an, als ob die Kanzlerin die Grundsätze nicht kennt oder nicht weiß worüber sie spricht. Im Anschluss akzeptierte Frau Ulla Schmidt die Grundsätze der Kanzlerin mit den Änderungen im Detail und meinte, die Ziele der Reform stehen nicht zur Debatte. Aber wer kennt diese Ziele? Die beiden Frauen sicher nicht, sie suchen diese Ziele noch heute. Oder sind es die Experten, die wiederum für ein Millionen Honorar die Änderungen im Detail durch Studien sichtbar machen. Das Theater um die Gesundheitsreform schadet der Demokratie meinte ein SPD Sprecher. Die Demokratie, die ist uns 1998 verloren gegangen und Schaden an der Gesundheitsreform erleiden nur die armen Menschen, die sich bald wie in den Jahren um 1900 herum, die Gesundheit nicht mehr leisten können.

Dieses schäbige, grinsende Lachen ist es, wenn Politiker eine ernsthafte Debatte führen sollten, die mich des öfteren dazu verleitet, nach Berlin zu fahren und mir dort ein paar Skalps zu holen. Unvergessen sind auch die Worte vom damaligen SPD-Chef Kurt Beck. Das wir in den nächsten Jahren für Deutschland das Notwendige und Richtige auch tun werden. Nun ja, er hatte diese Legislaturperiode nicht überstanden und kann den Armen kein Leid mehr zufügen. Noch schlimmer war aber seine Bemerkung über die armen Menschen in Deutschland. Die Unterschicht. Zum ersten mal bezeichnete ein Politiker öffentlich die ärmsten Menschen in Deutschland als Unterschichten-Problem. Diese Problem haben die SPD und Grünen mit der Hartz-Kommission geschaffen. Ihrem Versäumnis und Fehlbeurteilung der kommenden Jahre haben die Menschen ihre lebenslange Armut zu verdanken. Mit welchen Recht betitelt ein Mensch der aussieht wie... die Deutschen, die durch das Versagen dieser Politikergarde in die Armut geraten sind, als Unterschicht. Der Bürger sollte das nicht vergessen. Auch Steinbrück will trotz guter Konjunkturlage nichts gegen die sich rasch ausbreitende Armut tun. Erst müssen wir einen ausgeglichenen Haushalt schaffen, waren immer seine Worte. An diesem Haushalt hatte er sich die Zähne ausgebissen und zwei Jahre später wird ihm dieser Satz im Halse stecken bleiben. Wie kann man als Regierender dabei zusehen, wenn in den Nachrichten des Fernsehens hungernde deutsche Kinder dabei gezeigt werden, wie sie in den Mülleimern nach Nahrung suchen und von der Leyen tanzt und

klatscht dazu. Hat sie es mit ihrer Kopfpauschale erst möglich gemacht, dass bald noch mehr Kinder in den Mülleimern suchen.
Der Satz: Zeig mir, was Mohammed Neues gebracht hat, stellte im Jahr 2006 alles in den Schatten. Bei seinem Deutschland-Besuch spricht der Papst in Regensburg darüber, dass Glaube Gewalt ausschließt. Dabei zitiert er einen byzantinischen Kaiser. Der Papst zitiete:„ Zeig mir doch, was Mohammed Neues gebracht hat. Und da wirst du, so sagte er, nur Schlechtes, Inhumanes finden, wie dies, dass er vorgeschrieben hat, den Glauben, den er predigte, durch das Schwert zu verbreiten. Dieses Zitat, von einem deutschen Papst vorgelesen, war natürlich Wasser auf den Mühlen radikaler Islamisten. Überall gingen Papst Puppen in Flammen auf und Rufe, tot den Ungläubigen hörte man überall. Der Oberste der katholischen Kirche, der Papst machte einen Kniefall und beugte sich den den radikalen Islamisten. Das hätte er nicht machen sollen, denn er las ein Zitat aus der früheren Geschichte der Islamisten. Nur der Dialog hätte beiden Seiten geholfen. So aber verleugneten die Islamisten die Zeit ihrer Vorfahren. Als Ungläubiger darf sich kein Papst betiteln lassen, dass hätte einer weltweiten Entschuldigung aller Islamisten bedurft. Durch diesen Kniefall in Istanbul unterstützte der Papst weitere Drohungen der Islamisten. Aus Angst vor Anschlägen wurde die Oper Idomeneo, eine Mozart-Oper, kurzfristig abgesagt. Der Kniefall der deutschen Kunst vor den Islamisten führte dazu, dass Innenminister Schäuble eine bessere Integration versprach. Die Politik in Deutschland geht auf die Muslime zu, rief er wohl eher aus Angst vor weiteren Drohungen der Islamisten. Hätte er mal besser gerufen, die Politik in Deutschland geht auf die Hartz-Empfänger zu. Dann hätte er unter dem deutschen Volk noch Freude und Hoffnung verbreitet, so aber erntete er nur Missgunst. Denn keiner von den radikalen Muslimen ist zu einer Integration bereit. Analphabeten, die im Grunde gar nicht wissen worum es geht, verbrennen nach einer Mohammed-Karikatur in Dänemark die dänischen Fahnen. Andere radikale Muslime nutzen dies aus und veranstalten eine Hetzjagd auf westliche Einrichtungen und Menschen. In den Niederlanden wird ein Regisseur umgebracht, aus Angst wird daraufhin ein deutscher Tatort-Krimi nicht ausgestrahlt. Haben wir das nötig, müssen wir uns das antun? Diese Angst erinnert an die Nazi-Zeit. Der Kampf der Kulturem und Regiolität. Nicht zu gleuben, im Jahr 2006.

Die Politiker finden kein Mittel, oder wollen kein Mittel finden, damit es endlich Ruhe auf dieser Welt gibt. Es gibt auch versöhnliche Töne, die werden aber immer von der deutschen Regierung kleinlaut und entschuldigend zu hören sein. Die bringen es noch so weit, dass wir um unsere Rechte betteln müssen.
Unsere Rechte sind nicht gleich die Rechte der Oberen. Die haben sich andere Gesetze und Rechte geschaffen. Warum konnte Alt Bundeskanzler Kohl seine Stasi-Akten verheimlichen und musste sie nicht der Öffentlichkeit preisgeben? Warum kann Frau Merkel ihre Stasi-Akten und die ihres Vaters behalten? Warum wird hier mit zweierlei Maß gemessen und das öffentliche Interesse missachtet? Gegen Gregor Gysi und anderen der Linken Partei zugeordneten Menschen wird mindestens ein Mal im Jahr von den Medien eine Stasi Zugehörigkeit vorgeworfen. Wer nicht in das System der Medien passt, wird als Feindbild betrachtet. Wird niedergemacht, ohne Rücksicht auf die Person oder Familie. Andere dagegen haben den Freifahrtschein bei der Presse und werden heuchelnd vertätchelt.
Die Bundesregierung hatte sich 1975 verpflichtet, keine Kernwaffen herzustellen oder anzunehmen. Auf dem rheinland-pfälzichen Bundeswehrstandort lagern nach US-Regierungsdokumenten 20 Atombomben. Weitere 90 Atomwaffen waren anfang 2005 in Ramstein stationiert. Wegen Bauarbeiten sollen diese im Frühjahr 2005 an einen unbekannten Ort gebracht worden sein. So hieß es in einer Anfrage der Linken im Januar 2006 an die Bundesregierung. Nach neuesten Hinweisen, hatten die USA ihre Atomwaffen zum Zeitpunkt der Bauarbeiten außer Landes gebracht. Somit ist in Büchel der letzte noch aktive Atomwaffenstandort in Deutschland. Hier lagern ca. 20 atomare Bomben, die wohl unter der Befehlsgewalt der USA stehen, aber von deutschen Kampfflugzeugen abgeworfen werden können. Zwischenzeitlich tauchte wieder die Frage auf, was stimmt nun an dem atomwaffenfreien US Stützpunkt Ramstein? Nach dem Wiesbadener Kurier und dem Münchener Mercur sind in Ramstein noch alle 130 Atomwaffen vorhanden. Dementsprechend muss man annehmen, dass in Ramstein ein reges Kommen und Gehen mit den Atomwaffen stattfindet. Oder ist es Absicht von den zuständigen Behörden der Presse diese Hinweise zuzuspielen.

Im Jahr 2006 kam der Deutsch-Türke Kurnaz nach langjähriger Haft aus Guantanamo frei. Die Bundesregierung unter Schröder und Außenminister Fischer sollen es im Jahr 2002 versäumt haben, Murat Kurnaz aus dem Gefängnislager Guantanamo zu holen. Einem Angebot der Amerikaner ist man nicht nachgegangen, heißt es in den Vorwürfen der Grünen und der Linken Partei. Den Grünen muss das Kurzzeitgedächtnis abhanden gekommen sein. Haben sie nicht mit ihrem Parteivorsitzenden und Außenminister Fischer dafür gesorgt, dass Kurnaz in Guantanamo bleibt? Die Amerikaner hatten Kurnaz in Pakistan aufgegriffen und ihm Beziehungen zu al-Qaida vorgeworfen und die radikale islamische Taliban unterstütz zu haben.

Das Theater, dass hier in Deutschland um Kurnaz veranstaltet wurde, ist nicht richtig. Ebenso die Einmischung von Amnesty International. Die Einschaltung eines Untersuchungsausschusses in Deutschland und die Vorgehensweise von Steinmeier und Merkel. Wie kann ein deutsches Gericht bzw. US-Gericht den Terroristen ein Recht auf ein ordentliches Verfahren einräumen, oder sie nach der Genfer Konvention behandeln. Sollte Kurnaz wirklich Kontakte zu den Terroristen gehabt haben, ist ihm wohl geschehen. Terroristen haben jedes Mittleid in meinen Augen verloren. Wer absichtlich Kinder, Frauen oder überhaupt Menschen, die nur in Frieden leben wollen, ein Leid zufügt, hat keinen Anspruch auf rechtstaatliche Einrichtungen.

Nach 14 Monaten Amtszeit der Regierung aus CDU/ CSU und SPD unter Kanzlerin Merkel muss man feststellen, die Maßlosigkeit wurde fortgeführt bzw. in den Folgejahren noch erhöht. Die Finanzhilfen des Bundes, also unsere Steuergelder, lagen im Jahr 2006 bei 38 Milliarden Euro. Diese unvorstellbare gewaltige Summe wurde unter anderem für Finanzhilfen an die gesetzlichen Krankenversicherungen für versicherungsfremde Leistungen gezahlt. Mehr als ein Sechstel der Leistungen gehören eigentlich gar nicht zu den Aufgaben von Renten, Gesundheits- und Arbeitslosenversicherung. Wenn die Ausgaben richtig finanziert würden, ließen sich die Beiträge um vier Beitragspunkte senken. Den größten Brocken machen die versicherungsfremden Leistungen bei der Rentenversicherung aus. Von 10 Euro, gehören 4 nicht zu den Leistungen der Rentenversicherung. Eine angemessene Rente erreichen Arbeitnehmer schon lange nicht mehr. Der durchschnittliche Rentenzahlbetrag liegt bei ganze 841 Euro monatlich. Die durchschnittliche Pension eines Beamten bei 2300 Euro Brutto. Diese Zwei-Klassen-System in der Renten- und Krankenversicherung gibt es nur in Deutschland. Der Bund zahlt zu, heißt es immer. Der Bund zahlt nicht zu, wir zahlen zu, bei den versicherungsfremden Leistungen, die für den Bau von Gewerbeparks und Bürogebäuden verwendet werden. Diese können dann wieder bei Verlusten in die Jahresbilanz der Krankenkassen einfließen und durch höhere Beitragszahlungen ausgeglichen werden.

Fragwürdig sind auch die Subventionen bei der Solarenergie und für Umwel tforschungsprogramme. Die staatseigene Kreditanstalt für Wiederaufbau (KfW), zahlte 2006 alleine zwölf Milliarden Euro. Diese Subventionen erhöhten sich in den Folgejahren um ein Vielfaches. Subventionen für die Windenergie sind doppelt so hoch wie der Kohlepfennig. Subventionen für die Solarenergie bringen dem Steuerzahler über Jahre Milliarden Verluste. Auch hier wird die Produktion ins Ausland verlagert und dementsprechend Stellen abgebaut. Was bleibt, ein viel zu hoher Strompreis, der von der Regierung auf Jahre garantiert wurde. Hauptsächlich werden Supventionen an Konzerne in Form von Fördermitteln für Forschungszwecke als Geschenke verteilt und keiner kann den Fluss des Geldes nachvollziehen. Das Geld fehlt dann aber für kleine und innovative Betriebe (Erneuerung, Ideen, Erfindungen). Subventionen werden heute nur noch gezahlt, um ein Unternehmen am Standort zu binden. Wir bezahlen mit unseren Steuergeldern unseren Arbeitsplatz und finanzieren mit unseren Steuergeldern über die EU den Abbau unserer Arbeitsplätze. Das ist das Resultat langjähriger Gewerkschaftspolitik. Arbeitslöhne sinken, Managergehälter steigen. Die Debatte über Managergehälter und Mindestlohn hat die Kluft zwischen Arm und Reich dramatisch vertieft. Noch nie wurde über die Gehälter der Gewerkschaftsführer diskutiert. Wir wollen nie vergessen, das Deutschland durch den Fleiß und die Bescheidenheit unserer Väter groß geworden ist.

Wird sich die Regierung unter Merkel im Jahr 2007 diese Worte an die Brust heften?

Der Stadtrat hielt sich daran, oder hatte er die Worte wohl falsch verstanden. Wie immer sparte er hier mal wieder am falschen Ende. Schnee hatten wir Anfang 2007. Zwar nicht so viel wie in Bayern, aber immerhin. Noch etwas mehr und der Straßen- und Bahnverkehr währe zusammengebrochen. Räumen? Was hier dem Bürger zugemutet wird, grenzt schon ans Unerträgliche. Der Bürger muss morgens und bis 22 Uhr die Wege vor seinem Haus räumen. Das gilt natürlich nicht für Wege und Straßen die der Stadt oder dem Land gehören. Radfahrwege, ich habe nicht einen Radfahrweg gesehen. Sie wurden einfach nicht geräumt oder waren spiegelglatt. Wagte sich ein Radfahrer mal heraus, begab er sich sofort in Lebensgefahr. Den Fußgängern blieb nichts anderes übrig, als durch den Tiefschnee zu stapfen, denn die festgelaufenen Einwegbereiche waren spiegelglatt. Wo sollte der Radfahrer oder Fußgänger die Straße überqueren? Entweder lagen dort hohe angehäufte Schneeberge, oder der Schnee war so festgefahren, dass sich spiegelglatte Flächen bildeten. Nirgends wurden Flächen für die Fußgänger geräumt oder gestreut. Nur dort, wo eventuell die hohe Obrigkeit laufen müsste, wird geräumt und nochmals geräumt. Anschließend wird massenweise Salz gestreut.Wo aber das Grundstück des Politikers, Rathaus oder dergleichen endete, wurde nicht gestreut, weil kein Salz mehr für das einfache Volk vorhanden war. Die können sich ja die Beine brechen. Der Parkplatz vor dem Theater für die hohe Obrigkeit wird sogar von zwei Fahrzeugen geräumt. Die Straßen zum Büro, nur eine Eisfläche, die Straßen vor dem Haus, nur eine Eisfläche. Von meinem Arbeitsplatz bis zur A40, eine Strecke von ca 2,0 Kilometern und drei Kreuzungen benötigte man mit einem PKW eine Stunde und 40 Minuten. Wer hatte diese Regierung gewählt, die nur an den Ausgaben fürs Volk sparen, für ihr eigenes Wohl aber Milliarden verschwenden. Die Regierung unter Merkel übertrifft alles bisher dagewesene. Für Radfahrwege wird ein Forschungsvorhaben in Auftrag gegeben. Der zweite Bericht der Bundesregierung über die Situation des Fahrradverkehrs in der Bundesrepublik Deutschland. Wichtige Grundlage ist erst einmal ein in Auftrag gegebenes Forschungsvorhaben, dessen Ergebnisse Fördermaßnahmen ermöglichen. Dieses Forschungsvorhaben

hatte doch sicherlich 12 Millionen Euro dem Steuerzahler gekostet. Jedes Ministerium setzt heute erst mal ein Gremium oder Ausschuss ein, lässt Expertisen oder ein Forschungsprogramm erstellen. Warum das alles? Weil die Minister von der eigentlichen Materie keine Ahnung haben und sich auch nicht bemühen wollen. Das ist vorsätzliche Verschwendung von Staatseigentum, unseren Steuergeldern. Das ist Betrug am Steuerzahler.
Der Radverkehr trägt zu einer Stabilisierung der innerstädtischen Nutzungsstrukturen bei, heißt es weiter. Radfahren erzeugt keine Luftschadstoffe und keine Lärmemission. Dann werden wir ja morgen eine Menge Fahrräder am Reichstag stehen sehen. Das Flugzeug als größter Umweltverschmutzer bleibt zu Hause. Gehen die Regierenden mit einem guten Beispiel voran? Nein. In einem Jahr wurden für Insandsetzungsarbeiten und Erneuerung von Radwegen rund 70 Millionen Euro an Steuergeldern verschwendet. Für Radwege, die nicht genutzt werden. Die Verschwendung von Millionen in einer Zeit, in der man das Geld besser für hilfsbedürftige Menschen verwenden könnte. Überall wohin man auch sieht, Radwege deren Flächen dem Autofahrer gestohlen wurden. Ein breiter weißer Streifen trennt nun den Radweg von der Fahrbahn, die nun nicht mehr zweispurig sondern ein einhalbspurig ist. Das bedeutet wiederum, nicht so geübte Radfahrer benutzen den Fußweg bzw. Bürgersteig, weil sie den engen Kontakt zum Autofahrer scheuen. Vor allem ist das für den Autofahrer immer ein Ärgernis, weil an einem Tag höchstens drei Radfahrer unterwegs sind, die den Bürgersteig benutzen und der Autoverkehr den ganzen Tag eingeschränkt ist. Durch diesen eingeschränkten Verkehr entsteht wiederum eine größere Umweltbelastung, die man eigentlich vermeiden wollte. Fußgänger sind in diesen Bereichen überhaupt nicht zu sehen. Hätte man dieses Forschungsvorhaben drei Stadtarbeiter übergeben, hätten die sicherlich etwas sinnvolleres daraus gemacht. So ist nur zu bemerken, dass geübte Radfahrer mit ihren Rennrädern nie die Radwege benutzen und den beengten und eingeschrängten Raum für die Autofahrer noch weiter einengen. Das muss geändert werden. Sind Radwege vorhanden, sind diese auch zu nutzen. Kurierdienste auf Rädern sind die schlimmsten. Die glauben, die Straße gehöre ihnen alleine.
Die Dummheit der Regierung hat ihren Preis, den wir bezahlen müssen. So wurden an allen Auffahrten zur A40 im Bereich Bochum Ampelanlagen

installiert, die dafür sorgen sollten, dass jeweils nur noch ein Kraftwagen in kurzen Abstände auf die Autobahn fahren kann. Da die Auffahrten nicht sehr lang wahren, kam es natürlich zu Rückstaus, die sich bis in die Stadt hineinzogen und die Kreuzungen lahmlegten. Von der Regierung und den Behörden bis ind kleinste Detail geplant blieb natürlich nichts anderes übrig, als die Ampelanlagen nach einem Monat wieder abzuschalten und den alten Stand wieder herzustellen. Diese Ampelspielchen der Behörden kosten dem Steuerzahler immer Millionen. Hinzu kommen dann immer noch die Beraterverträge, weil in den Ämtern kein Mensch in der Lage ist, solche Kleinigkeiten selbständig zu planen.
Es ist zwar unvorstellbar, aber nach dem Desaster, dass die Regierung Merkel in den letzten Monaten an den Tag legt, ist ihr so ein Versagen durchaus zuzutrauen. Oder ist sogar Absicht im Spiel, um dem Bürger nach der Krise den Dolchstoß zu versetzen. Bereits im April 2007 wurde die deutsche Regierung während des G7-Gipfels am 13. April über eine eventuelle Finanzkrise und den Risiken aus den amerikanischen Hypothekendebakel gewarnt. Der deutsche Finanzminister Peer Steinbrück (SPD) nahm diesen G7-Gipfel nicht teil, weil er es vorzog lieber Urlaub zu machen. Bei diesem G7-Treffen der Finanzminister in Washington hatten die Deutschen den Vorsitz und wurden von den Fachleuten gewarnt, da diese ihre Befürchtungen bestätigten. Darunter auch Axel Weber, Präsident der Deutschen Bundesbank und Gordon Brown, heutiger Premierminister Großbritaniens. Damals war er Schatzmeister. Steinbrück hatte schon damals Nordrhein-Westfalen finanziell an den Abgrund geführt. Nun hat er durch seine Nachlässigkeit die ganze Bevölkerung in die Armut getrieben. Sie haben es gewusst.
Denn der Vorsitzende des G7-Gipfels, der deutsche Thomas Mirow musste seinen Vorgesetzten Peer Steinbrück einen Bericht abliefern. Also war Steinbrück und damit auch die Merkel-Regierung gewarnt und genau über die gefährdeten Banken und Institutionesinformiert. Es ist die Unwahrheit, wenn Politiker und Finanzexperten sagen, die Finanzkrise wäre 2008 völlig überraschend für sie gekommen. Sie lügen, um nicht die Verantwortung für ihr Versagen zu tragen. Diese Finanzkrise wurde in Deutschland mit Absicht herbeigeführt, um mit diesem Argument den Sozialstaat Deutschland noch weiter zu schwächen und die diletantische Politik der großen Koalition zu verdecken. Auffallend war vor allem das

Gespräch des Deutschen Bank-Chefs Ackernann mit Frau Merkel im Jahr 2007, wonach er eine stärkere Beteiligung des Bundes an die Banken forderte. Dabei war doch allen klar, der Neoliberalismus ist gegen ein aktives Eingreifen des Staates. Demnach ist die globale Marktwirtschaft gescheitert. Spätestens im August 2007, als die ersten Krisen des amerikanischen Hypothekenmarktes Europa erreichten, hätte sich die deutsche Regierung unter Kanzlerin Merkel an die Warnung im April 2007 erinnern müssen. Es war noch Zeit, um die richtigen Gegenmaßnahmen zu treffen. Um die Insolvenz und bevorstehende Pleite der IKB-Bank im August 2007 zu verhindern, kamen der Chef der deutschen Bankenaufsicht, Jochen Sanio, die Chefin der KfW-Bank, Ingrid Matthäus-Maier, Finanzminister Steinbrück und der Deutsche BankChef Ackermann zur Vereinbarung von Rettungsmaßnahmen zusammen. Laut Bankenaufseher Sanio war allen klar, dass hier nun die größte Bankenkriese seit 1931 drohte. Die bundeseigene KfW-Bank war zu diesem Zeitpunkt mit 38% an der IKB-Bank beteiligt. Die Regierung hatte also durch die eigenen Vorstandsmitglieder genug Information um den Zustand der IKB-Bank frühzeitig zu erkennen und Rettungsmaßnahmen in die Wege zu leiten. hier hatte Frau Matthäus Maier und ihr Vorgesetzter Steinbrück vollkommen versagt. Sachverstand braucht Sachkenntnis und diesen muss man beiden absprechen. Solche Versager müsste man zum Rücktritt zwingen. Auch Frau Merkel, die ja wohl von diesen Fehlmaßnahmen gut unterrichtet war.

Die nächste Generation

Ein sehr gut gekleideter Herr betrat das Sheraton-Hotel in München. Suchend schaute er sich um und erblickte in der hinteren Ecke den Mann, mit dem er das Schicksal Deutschlands besprechen wollte. Der Wartende, ebenfalls sehr gut gekleidet, in einem grauen Maßanzug, bekannt als Besitzer mehrerer Zeitungsverlage und Runsfunkanstalten bat den Ankommenden doch ihm gegenüber Platz zu nehmen. An seinem ganzen Auftreten konnte man schon erkennen, dass hier ein einflussreicher Mann, der Chef der Zentralbank Platz nahm. Nach dem die Beratung nun schon eine Stunde gedauert hatte und die Qualmwolken über beider Köpfe immer dichter wurde, sagte der Zentralbanker zum Medienfürsten:„ Du hälst sie dumm und ich mach sie arm.“

Arm ist er nicht geworden. Porsche Chef Wendelin Wiedeking. Er bekam von Porsche 0,9% des Jahresgewinns und der Betrug im Jahr 2007 ca. 5,9 Milliarden Euro. Daraus ergab sich eine Prämie von 53 Millionen Euro. Mit dem Grundgehalt hatte Herr Wiedeking ein Jahreseinkommen von 60 Millionen Euro. Um diesen Gewinn und sein Jahreseinkommen zu steigern, blieben nur zwei Möglichkeiten. Bei der Ersten hätte man ca. 1000 Mitarbeiter entlassen und diese Mehrarbeit auf die restliche Belegschaft verteilen müssen. Die zweite Möglichkeit war gegeben, in den man sich im Sog der Wirtschaftskrise an den Steuergeschenken der Regierung labte. Mit unseren Steuergeldern, wie auch geschehen, wurden die Prämien der Manager aufgestockt.

Wendelin Wiedeking hatte sich übernommen. Die Wirtschaftskrise hatte Porsche bei der VW-Übernahme zu stark geschwächt. Mit 9 Milliarden Schulden will Porsche bei der Kreditanstalt für Wiederaufbau (KfW) einen Kredit in Höhe von 1,75 Milliarden Euro beantragen. Nun ist der Weg frei für VW den Spieß umzudrehen und Porsche zu übernehmen. Immerhin bekam der Porsche-Chef noch ein Abschiedsgeschenk über 50 Millionen Euro, wovon er 25 Millionen spendete.

Das nun auch im internationalen Vergleich sehr hohe Gehalt warf die Frage nach der Sittenwidrigkeit auf. Die Frage lautete auch, mit welcher Rechtfertigung bekommen Manager 50 bis 100 Millionen Jahresgehalt? Beantwortet wurde diese Frage bis heute nicht. Auch nach der Wirtschaftskrise nicht. Immer noch meinen Manager, Spitzenverdiener und Politiker, für sie bestünden Sonderrechte. Sie brauchen sich an den Grundsätzen für das demokratische Gefüge eines Landes nicht halten. Mit ihren Forderungen nach Sonderstellung der Person unterlaufen sie den demokratischen Gedanken in einem rechtstaatlich geführten Land. Sind diese Emporkömmlinge noch klein und wollen an die Spitze des Imperiums, bedienen sie sich dieser demokratischen Prinzipien. Später, wenn sie diese Prinzipien als Fesseln empfinden, fordern sie Sonderrechte ein. Diese Forderungen nach Sonderstellungen und irrationalen Gehältern, könnten bzw. werden irgendwann den Aufstand des Volkes provozieren. Beobachtet man die unterschiedlichen Charaktere der europäischen Völker, so hört man es im Hintergrund noch weit entfernt rumoren.

Diese Art der Selbstbereicherung, wie bei der Sparkasse Köln im Jahr 2007 geschehen, könnten dann Anlass zum Aufstand sein. Dreistellige Millionenverluste, undurchsichtige Geschäfte und dubiose

Beraterverträge die während der Zeit des Vorstandsvorsitzenden Gustav Adolf Schröder abgeschlossen wurden. Besonders die millionenschweren Beraterverträge mit Kölner Politikern, deren Gegenleistungen umstritten wahren. Sicher Beraterverträge um den Kölner U-Bahn Bau und andere gewinnbringende Objekte. Wie schafft man es mit einem Drittel der Erdverankerungen eine gewisse Stabilität und Standfestigkeit in das Gebäude zu übertragen. Nun benötigte die Wirtschaftsprüfstelle schon ein Jahr und ist noch nicht zu einem Ergebnis gekommen. Sie lässt sicherlich diese Betrügereien in den Sand verlaufen. Nur damit nicht der Eindruck entsteht, einflussreiche Politiker würden mit Hilfe des Kreditinstituts mit Millionensummen versorgt. Es gibt auch genug Beispiele, in denen ein kleiner Angestellter geopfert wurde. Ermittlungsverfahren wurden gegen den Vorstandsvorsitzenden Schröder, CDU-Bürgermeister Müller und dem Kölner CDU-Politiker Bietmann eröffnet. Erst nach dem Schröder vorzeitig im Jahr 2007 aus seinem Amt als Vorstandsvorsitzender der Sparkasse Köln ausschied, wurde das ganze Ausmaß der Verluste bei der Sparkasse deutlich. Betrügereien mit Privatinvestoren, Betrügereien mit dem Kölner Messegeschäft.

Man kann sich des Eindrucks nicht verwehren, dass diese maßlose Selbstbereicherung ohne jegliche Scheu vor der Aufdeckung stattfindet. Erst werden hunderte von Millionen Euro abgesahnt und im anschließenden Vergleich mit den Gerichten wird ein Bußgeld von 40000 Euro zur Einstellung des Verfahrens gezahlt. Da kann man direkt neidisch werden. Keinem Arbeiter wird diese Möglichkeit gegeben. Die Gerichte entscheiden mit zweierlei Maß, aufgefordert von der Regierung, deren Angestellte sie ja nun mal sind. Seit dem die große Koalition unter Merkel an der Regierung war, nahmen die Betrügereien in den verschiedenen Regierungs- und Wirtschaftsbereichen ständig zu. Vor allem werden immer mehr Politiker in diese Wirtschaftskriminalität und Selbstbereicherung verwickelt und als Anstifter überführt. Milliarden Steuergelder werden hier buchstäblich verschoben und Frau Merkel schaut zu und applaudiert, wie das Foto mit dem ehemaligen Post-Chef Zumwinkel zeigt. Keine Vorderung nach härteren Strafen, keine Distanzierung von den Verbrechen, begangen an dem deutschen Steuerzahler. Frau Merkel zeigt sich solidarisch mit denen, die das Volk um Milliarden betrogen haben, durch deren Steuerflucht und Betrügereien der Staat unsere armen

Kinder nicht unterstützen kann. Frau Merkel ist auch nicht die Kanzlerin des Volkes, sie ist das Oberhaupt derer, die uns betrügen und auspressen. Wer hatte diese Koalition der Versager gewählt?
Nicht das die Regierung härter gegen Wirtschafts- und Finanzkriminalität vorgeht, sie scheinen diese noch zu fördern. Neben der Deutschen Bank steht auch der neu geschaffene Konzern aus Commerzbank und Dresdner Bank, wie sollte es auch anders sein, auch mehrere Landesbanken und die DZ Bank als Spitzeninstitut der Genossenschaftsbanken unter dem Verdacht, deutsche Kunden zu raten, ihre Anlagen bei einer ihrer ausländischen Niederlassungen zu transferieren. Denn alle diese Banken unterhalten auch Niederlassungen in den sogenannten Steueroasen.
Finanzminister Steinbrück, dessen Feldzug gegen Lichtenstein und der Schweiz wohl gerechtfertitgt erscheint, sollte aber auch besser vor der eigenen Haustür kehren. Wer Steueroasen trocken legen will und ernsthaft Steuerhinterziehung bekämpfen will, der muss im eigenen Land für härtere Strafen und schärfere Kontrollen sorgen. Es muss allen Banken untersagt werden, irgendwelche Aktivitäten in anderen Ländern mit Steuererleichterung zu führen. Nur Steinbrück sind die Hände gebunden, denn das würde Merkels Freund, den Deutschen Bank-Chef Ackermann treffen. Eins muss man feststellen, nicht die Regierung hat das Sagen in den Bereichen der Industrie und Finanzen, hier bestimmen ganz andere wo es lang geht. Die Regierung darf sich an uns kleine Lichter austoben. Oben gelten andere Gesetze und Regeln.
Die Regierung gaukelt uns vor, ein Embargo gegen das Hussein Regime zu führen. Sogar das war eine Lüge. Zur Zeit des UN Embargos gegen Saddam Hussein (Irak) wurden von mindestens 70 Firmen aus Deutschland, Bestechungsgelder an das frühere Irak Regime gezahlt. Hierbei stellte sich heraus, dass die UN-Führung unter Annan diese Korruption geduldet hatte. Deutsche liefern Waffen ins Ausland, um damit deutsche Soldaten zu töten. Unvorstellbar, aber es könnte möglich sein oder möglich werden.
Unvorstellbar ist auch der gigantische Betrug mit der Entwicklungshilfe. Hatten wir je die Menschen gefragt, ob sie unsere Hilfe, unsere aufgezwungene Einmischung überhaupt wollen? Die heuchlerische Art der selbsternannten Hilfsorganisationen, ihre Kulturen zu zerstören und sie an unsere Lebensweise zu ketten. Die Entwicklungshilfe ist heute eine

der größten Betrugszenarien ausgesetzt, die weltweit existieren. Unter der Federführung der UNO werden jährlich hunderte von Milliarden unter zehntausenden Hilfs und Entwicklungsorganisationen verschoben. Die Zinsen alleine übersteigen bei weitem die zwei Milliardengrenze. Über zwölf Millionen Beschäftigte, über zwei Millionen Fahrzeuge, über drei Milliarden Liter Benzin oder Diesel, über vier Milliarden für Gebäude, Mieten oder Überlassungen. Hundert Milliarden für Löhne und Lohnkosten, über fünf Milliarden für Flugreisen. Sind solche Zahlen und Summen überhaupt zu verstehen oder zu begreifen? Die ganze Entwicklungshilfe ist völlig ausser Kontrolle geraten. Von Menschen und Regierenden sicher gewollt. Wo die Unterstützung hinläuft, lässt sich kaum noch nachvollzeihen. Allein für die Unterhaltung der Hilfsorganisation werden 47% der Spendengelder und Mittel aus dem zur Verfügungstehenden Etat der Entwicklungshilfe benötigt. Weitere 24% werden für Bestechungen und Korruption an die jeweiligen Regierungsbeamten der Entwicklungsländer benötigt. Von den restlichen 29% gehen weitere 14% zur Bestechung an die kommunalen Vertreter. Demnach bleiben von dem riesigen Batzen gerade mal 15% um die Not der Bevölkerung zu lindern. Man kann sich das nur so vorstellen, von den gespendeten 100 Euro erreichen mal gerade 15 Euro die hungernden Menschen. Der größte Batzen, 85% versanden irgendwo unkontrolliert in dunkle Kanäle. Ist das die Entwicklungshilfe die wir uns darunter vorstellen? Wollen wir weiter zusehen, wie sich andere unter dem Deckmantel der Entwicklungshilfe bereichern und ihren dunklen Geschäften nachgehen. In Afghanistan wurden 50 Jahre lang Unternehmen der staatlichen Energieversorgung mit unseren Steuergeldern unterstützt. Mit unseren Steuergeldern wurden Straßen und Ampeln gebaut, die keiner nutzt. So wurden auf der ganzen Welt Milliarden vergeudet, zum Nutzen der Lügner und Betrüger. Die Regierungen schauen uninteressiert zu, ist ja nicht ihr Geld. Der Gedanke der Entwicklungshilfe an sich, ist dem Menschen verloren gegangen. Was zählt ist das Geld, dass man irgendwo abstauben kann. Die aufgezwungene Hilfe hat nur Elend unter die verbreitet, die Unterstützung benötigten. Ihnen ging es früher besser. Ging es uns nicht auch früher besser? Gemeint ist damit, dass man sich früher trotz bedeutend kleinerem materiellem Wohlstand wohler fühlte und fröhlicher war. Eigentümlicherweise hat sich dieses nostalgische

Gefühl gerade in jüngster Zeit beträchtlich verbreitet. So müssen sich auch Hilfsbedürftige, die Millionen Arbeitslose, die Hartz IV Empfänger und die vielen Menschen in den Entwicklungsländern nach den vergangenen Zeiten sehnen.
Fast könnte man die Wirklichkeit vergessen, aber sie holt uns immer wieder ein. Die Regierung Merkel unternimmt alles, damit wir nicht zur Ruhe kommen. Wozu braucht das Volk das Bundesministerium für Ernährung, Landwirtschaft und Verbraucherschutz? Geführt von Frau Aigner. Wozu brauchen wir ein Bundesministerium für Umwelt, Naturschutz und Reaktorsicherheit. Geführt von Siegmar Gabriel. Das damalige Ministerium für Land- und Forstwirtschaft hätte allen Anforderungen genüge getan. Der Überblick ging hier nie verloren, anders kann man sich die vielen Pannen in den zwei Ministerien nicht erklären. Hierbei geht es mal wieder um die Geschäfte mit Tiermehl und Schlachtabfällen. Die BSE-Krise war noch nicht vergessen und schon wieder wurde mit Wissen der Behörde europa- und weltweit, zum Teil auch illegal, mit Tiermehl gehandelt. Abfälle sind beispielsweise Federn, Häute, Hörner, Knochen, Fette, Blut und Gammelfleisch. Diese Abfälle und das daraus hergestellte Tiermehl dürfen nicht in die menschliche Nahrungskette gelangen. Auch nicht als Zutaten für Lebensmittel oder als Futter für landwirtschaftliche Nutztiere. Deutsches Rindertiermehl wurde illegal nach Malaysia gebracht und dort an Nutztiere verfüttert. Deutsche Unternehmen exportieren aus Gewinnsucht das BSE-Risiko in andere Länder. Und die Konsequenz der Regierung? Sie lässt schon wieder eine unkontrollierte Tiefutterverteilung zu. So wurden dann auch 2007 Knochensplitter im Tierfutter gefunden. Schon kleinste Mengen an Tiermehl können BSE übertragen. Trotz aller Gefahren, die sich durch den leichtfertigen und betrügerischen Umgang mit Tiermehl ergeben, verzichtet das Verbraucherschutzministerium weiterhin auf BSE-Tests von Rindern, die jünger als 24 Monate sind. Das ist Täuschung am Verbraucher.
Still, der Verkehrsminister meldet sich zu Wort. Da heißt es in den Grundsätzen zur Straßenplanung des Bundes. Stärkung des Wirtschaftsstandortes Deutschland zur Schaffung bzw. Sicherung von Arbeitsplätzen. Da kann man doch wirklich nur schallend lachen. Nirgendwo sonst gibt es so viele Bestechungs- und Korruptionsversuche

wie beim Straßenbau oder Erstellung des Schienennetzes. Zur Schaffung und Sicherung von Arbeitsplätzen sind diese vorhandenen Grundsätze überhaupt nicht geeignet. Hier muss ganz klar definiert werden, dass nur bei der Beschäftigung von Arbeitern, die hier in Deutschland Steuern und Abgaben zahlen eine Auftragserteilung bzw. Vergütung erfolgt. Ansonsten wird der Vertrag sofort gekündigt. Bisher wurden von den Auftragnehmern immer Kosten für einen deutschen Facharbeiter angesetzt. Die Arbeiten erledigten ausländische billige Arbeitskräfte und das mit Wissen der Auftraggeber. Hier wird der deutsche Arbeiter einfach übergangen. Wo bleibt die Solidarität des Bundes mit dem deutschen Arbeiter? Wer von diesen betrügerischen Machenschaften weis und nichts dagegen unternimmt, hat Bestechungsgelder angenommen.
Der Bundesminister für Verkehr, Bau- und Stadtentwicklung und die Deutsche Bauwirtschaft haben deshalb eine Innovationsoffensive Straßenbau gestartet. Da die größte Anzahl der Minister nicht mehr weiß worüber sie sprechen, werden immer mehr Fremdwörter in ihre Reden, Gesetzestexten und Grundsätzen eingeflochten Das bedeutet aber auch, dass der Beraterstab vom eigentlichen Thema sehr weit entfernt ist. Sie meinten sicherlich, dass die Straßen einer dringenden Überholung bedürften und im Zuge der hohen Arbeitslosigkeit schnell neue und bessere Straßen erstellt werden. Neue Wege in der Zusammenarbeit. Ziel ist es, ein Klima für Innovation zu schaffen. Eine vertrauensvolle Zusammenarbeit von Verwaltung und Bauwirtschaft bildet hierfür die Voraussetzung, sie gilt es zu stärken. Sie soll explizit zur Förderung von Innovationen beitragen. Zur Innovationsoffensive Straßenbau sind hierfür Erprobungsstrecken besonders geeignet. Als Beispiel ist die A40 zu nennen, hier wurde wohl gefragt, welchen Straßenbelag benutze ich, um den Bremsweg zu verdoppeln. Bei feuchter Witterung und Fahrbahn ist hier nur noch eine Geschwindigkeit von 70 bis 80 km/h möglich. Regnet es, blinkt dem Autofahrer das Warnlicht entgegen und begrenzt die Geschwindigkeit auf 50 km/h. Das ist wirklich sehr schnell für eine Autobahn und sorgt für einen reibungslosen Verkehrsfluss. Staus bis zu 15 Kilometern sind immer die Folge. Oder jedes Mal wenn ich von den Niederlanden nach Deutschland komme denke ich an die Erprobungsstrecke. Der Autobahnbelag im Bereich von Emmerich prüft hier die Funktionstüchtigkeit der Stoßdämpfer. Man fährt hier

wie über ein Waschbrett und das nun schon seit Jahren. Für die niederlänhischen Autofahrer die nach Deutschland kommen, sicherlich kein guter Eindruck über den Zustand deutscher Autobahnen bzw. Straßen. Wegen schlechter Wegstrecke sind Bundesstraßen auch außerhalb von Ortschaften mit der Geschwindigkeitsbegrenzung von 50 km/h versehen. Das ist die offensive Straßenbau. Neue bzw. ausgebaute Straßen gibt es nur dort, wo auch die hohe Obrigkeit fährt. Im Regierungsviertel Berlin. Sonst ist kein Geld vorhanden. Der Bürger kann sich ja tot fahren. Aber Steuergelder für eine Eingangstür von 500000 Euro, die sind für die hohen Herren vorhanden. Auch die Milliarden, um den deutschen Autofahrer zu quälen, die sind vorhanden. Die deutschen Kommunen dürfen ab 2007 in Ballungsräumen Umweltzonen einrichten. Mehrere deutsche Großstädte hatten angekündigt, bereits im Jahr 2007 Umweltzonen einzuführen, jedoch durch teilweise unklare Vorschriften, wie konnte es auch anders sein, wurden diese Pläne auf 2008 verschoben. Die Bezeichnung oder Eingrenzung der Umweltzonen in Rot, Gelb und Grün. Will man unbedingt diese unsinnige und kostentreibende Vorschrift durchsetzen, dann darf es keine Ausnahmen geben. Auch für Fahrzeuge des Bundes nicht und für Fahrzeuge aus dem Ausland nicht, denn sonst ist das Gleichheitsgebot nach dem Grundgesetz wieder verletzt. Das schert die Regierung schon lange nicht mehr und die Gerichte spielen mit. Vor allem ist die Feinstaubverordnung nur wieder eine dumme kostentreibende Verordnung, die dem Bürger wieder Mehrbelastungen in Milliardenhöhe bringt. Erstens hatte sich herausgestellt, dass die Messungen zur Aufteilung der Schadstoffklassen verkehrt waren. Geändert hatte sich nichts. Schon daran kann man erkennen, dass das Umweltbewusstsein in den Köpfen der Politiker nicht vorhanden ist. Zweitens, seit dem die Verordnung in Kraft getreten ist, wurde noch nicht ein Stadtteil oder eine Abfahrt von der Autobahn für die Belastungsgrenze Rot oder Gelb gesperrt. Erreiche ich morgens um 6 Uhr 45 das Büro, sind die Schadstoffgrenzwerte sicher noch nicht erreicht, wie verhalte ich mich um 16 Uhr, sollten die Schadstoffgrenzwerte einmal überschritten sein? Ich werde dann bis zur Dunkelheit durcharbeiten und dann ohne Beleuchtung mit dem Auto nach Hause schleichen. Störend und auch vollkommen unsinnig sind die neuen Zeitintervalle bei den Ampeleinstellungen. Maximal drei bis vier Fahrzeuge werden zur

Weiterfahrt in die Stadt über die Kreuzung gelassen. Der Rückstau und die sich daraus ergebenen Abgase sind so immens, dass man Probleme beim Einatmen und Sicht zur Ampel hat. Nur gut, dass wir noch 2,0 Kilometer von der Innenstadt entfernt sind, so kommen die Abgase nicht dorthin.

Leider war nun die Zeit des Abschieds von den schönen Mercedes Diesel gekommen. Die Überprüfungen in den Werkstätten ergaben, den TÜV würden sie so nicht überstehen und die Schadstoffgrenzwerte konnten sie ohne teure Einbauten nicht erreichen. Was blieb? Die Mercedes Diesel an Türke zur Weiterleitung nach Afrika verkaufen. Bis hierher werden die CO2-Werte doch wohl nicht fliegen? Schaut man aber aus dem Fenster, kommen die schwarzen Wolken den Menschen bekannt vor. Der Umweltschutz kann also nur durch teure eiserne Vorhänge gewährleistet werden. Verschiedene Überlegungen und Vorschläge wurden eingebracht, wie man die CO2-Werte in den Ballungsgebieten einschränken oder Einhalt gebieten konnte. Man müsste versuchen den motorisierten Verkehr von der Wind entgegengerichteten Seite in die Stadt zu leiten. Wenn der Wind von Süden kommt, müsste der Verkehr von Norden in die Stadt fließen. Die Abgase hätten so keine Chance in die Stadt zu kommen und würden sich Richtung Norden verflüchtigen.

Der Umweltschutz, immer groß von der Regierung hervorgehoben, ist in Wirklichkeit nur Schaumschlägerei oder um den Bürger das letzte Hemd auszuziehen. Im Dezember 2007 gab die UN-Konferenz auf Bali den Startschuss für ein neues Klimaabkommen nach dem Kyotoprotokoll, dass im Jahr 2012 ausläuft. Wie sagt man so schön, außer Spesen nix gewesen. Nur hierbei geht es nicht um ein paar Cent, hier werden Millionen unserer Steuergelder verschoben. Umweltminister Gabriel fand die Ergebnisse besser als erwartet. Es gab keine konkreten Ergebnisse. Warum auch, Umwelt ist nur dann interessant, wenn man Geld eintreiben kann. Jahrelang wurden dem Bürger Bilder gezeigt, wonach das Ozonloch immer größer wurde. Nachdem nun eine Sachverständige in einem Radiointerview zugegeben hatte, dass sich das Ozonloch langsam schließt, gibt es das Thema Ozonloch bei der Regierung nicht mehr. Man kann hiermit den Bürger ja nicht mehr aufschrecken. Die Umweltbilanz der Regierung Merkel im Jahr 2007 war mehr schlecht als recht. Kleine Teilerfolge beim Klimaschutz, Stillstand oder sogar Rückschritte im

Verkehrsbereich. Diese Umweltbilanz 2007 hatten Greenpeace und der Bund für Umwelt und Naturschutz Deutschland (BUND) gezogen. Das Thema ist wohl im öffentlichen Bewusstsein angekommen, nur die Politik tut sich sehr schwer damit, denn konkrete Maßnahmen fehlten und fehlen immer noch. So hatte die Bundesregierung völlig versagt, als es um die Senkung des Kraftstoffverbrauchs für PKW, die Einbeziehung des Flugverkehrs in den Emissionshandel oder den Bodenschutz ging. Ein ähnliches Fazit zieht auch Greenpeace. Angelika Merkel hatte im Klimajahr 2007 die Zeichen der Zeit erkannt. Dennoch richtet sich ihre Politik nach dem Motto, wasch mich aber mach mich nicht nass. Bei dem Klimagipfel auf Bali hatte sich die Bundesregierung mit ihren 40% Kohlendioxidverringerung hervorgetan. Keine fünf Tage später lief dieselbe Regierung jedoch Sturm gegen die EU, wenn diese schärfere Klimaschutzauflagen vorschlägt. Diese Umweltpolitik ist im höchsten Maße unglaubwürdig. Wie immer stellt die Regierung die Gewinne einzelner Konzerne vor den Klimaschutz und damit vor das Gemeinwohl. Mit ihrer einseitigen Politik, hat die Regierung dafür gesorgt, dass die Marschrichtung von anderen bestimmt wird. Die Banken und Konzerne geben den Weg vor und Frau Merkel ist auch nicht willens, dass zu ändern. Nach zwei Jahren Regierung Merkel gibt es eigentlich nur Bereiche, in denen sie schlechter als die Regierung Schröder arbeitet. Obwohl ihr der Aufschwung zugute kommen müsste. Ist der Umweltschutz, so wie ihn die Regierung vorgibt noch bezahlbar? Das Erneuerbare Energie Wärmegesetz. Dieses Förderprogramm betrug im Jahr 2007 noch 130 Millionen Euro. Auf 350 Millionen Euro soll es bis 2008 steigen und bis zu 500 Millionen Euro ab 2009 aufgestockt weden. Aber was geschieht, wenn diese Fördermittel nicht mehr zur Verfügung stehen? Dann ist der Energieverbrauch für den Arbeiter unbezahlbar. Dann kommt für den Arbeiter wieder der Kohleofen bzw. der Holzofen zum Einsatz.

Conrad Hermann Joseph Adenauer.

Die Regierungszeit des Alten erschien den nachfolgenden Generationen wie das goldene Zeitalter. Nicht zuletzt deswegen, weil bei Frieden und Wohlstand auch Ordnung und Arbeit im Land bestand. Der Alte hatte alle im Griff und war bei Erledigung der Arbeit selbst, genau und unermüdlich. Mit anerkennender Hochachtung sprach man immer von ihm, der alles selbst zu erledigen schien. Er ließ sich nicht dreinreden, ließ keine Kritiken zu. Aber er war für uns, für das Volk, da war er immer für war da. Er war der Alte und ließ sich von niemanden und nichts hineinreden.

Die Regierungen in der heutigen Zeit ziehen die Probleme magisch an. Es gab noch nie so viel Korruption, Wirtschaftsbetrug, Abhörskandale, Steuerhinterziehungen und Geldwäsche. Diese Steuerhinterziehungen im ganz großen Stiel sollten sich auch im Jahr 2008 fortsetzen. Steuerfahnder hatten Daten bis zum zurückliegendem Jahr 2005 erhalten. Hunderte reiche Deutsche hatten Milliarden nach Lichtenstein gebracht.

Was hier ablief, war wohl der größte Steuerbetrug aller Zeiten und die Regierungen sahen Jahre tatenlos zu. Hier muss man den Oberen eine gewisse Absicht unterstellen. Denn so dumm kann kein Steuerprüfer oder Finanzbeamter sein, dass in der Bilanz eine Million Euro fehlen. Mittlerweilen wird ja nicht nur Ex-Post-Chef Klaus Zumwinkel verdächtigt, per Stiftung in Lichtenstein Millionen Euro vor dem Finanzamt versteckt zu haben. Seit der Datenübergabe sind hunderte ins Visier der Steuerfahnder geraten. Falls sie alle Steuern hinterzogen hatten, haben sie den Staat Jährlich um 100 Millionen Euro betrogen. Diesen Betrag mussten die Steuerzahler ausgleichen. Hier handelt es sich nicht mehr um Steuerhinterziehung, einem Kavaliersdelikt, das war Betrug am Steuerzahler. Denn von diesen 100 Millionen Euro lassen sich 2500 Lehrer und Sozialarbeiter bezahlen.

Hier geht es auch um die Weigerung einiger hunderte Reiche, gesellschaftliche Aufgaben mitzufinanzieren. Sie schöpfen die Möglichkeiten die zu ihrem Vorteil dienen voll aus. Pflichten die sie dem Staat gegenüber haben, haben sie aufgekündigt. Weder die Amnestie aus dem Jahr 2005 noch die EU-Zinsrichtlinie, auch nicht der Datenfund konnten das maßlose Verhalten der Steuerbetrüger bremsen. Auf den Internetseiten des Bundesfinanzministeriums finden wir: Wer Steuern hinterziet, handelt unsolidarisch. Wie der Staat für Steuergerechtigkeit sorgt. Diese Internetseite ist eine Lüge, da Herr Zumwinkel Steuern im großen Stiel hinterzogen hatte, setzte sich Frau Merkel solidarisch neben Zumwinkel. Das ist nun die Kanzlerin des Volkes. Was macht Herr Zumwinkel heute? Er sitzt im Aufsichtsrat von Arcandor. Um Zumwinkel damals nicht zu hoch zu bestrafen, hatte ein Ermittlungsrichter absichtlich 12 Stunden zu spät die Beschlüsse ausgefertigt. Fachleute, die das Verfahren verfolgten, waren der Meinung, der Prozess habe wie ein abgekartetes Spiel gewirkt. Das ist die Zwei-Klassen-Gesellschaft und die Zwei-Klassen-Gerechtigkeit. Vermögende Angeklagte können sich ein Urteil nach ihrem Geldbeutel gestalten. Richter des Bundesgerichtshof vertraten die Meinung, eine Freiheitsstrafe von drei Jahren ohne Bewährung für Zumwinkel Währen vertretbar gewesen. Und dann noch die Nachricht, im Fall Zumwinkel sind doch Gelder bzw. Gehaltszahlungen geflossen. Zumwinkel wurden 20 Millionen Euro von der Deutschen Post als Pensionansprüche ausgezahlt. Für zwei Monate seiner Tätigkeit als Vorstandschef erhielt er 714-Tausend Euro. In diesem Betrag waren 480-Tausend Euro Bonuszahlungen enthalten. Zudem erhielt er Aktienoptionen von mehr als eine Million Euro. Angesichts eines Milliarden-Jahresverlustes und der Höhe der Auszahlungen, muss es Zusatzvereinbarungen mit der Regierung Merkel oder nur mit ihr gegeben haben.

Es geht hier nicht um die Person, es geht hier um die Machenschaften, mit denen die Regierung unter Merkel arbeitet. Mit den Fingern zeigen die auf Manager der Konzerne, prangern diese Selbstbereicherung lautstark an und greifen mit vollen Händen in unsere Steuerkassen, um diese Selbstbediener zu befriedigen. Die Regierung unter Merkel belügt und betrügt uns um unsere Steuergelder. Wer hat diese Schausteller gewählt. Wer hat dafür gesorgt, damit diese Regierung Versager in den Vorständen der Telekom, der Bundesbahn, der Post usw. mit Millionenabfindungen und Pensionen ihre Betrügereien, Steuerhinterziehungen und Abhörskandale noch versüßt. Das sind unsere Steurgelder, um denen uns die Regierung betrügt. Immer gehen die Politiker mit einem schlechten Beispiel voran. Die Nachahmer folgen promt. Über Jahre muss der Bürger beim Finanzamt um seine Rechte kämpfen damit das Finanzamt zustehende Steuervergünstigungen und Werbungskosten anerkennt. Und wie können Großverdiener der Wirtschaft oder der Regierung Steuerhinterziehung für sich als angemessen in Anspruch nehmen. Weil die Politik, die eigentlich die Verantwortung trägt, sich als Türöffner für Selbstbediener darstellt. Die Politik war und ist immer noch, auch unter Kanzlerin Merkel Komplize der Herren Zumwinkel und Co. Hier werden in geheimen Absprachen, gegen entsprechende Vergütung natürlich, tausende von Arbeitsplätzen vernichtet. Nur um die Durchsetzung des Mindestlohnes zu verhindern und damit verbunden, die Aktien in die Höhe zu trei-

ben. In diesem Moment des gelenkten Aktienanstiegs verkaufen diese Herren ihre Aktien und verdienen dadurch Millionen. Die Regierung denkt und lenkt, aber nicht sehr weit. Man muss dieser Regierung, besonders Finanzminister Steinbrück, immer vorhalten, dass die Staatseigene Kreditanstalt für Wiederaufbau (KfW) an der Düsseldorfer IKB Bank beteiligt ist, die jetzt mit Millionen unserer Steuergelder unterstützt werden muss. Die Aufsichtsräte, von der Regierung eingesetzt, müssten zusammen mit der Regierung für diesen immensen Schaden aufkommen.
Die Kommentare der Heuchler!
Koch: Die ganze Schärfe des Gesetzes. Merkel: Will deutliche Worte mit Fürst Albrecht (Monaco) sprechen. Steinbrück: Will Druck ausüben. Gabriel: Steuerhinterzieher seien die wahren Asozialen. Was ist nun geschehen? Nichts, keine Gesetzesänderung. Warum sollten sie auch, sitzen sie doch alle in einem Boot. Der nächste der auffliegt könnte ja ich sein. Deutliche Worte sollte Frau Merkel in ihren Ministerien und auf Landesebene sprechen, denn auch hier sind Millionen einzusparen. Bei den Auftragsvergaben und deren Abwicklung herrscht immer das reinste Chaos. Das ist in den Ämtern eigentlich immer der Fall. Die Grundlagen und Vorgaben nach denen ein Projekt abgewickelt bzw. erstellt werden soll werden immer wieder überarbeitet. Die eigentliche Planung beginnt bei den Kommunen erst dann, wenn sie in Wort und Schrift sehen, was sie angerichtet haben. Durch diese doppelte und dreifache Planung aller Beteiligten werden jedes Jahr Millionen Euro an Steuergeldern verschwendet. Man kann diese Situationen auch Arbeitsbeschaffungsma ßnahme nennen. Die Änderungen an solchen Objekten sind immens und übersteigen meistens das kalkulierte Angebot um ein Vielfaches. Im Zuge dieser unüberschaubaren Kalkulation lassen sich nach der neuesten Masche, Auftraggeber Umbauten und Renovierungen ihrer eigenen Häuser fertigstellen. Abgerechnet wird dann über den neu zu vergebenen Auftrag. Bevor die Auftragsvergabe abgeschlossen wird, werden vorab Vereinbarungen über das eigene Projekt (Garage, Hausumbau usw.) besprochen. Das Angebot wird dementsprechend etwas höher ausfallen. Auch diese Art der Selbstbereicherung müsste bis in die Regierungsspitze bekannt sein.
Die Bauwirtschaft steckt schon seit Jahren in der Krise. Der immer stärkere Sparzwang, unqualifizierte Arbeiter und Aufsichtsfehler verschaffen

der deutschen Baubrange keinen guten Ruf. In den vergangenen Jahren ist der Lohn der Bauarbeiter immer schlechter, die Qualifikation immer geringer geworden. Es fehlt an Fachkräften, die ja von der Wirtschaft zwecks Einsparungen entlassen wurden. Die Kommunen sparen an jeder Ecke. So der Vorstandschef der IG-Bau. Diese Umstände hätten eine kriminelle Energie gefördert und die hat zum kompletten Versagen der Bauaufsicht geführt. Die Schuld an den desolaten Zustand der Bauwirtschaft tragen die Konzerne und Bauministerien. Wurden doch in den guten Jahren die Facharbeiter in sogenannte Tochtergesellschaften (Scheinfirma) ausgelagert, um sie dann anschließend zu entlassen. Diese Machenschaften wurden in der obersten Etage mit Zustimmung der Gewerkschaften ausgeheckt. Damals wurden diese Facharbeiter gefeuert und durch ausländische Hilfskräfte mit einem Stundenlohn von vier Euro ersetzt. Nur um die unersättliche Gier der Konzernmanager zu stillen. Nicht die Kommunen sparen an jeder Ecke, die Konzerne versuchen mit allen Mitteln, nach der Auftragsvergabe des Bauherrn, so viel wie möglich zu sparen. Es werden Fachleute eingesetzt, um die Ausschreibung auf Fehler oder mangelhaften Beschreibungen zu durchforsten. Anschließend werden dem Bauherrn horrende Nachtragsangebote presentiert.

Die groben Fehler in der Standfestigkeit durch fehlende Tragkonstruktionen können nur in Abstimmung des Bauherrn mit der Baufirma entstehen. Da wird wieder auf Kosten und zum Nachteil anderer, der wahre Hintergrund verschleiert. Der Bauleiter, der Oberbauleiter die für den ordnungsgemäßen Zustand und Tragfähigkeit verantwortlich sind, werden wohl kaum ihre Stellung wegen den paar Euro aufs Spiel setzen. Sollte durch diese nachgewiesenen Baumängel ein Mensch zu Schaden kommen, würde der Bauleiter sofort ins Gefängnis wandern. Das setzt keiner aufs Spiel. Auch bei den erforderlichen Baukontrollen und Bauteilabnahmen durch Sachverständige würden fehlende Tragkonstruktionen sofort auffallen. Kein Prüfer würde dieses gefährliche Spiel mitmachen. Ebenso würde kein Angestellter des Bauherrn, des Bauamtes, auf den Einsatz eines Prüfers verzichten. Es ist kaum anzunehmen, dass nachts ausländische Arbeiter die sperrigen Konstruktionen leise auf einen LKW geladen haben und dann ins Ausland geflüchtet sind, um hier für ein paar Euro die Sachen an den Mann zu bringen. So etwas lässt sich nur in Absprache mit dem Bauherrn arrangieren.

Kurzer Prozess

Im Juli 1978 trafen sich der Zuchtmeister der Fraktion und Schmidt Schnauze im Gebäude der SPD. Sie diskutierten und berieten wie sie die Schmarotzer aus der SPD vertreiben könnten. Stetig war ihnen in letzter Zeit aufgefallen, wie einige der Emporkömmlinge sich ihre Stellung durch Wirtschaftbosse vergolden ließen. Was machen wir mit denen, fragte Wehner Bundeskanzler Schmidt, die machen den sozialen Gedanken der SPD kaputt. Das überlasse ich ganz dir Herbert, dass schaffst du schon antwortete Schmidt. Jage sie in die Elbe, aber pass auf, damit sie die Taschen leer haben, nicht das sie vor kurzem noch abkassiert haben, denn dann tritt das Wasser der Elbe über den Deich.

Konrad Adenauer, Franz Josef Strauß, Ludwug Erhard, Herbert Wehner, Willy Brandt, Hekmut Schmidt, und Helmut Kohl, dass waren Persönlichkeiten, dass waren Politiker mit Leib und Seele. Die glorreichen Sieben, sie waren beim Volk beliebt und besaßen dessen Hochachtung. Auch wenn sie es nicht allen Recht machten.

Heute gibt es nur noch Schauspieler und Schausteller, denen das Wohl des Volkes schon lange verloren gegangen ist.

Der 3. Armutsbericht der Bundesregierung im Jahr 2008.

Ein großes Armutsrisiko stellt sich für Kinder dar, wenn sie in Alleinerziehenden Haushalten, in Haushalten mit geringer Erwerbsbeteiligung oder mit mehreren Geschwistern aufwachsen. Es war schon immer bewundernswert wie schnell die Politiker ein Problem erkennen und nach sechs Jahren dummes Geschwätz noch nichts unternommen haben. Somit ist es schon ein Skandal, dass Richter die Würde des Kindes vor dem Gesetzgeber und der Bundesregierung schützen müssen. Es kommt schon einer Ohrfeige gleich, in dem die Richter der Regierung Merkel die Erhöhung der Regelsätze für Hartz IV Empfänger vorschrieben. Auf der einen Seite fordern die Politiker, Deutschland braucht mehr Kinder, auf der anderen Seite wollen sie sich aber der sozialen Verantwortung entziehen. Die Förderprogramme die Frau von der Layen gestartet hatte, waren allemal nur für Spitzenverdiener vorgesehen. In diesen Familien fiel es nicht besonders auf, wenn ein Elternteil während der Kindererziehungszeit ein nicht so hohes Einkommen hatte. Bei Normal oder Geringverdienern war diese finanzielle Einbuße nicht zu verkraften. Die Regierung will dem Volk erzählen, dass durch die Zahlung staatlicher Transferleistungen das Armutsrisiko von 34 auf 12% gesenkt wird. Diese Leistungen sind nicht angekommen. Für Januar 2008 sind nach vorläufigen Angaben rund 1,8 Millionen Kinder unter 15 Jahren in 1,1 Millionen Haushalten dem Armutsrisiko ausgesetzt. In den sogenannten Bedarfsgemeinschaften. Im Vergleich zum Vorjahr bedeutet dies einen Rückgang von 2,1%. In Anbetracht der hohen Arbeitslosigkeit verzeichnet Deutschland im EU-Vergleich auch einen überdurchschnittlich hohen Anteil von Kindern, die in Erwerbslosen Haushalten leben. 49% dieser Haushalte verfügen über ein Einkommen unterhalb der Armutsrisikoschwelle. Armutsrisiken in Familien beschränken sich nicht allein auf unzureichende finanzielle Mittel. Bei Kindern und Jugendlichen zeigen sich zusätzlich Entwicklungsdefizite, Unterversorgung mit der Folge gesundheitlicher Probleme und soziale Benachteiligung. Immer wieder hört man, die tiefe Geburtenziffer belastet die Sozialversicherungen. Das ist in dieser Zeit und so wie sich die wirtschaftliche Lage darstellt nicht richtig. Im Prinzip ging man immer davon aus, dass die nachfolgende Generation, also unsere Kinder, durch ihre Abgaben für den

Erhalt der Sozialsysteme sorgen. Immer will man den Bürgern erzählen, durch die schwache Geburtenrate ist das System nicht mehr zu finanzieren. Das stimmt so nicht mehr. Die hohe Arbeitslosenzahl, die niedrigen Löhne und die hohe Ausländerzahl, die noch nie Sozialabgaben bezahlt haben, machen den Sozialstaat bald unbezahlbar. Dieses Fiasko haben wir der Regierung Schröder und nun der Regierung Merkel zu verdanken. Durch ihre politischen Maßnahmen und Gesetze haben sie die Wirtschaft sogar noch dazu ermuntert, Millionen deutsche Arbeiter in die Arbeitslosigkeit zu schicken. Sie haben der Wirtschaft Tür und Tor geöffnet um die deutschen Arbeiter in die Niedriglohntarife zu treiben. Durch all diese verkehrten und unsinnigen Maßnahmen kommt kein Geld in die Sozialkassen. Eine hohe Geburtenziffer würde das Problem nicht abschwächen, es würde das soziale Netz noch weiter belasten. Denn die Regierung hat durch die Erhöhung des Rentenalters dafür gesorgt, dass noch weniger Arbeitsplätze für unsere Kinder zur Verfügung stehen. Das bedeutet, noch mehr Arbeitslose, noch mehr Menschen die das soziale System belasten, ohne je einen Cent eingezahlt zu haben. Die Zukunft für unsere Kinder sieht grauenhaft aus. Was tut die Regierung Merkel, wie steuert sie dagegen? Ursula von der Layen, wir werden uns rasch zusammensetzen. Von den anderen hört man nur, wir müssen sparen, es ist kein Geld da. Die Kanzlerin taucht wie immer unter und äußert sich nicht.

Aber die Mittel für den Polizeiaufbau in Afghanistan zu verdreifachen, dafür ist Geld da. Überhaupt ist die deutsche Regierung zur Unterstützung von Ausländern hier in Deutschland oder im Ausland mit dem Geld, mit unseren Steuergeldern, sehr schnell bei der Hand. Mit zusätzlichen 35,7 Millionen Euro finanzieren wir die Ausbildung uns fremder Völker, verstärkt mit deutschen Trainingsexperten. Zur Unterstützung des Deutschen ISAF-Beitrags wird die Personalobergrenze für Soldatinnen und Soldaten auf 4500 in Afghanistan erhöht. Nur weil wieder einmal ein amerikanischer Spinner einen sinnlosen Krieg anfangen musste, werden unsere Kinder nicht ausreichend unterstützt. Für uns ist kein Geld da. Um diese Aussage auch glaubhaft zu unterstützen, gibt das Bundesfinanzministerium unter Steinbrück gleich drei Forschungseinrichtungen den Auftrag, die größten Steuervergünstigungen in Deutschland zu suchen. Diese Studie zog sich über einen Zeitraum von zwei Jahren hin. Sieben Millionen Euro haben diese Studien dem deutschen Steuerzahler gekostet. Für unsere Kinder ist kein Geld da.

Deutschland war im Jahr 2008 noch Exportweltmeister. Mit 1,47 Billionen Dollar lag Deutschland noch knapp vor China mit 1,43 Billionen Dollar. Diese Zahlen belegen eine sehr gute Wirtschaftslage und dementsprechend gute Steuereinnahmen. Aber die Arbeitnehmer gingen auch im Jahr 2008 wieder leer aus. Dabei lief alles so gut, die Managergehälter stiegen, die Gewinne stiegen und die Auftragsbücher waren voll. Nun forderten die Arbeitnehmer ihren Anteil und schon ging das Gejammere bei den Firmen los. Krise hier, Krise da und Krise dort. Bei der Erhöhung der eigenen Gehälter im hohen zweistelligen Prozentbereich spielte das doch auch keine Rolle. Wenn man dann noch bedenkt, dass mit einem Managergehalt 200 bis 300 Arbeiter Gehälter bezahlt werden könnten. Als diese Selbstbedienung der Manager wieder an die Öffentlichkeit kam, musste die Regierung reagieren. Sie wollten hart und schnell reagieren. Da hieß es, wir sind empört, oder diese Machenschaften gefährden den sozialen Frieden. Das wars. Wie immer bereichern sich in Zeiten der Flaute oder Hochkonjunktur mit Absegnung der Regierung Merkel die Oberen an unseren Steuergeldern.

Soweit hatte es die Regierung Merkel mit ihrer arroganten Politik des Stillhaltens gebracht. Von der Vorzeigedemokratie zum Sorgenkind. Die Bundesrepublik Deutschland, einst Vorreiter der demokratischen Transformation und Vorzeigedemokratie ist auf dem besten Weg, diesen Status zu verlieren. Korruptionsvorwürfe, schlechte Regierungsführung und die Beeinflussung der Pressefreiheit haben dazu geführt die hohen materiellen und immateriellen Schäden, die der Gesellschaft durch Korruption entstehen nehmen deutlich zu. Im Jahr 2008 wurden 1808 Korruptionsverfahren ermittelt, was einen Anstieg von 13% zum Vorjahr entspricht. Weiterhin muss man von einem hohen Dunkelfeld ausgehen und nicht zuletzt aufgrund der derzeitigen globalen Wirtschafts- und Finanzkrise, von eher steigenden Korruptionsdelikten ausgehen. Die Organisation, Transparency International Deutschland, stellt hohe Erwartungen an die Regierung. So heißt es: Hoffen auf eine Koalition gegen Korruption. Das sind die Erwartungen an die Bundesregierung unter Merkel. Nur diese Erwartungen wurden in keiner Weise erfüllt. Im Gegenteil, die Regierung Merkel versucht alles, um den deutschen

Arbeiter um seine schwer erarbeiteten Abgaben und Renten zu betrügen. Die Post und die Bahn, früher Eigentum des Staates, Eigentum der Bürger, hatte immer die Angestellten als Beamte eingestellt und entlohnt. Nach der Privatisierung wurden die Angestellten weiterhin als Beamte beschäftigt und bezahlt. Nur die neuen Verträge mit der Regierung besagen, sobald ein Beamter bei der Post oder Bahn ausscheidet, geht ihm der Beamtenstatus verloren. Das bedeutet wiederum, dass die Beamten bei Rentenantritt von der Post oder Bahn keine Pension bekommen. Sie kosten der Post oder Bahn keinen Cent mehr. Die Pension wird von unseren Rentenbeiträgen gezahlt. Um diese Möglichkeit voll auszuschöpfen, wurden zu Tausenden 38-Jährige förmlich krank geredet, nur damit man die teuren Beamten gegen billige Arbeitskräfte austauschen kann. Dies alles wird von den Rentenbeiträgen der Arbeiter bezahlt. Das muss man sich vorstellen, ein 38-Jähriger bekommt sein Leben lang die volle Pension von unser ersparten und das alles mit Zustimmung der Regierung. Die Regierung betrügt uns, sie betrügt uns vorsätzlich.
Hatten die Regierungen keine Möglichkeit das Volk aufzuschrecken, wurde der Umweltschutz wieder ausgegraben. Ein Umweltgipfel wurde wieder schnell ins Leben gerufen. Kosten 10 Millionen Euro. Der Erfolg gleich Null. Im Jahr 2008 wurde der Weltklimagipfel in Posen abgehalten. Die Umweltminister und deren Beraterstäbe trafen sich mal wieder zu einem netten Plausch. Die Reisekosten waren im Jahr 2008 wenigstens nicht so hoch. Das Kyoto-Protokoll war einst als erster wichtiger Schritt zur Rettung des Weltklimas gedacht. Bisher ist noch nicht viel geschehen und das Protokoll läuft im Jahr 2012 aus. Auf der UN-Klimakonferenz in Posen sollte im Dezember 2008 ein Nachfolger gefunden werden. Umweltverbände sahen die Klimaverhandlungen in Posen an ihren Tiefpunkt und warfen der Europäischen Union eine Verzögerungstaktik vor. Ausgerechnet die EU-Länder bremsten in Posen, da Zeitgleich in Brüssel auf dem Gipfel eigene Klimaschutzziele diskutiert wurden. Schon hieran kann man die Sinnlosigkeit und Geldverschwendung der Regierung Merkel in Sachen Umweltschutz erkennen. In Brüssel einigten sich die EU-Staaten auf einen CO2 Grenzwert für Autos, die weit von den Klimaschutzzielen entfernt waren. Die Klimaschutzbremse kam aus Deutschland. Kanzlerin Merkel, die sich sonst brüstet, Vorreiterin zu sein, ließ für die deutsche Autoindustrie die hoch gesteckten Ziele

platzen. Zu beachten ist auch, dass selbst die Angaben der Regierung in Sachen Umweltschutz getürkt waren. Die statistischen Tricks der Bundesregierung in Sachen Umweltschutz. In den Berechnungen des Treibhausgas-Ausstoßes fließt der Absatz von Brennstoffen in einem Kalenderjahr ein. Wohl wegen der Mehrwertsteuererhöhung haben viele Verbraucher ihre Tanks noch 2006 gefüllt. In den Berechnungen der Regierung für 2007 fließt das Öl nicht mehr ein. Der milde Winter und ein sehr gutes Windjahr waren für den starken Rückgang der Treibhausgase im Jahr 2007 mit verantwortlich. Tatsächlich haben zum Beispiel Kraftwerke in 2007 mehr Kohlendioxid ausgestoßen, denn sie mussten zeitweise die Energieausfälle von fünf Atomkraftwerken überbrücken. Würden zum Beispiel die Brennstoffwerte der Verbraucher in die Berechnung für 2007 mit einfließen, könnten die geforderten Schadstoffgrenzwerte nicht eingehalten werden.
Wunderschöne grüne Wälder säumen die deutschen Autobahnen. Ist doch hier von den katastrophalen Umweltschäden nichts zu merken. Dringt man aber tiefer in die Wälder ein, kommt einem ein maroder fauler Geruch entgegen. Viele Arbeitslose, als Waldarbeiter eingestellt, könnten dann den Boden von dem verfaulten Unrat und den schimmligen Hölzern reinigen, denn dem Waldboden fehlt jegliche Luft zum atmen. Dies bedingt wiederum einen säurehaltigen Boden, der die Wälder krank macht. Durch diese Maßnahmen könnte man Arbeitsplätze schaffen und diese sinnlosen Umweltausgaben könnten anderswo besser verwendet werden. Naturschutz, Umwelt, ist kaum noch gefragt. Nur wenn der Bürger zur Kasse gebeten wird. Sonst zählt nur noch die erneuerbare Energie. Warum? Hier kann man den Bürger noch besser abzocken. Sollten die Verantwortlichen weiter so unplanmäßig und unkontrolliert Windkraft- oder Solaranlagen bauen, wird die Energie bald unbezahlbar. Die Subventionen verschlingen Milliarden, der Nutzen ist dagegen gerechnet gering.
Waren wir es gewohnt von der SPD unsinnige Vorschläge zu hören, legt nun die CDU nach. Heute geht es nicht um die SPD, auch bei der CDU sprießen oft die merkwürdigsten Ideen. Höhere Löhne für Gewerkschaftsmitglieder. Der CDU-Arbeitsminister in Nordrhein Westfalen fordert für Gewerkschaftsmitglieder einen höheren Lohn, damit die Gewerkschaften wieder mehr Mitglieder bekommen. Sonst könnte

die Tarifautonomie nicht fortbestehen. Sind die Gewerkschaften nicht in der Lage, ihr Angebot den Arbeitern gerecht zu werden flüchten diese natürlich. Zusätzliche Anreize verordnen ist geradezu ein Freifahrtschein für ökonomischen Unsinn. Nicht das Angebot der Gewerkschaften setzte die Massenflucht ihrer Mitglieder in Bewegung. Das Verhalten und Handeln der Gewerkschaftsführer mit ihrem ausgeprägten Sinn zum diktatorischem Handeln und zur Selbstbereicherung bis hin zur Korruption und Bestechlichkeit ließen die Gewerkschaftsmitglieder in Scharen davonlaufen.

Der Arbeiter sollte es nicht vergessen. Am 20. Juni 2008 wird die D Mark 60 Jahre. Man mag diejenigen, die daran denken, für Spinner halten, dann sind sie aber einige unter Millionen und das nicht nur in Deutschland. Es zeigt sich immer mehr und ist auch die Meinung aller West-Europäer. Ohne die EU und mit der alten Währung ginge es uns allen besser. Nur weil ein paar Spinner uns ein gemeinsames Europa vorgaukeln wollen und die Wirtschaftsinteressen vor das Gemeinwohl stellen, müssen wir arbeitendes Volk zusätzlich Milliarden in die EU stecken. Die Folgen spüren wir jeden Tag in der immer höher werdenden Abgabenlast. Eine gemeinsame Währung, was bringt die für Vorteile? Keine, denn der Finanzmarkt richtet sich immer noch nach dem Stand des Dollar. Demntsprechend konnte die Finanz- und Wirtschaftskrise auch Europa erschüttern.

Was in den USA als Konkurrenzkampf zweier Großbanken begann, breitete sich in den Zeiten globaler Finanzsysteme weltweit aus und droht nun auch uns in eine große Depression zu verstricken. So war es immer, wenn die USA niesen, bekommt der Rest der Welt Schnupfen. Die Regierungen wurden schon 2007 gewarnt, dass ein paar unkluge Kreditvergaben in den USA die Ursache für eine weltweite Finanz- und Wirtschaftkrise sein sollte. Was nun in Tausende Kilometer Entfernung begann, drohte nun die Welt in eine große Depression zu stürzen. Die Krise hatte in Deutschland eine bedenkliche Größe angenommen, die der Steuerzahler, der Arbeiter nun wieder über Jahre ausgleichen muss. In Anbetracht dieser gewaltigen Summen, scheint es fast schier unmöglich. Die Vorläufer dieser Krise begannen eigentlich schon im Jahr 2004, als in den USA der Immobilienmarkt, nach einer langen Periode steigender Hauspreise, langsam anfing zu bröckeln. Der amerikanische Bürger konnte die Hypotheken nicht zurückzahlen. Immobilienmakler, Banken und private Geldgeber witterten damals das große Geschäft. So konnte in den USA fast jede Familie Hypotheken beziehen. Erleichtert und möglich gemacht durch das Arragement der Banken sich in den Subprime-Geschäften zu engagieren. Das waren hoch riskante Kreditvergaben an amerikanische Bürger, die normalerweise keine Hypotheken zum Kauf eines Hauses oder Kredits erhielten. Diese Subprime-Hypotheken zeichnen sich in den ersten Jahren durch geringe Zinssätze aus. Ein relativ niedriger Zins zu Beginn, anschließend eine Zinsanpassung an einen variablen Zins. Darlehnnehmer, die die übliche Anzahlung von 10-20% nicht leisten können, finanzieren das Eigenkapital mit einem zweiten Darlehen. Minimalzinsen zu Beginn (1%) führten zu einer negativen Amortisierung. Das bedeutet, dass das Darlehen in Zeitablauf größer wird. Erst nach Ende der 10-Periode (bis zu 10 Jahre) startet die Tilgung des Darlehens. Das Subprime-Hypothekenvolumen lag im Jahr 2008 bei fast 45 Milliarden Dollar. Bis zum Juli 2009 fiel es auf 3 Milliarden Dollar, um nun schon wieder auf 15 Milliarden Dollar anzuwachsen. Die Politik, die Banken und die Wirtschaft haben nichts gelernt. Wozu auch, wir haben doch die Zeche zu bezahlen. Die drastische Erhöhung der Subprime-Hypotheken nach ein paar Jahren, die den Kreditnehmern nicht richtig dargelegt oder verschwiegen wurde, die Versicherung der Banken die Leute könnten den Kredit in ein paar Jahren refinanzieren, um so den Zinssatz niedrig zu halten, führte zu dem Niedergang des amerikanischen Immobilienwunders. Auf die Gefahren und Warnungen von Ökonomen wollte in den USA niemand hören. Jeder schien bei diesem System Geld zu verdienen. Die Baubrange, die Zulieferer, die Immobilienmakler und die Banken. Glückliche US-Bürger, konnten sie doch zum ersten mal im Leben Hausbesitzer werden. Aber es ist anderer Leute Geld. Nun ist es an der Zeit die Zeche zu bezahlen. Spätestens 2006 schossen die Zinssätze für Subprime-Kredite in die Höhe. Fast alle US-Bürger die sich für diese Finanzierung entschlossen hatten, konnten die Hypotheken nicht mehr abzahlen. Währen die Banken nicht so gierig gewesen, die Krise hätte sich auf die US-Immobilienbesitzer beschränken können. So aber wurden in den guten Jahren die Schuldtitel aufgeteilt und an andere Investoren und Banken in der ganzen Welt veräußert.

Spätestens Anfang 2007 hätte jeder Finanzexperte die Gefahr erken-

nen müssen, zumal die deutsche Regierung gewarnt wurde. Hier zeigte die Regierung unter Merkel und Minister Steinbrück ganz deutlich ihre Unfähigkeit. Wurde doch auch zum Schutz vor diesen Gefahren extra ein Gremium geschaffen. Beide, Merkel und Steinbrück hätten sofort zurücktreten müssen. So muss man ihnen eine gewisse Absicht unterstellen. Im Jahr 2007 wurden fast 1,3 Millionen US-Immobilien zwangsvollstreckt. Panik verbreitete sich im weltweiten Finanzsystem, denn die komplizierten Finanzpakete, die nur wenige Leute wirklich verstanden, wurden zu wertlosen Schuldtiteln. Plötzlich waren die Banken nicht mehr bereit, sich gegenseitig Geld zu leihen, denn niemand schien zu wissen, wer nun die wertlosen Schulstitel besaß. Durch die entstandene Kreditklemme und Mangel an frischem Kapital, häuften Banken und Finanzinstitute in der ganzen Welt Verluste von etwa 435 Milliarden Dollar. Banken die keine Kredite bekamen, blieben auf den faulen Krediten in ihrer Bilanz sitzen. Viele mussten Insolvenz anmelden. Aus Angst vor negativen Auswirkungen auf die Wirtschaft, wurden zahlreiche Banken und Institutionen von ihrer Regierung (die Steuergelder der Arbeiter) gerettet. Das ist so aber nicht richtig. Ohne uns zu fragen, hatte die Regierung Merkel unsere Steuergelder in den unersättlichen Hals dieser bankrotten Banken und Firmen geschmissen. Allein die USA musste ein Rettungspaket von 700 Milliarden Dollar schnüren.
Die Milliarden für die Banken und Wirtschaft zahlte die Regierung locker, nur unsere finanziellen Probleme interessierten mal wieder niemanden. Erschwerend für den Steuerzahler kam noch 2008 der auf Rekordniveau gestiegene Ölpreis hinzu. Die steigende Energienachfrage aus Indien und China hatte noch zusätzliche dramatische Auswirkungen auf unsere Geldbörse und den Märkten in Europa und den USA. Zunächst stiegen die Treibstoff- und Heizkosten. Dieser steigende Ölpreis hatte jedoch noch zusätzliche Auswirkungen auf die Nahrungsmittelpreise. Im Januae 2008 überschritt der Ölpreis zum ersten Mal die 100-Dollar-Marke. Dieser Preis schien aber nichts zu sein im Vergleich zum Höchststand vom Juli 2008, als für einen Barrel Öl 147 Dollar gezahlt wurden. Dadurch verlangsamte sich das Wirtschaftswachstum rasant. Sehr schnell ging es der deutschen Wirtschaft und Banken gut. Wurden sie doch von der Regierung mit unseren Steuergeldern verhätschelt und getätschelt. Trotz Milliarden Verluste genehmigten sich die Banker und

Manager Dividenden und Gehaltserhöhungen in Millionenhöhe. Und das alles von unseren Steuergeldern. Frau Merkel schaute zu und hob mahnend den Finger. Das wars dann auch. Der Arbeiter aber, der doch den Bankern und Wirtschaftsbossen weiterhin das süße Leben bezahlte, musste weiterhin um den Arbeitsplatz bangen. Tausende werden aus Dank auf die Straße gesetzt und der Westerwelle prangert diese Arbeiter auch noch an. Ohne diese Retter der Nation würde der blöd aus der Wäsche gucken. Könnte sich dann einen Job als Tellerwäscher suchen. Was maßt der sich eigentlich an. Der Rest der Arbeiter in Deutschland musste sich mit dem kargen Lohn eines Kurzarbeiters zufrieden geben. Die Deutschlands Arbeiter und den Staat ruiniert hatten, feierten Weihnachten in Saus und Braus, was kostet die Welt. Der Retter der Nation, der Arbeiter konnte seinen Kindern nur sagen, wir mussten mit unserem Geld andere Leute unterstützen. Dieses Jahr bekommen wir kein Weihnachtsgeld und von dem Kurzarbeitergeld können wir dieses Jahr zu Weihnachten keine Geschenke kaufen. Hoffentlich bedankt ihr euch alle bei Frau Merkel, die sicherlich mit Ackermann und Zumwinkel groß auf eure Kosten gefeiert hatte.

Der Neoliberalismus ist gegen ein aktives Eingreifen des Staates. Aber unsere Steuergelder, die sind für die Versager gut genug. Im Jahr 2008 hatten die Arbeiter einen Fehler gemacht. Sie hätten sagen sollen, seht doch zu wie ihr klar kommt. Von unseren Steuergeldern nicht. Dann hätten wir sie endlich Jammern und Wimmern gehört. So wie die es uns immer vorwerfen. Es ist für einen Menschen schon schlimm genug, über einen gewissen überschaubaren Zeitraum als Kurzarbeiter beschäftigt zu sein. Wenn man sich aber vorstellt, dass schon im Jahr 2008 mindestens jeder elfte Arbeitnehmer mit einem befristeten Arbeitsvertrag arbeitete, wird mit der Gesundheit des deutschen Arbeitervolkes gespielt. Nur damit die Aktien noch einen Cent steigen. All diese menschenunwürdigen Arbeitsverträge und Auflagen werden von den Gewerkschaften und der Regierung unterstützt. Womit nun nach der Wirtschaftskrise zu rechnen ist? Es wird sicherlich nicht besser. Die Arbeitsbedingungen, die Arbeitszeiten und die Löhne werden sich nach der Wahl in NRW verschlechtern. Die erste Runde wurde schon von der Regierung eingeläutet. Ausgerechnet die Rentner, die schon seit Jahren der Buhmann der Nation sind, müssen auf eine Rentenerhöhung verzichten. Zahlt es

denen Heim. Bei der nächsten Wahl könnt ihr Rentner es richten.
Den Politikern ist jeglicher Sinn zur Realität und Gerechtigkeit abhanden gekommen. Die Landtagswahlen in Hessen waren das beste Beipiel. Koch hatte sehr viele Anhänger verloren. Nur noch 36,8%, die SPD mit Ypsilanti gewann 7,6% dazu, konnte aber mit 36,7% auch keine Regierung bilden. Besonders auffallend ist, dass trotz des geringen Zuspruchs beide Kandidaten ihren Anspruch zur Regierungsbildung anmelden. Ist denen eigentlich nicht klar, dass ca. 64% sie nicht gewählt hatten? Fragt in der letzten Zeit jemand nach dem Warum? Warum wird die Wahlbeteiligung immer geringer? Warum bekommen die Politiker immer weniger Zuspruch und Anhänger? Weil die Politiker am Volk vorbei Regieren und nur noch ihr eigenes ich zur Schau stellen.
Konrad Adenauer, Franz Josef Strauß, Ludwig Erhars, Herbert Wehner, Willy Brandt, Helmut Schmidt und Helmut Kohl waren Politiker die man mit Hochachtung begegnete. Sie waren nicht bei allen beliebt, aber diese ganz verschiedenen Persönlichkeiten hatten eins gemeinsam, sie waren und sind Politiker mit Leib und Seele. Schon aus diesem Grund, müssen alle deutschen Wahlberechtigten begreifen, sie müssen zur Wahl gehen, nur so werden wir diese Truppe aus Faulenzern, Betrügern und Schaustellern los. Wer von diesen Politikern hatte bisher nur eine Kleinigkeit für das Volk getan? Nicht einer und die habt ihr gewählt.
Lafontaine, der letzte große Kämpfer für die soziale Marktwirtschaft hatte es in Deutschland immer schwer seine Ideen zu verwirklichen. Sehr oft sah man ihn allein in Gedanken versunken im Bundestag sitzen. Fühlte sich der sozial liberale Linke von den anderen falsch verstanden, suchte er Trost und Rat bei seinem Alten auf dem Lande. Niemand kannte ihn und Lafontaine schwieg beharrlich zu diesbezüglichen Fragen. Dem Alten klagte er nicht nur sein Leid über das Unverständnis seiner politischen Ideen und der Mißachtung durch frühere Freunde und Parteigenossen. Nein, mit dem Alten diskutierte er auch neue Ideen und politische Anschauungen mit den wirtschaftlichen Möglichkeiten. Der Alte noch gut beieinand hörte immer aufmerksam zu. Er wusste, Lafontaine war von seinen Gedanken und Ideen politisch überzeugt. Der Alte verabschiedete Lafontaine immer mit den Worten: Bleiben sie wie sie sind, ein überzeugter Sozialist.

Eine Sache, die uns alle angeht und berührt. War Angelika Merkel ein Stasi-Spitzel?
Bei einer Recherche zu einer Fernsehsendung wurde ein Foto entdeckt, auf dem Frau Merkel zu sehen war. Dieses Foto wurde zu einem Zeitpunkt vor einem Haus aufgenommen, dass von der Stasi observiert wurde. Was hatte Frau Merkel dort zu suchen und wie konnte sie sich so frei vor einem bewachten Haus bewegen, dass nur dem Überwachungspersonal erlaubt war. Diesbezügliche Seiten existieren immer noch im Internet, obwohl das Kanzleramt auf Nachfragen von nichts wusste. Warum hatte Frau Merkel verboten, dieses Foto im Fernsehen zu zeigen? Fürchtet sie, dass sich jemand an sie erinnern könnte? Aus welchem Grund befinden sich die Stasiakten von Frau Merkel und ihrem Vater im Haus von Frau Merkel, oder hat sie diese woanders versteckt? Warum wird der Öffentlichkeit die Einsicht verweigert? Steht hier nicht öffentliches Interesse im Vordergrund. Hat der Bürger in diesem Fall nach dem BGB nicht das Recht, Einsicht in die Akten zu verlangen? Warum wird hier eine Ausnahme gemacht? Ist die Warheit dem Volk nicht zuzumuten? Mit Spannung war nun die Reaktion der Presse und Politiker zu erwarten. Es geschah nichts, bekamen sie einen Maulkorb um? Hatte sich nicht gerade die Bildzeitung auf Gregor Gysi eingeschossen, oder wie wird Ronald Profalla reagieren? Er hatte doch im im Bundestag Gregor Gysi aufgefordert, seine DDR-Vergangenheit nicht dauernd unter den Teppich zu kehren. Wird er nun auch seine Chefin auffordern, ihre DDR-Vergangenheit endlich offenzulegen? Die weitere Berichterstattung der Medien dürfte den Deutschen einen erkenntnisreichen Einblick in die Aufrichtigkeit, Glaubhaftigkeit und Vertrauenswürdigkeit aufzeigen. Den Schaden, den man sich gerade jetzt selbst zufügt, ist kaum wieder gutzumachen und gewährt einen aufschlussreichen Zustandsbericht Deutschlands. Dies gilt ebenso für die gesamte Politikergarde. Die Pressefreiheit existiert nicht mehr in diesem Land. Reporter die sich nicht an die Vorgaben der Regierung halten werden versetzt oder gar abgesetzt. Hat uns mit Merkel und Co. die DDR-Vergangenheit eingeholt, oder wird sie bei uns schleichend eingeführt? Unverständlich und überraschend war die Reaktion der Presse und Politiker. Nach der offenen Frage, ob Angelika Merkel ein Stasi-Spion war, wurde Gregor Gisy und die Linke nicht mehr mit der

Stasi in Zusammenhang gebracht. Es hieß, die Angelegenheit totschweigen, um jeden Preis totschweigen.

Warum wurde der Flughafen Berlin-Tempelhof geschlossen? Warum findet man Mauerreste als Mahnmal nicht am Brandenburger Tor? Warum wird für die ehemaligen DDR-Bürger kein richtiges Museum eingerichtet? Für Ausländer sind Millionen da. Warum wird der Palast der Republik abgerissen? Ist er doch eine Erinnerung für die auch schönen Zeiten der ehemaligen DDR-Bürger und gehört zur Deutschen Geschichte. Das Schloss der Hohenzollern, dass an diesem Ort nachgebaut wird, kann warten. Bis die Regierung ihren Schuldenberg wieder abgebaut hat. Der Schlossbau soll 2010 in Berlin beginnen. Die verbindliche Kostengrenze wird dem Bürger mit 552 Millionen Euro vorgegaukelt. Nur um den Bürger nicht aufzuschrecken wird eine mögliche Kostengrenze veröffentlicht. Jede Erinnerung wird ohne Rücksicht dem Deutschen genommen. Zuerst kommen die Juden. Danach folgen die Muslime, vorrangig die Türken. Dann wird den restlichen ausländischen Völkergruppen von der Regierung Beachtung geschenkt. Und dann kommt lange nichts, nur ganz weit hinten folgt der von den Regierenden betitelte Abschaum, der deutsche Sozialhilfeempfänger (Hartz IV). Die Unterschicht wie die Armen neuerdings von den Schmarotzern und Steuerbetrügern genannt werden. Auffallend ist, dass die Regierung und Presse die ausländischen Sozialhilfeempfänger bemitleidet. Die armen Ausländer müssen mit so wenig Geld auskommen. Die Deutschen hingegen werden als faul, Absahner, Schmarotzer und Unterschicht betitelt. Das muss anders werden. Jeder Mensch sollte die gleichen Rechte, aber auch Pflichten haben. Die Vorurteile gegen den deutschen Arbeiter sah man an den Wahlplakaten der Grünen. Hier wurden ausländische Bürger bzw. Kinder in Deutschland abgebildet die Hilfe benötigten. Mehr fällt den Grünen zu dem eigentlichen Problem auch nicht ein. Durch Arbeitslosigkeit oder andere unglückliche Umstände in Armut geraten, kann kein Mensch mit den paar Euro eine Familie gründen, geschweige noch ernähren. Das ist das eigentliche Problem und muss von jeder Regierung oberste Priorität haben. Durch Aussagen wie: Die Arbeitslosigkeit muss man aus Umweltmaßnahmen in Kauf nehmen, zeigen in die falsche Richtung. Zeigen aber auch das Bild der Parteien auf. Was stellt sich die Regierung Merkel mit diesen Hirngespinsten eigentlich vor? Dem deutschen

Arbeiter wollte man noch einen Feiertag nehmen. Nun soll zusätzlich ein türkischer Feiertag eingeführt werden. Wir werden dann wohl auf einen Feiertag verzichten müssen. Dann folgt die Einführung eines Feiertages für ein anderes ausländisches Volk, worauf wir dann natürlich anochmals auf einen freien Tag verzichten werden. Es wird immer wieder hinterfragt, sind die Ausländer Opfer dieser Krise? Opfer dieser Krise sind nur die deutschen Arbeitnehmer und deren nachfolgende Generation.

Um sich ein klein wenig hervorzutun, vertreten Medien und Politiker immer häufiger ihre Meinung in der Öffentlichkeit, Ausländer in Deutschland sind am Meisten von der Krise betroffen. Im Zuge der wirtschaftlichen Rezession würden Ausländer früher entlassen als Deutsche. Diese Meinung einiger Irrgläubiger kann man nicht teilen. Die meisten Ausländer die nach Deutschland kommen, waren zu faul und haben in ihrer Heimat keine Arbeit gefunden, oder hätten mit viel weniger Lohn eine Arbeit annehmen müssen. Hätten sie in Ihrer Heimat so ein soziales Netzwerk wie in Deutschland vorgefunden, sie währen nicht nach Deutschland gekommen. Hier haben sie Arbeit gefunden und verdienen gut. Auch schwarz. Arbeiter die hier ihre Arbeit verlieren, auch Ausländische haben noch immer den Vorteil gegenüber ihrer Heimat, dass sie hier von einem Rechtsstaat mit sozialem Gefüge aufgefangen werden. In den Staaten von wo sie herkommen, gibt es das kaum oder nicht in dem unterstützenden Maße. Währe es anders und die Ausländer würden sich benachteiligt fühlen, würde sich eine Massenflucht in Bewegung setzen. Aber dem ist nicht so. Wen wunderts, befinden sie sich doch in einem Land wo Milch und Honig fließt. Wo man Geld bekommt, ohne zu arbeiten. Die Sozialhilfe für die überwiegend arbeitslosen Ausländer bezahlen noch immer wir wenigen deutschen Arbeiter. Deshalb stellt sich hier nicht die Frage, wer denn eigentlich die Opfer der Krise sind.

Noch schlimmer wird es für die deutschen Arbeiter, wenn erst die beschränkte Arbeitserlaubnis für EU-Ausländer aufgehoben wird. Dann können alle hier einwandern und zu einem geringen Lohn arbeiten, oder von der Sozialhilfe leben und schwarz zu arbeiten. Ist es für den Arbeiter nicht schon schwer genug, jetzt müssen sie auch noch ein Integrationsministerium durchfüttern. Seit wann muss man ein Ministerium bezahlen, dass keine Fortschritte und keine Leistung er-

bringt. In der Integrationspolitik sind keinerlei Fortschritte gemacht worden. Man kann behaupten, es werden eher Rückschritte gemacht. Die ernüchternde Schussfolgerung, die Eingliederung der rund 15 Millionen Ausländer ist nur möglich, wenn die Deutschen sich endlich integrieren und noch mehr Abgaben für die Ausländer zahlen. Die Arbeitslosenquote bei den Ausländern belief sich auf über 20% und wird sich in den Zeiten der Krise noch erhöhen. Die Forderung einiger Weltverbesserer nach mehr Lehrer und zusätzliche Sozialarbeiter in den Schulen einzustellen ist utopisch, denn hier würde wieder Neid und Missgunst der Deutschen aufflammen, was auch durchaus verständlich währe.
Die Bundesregierung muss aufpassen, dass es in absehbarer Zeit nicht zu einer Eskalation unter Ausländern kommt. Die Deutschen dann mittendrin. So hatte der Türkische Botschafter seinen Landsleuten empfohlen sich zu wehren. Hier gibt es nur eine Möglichkeit. Schmeißt den Kerl raus. Volksverhetzung wird doch in Deutschland unter Strafe gestellt. Der Türkische Botschafter, Ahmet Acet sieht die Türken in Berlin als zu nett und angepasst. Diesen Zustand beabsichtigt er zu ändern. Er erwartet, dass die Türken vermehrt den Klageweg einschlagen. Das Demonstrationsrecht nutzen und mehr auf die Tränendrüsen drücken. Er forderte unter anderem, türkischen Sprachunterricht an allen Schulen. Seinen Unmut zeigte der Türke auch darüber, dass es zu keiner größeren Demonstration wegen Sarrazins Aussagen gekommen ist. Acet raus aus Deutschland und gehe heim. Fordere dort dein Recht ein. Zehn Jahre Zuchthaus und Folter sind dir gewiss. Es ist noch nicht lange her, wo die Türken sich jede Einmischung verbaten und gegen jegliche Kritik mit Hass und Gewalt reagierten. Was maßen sich die bloß an. Erlauben sich alle Frechheiten und werden sie in die Schranken verwiesen, werden Morddrohungen ausgesprochen. Die Türken stellten im Fersehen die Israelischen Soldaten als palästinensische Kindermörder dar. Der türkische Außenminister vergleicht die italienische Polizei mit den Worten. Wie zu der faschistischen Zeit Mussolinis. Zu solchen unverschämtheiten schreiben die deutschen Zeitungen. Er zog einen äußerst heiklen Vergleich. Man erinnere sich noch, wie man mit Sarrazin umgegangen ist. Der Deutsche wird niedergemacht, der Ausländer ist heilig. Macht weiter so, verhätschelt und tätschelt die Ausländer noch mehr. Wir haben in unserem Land nichts mehr zu sagen. Das Urteil wird von außerhalb

bestimmt. Das Messer im Rücken ist euch gewiss. Man konnte es schon merken, als der Türke Erdogan hier auftauchte. Kurz vorher waren mehrere Türken in einem Haus verbrannt. Erdogan hielt die Deutsche Polizei zu dämlich, diesen Fall zu lösen. Oder glaubte er, die Polizei würde einen rechten Hintergrund verschleiern. Wir leben hier in einem Rechtsstaat, wir sind hier nicht in der Türkei. Anschließend hatte er die hier lebenden Türken auch noch gegen das Deutsche Recht aufgewiegelt und Frau Merkel stand wie ein begossener Pudel daneben. Das ist Volkverhetzung und wird hier mit Gefängnis geahndet. Mindestens hätte man ihn sofort ausweisen müssen. Türken und Juden glauben, sie könnten mit den Deutschen nach Belieben umspringen. Auch für sie gilt das Deutsche Recht und wenn irgend jemanden das nicht passt, der kann gehen.

Die Türkei, ein Land ohne jegliche Meinungsfreiheit. Ein Land, wo der christliche Glaube verfolgt wird. Die Türkei ein Beitrittsland zur EU? Unmöglich. Ein Land, dass ein anderes europäisches Land als Feindbild betrachtet kann in die EU nicht aufgenommen werden. Wegen eines Artikels in der Zeitung über einen angeblichen Spendenskandal der Islamisch-Konservativen Partei (AKP) des Ministerpräsidenten Erdogan, wurde dem Medienunternehmer nun Steuerbetrug vorgeworfen. Der türkische Medienunternehmer trat wohl unfreiwillig zurück. Solange in der Türkei die einfachsten Regeln zu einem demokratischen Staat mit Füßen getreten werden, kann an einem Beitritt zur EU nicht gedacht werden. Der Grundsatz: Vor dem Gesetz sind alle gleich, scheint in der Türkei ein Fremdwort zu sein.

Die unsichere Geldanlage

Eine ältere Dame betritt eine Bank und möchte 10000 Euro auf ein neu eingerichtetes Sparbuch einzahlen. Auf die freundliche Frage des Bankangestellten nach dem Wunsch der alten Dame, fragte diese:„ Ist mein Geld bei ihnen auch sicher?“ Aber natürlich liebe Frau, der Safe ist unten im Keller von 80 cm starken Betonwänden umschlossen. Und was ist, wenn sie Pleite machen, fragte die ältere Frau herausfordernd. Dann wird ihnen das Geld inklusive der Zinsen von der Landeszentralbank ersetzt, antwortete der Bankangestellte. Das ist gut, antwortete die ältere Dame, nur was ist, wenn die auch pleite machen? In diesem Fall springt dann die Bundesbank ein und ersetzt ihnen alles auf Heller und Pfennig. Die alte Dame antwortete etwas sarkastisch:„ Das ist dann aber schon mein Geld, mit dem mein Geld ersetzt wird.“ Und was ist, wenn die Bundesbank auch pleite macht? Dann, antwortete der Bankangestellte, dann tritt die Bundesregierung zurück und das sollte ihnen 10000 Euro wert sein. Oder etwa nicht?

Warum wurde der Euro eingeführt? Für die deutsche Regierung war die Halbierung aller Verbindlichkeiten maßgebend. Hierunter fielen dann auch die Renten, die Lohn- und Gehaltszahlungen für die Angestellten und Beamten des Bundes. Die Ausgaben konnten so halbiert werden. Natürlich war es auch im Interesse aller europäischen Regierungen eine gemeinsame Währung zu schaffen. Diese erleichterte den europäischen Handel und Zahlungsverkehr um ein Vielfaches. Währungsschwankungen waren die Firmen in der EU nun nicht mehr unterworfen. In allen anderen Ländern der EU wurden versteckte Preiserhöhungen bei der Währungsumstellung verboten. Nur hier in Deutschland hielt man das für nicht nötig. Die Folge war ein Anstieg der Preise, die in den Arbeiterfamilien zu Armut führte. Das störte die Bundesregierung überhaupt nicht. Nur die hohen Steuereinnahmen waren wichtig. Was stört uns ein hungerndes Kind.

Das Unwort des Jahres 2008: Notleidende Banken. So schlecht ging es den Banken nicht. Vor allem den Bankmanagern und Vorständen, denn so viel wie sie in den Jahren der Krise von unseren Steuergeldern in die eigene Tasche gesteckt hatten, so viel hatten sie nicht einmal in den fetten Jahren. Die Welt ist verkehrt. Wer ein Minus erwirtschaftet wird mit Millionen belohnt. Wer betrügt und den Staat bestielt, wird aus Dankbarkeit mit hundert Millionen abgefunden.

Bei den Arbeitern war das anders, hier wurde mit roten Zahlen gerechnet. Im Jahr 2009 wurden viele arbeitslos, denen blieb dann nur der schnelle Weg zum Job-Center, bzw. erst zur Agentur für Arbeit. Und das so schnell wie möglich. Man sollte sich so früh wie möglich arbeitssuchend bei der Agentur für Arbeit melden. Dadurch vergrößert sich die Chance, übergangslos eine Anschlussbeschäftigung zu finden, will uns das Arbeitsamt weiß machen. Mit zunehmendem Alter findet man so schnell keine Alternative und hat man nichts anderes gelernt, wird man auch nicht eine Hilfsarbeiterstelle finden. Die Finger so zart, die Arme so dünn, wohin mit dir, wohin?

Bei einer verspäteten Arbeitssuchendmeldung kann eine Sperrzeit von der Agentur für Arbeit angeordnet werden. Das hat zur Folge, dass der Anspruch auf Arbeitslosengeld für eine gewisse Zeit ruht. Unverzüglich arbeitssuchend melden bedeutet, das Personen, bei denen das Arbeits oder Ausbildungsverhältnis endet, sich spätestens drei Monate vor dessen Beendigung persönlich bei der Agentur für Arbeit arbeitssuchend melden. In allen anderen Fällen hat die Meldung innerhalb von drei Tagen nach Kenntnis der Kündigung zu erfolgen. (Gemäß § 37b Drittes Buch Sozialgesetzbuch). Die Bundesagentur für Arbeit benötigt zur weiteren Bearbeitung noch einige Daten des Arbeitssuchenden. Angaben zu den beruflichen Kenntnissen und Werdegang. In der Agentur liegen diese Anmeldebögen „Bewerberprofil" aus. Erforderlich ist noch der gültige Personalausweis (Reisepass), die Meldebestätigung des Einwohnermeldeamtes, die Aufenthaltserlaubnis, die Arbeitserlaubnis, die Sozialversicherungsnummer und das Kündigungsschreiben bzw. der befristete Arbeitsvertrag sind bei der Meldung mitzubringen. Nach der Meldung erhält man von der Agentur einen Termin beim zuständigen Arbeitsvermittler (Arbeitsvermittlerin). Gemeint ist hier der Arbeitsvermittler beim Job-Center, der bei der Agentur für Arbeit angestellt ist. Gemeinsam wird dann die Situation über Arbeitsmarktchancen, die richtige Strategie zur Arbeitssuche und das weitere Vorgehen besprochen. Leider hat man wenig Chancen beim Job-Center schnell eine neue Arbeit zu finden. Diese sind meist mit dem bürokratischen Teil überlastet. Welchen Zweck die Agentur für Arbeit ausfüllt, ist vielen schleierhaft. Dem Arbeitssuchenden bleibt heute fast nur noch der Weg zum privaten Arbeitsvermittler, denn die Arbeitgeber machen sich nicht mehr die Mühe und schreiben eine Stelle aus. Eine offene Stelle wird dem Arbeitsvermittler mitgeteilt und der sucht anhand seiner Aufzeichnungen die passende Arbeitskraft heraus. Nur das ist nicht umsonst. Je nach Gehalt der vermittelten Person erhält der Vermittler eine monatliche Provision von ca. 300 bis 400 Euro. Das ist eine Menge Geld auf die man jeden Monat verzichten muss. Zudem werden fast nur Zeitarbeitsverträge abgeschlossen. Die Sicherheit eines festen Arbeitsplatzes ist fast nie gegeben. Unter bestimmten Voraussetzungen erhält man von der Agentur für Arbeit einen Vermittlungsschein, der die Provision für den Arbeitsvermittler beinhaltet. Den Vermittlungsschein darf der Vermittler nur nach erfolgtem Vertragsabschluss des Arbeitssuchenden

mit dem Arbeitgeber in der Höhe von 1000 Euro einlösen. Besteht das Arbeitsverhältnis noch nach sechs Monaten, kann der Vermittler die restlichen 1000 Euro von der Agentur für Arbeit einfordern. Auch hier sollte man beachten. Es gibt überall schwarze Schafe, die ohne Gewissensbisse das Leid des Arbeitssuchenden ausnutzen. Informationen und nochmals Informationen vom Job-Center und von der Agentur für Arbeit sind unerlässlich.
Arbeitslosengeld I (ALG I) erhält, wer vor der Kündigung innerhalb von zwei Jahren mindestens ein Jahr Geld in die Arbeitslosenversicherung eingezahlt hatte. Die Höhe richtet sich nach dem letzten Verdienst. Arbeitslose ohne Kinder erhalten 60% ihres letzten Nettogehalts über den Zeitraum eines Jahres gerechnet. Arbeitslose mit Kindern erhalten 67% ihres letzten Nettogehalts. Berechnungsgrundlage ist der Verdienst über 12 Monate. Das ALG I wird grundsätzlich zwölf Monate gezahlt. Ältere Arbeitslose ab 58 Jahre erhalten bis zu 24 Monate ALG I. Wer über 55 Jahre ist, erhält bis zu 18 Monate ALG I und wer über 50 Jahre ist, erhält bis zu 15 Monaten ALG I. Nach Ablauf dieser Fristen wird das ALG II gezahlt. Das ALG II richtet sich nach der Bedürftigkeit. Zusätzlich wird hier das Vermögen mit angerechnet. ALG II bekommt auch derjenige Arbeitslose, der bei ALG I unter einer bestimmten Grenze liegt. Renten- und Krankenversicherungsbeiträge werden von der Agentur weiter gezahlt. Arbeitslos mit 60% des letzten Nettoeinkommens und einer Nebentätigkeit, die man nur bis 14 Stunden wöchentlich ausüben durfte. Wer soll von diesen Allmosen leben? Unverständlich und eigentlich mal wieder eine Unverschämtheit der Regierung, diese Nebeneinnahmen voll zum Arbeitslosengeld anzurechnen. Mickrige 165 Euro im Monat lassen sie einen Arbeitslosen anrechnungsfrei. Arbeitet man eine Stunde länger, also 15 Stunden die Woche, wird kein Arbeitslosengeld mehr bezahlt. Die Agentur rechnet ab 15 Stunden Arbeitszeit die Woche mit einem Vollzeitjob der gemeldeten Person. 20 bzw.30 und mehr Jahre haben die meisten Arbeiter dem Arbeitsamt das Leben versüst und nun rechnet man den Nebenverdienst noch an! Das sollte man bei der Politikergarde auch einführen. Um die Nebeneinnahmen dem Arbeitsamt und dem Finanzamt zu verbergen, muss eine Person des Vertrauens her. Ob bei der Agentur für Arbeit oder beim Finanzamt, überall trifft man auf Sachbearbeiter die der Meinung sind, das Volk wollte ihnen ihr Gehalt

stehlen. Erst wenn man ihnen klar gemacht hat, dass wir Steuerzahler sie ja schließlich ernähren und sie ohne uns bald Hartz IV Empfänger sind werden sie etwas umgänglicher und geben bei etwas Nachdruck die benötigten Informationen heraus. Diese Sachbearbeiter sind alles kleine Lichter, Gehaltsempfänger die nach der Pfeife ihres Vorgesetzten tanzen müssen. Habt ihr mit denen Probleme, lasst euch nicht unterkriegen. Gebt nicht auf, pocht auf euer Recht und fordert die entsprechenden Gesetze und Anweisungen ein. Die Ämter müssen den Nachweis erbringen, warum sie eine Leistung oder Zahlung ablehnen bzw. kürzen. Nur Mut. Ist eine Sachlage nicht klar, wird sofort Einspruch eingelegt. Mit Problemen oder Beschwerden richtet man sich an den Petitionsausschuss des Bundeslandes, in dem man wohnt. Die sind sehr hilfsbereit und nett. Vor allem zeigen diese Beschwerden Wirkung beim Sachbearbeiter.
Was wir 2008 erlebten, hatte die Regierung noch begünstigt, als sie den Banken den Verkauf von Krediten erlaubte. Durch die so herbeigeführte Wirtschaftskrise nimmt die Verteilung von Arm und Reich immer drastischere Ausmaße an. Der Turbokapitalismus unterstützt durch seine neoliberalen Vulgärökonomen diesen Trend der unersättlichen Raffgier. Hatte man den Menschen nicht versprochen, der Neoliberalismus bringt den Wohlstand für alle? Das war gelogen. Die Zahlen sprechen eine andere Sprache, nicht nur in Deutschland.
In den Zeiten der Arbeitslosigkeit und Kinderarmut stellen sich dann selbsternannte Wirtschaftsexperten vor das Mikrophon und beleidigen mit jedem Wort den deutschen Arbeiter. Die deutsche Wirtschaft ist dank der Reformen in Politik, Unternehmen und der Tariflandschaft wettbewerbsfähiger geworden. Jetzt ernten wir die Früchte. Welche Früchte? Das arbeitende Volk muss auf die zugesagten Leistungen verzichten. Muss mehr arbeiten und findet er eine Stelle, dann nur als Teilzeitkraft mit einem befristeten Vertrag zu einem Hungerlohn. Die Löhne und Gehälter sind auf einem Niveau geschrumpft, der Hartz IV als Alternative anbietet. Das sind die Früchte die der deutsche Arbeiter unter Mithilfe und Mitwirkung der Regierung und der Gewerkschaften erntet. Oder sind unter Früchten die Unterschlagungen, die Schwarzgeldkonten, die Steuerbetrügereien gemeint? Die Milliarden Gewinne und horende Prämienausschüttungen werden durch die Leistungen der Arbeiter erbracht. Ihr habt nichts, rein garnichts dazugesteuert. Bedankt euch bei

den Regierenden, die durch ihre Gesetze den Arbeiter bis ins Mark ausgepresst haben. Habt ihr kein Gewissen? Durch euer dazu tun, durch die menschenunwürdige Politik ist die Armut, die Kinderarmut so hoch wie noch nie in Deutschland. Das sind die Früchte die ihr erntet. Das sind die Früchte an deren ihr gemessen werdet.

Der Traum von Arm und Reich

Es war eine klare Vollmondnacht. Ein armer zerzauster Mann strich durchs Dorf und kann zu einem Brunnen. Als er hinunterblickte, traute er seinen Augen nicht. Da lag ein großer runder goldener Klumpen. Er kniff die Augen zu und öffnete sie wieder. Nein, es war kein Traum. Der goldene Klumpen lag noch immer tief unten im Wasser. Der Arme beeilte sich, sprang behend in den Eimer, der über dem Brunnenrand schwebte und abwärts ging die Fahrt. Ein zweiter Eimer schoss aus der Tiefe empor, nur als dunkler Schatten knapp an ihm vorbei. Unten feucht und klamm, wollte den goldenen Klumpen er sofort packen. Doch was war das? Seine Hände griffen ins eiskalte Wasser, der goldene Klumpen verformte sich und verschwand. Er verharrte still, der goldene Klumpen kehrte zurück und jetzt begriff der Arme seinen Irrtum seinen Wahn. Wie konnte er nur so unüberlegt und gierig sein. Er schaute nach oben, niemand war da, nur der Vollmond lächelte ihn hell und freundlich zu.

Da saß er nun, viele Stunden in dem kühlen feuchten Eimer, gefangen und schlotternd vor Kälte und Hunger. Da kam ein Herr vorbei, der arme rief ihm zu, mein Herr, mein Freund, schaut hinab in den Brunnen und seht, seht dieses große goldene Stück. Der Herr schaute hinunter und war entzückt. So einen großen goldenen Klumpen hatte er noch nie gesehen. Der Arme rief nochmals gedämpft, mein Herr, wenn du uns nicht verrätst, darfst du dir deinen Teil holen. Steig in den Eimer und komm herab. Der Herr vom goldenen Glanz so angetan, sprang flux in den Eimer und rauschte dank seines Übergewichts sofort nach unten. Der Arme, wesentlich leichter, schoss mit samt Eimer am Herrn vorbei in die Höhe. Oben angekommen sprang der Arme sofort aufs Land und eilte davon. Ohne vorher zu rufen. Mein Herr, das Gold ist zu schwer, dass schaffst du nicht allein.

Die Bundestagswahlen im Jahr 2009

Das Jahr 2009 wird unvergessen bleiben. Eine Wirtschaft die log und betrog, eine Regierung die das Volk für dumm verkaufen wollte, Banken die alles mögliche unternahmen um an die Steuergeschenke (unsere Steuergelder) der Regierung heranzukommen. Bundestagswahlen, die so still und heimlich über die Bühne gingen. Eine Partei wurde ausgetauscht, das wars.
Wie in all den Jahren vorher gab es zum Anfang des Jahres erst ein Geschenk an die Reichen, oder der Kniefall der Regierung, damit sie ihr Geld im Lande ließen. Seit dem 1. Januar 2009 sind Kapitalerträge mit der Abgeltungssteuer, einer sogenannten Quellensteuer, pauschal mit 25% zu versteuern. Diese Abgeltungssteuer wird und muss von den Banken und Sparkassen direkt und anonym an das Finanzamt abgeführt. Mit diesem Abgeltungssteuer Steuerabzug ist die Einkommensteuer des Steuerpflichtigen abgegolten. Davon können wir nur träumen. Mit dieser geringen Abgeltungssteuer wollte man die Kapitalflucht eindämmen und das Geld der Steuerflüchtlinge zurückholen. Die Steuermindereinnahmen infolge der Abgeltungssteuer werden auf 1,295 Milliarden Euro geschätzt. Im Grunde braucht sich der deutsche Arbeiter mit dem Für und Wieder der Abgeltungssteuer nicht befassen, wenn nicht die Regierung versuchen würde, diesen Verlust über die heimlichen Steuern wieder hereinzuholen. So zum Beispiel die Einführung der Kommunen über die Nebenkostenabrechnung zusätzlich den Kostenfaktor Niederschlagwasser einzutreiben.
Schon im Januar 2009 fällt der Ölpreis um 100 Dollar auf 33 Dollar je Barrel und damit auf den tiefsten Stand seit fünf Jahren. Warum wurde dieser niedrige Preis nicht an den Verbraucher weitergegeben? Sonst sind die Ölmultis doch so schnell mit der Preiskorrektur. Warum hatte die Regierung hier nichts unternommen? Dem blöden Arbeiter etwas gutes tun, wo kommen wir denn da hin? Die Regierung braucht die Steuereinnahmen, hatte sie doch schon Verluste bei der Abgeltungssteuer gemacht.
Auch bei den vorgezogenen Landtagswahlen in Hessen hatte es der Koch wieder geschafft. Mit 37,2% durfte er wieder laut tönen, ich habe vom Volk den Regierungsauftrag bekommen. Von 62,8% hatte er den

Regierungsauftrag nicht bekommen. Braucht das Volk solche Typen, die sie nur fertig machen. Man kann das nicht nachvollziehen. Am 1. März 2011 ist Dienstantritt für Roland Koch. Der 1,5 Millionen Euro Job bei Bilfinger und Berger lässt grüßen.

Wenigstens hatte im Mai Horst Köhler gewonnen. Ab und zu kritisiert er ja die Regierenden. Aber wie die Zeit vergeht. Die Bundesrepublik begeht ihr 60-jähriges Bestehen und die Mauer fiel vor 20 Jahren.

Hervorheben muss man auch den G-8 Gipfel, dass ist wirklich der Gipfel der Verschwendungssucht. Gerade im Jahr 2009, die Arbeiter zittern um ihren Arbeitsplatz, um ihr Auskommen und die bestellen eine Flotte von 221 Fahrzeugen die für Personenverkehr und Transportdienste eingesetzt wurden. Darunter befanden sich 90 Lancia Delta in Executive Ausführung, 85 leichte Nutzfahrzeuge von Fiat, 10 Geländewagen vom Typ Iveco Massif. Dazu eine Reihe von Elektrofahrzeugen, ein Iveco Daily und zwei Iveco Europolis-Busse sowie 33 Autos von Global Electric Motorcars, einem Tochterunternehmen der Chrysler Group, an der Fiat beteiligt ist. Verfolgt man diese Liste, diesen Gipfel der Verschwendungssucht, wundern die immer heftiger werdenden Proteste, Krawalle und Ausschreitungen nicht. Auch Italien unter Berlusconi hat hungernde Menschen. Haben diese Zehn kein Gewissen, wenn hier Millionen verschleudert werden? Die Gruppe der Acht besteht aus: Deutschland, USA, Japan, Großbritanien, Kanada, Frankreich, Italien und Russland. Zu den Acht gesellen sich Vertreter der Europäischen Union, Kommissionspräsident Barroso und der jeweilige Ratspräsident, der wechselt. Bei diesem Treffen hatten sich die Staats und Regierungschefs für eine schnelle Vereinbarung zum Umgang mit Steueroasen ausgesprochen. Steuerflucht soll nicht toleriert werden. Was sollte Frau Merkel nun tun, wo doch ihre eigenen Landesbanken diese Steueroasen zur Steuerhinterziehung nutzen. England forderte die G-8 Staaten auf, auf niedrige Energiepreise hinzuwirken. Merkel zeigte uns gerade wie die Preise gemacht werden. Hier bei dem G-8 Gipfel hatte sie wieder den Umweltschutz im Auge, äußerte sich dann doch zu der Wirtschaftskrise. Wir sind diejenigen, die auch über die Finanzmärkte die Weltwirtschaftskrise mit verursacht haben. Und deshalb erwartet die Welt mit Recht, dass wir hier unseren ersten Beitrag leisten. Man kann es ihr nicht übel nehmen, denn schließlich schreibt sie ihre Reden ja nicht

selbst. Der erste Beitrag war sicherlich der Kauf von 221 Fahrzeugen. Die Erfolgsaussichten für alle erörterten Probleme fielen eher bescheiden aus. Wie immer kam man zu dem einstimmigen Beschluss, ausser Geldverschwendung nichts gewesen. Der nächste G-8 Gipfel ist in Kanada. Guten Flug Frau Merkel. Sie sollte sich besser um die Belange in Deutschland kümmern. Seit dem sie an der Regierung ist, nehmen die Steueraffären, Abhörskandale und Bestechungen ständig zu.
Der Bestechungsskandal im Rheinland verlief wie alle anderen im Sand. Jeder kann sich frei kaufen. Das Landgericht Bonn hatte das Verfahren gegen den früheren Müllunternehmer Trienekens eingestellt. In der Einstellungsentscheidung heist es, der Gesundheitszustand des seit Jahren schwer erkrankten Trienekens sei maßgeblich gewesen. Diese Krankheit greift wie eine Epidemie um sich. Kaum wird ein Betrug einmal durch Zufall aufgedeckt, wird der arme Verfolgte sofort krank. Trienekens hatte den Ex-Geschäftsführer der Rhein-Sieg Abfallwirtschaftsgesellschaft (RSAG) Bestechungsgelder von etwa 1,1 Millionen Euro gezahlt. Im Gegenzug hatte der Unternehmer den Zuschlag im Rhein-Sieg-Kreis zur Müllentsorgung erhalten. Nach nur einem Monat Verhandlungsdauer muss Trienekens eine halbe Million Euro zahlen. An die Gerichtskasse gehen 350000 Euro und nur 150000 Euro an soziale Einrichtungen. Da stimmt doch irgend etwas nicht.
Auch bei Karstadt, die wollten im Jahr 2009 sechs Häuser schließen. Hatte da von der Gewerkschaft jemand Vorteile? Denn kaum ist von den Schließungen die Rede, ist die Gewerkschaft Verdi berei, bzw. hatte die Gewerkschaft bereits vereinbart, dass die Mitarbeiter auf Urlaubs- und Weihnachtsgeld verzichten werden und damit über drei Jahre auf 150 Millionen Euro zur Sanierung beitragen. Das ist verkehrt ihr Gewerkschaftsmitglieder, Verdi macht euch zu Bettlern. Ab jetzt müsst ihr immer für die Betrügereien und Fehler der hoch dotierten Manager aufkommen. Die Fehler bei Karstadt, oder war es geplant? Karstadt ließ riesige Komplexe bauen und mietete sie nur an. Gerade diese Mietzahlungen stellten die größte Belastung bei Karstadt dar. Hatte bei Karstadt jemand an den Mietzahlungen verdient? Anders kann man sich diese Mietsucht nicht vorstellen. Warum mietet Karstadt Logistigstandorte und stellt sie der Deutschen-Post-Tochter DHL zur Verfügung? Vorstandschef

Middelhof hatte Anteile an Immobilienfonds, die Miete von Karstadt kassierten.
Am 9. Juni 2009 beantragte Arcandor in Essen die vorläufige Insolvenz. Am gleichen Tag leitet die zuständige Staatsanwaltschaft gegen Middelhof das Ermittlungsverfahren wegen des Vorwurfs der Untreue ein. Das ARD-Magazin Monitor hatte am Vorabend über die Immobiliengeschäfte und der Beteiligung Middelhofs an den Oppenheim-Esch-Fonds berichtet. Und zum Abschied will Middelhof noch das Weihnachts- und Urlaubsgeld der Arbeiter einstreichen. Neben seinem Grundgehalt von 1,2 Millionen Euro will Middelhof noch 2,2 Millionen Euro als Bonus, Tantieme und Sondervergütung mitnehmen. Und das, obwohl der Konzern unter seiner Leitung einen Verlust von 746 Millionen Euro verzeichnete. In dieser schweren Zeit der hoch dotierten Manager trifft man kaum noch jemanden an. Entweder stehen sie wegen der Anklage der Steuerhinterziehung, Steuerbetrug, Abhörskandale, wegen Untreue und wegen Bestechung vor Gericht. Kein Wunder, dass wir hier in Deutschland eine Wirtschaftskrise haben. Leider finden wir in der deutschen Justiz keine Gerechtigkeit mehr. Nach neuem Recht, kann sich nach Frau Merkel jeder, der Geld hat frei kaufen. Mit jeweils 0,5 Millionen können sich die Manager immer freikaufen. Sollte das nicht fruchten, wird man plötzlich schwer krank.
Die Deutsche Bahn hatte trotz Wirtschaftskrise einen Gewinn von 1,8 Millionen Euro gemacht. Nachvollziehen kann das niemand. In den Zeiten der Hochkonjunktur hatte die Bahn immer Verluste gemacht und konnte nur mit über 60% Investionen aus der LKW-Maut überleben. Trotz dieser guten Konjunkturlage will die Bahn in den nächsten fünf Jahren 14000 Mitarbeiter entlassen. Im Jahr 2008 waren die Bahnpreise um 4% gestiegen. In den Jahren davor waren die Bahnpreise jeweils um 3% gestiegen. Am 3. Advent 2009 sind die Bahnpreise nochmals um 1,8% angehoben worden. Der Personalabbau sei die Folge der erhöhten Personalkosten, so die Verlautbarung bei der Deutschen Bahn. Hier muss man entgegenhalten, die Arbeiter hatten im Jahr 2009 nicht einen Cent mehr gefordert. Die 1,8% forderten wohl die Versager (Managergehälter). Die Deutsche Bahn ist noch ein Staatliches Unternehmen. Entscheidungen der Vorsitzenden sind dann wohl auch Entscheidungen der Regierung. Dann geht die Regierung mal wieder mit gutem Beispiel voran und zeigt

der Wirtschaft, wie man sich von 14000 Arbeitern trennt. Und die habt ihr gewählt, die euch arbeitslos machen?
Anfang 2009 geriet die Deutsche Bahn mit Mehdorn wiederholt in die Schlagzeilen. Die Manager der Deutschen Bahn hatten Daten ihrer Mitarbeiter wie, Anschriften, Telefonnummern und Bankverbindungen mit anderen Datenbanken abgeglichen. Im weiteren Verlauf wurde bekannt, dass Bankkonten, Privatkontakte und weitere persönliche Informationen von Mitarbeitern eingeholt wurden. Es ging so weit, dass sogar Videoaufnahmen von Tankstellen besorgt wurden, die Mitarbeiter nutzten. Diese Bespitzelungen führten zum Rücktritt von Mehdorn. Natürlich hatte auch die Gewerkschaft ihre Finger im Spiel. Sie nutzte die Daten aus den Bespitzelungen um wie sie sagten, die korrekten Zahlungen von Beiträgen zu überprüfen. Man kann und muss also davon ausgehen, dass die Bespitzelungen mit dem Wissen und Einverständnis der Gewerkschaften unternommen wurden. Warum habt ihr keine Konsequenzen bei der Gewerkschaft gefordert. Warum habt ihr diese Leute nicht bei der Staatsanwaltschaft angezeigt? Warum kamen diese Leute nicht vor Gericht? Wie immer wird hier mit zweierlei Maß gemessen. Zum Dank, dass sie sich strafbar gemacht hatten, bekamen sie Millionen Abfindungen und eine lebenslange Rente, von euren Renteneinzahlungen, von der wir nur träumen können. Erst bespitzeln sie euch, bezahlt von unseren Steuergeldern. Dann bezahlen wir sie, von unseren Steuergeldern. Und das alles mit dem Applaus und Einverständnis der Regierung Merkel. Das sind Stasimanieren.
Zu bemängeln ist bei der Bahn auch, wie mit den zusätzlichen Steuergeldern und Investionen aus der LKW-Maut umgegangen wird. Erst 1997 zog die Zentrale der Deutschen Bahn von Frankfurt nach Berlin um. Um dann knapp drei Jahre später in den viel zu teuren Bahn Tower am Potsdamer Platz umzuziehen. Auch hier führt die Regierung der Wirtschaft vor, wie man hunderte von Millionen Steuergelder verpulvert.
Erst die Telekom, dann die Deutsche Bahn und ein nicht endender Rattenschwanz an Abhörskandalen und Bespitzelungen. In dieser Situation stellen sich noch ein paar Blauäugige hin und sprechen von der Intimität und Freiheit des Bürgers. Für den Kleingeist der ach so hoch bezahlten Erfolgsmanager, die an Verfolgungswahn leiden, denn sonst

sind diese Überwachungs- und Abhörskandale nicht nachvollziehbar, ist kein Arbeiter verantwortlich.
Mit welcher Arroganz und Überheblichkeit die Politiker sich über die Rechte und Pflichten eines Bürgers hinwegsetzen erlebten wir im Februar 2009 wieder haut nah. Der Verkehrsminister von Nordrhein Westfalen, Wittke (CDU) fuhr mit 109 km/h durch eine Ortschaft. Mit welcher Konsequenz? Erst geschah nichts. In einer Sendung des WDR, hier stellte sich der Minister nicht zum Interview, wurden die Leute nach ihrer Meinung gefragt. Die Antworten waren ziemlich enttäuschend und lapidar. Der hat ja doch seinen eigenen Fahrer. Das vesickert wieder im Sand. Keiner war darunter, der energisch seinen Rücktritt forderte, denn dieser Mann kann kein Vorbild für unsere Jugend sein. Ich schrieb wie andere auch eine E-Mail und forderte den Rücktritt. Den Rücktritt der gesamten Bundesregierung hätten wir fordern müssen. Denn wie die im Falle einer Katastrophe mit dem Volk umgehen, lässt das Schlimmste erahnen.
Die Schweinegrippe wird von Mexiko nach Europa und schließlich nach Deutschland übertragen. Für viele Menschen, auch in Deutschland, bringt die Schweinegrippe den Tod. Die Regirung unter Merkel hatte eigentlich genug Zeit den Ablauf und die Verteilung des Impfstoffes zu planen. Sie hatte auch genug Zeit den Impfstoff für alle gleichermaßen in der Menge und Qualität herzustellen. Es war niemand da, der den Anfängern und Amateuren da oben sagte wo es lang ging. Jeden Tag hörte oder las man in den Medien von neuen Hiobsbotschaften, wobei ein regelrechter Streit innerhalb der Regierung um die Schweinegrippe-Impfung entbrannte. Es dauerte Wochen bis allein die Kostenfrage geklärt war. Die größte Frechheit der Regierung Merkel, der Impfstoff wurde nach Klassen aufgeteilt. Man fühlte sich wieder um 100 Jahre zurückversetzt. Erst wird die oberste Klasse mit dem teuren und wirklich gutem Wirkstoff geimpft. Darunter fallen die Politiker, deren Angehörige und die Kaste der Reichen. Anschließend soll die untere Klasse, die Soldaten und Polizisten mit dem teuren Impfstoff geschützt werden. Denn im Falle von Übergriffen der Bevölkerung auf die Regierenden muss die Polizei und müssen die Soldaten zum Schutz bereit stehen. Den Rest, den Abfall des Wirkstoffes zur Schweinegrippe-Impfung kann dann unter dem Abschaum, dem Volk aufgeteilt werden. Heftige Kritik an

die Regierung wegen der Schweinegrippe-Impfung kam auch aus den Reihen der Ärzteschaft. Ärzte-Vizepräsident Montgomery forderte, den für Soldaten vorgesehenen Impfstoff an Kinder und Schwangere zu geben. Das ist doch der reinste Hohn, den die Regierung da veranstaltet hatte. Eine grauenhafte Vorstellung, so eine Katastrophe wie in Japan. Ihr habt die gewählt und werdet wie Hunde mit Füßen getreten.

Überall wo die Regierung die Finger im Spiel hat, ist Betrug und Korruption nicht weit. Selbst auf die Gesundheit der Menschen wird keine Rücksicht genommen. Wird die Schweinegrippe zum Korruptionsskandal? Die Schweinegrippe hatte inzwischen eine neue Dimension erreicht. Wie sich nachträglich herausstellte, saßen Mitglieder der angeblich unabhängigen ständigen Impfkommission auf unzulässige Weise mit den Impfstoffherstellern in einem Boot. Zu diesem Ergebnis gelangten die Autoren des Buches „Schweinegrippe als Jahrtausend-Fake“. Angesichts dieses Skandals fordern die Autoren politische Konsequenzen. Falls sich diese Vorwürfe erhärten, würden die Wogen auch nicht vor dem Bundesgesundheitsministerium halt machen. Denn diese wirbt, ungeachtet der von der Arzneimittelkommission der Deutschen Ärzteschaft veröffentlichten Warnung, für die Impfung. Im schlimmsten Falle wird Frau Ulla Schmidt nicht gestattet, den Impfstoff für Politiker zu nutzen.

Die Politiker nur noch Marionetten der Wirtschaftselite. Wie hatten sich die Politiker im Glanz der Wirtschaftsmillionäre gesonnt. Jetzt tanzen sie nach ihrer Pfeife. Der Arbeitsmarkt in Deutschland ist schon lange keiner mehr. Seit der Neugliederung des Arbeitsamtes zur Agentur für Arbeit werden die Stellen von anderen vermittelt und das gegen Bezahlung. Niedriglohn, Ein-Euro-Job und Minijob bestimmen weitgehend das Bild der einst so starken Arbeiterklasse. Warum hat die Regierung nicht schon lange gegengesteuert? Warum sollte sie? Sie kann nicht mehr eigenständig handeln. Da nicht nur diese sondern auch die Vorgängerregierung von kapitalstarken Industrien und Personen schon lange gesteuert werden. Die Regierenden haben den Zeitpunkt verpasst etwas gegen den ausufernden Kapitalismus zu tun. Das beweist, dass die Regierung nicht in der Lage ist, ein Krisenmanagement zu führen. Denn sie macht so weiter wie bisher.

Frau Merkel verlangte ein beherztes Zusammenarbeiten aller Bürgerinnen und Bürger, um aus der Wirtschaftskrise besser und gestärkt heraus zu

kommen. Wen sie mit Volk meinte, erkennt man, wenn man sich die Konjunkturpakete ansieht. Nicht eines ist für den Bürger geschnürt. Es wurden Finanzhilfen dort bereit gestellt und verschenkt, wo es eigentlich nicht nötig war. Banken die mit dem Geld ihrer Kunden riskante Spekulationen unternommen und verloren hatten, wurden Bürgschaften im wahrsten Sinne des Wortes aufgezwungen. Einige nahmen es dann auch an, damit die Spareinlagen der Anleger sicher sind.
Die Regierung hält das deutsche Volk für dumm, hat das denn noch niemand bemerkt? Die Anleger ihrer Spareinlagen, wie auch die Menschen, die sich keine leisten können, werden zu Bürgen für ihr eigenes Geld. Falls die Banken pleite gehen, haben die Anleger nicht nur ihr Geld verloren, sondern sie bezahlen auch noch für das verlorene Geld mit ihren Steuern. Dann kommt so etwas heraus, wie die Steuerersparnisse beim Kauf eines Neuwagens. Um den Bürger still zu halten, wurde die Abwrackprämie erfunden. Die Regierung besaß noch die Frechheit und wollte dem Steuerzahler erzählen, die Abwrackprämie sei ein Geschenk der Bundesregierung. Wenn man das schon immer hört, wir geben euch, wir bezahlen das. Die Regierung hat dem Bürger noch nie etwas gegeben oder bezahlt. Die Regierung verschwendet nur das Geld der Bürger. Die Abwrackprämie und die Verlängerung der Abwrackprämi bezahlt der Bürger mit seinen Steuern bzw. durch eine heimliche Steuererhöhung. Das euch die Regierung etwas schenkt, wird euch über die Medien jeden Tag ins Ohr gehämmert, bis ihr es selber glaubt. Überlegt nur einmal. Ein PKW der 14000 Euro kostet, davon 19% Mehrwertsteuer sind 2660 Euro. Hinzu kommen noch die Mehreinnahmen aus der KFZ-Steuer, aus den An und Ummeldegebühren und der Umweltplakette, aus der Versicherungssteuer usw. Was habt ihr bekommen, einen Nachlass von 2000 Euro. Für einen Kleinwagen der diesen Preis sicher nicht Wert ist. Diese 2000 Euro hättet ihr für euren alten immer bekommen. Ja, so war das mit dem Regierungsgeschenk. Seit wann schenkt der Staat dem Arbeiter etwas? Im übrigen waren es unsere Steuergelder die euch von der Regierung als Abwrackprämie verkauft wurden. Bedenkt noch eins, hättet ihr 2001 für so eine Klapperkiste 28000 D-Mark bezahlt? Ich glaube kaum. Das ist auch das Übel der Automobilbrange. Der Passat, ein Volksauto, nicht mehr zu bezahlen.
Welche Geschenke machte die Regierung noch? Die Steuersenkung bei

den Sozialabgaben, die auch nur den Gut-, Besser- und Bestverdienern zu Gute kam. Bei allem was bisher vorgeschlagen, beschlossen oder noch beschlossen wird, zu den deutschen Bürgerinnen und Bürger gehören nach all den Vorschlägen weder Erwerbslose, noch Geringverdiener, Rentnerinnen und Rentner, Arbeiter und auch nicht mehr das mittelständische Unternehmen. Die Gewinner sind wie immer die Reichen. Durch mehr Kaufkraft, wie zum Beispiel die Einführung eines Mindestlohns, eine größere Anhebung der Regelsätze bei den Sozialleistungen würde eine finanzielle Unterstützung des Mittelstandes bringen. Durch eine Erhöhung der Kaufkraft aller Bürger dieses Landes, währe eine Krise besser zu bewältigen und Firmempleiten zu verhindern. Hier aber geht der politische Alltag weiter und es werden weiterhin nur die Reichen unterstützt. Das 2. Konjunkturpaket mit 50 Milliarden Euro war so eine Hilfe. Was Hatte das arbeitende Volk bekommen? Sie haben die Kurzarbeit, die Arbeitslosigkeit und einen viel geringeren Lohn bekommen.

Das Volk des Deutschen Reichs stieß die rote Partei, die SPD und die Grünen, die schon sehr lange an der Regierung waren und sich sehr viel Zeit für die Belange der Reichen nahmen mit Schimpf und Schande aus dem Bundestag, weil sie für die Armen die Hartz-Gesetze angeschafft hatten. Wir sollten immer daran denken, es gibt auch noch Politiker die an uns denken. Nur bei der SPD, bei den Grünen, bei der FDP, bei der CDU und CSU werden wir sie nicht finden

Die SPD richtet sich selbst.

Die FDP noch nicht in der Regierungsverantwortung stellte eine Anfrage an die Bundesregierung (Große Koalition). Welches sind die Gründe, warum die Inobhutnahme von Kindern seit 2005 um 26% gestiegen ist. Was sind das alles Schleimer und Heuchler. Zeigt die FDP doch im Nachhinein, dass sie überhaupt kein Interesse daran hat, wie es den Kindern in Deutschland geht. Denn in der Regierungsverantwortung, was heißt bei denen schon Verantwortung, nimmt sich Westerwelle dieses Themas an, in dem er noch einen drauf setzt. Arme und Arbeitslose sind auch für ihn die Unterschicht, die vom Staat zu viel Geld bekommen. Dass diese Kinder gezwungen sind, in den Mülleimern zu suchen und das Essen meistens von privat eingerichteten Stellen erhalten, dass sieht er nicht. Man sollte denen da oben immer ein Tonband vorspielen, dann könnten sie hören, was sie ein dummes Zeug schwätzen.

Seit Ursula von der Layen das Familienministerium leitet, stieg die Anzahl der Pflege- und Heimkinder um 26%. Alles was sie in den vier Jahren als Familienministerin unternommen hatte, ging daneben. Erst die finanzielle Unterstützung für Paare, um ein Kind in die Welt zu setzen ging daneben. Um dieses Desaster noch zu retten, wollte von der Layen die Vätermonate zur Kinderbetruung noch ausweiten. Wer sollte diese Hirngespinste bezahlen? Es sind nicht mehr viele, die Steuern zahlen. Vor allem rechnet es sich nicht für Paare, die wenig verdienen. Beide Elternteile können besser in ihrem Beruf weiter arbeiten und eine Hilfe beschäftigen. Diese Beträge kann man dann noch von der Steuer absetzen.

Der 27. September 2009, die Wahl zum 17. Deutschen Bundestag, den Landtagswahlen in Brandenburg und Schleswigholstein rückte näher. Noch wenige Tage vor der Bundestagswahl wurde deutlich, dass aus der Sicht der Wähler die Bildungskompetenz den Politikern abhanden gekommen ist. 41% der Befragten trauten keiner Partei kurzfristig Entscheidungen zur besseren Bildung zu. Der Wahlkampf verlief so ruhig. Man meinte, keiner von den Parteien wollte eine Regierung bilden.

Merkel (CDU): Wir haben die Kraft.

Steinmeier (SPD): Unser Land kann mehr.

Westerwelle (FDP): Arbeit muss sich wieder lohnen.

Lavontaine Linke): Reichtum für alle.

Die Grünen: Aus der Krise hilft nur Grün.

Die Einfallslosigkeit dieser Wahlplakate zeigt den desolaten Zustand unserer Parteien und Politiker auf.

Der CDU/CSU unter Merkel fehlt jegliche Dynamik und Power. Diese Kraft fehlt ihnen, bzw. ist ihnen abhanden gekommen.

Der Wahlspruch der SPD geht schon in die richtige Richtung. Wir Deutschen können mehr, nur die SPD die kann nicht mehr.

Was meinte die FDP unter Westerwelle mit „Arbeit muss sich wieder Lohnen." Man könnte fast glauben, Westerwelle wollte den Arbeitern mehr Geld geben. So war das aber nicht gemeint bzw. gedacht. Westerwelle wollte den Armen weniger geben. Dadurch wurde der finanzielle Abstand zum Niedriglohnarbeiter etwas größer. Alles andere hätte auch von Westerwelle enttäuscht.

Reichtum für alle wie es die Linken fordern muss nicht sein. Es reicht schon, wenn sie mich Reich machen.
Die Grünen können versprechen was sie wollen. Die Jahre mit der SPD an der Regierung bleiben unvergessen. Die Mitwirkung bei den Hartz Gesetzen, der Umweltschutz der keiner war, der Verbraucherschutz für die Betrüger, der Ausstieg aus der Atomenergie der nie vollzogen oder angedeutet wurde, die Zustimmung zum Braunkohleabbau und die Ausbaggerung der Elbe. Das Dosenpfand und die Verteilung der LKW Maut-Gebühren waren Betrug am Volk. Die Zustimmung das Deutsche Soldaten im Ausland kämpften, dass ist unverzeilich. Der Wahlspruch sagt schon alles aus. Wieder keine Argumente wie man die Krise bewältigen wollte. So war es nicht verwunderlich, dass mit 70,78% der Wähler die Wahlbeteiligung die niedrigste seit Bestehen der Bundesrepublik war.
Die SPD wurde mit 23% förmlich für ihre Politik der letzten Jahre abgestraft. Merkel hatte der SPD auch ein Bein gestellt, als sie alle unliebsamen Ministerien der SPD überließ. Der Wähler konnte so die Schandtaten der SPD nicht vergessen. Zudem waren sie auch ziemlich unklug zu Werke gegangen. Sie hätten sich frühzeitig von Hartz lösen und die Rückkehr zum Sozialstaat proklamieren müssen. So erhielten sie das schlechteste Wahlergebnis aller Zeiten. Gelernt haben sie bis heute nicht. Sitzen doch noch alle Versager in den Führungsspitzen der SPD und Steinbrück, der den Arbeiter ruiniert hatte, soll auch wieder ins Boot geholt werden. Das nimmt ein schlimmes Ende mit der SPD.
Die CDU/CSU konnte sich zusammen gerade vor einem Debakel retten. Unter Kanzlerin Merkel erhielten beide Parteien das schlechteste Ergebnis seit 1949. Der überwiegende Teil der Deutschen will also Frau Merkel nicht als Kanzlerin. Die Rettung für Merkel kam von der FDP, die unerwartet 14,6% der Stimmen erhielt. Das war eine riesen Überraschung, da hinlänglich bekannt war, wie Westerwelle und Co. zu den Arbeitslosen und armen Menschen stehen. Die FDP wurde schon vor der SPD gesehen, es war eigentlich nur eine Frage der Zeit. Und nur knapp zwei Jahre später ist sie zu einer Partei der Versager geworden. Die Lügen und leeren Versprechungen fielen wie ein Kartenhaus zusammen.
Die Linke hätte mindestens 17% erreichen müssen. 25% währen das idea-

le Ergebnis gewesen. Das hätte bei den großen Parteien eine Schockwelle ausgelöst und vielleicht hätten wir dann endlich neue Gesichter bei den etablierten Parteien gesehen. Eines muss man bedenken, vier Jahre halten wir es mit jeder Partei aus. Schlimmer kann es nicht mehr kommen.
Die Grüne Partei hatte eigentlich mit 10,7% genau 10% zuviel der Stimmen bekommen. Eine führungslose Partei ohne jegliche Grundsätze und Alternativen zum Programm der CDU oder SPD. Sie hatten in der Regierungszeit Rot-Grün vollkommen versagt. Und nur mit dem Austrittsgeschrei aus der Atomenergie, kann man Deutschland nicht regieren. Das Beispiel Baden-Württemberg, wo die Grünen mit so wenig Zuspruch, wie vorher keine andere Partei, den Ministerpräsidenten stellen, muss eine Ausnahme bleiben.
Die CDU/CSU bildet mit der FDP die neue Bundesregierung. Für viele Minister heißt es nun Abschied nehmen. So hinterlässt Ulla Schmidt ein Minus von 7,5 Milliarden Euro. Die Krankenkassenmissstände belaufen sich auf ein Minus von 7,5 Milliarden Euro. Da sprach sie immer von der Solidarität im Gesundheitswesen, die Gesundheitsministerin Ade. Noch nie gab es so eine chaotenhafte Gesundheitspolitik wie bei Frau Ulla Schmidt. Ihr größtes Problem, sie hatte nie eine Beziehung zum Volk.
Jetzt wo alles zusammengebrochen war und Steinbrück seinen Hut nehmen musste, wollte er die schon 1998 von attac geforderte Steuer, eine Abgabe der Banken an den Staat einführen. 500 Milliarden Euro an Bürgschaften und Kapitalhilfe für die Banken. Kredite und Bürgschaften von 100 Milliarden Euro für Unternehmen. 80 Milliarden Euro für zwei Konjunkturpakete. Das ist die Bilanz die Herr Steinbrück hinterlässt. Das hatte noch nie ein Finanzminister und Bundeskanzler geschafft. Hoffentlich haben die nicht noch einmal die Möglichkeit durch ihr leienhaftes Verhalten und Versagen das deutsche Volk zu ruinieren. Steinbrück besitzt aber noch die Frechheit, den nun schon hart gebeutelten Steuerzahler noch mehr abzupressen. Er hinterlässt ein Papier, nach denen die Kürzung der Renten, Kürzung des Arbeitslosengeldes bzw. sämtliche sozialen Leistungen gekürzt werden sollten. Demgegenüber sollten aber alle Beiträge drastisch angehoben werden. Nur gut, dass der weg ist. Von Steinbrück und Merkel hat der Arbeiter den letzten Rest bekommen. Davon wird er sich nicht mehr erholen.
Die SPD hatte ihre Chance auf einen Neubeginn vertan. Es sind im-

mer noch die alten bekannten Gesichter an der Parteispitze. Was sollten wir von Sigmar Gabriel, der neuen SPD-Spitze halten, seine Solarpolitik hinterlässt einen Schuldenberg von 27 Milliarden Euro. Diese 27 Milliarden auf 20 Jahre müssen wir von unseren Steuern begleichen. Für eine Technologie, bei der der Großteil der Solarzellen aus China kommt. Deutsche Hersteller bauen Stellen ab und verlagern ihre Produktion nach Asien. Der Solaranteil liegt bei 0,95% der gesamten Stromproduktion, wobei die Betreiber 43 Cent pro Kilowattstunde, das 5-fache des konventionellen Stroms bekommen. Investiert wird das alles von unseren Steuergeldern. Das ist Sigmar Gabriels Politik. Diesen Rückschlag hatte sich die SPD mit der Agenda 2010 selbst eingebrockt. Weshalb die kindischtrotzige Art des Festhaltens an der Agenda 2010, an den Privatisierungsorgien, an der fortgesetzten Zerstörung des Sozia lversicherungssystems, an der Liberalisierung der Finanzmärkte, an der Umverteilung von unten nach oben, obwohl sich längst eine Katastrophe am Horizont ankündigte. Und was hat diese Politik mit Sozialdemokratie zu tun? Es dürfte kein Zufall sein, dass sämtliche Ministerien unter der Führung der SPD katastrophale Bilanzen vorweisen. Finanzministerium, Gesundheitsministerium, Verkehrsministerium, Umweltministerium. Ein Lehrbeispiel dafür, wie eine soziale Partei in einem demokratischen Staat zerstört wird und die Verursacher ihre Hände in Unschuld waschen. Gerade als sich Kurt Beck den Linken langsam annähern wollte wird er von der SPD-Spitze abgesetzt. War das Absicht, hatte die SPD-Spitze den Auftrag, den sozialen Gedanken hier in Deutschland zu zerstören? Anders ist das Verhalten von Clement, Schröder und Steinmeier nicht zu verstehen. War dieser verhaltene Wahlkampf mit Absicht so schlecht geführt? Viele Menschen glauben leider noch immer was in der Presse steht. Zu der Wahlkampfpleite der SPD kam noch, dass dieser noch zwei Millionen teurer wurde als geplant. Vor allem musste man nach dem Ergebnis befürchten, dass die FDP die SPD bald überflügeln könnte. Aber Westerwelle hatte die Gunst der Stunde nicht erkannt. Aus Machtgier machte er zu viele Fehler.

Es war frustrierend

Vor dem Fenster im Schaufenster hatte sich eine Menschentraube gebildet. Jeder wollte diese seltenen Exoten sehen, denn bald würde es diese

Partei nicht mehr geben. Von den Exemplaren waren sie die letzten tapferen Vier. Bald wird es sie nicht mehr geben, die SPD.

Die neue Regierung. Was wird uns die Heilige Dreieinigkeit bringen? Die CDU/CSU und FDP. Nach der Bundestagswahl war so richtig was los. Jeden Tag hatte die Presse neue Informationen über die Regierung Merkel-Westerwelle zu berichten. Schon Anfang Oktober hatte man die FDP als Betrügerpartei betitelt, sie wollte von dem Wahlversprechen, die Steuern zu senken, nichts mehr wissen. Um einen Absturz zu vermeiden, musste Westerwelle sein Wahlversprechen mit allen Mitteln einlösen. Nur gegen Merkel konnte er sich nie durchsetzen.

Ab jetzt wird nur noch das arme Volk strafrechtlich verfolgt. Das Strafrecht wird zu Gunsten der Reichen manipuliert. Der Deal wird Gesetz. Im Bundestag wird der klassische deutsche Strafprozess zu Grabe getragen. Im Bundestag wird der Grundstein dafür gelegt, das Steuerhinterziehung, Steuerbetrug, Wirtschaftskriminalität, Korruption und Bestechung mit dem nötigen Kleingeld vor Gericht ausgehandelt werden. Die Gerechtigkeit steht dumm da. Der Deal besagt, das Geständnisse und Urteile vorher abgesprochen werden. Die Zwei Klassengesellschaft ist perfekt.

Nun ist es ganz offensichtlich, die Wirtschaftsbosse schreiben der Regierung vor, wofür sie unsere Steuergelder verwenden muss. Für die Umweltsünden der Industrie sollten wir nun Aufkommen. Jahrelang wurden die Wälder ohne jegliche Rücksicht auf Mensch und Natur von den Großkonzernen in Südamerika abgeholzt. Nun soll die Regierung mit unseren Steuergeldern die Kultivierung der Wälder in Südamerika vorantreiben, damit in zehn bis fünfzehn Jahren die Industrie die Armen in Südamerika weiter ausbeuten kann.

Umweltschützer erkennt man daran, dass sie ihre Busfahrkarten nicht wegschmeissen, sondern mehrfach nutzen.

Nach der Bundestagswahl hatten sich die Parteien aus CDU/CSU und FDP sehr schnell auf ein Regierungsprogramm geeinigt. Nur es in der Tat umzusetzen, viel allen drei Parteien schwer. Überall gab es Streitpunkte deren Verhandlungen Wochen und Monate dauerten. Die Gesundheitspolitik stellt heute noch einen Streitpunkt dar. Frau Merkel könnte auch sagen, wir haben jetzt klare Verhältnisse, aber wir wissen noch nicht welche. Vor allem das Wahlversprechen der FDP mit Westerwelle machte dem

Bündnis schwer zu schaffen. Ist man sich in der Regierungskoalition einig, kommen schwere Vorwürfe von Seiten der Landesregierungen auf Frau Merkel zu. Finanziell können wir das nicht verkraften beschwerten sich die Ministerpräsidenten und wollten der Steuerentlastung nicht zustimmen. Von allen stellte sich Schleswig Holsteins Ministerpräsident derart gegen die Steuerentlastung der Bürger in den Medien, dass man schon glauben konnte, er hatte Recht und die von Westerwelle versprochene Entlastung lässt sich nicht finanzieren. Auch die Medien schlugen in diese Kerbe und stellten Schleswig-Holsteins Ministerpräsidenten als Kämpfer dar. Dabei war das alles nur ein Schauspiel für das Volk. Die Versprechen der FDP, auch nach der Regierungsübernahme, Arbeit muss sich wieder lohnen und die Steuerlast muss sinken werden doch so oder so von uns finanziert. Die Regierung macht uns keine Steuergeschenke, denn sie kann im Jahr 2010 aus den Versteigerungen der Funk-Lizenzen mit Mehreinnahmen von 50 Milliarden Euro rechnen. Das Theater der Landesminister und Ministerpräsidenten war also nur ein Schauspiel vor den Volk. Mit dem Titel, wir kämpfen für euch. Die Medien wurden für diese Volksverdummung gezielt eingesetzt, oder ließen sich einsetzen. Es gibt in Deutschland keine Politiker die zum Wohle des Volkes arbeiten, es gibt nur Selbstdarsteller und Parasiten. Die Wahlergebnisse zeigen es auf, wenn sich die Politiker anmaßen mit 33% von, ich bin vom Bürger zur Amtsübernahme gewählt worden, sprechen. Sie sind glücklich, können sie das Volk doch weiterhin auspressen und verdummen. Selbst wenn man mit dem Feindbild eine Koalition bilden muss. Warum ist Westerwelle nicht zurück getreten als er seine Wahlversprechungen nicht durchsetzen konnte oder wollte. Dann hätte er vor dem Wähler als glaubwürdig dagestanden.

Deutschland, bzw. die Deutsche Regierung unter Merkel folgte dem Beispiel Amerika. Nur Obama wollte erst noch die Sozialleistungen einführen, die Arbeiter in Deutschland kämpfen für den Erhalt der Sozialleistungen. Im Oktober 2009 melden die Sozialversicherungen immer noch ein Milliarden Defizit an. Unverständlich ist, dass im Vorjahr die Sozialversicherungen ein Pluss von 2,5 Milliarden Euro hatten. Hier werden mit Absicht dem Bürger negative Zahlen angezeigt, oder Verluste herbeigerechnet.

Diese Darstellung oder Vorführung einzelner Sozial- bzw. Hartz IV

Empfänger soll den Hass auf diese Menschen schüren, damit die Regierung die Leistungen ohne des Volkes Aufbegehren kürzen kann. Seht einmal ins Internet, wie viele arme Menschen sich von diesen Einzelnen distanzieren. Genau wie diese täglichen Paukenschläge der Regierenden in den Medien. Das Volk akzeptiert eine Steuererhöhung. Diese Meldungen werden über die Medien so lange verbreitet, bis man glaubt, die haben recht. Im Alltag von Hartz IV Empfängern werden Leute dargestellt, die mit der Bierpulle in der Hand am Kiosk oder in Tankstellengebäuden herumlungern. Diese Beispiele, zum Teil von den Medien beeinflusst, entsprechen nicht dem Allgemeinbild des Hartz Empfängers. Eine große Zahl der Arbeitssuchenden Hartz Empfänger, die durch Zufall eine neue Perspektive, einen Arbeitsplatz finden, geben bald wieder auf. Sie geben ihren Lebensmut und den Sinn des Lebens wieder auf. Durch die vielen Billig-Jobs, Zeitarbeitsverträge usw. bekommen sie am Ende des Monats gerade 20 Euro mehr, berechnet man alle Abgaben, so liegt meist der Netto-Lohn noch unter dem Hartz-Niveau. Dafür haben die Menschen dann einen Monat hart gearbeitet. Hier hätte die Regierung Merkel sofort Änderungen herbeiführen müssen. Wie sagte Westerwelle vor der Wahl, Arbeit müsse sich wieder lohnen. Bis jetzt lohnt sich die Arbeit für die armen Menschen nicht. Sie werden bis aufs letzte Hemd ausgebeutet und ausgenutzt. Ein Mindestlohn muss her.

Es ist eine bodenlose Frechheit und Arroganz, diese Menschen als Unterschicht zu bezeichnen. Und diese Menschen laufen noch zur Wahlurne und geben denen, die sie als Unterschicht betiteln noch einmal die Möglichkeit, sie weitere vier Jahre zu knechten und zu treten. Wollt ihr wieder zum Volk der Fußgänger und Radfahrer werden? Die, die heute auf euch einprügeln sind die Schuldigen. Sie haben durch ihre falsche Politik die hohe Arbeitslosigkeit geschaffen und den Weg zu den Billigjobs und Zeitarbeit geebnet. Durch die Krise in Not geratene Bürger hätte man die Milliarden geben müssen, die man den Versagern und Mittätern der Wirtschafts- und Finanzkrise hinterher geschmissen hatte. Für den Bürger war dieses Geld zu keinem Zeitpunkt vorhanden. Von unseren Steuergeldern werden die Firmenbosse bezahlt, damit die Versager ihren Job behalten und den Staat weiter betrügen können. Von unseren Steuergeldern haben sie sich trotz Milliarden Verlusten Millionen

an Provision eingesteckt. Mit Einwilligung der Regierung Merkel. Zum Dank wird der Retter, blöder Arbeiter, entlassen.
Es wird wohl niemanden überraschen, dass die Landesbanken und die bundeseigene Kreditanstalt (KfW) den größten Schuldenberg angehäuft hatten. Der größte Betrug aber war, dass die Landesbanken der Bundesländer auch die Steueroasen nutzten um so an den Fiskus vorbei Steuern zu hinterziehen und mit dem Geld der Bürger kriminelle Machenschaften zu finanzieren. Da hört sich die neue Verordnung zur Bekämpfung von Steuerhinterziehung wie ein Hohn an. Was geschieht nun mit den Vorsitzenden dieser betrügerichen Landesbanken? Schlafen die Finanzminister der Länder, oder der Bundesfinanzminister Steinbrück, dem diese Banken unterstehen? Hier muss man wohl Absicht unterstellen. Das ist Betrug am Steuerzahler, hier wurde in betrügerischer weise mit dem Geld des armen Mannes spekuliert. Alle Beteiligten hätten fristlos, ohne jegliche Abfindung suspendiert werden müssen. Alle zuständigen Minister hätten ebenso ihren Hut nehmen müssen und ohne Abfindung oder Rente ins Gefängnis gehört. Aber leider verlaufen diese Untersuchungen, auch unter Merkel, in den Sand. Unvorstellbar, dass nach neuesten Meldungen der, dem wir unsere Armut zu verdanken haben, dass Steinbrück bei der SPD wieder gefördert wird. Die Zwei-Klassengesellschaft tritt hier wieder voll in den Vordergrund. Diese Betrügereien der Banken, Politiker und Manager haben Millionen Menschen riesige finanzielle Nachteile gebracht und in die Armut geführt. Von den Millionen Menschen die durch diese Betrügereien arbeitslos wurden ganz zu schweigen. Etwa 1,4 Millionen Menschen waren im September 2009 als Kurzarbeiter gemeldet. Deren Verdienstaufall bezahlen vor allem die Arbeitsagenturen von unseren Steuergeldern.
Nach Anzeigen Betriebszugehöriger verdächtigt die Bundesanstalt für Arbeit bereits 116 Unternehmen, die zu unrecht Kurzarbeitergeld bezogen haben. Die meisten davon in Bayern, Baden-Württemberg und Nordrhein-Westfalen. Entweder meldeten die Unternehmen Kurzarbeit an, die Mitarbeiter arbeiteten aber trotzdem voll weiter, oder aber die Firmen kassierten die Lohnzuschüsse für Beschäftigte die in Urlaub oder krank gemeldet waren. Milliarden gingen so dem Staat mangels Kontrolle verloren. So etwas ist Betrug am Steuerzahler und muss von den Gerichten so behandelt und bestraft werden. Die Regierung brüstet

sich wieder mit diesem unsinnigen Argument, so die Krise gemeistert zu haben. Kurzarbeit das Wundermittel kostet dem Steuerzahler Milliarden. Der Wirtschaft freut es.

Harald Frenzen ist mit seinem Fiat auf der Autobahn liegen geblieben. Michael Schumacher in seinem Mercedes kommt vorbei und bietet seine Hilfe an. Harald Frenzen ist glücklich und bittet Michael Schumacher, ihn doch bis zur nächsten Ausfahrt abzuschleppen. Die beiden machen noch ein Warnzeichen aus, dass Harald Frenzen blinkt oder hupt, wenn es ihm zu schnell wird. Die beiden fahren los. Kurze Zeit später überholt ein BMW, es ist Ralf Schumacher. Das will sich Michael nicht gefallen lassen und gibt Vollgas. Dieses Geschehen beobachtet ein LKW-Fahrer und ruft seine Kollegen über Funk an. Das müsst ihr gesehen haben, schreit er begeistert ins Mikrofon. Hier haben sich gerade ein Mercedes und ein BMW ein Rennen geliefert und dahinter war ein Fiat, der hat gehupt und geblinkt, weil er nicht vorbeikam.

Die Bundesstelle zur Verhütung von Folter mit Sitz in Wiesbaden hatte im Jahr 2009 ihre Arbeit aufgenommen. Die deutsche Bundesstelle ist zuständig für entsprechende Einrichtungen auf Bundesebene. Vergleichbare Stellen auf Länderebene gibt es bisher nicht. Als Rentner oder Arbeitsloser kann man sich dann bewerben. Schon wieder eine Einrichtung der Bundesregierung, die für das Volk keinerlei Nutzen, außer Kosten bringt. Die Folter im Ausland, wie in der Türkei kann man nicht eindämmen. Für eventuelle Folterverbrechen im eigenen Land ist wohl die Polizei der Länder verantwortlich und auch wohl in der Lage dieser entgegenzutreten.

Hinzu kommt noch das Ministerium für Integration, dass bislang auf ganzer Ebene immer wieder versagt. Das sind Einrichtungen und Ämter, die dem Steuerzahler Millionen kosten, aber keinem Nutzen.Vor allem die andauernde Unterstützung der Ausländer und kostenlose Nachhilfe im Deutschunterricht oder anderen Fächern ist eine Defamierung gegen den deutschen Arbeiter, dessen Kinder keinen kostenlosen Unterricht erhalten.

Man kann sich über die SPD nur tot lachen. Da hatte es nun mal wieder ein Mann gewagt, die Wahrheit, seine Wahrheit zu sagen, wird er schon niedergemacht. Damals hatte Bundesbank-Vorstandsmitglied Sarrazin verlauten lassen,

Die Türken erobern Deutschland genauso, wie die Kosovaren das Kosovo erobert haben, durch eine höhere Geburtenrate. Und: Ich muss niemanden anerkennen, der vom Staat lebt, diesen Staat ablehnt, für die Ausbildung seiner Kinder nicht vernünftig sorgt und ständig neue kleine Kopftuchmädchen produziert. Warum hatte sich Sarrazin entschuldigt? Wofür hatte sich Sarrazin entschuldigt? Hatte er nicht mit jedem Satz recht? Die Regierenden, die Grünen besonders, werden mit dem Ausländerproblem nicht konfrontiert. Wir leben in einem freien Rechtsstaat, in den jeder seine Meinung sagen darf. Nur ein Deutscher nicht. Sogar die Staatsanwaltschaft überprüfte in diesem Fall einen Straftatbestand. Das ist doch lächerlich. Die Staatsanwaltschaft sollte die besser überprüfen, die dem Steuerzahler jedes Jahr um Milliarden prellen und betrügen. Hier erkennt man, dass die Deutschen in ihrem eigenen Land nichts mehr zu sagen haben. Die Angst geht um. Die SPD findet die Worte von Sarrazin beschämend, wiederlich und skandalös. Die Türken können aber im Gegenzug einen NPD-Vergleich heranziehen. Den deutschen Arbeitslosen kann aber genau diese SPD als Unterschicht betiteln. Die SPD meinte, Sarrazin sei schon lange kein Sozialdemokrat mehr. Das ist die SPD nun doch schon lange nicht mehr. Seit Schröder können sie sich das Soziale nicht mehr an die Brust heften. Verstanden haben weder die Türken bzw. Moslems noch die SPD die Botschaft. Sarrazin wollte nur auf das Problem aufmerksam machen. Das kein Ausländer bereit ist, die deutsche Kultur anzuerkennen. Das kein Ausländer bereit ist, sich hier in dem deutschen Rechtsstaat zu integrieren. Gerade die SPD-Politiker, die sich schämen einem Arbeiter die Hand zu geben. Fragt doch mal die Deutschen, die Europäer, was sie von diesbesagten Ausländern halten. Erst als in der Öffentlichkeit der Ruf: Sarrazin hat Recht immer lauter wurde, war das Thema erledigt. Mit der Grünen- und SPD-Regierung ging das Deutschtum vor die Hunde. Natürlich mussten sich die Juden auch zu diesem Thema melden und verglichen Sarrazin in Hitlers Tradition. Welche Frechheiten maßen sich die Juden noch an.

Wir bezahlen mit unseren Steuergeldern die Waffensysteme der Juden, mit denen sie dann unschuldige Palästinenser töten. Sie besitzen die Frechheit und bezahlen für fünf U-Boote nur ein Drittel. Ein U-Boot kostet jeweils 500 Millionen Euro. Das ist noch nicht genug, denn danach bestellten sie zwei Korvetten und wollten diese von der Regierung, von uns geschenkt haben, Diese Korvetten mit einem dreistelligen Millionenbetrag. Waffen von uns, die Deutschen in Hitlers Tradition. Waffen von uns, mit denen sie dann unschuldige Menschen töten. Das widerspricht sich.

Es waren nicht die einzigen, die sich an unsere Steuergelder bereichern wollten. In jedem Industriezweig gab es Firmen, die die Insolvenz beantragten um zusätzliche Staatliche Hilfe, unsere Steuergelder absahnen zu können. Die Eigentümer waren nicht gewillt die Firma mit ihrem eigenen Vermögen zu stützen. Hapag-Lioyd, Hypo Real Estate, die WestLB, eigentlich alle Landesbanken, Escada, Arcandor und die Automobilindustrie, alle wollten ein Stück vom Kuchen abhaben. Getroffen hatte diese Krise nur die Arbeitnehmer. Die Schuldigen gingen gestärkt mit finanziellem Zugewinn, auch im privatem Bereich, aus der Krise hervor. Gelernt haben die Konzerne und Banker nichts. Warum auch, so wie Merkel und Steinbrück denen das Geld aufgezwungen hatte, haben die Schuldigen die Krise gemeistert. Merkel ist immer noch Kanzlerin und Steinbrück ist bei der SPD im Gespräch. Nur wir werden noch Jahre die Folgen der Krise zu spüren bekommen. Die Rente war der Anfang.

Die Regierung tönte noch 2009 lautstark, die Bahn muss wegen der Datenaffäre über eine Million Euro an Bußgelder bezahlen. Ist die Bahn nicht ein bundeseigener Konzern? Da Herr Mehdorn dieses Bußgeld nicht bezahlen wird, bleibt nur einer übrig. Da die Bahn ja eigentlich dem Volk gehört, tragen wir die Kosten und da wir nicht kleinlich sind, übernehmen wir auch auch die Kosten für die Sonderermittler, Untersuchungsausschüsse mit Baum und Däubler-Gmelin. Da hatte uns der Mehdorn zu seiner Abfindung und lebenslanger Rente noch zusätzlich drei Millionen Euro gekostet.

Zusätzliche Kosten werden dem Arbeiter auch bald die Krankenkassen aufbürden. Es gibt grünes Licht für die Fusion von Barmer- und GEK Krankenkassen. Hier wird ein Unternehmen geschaffen, dass für die Regierung und Leitung unüberschaubar wird. Der Untergang der gesetzlichen Krankenkassen, wie wir ihn in der Wirtschaft gerade erleben, kündigt sich an. Hier werden Konzerne geschaffen, die das Gesundheitsministerium nicht mehr kontrollieren kann. Das wird dem Steuerzahler wieder Milliarden kosten.

Milliarden werden die Steuerzahler auch für die Sanierung des

Regierungsviertels aufbringen müssen. Nach knapp zehn Jahren müssen die Prunkbauten saniert werden. Das Kanzleramt, das Bundesratsgebäude, das Außenministerium usw. Schadenersatzansprüche sollen nicht mehr möglich sein, deshalb wird die Last auf den Steuerzahler abgewälzt. Im Prinzip will die Regierung hier den kürzeren, unbeschwerlichen Weg gehen. Denn wenn der blöde Bürger zahlt, brauch man keine Gerichte einschalten und langwierige Verfahren fürchten. Welche Verträge wurden da wieder abgeschlossen?

Eine alte Frau saß in ihrem Kämmerchen und grübelte. Wer Reichtum hat, dachte sie, ist eigentlich unglücklich dran. Nichts kann man in Frieden genießen, niemals hat man ein ungestörtes Vergnügen. Immer gibt es neue Ängste und Aufregung ums Geld. Man schläft vor Angst und Misstrauen mit offenen Augen, dass bringt einem um den Verstand. Ich wünsche mir eine Welt ohne Furcht, wo alle Menschen frei sein werden. Frei die Grenzen überqueren, ohne das ihre Motive in Frage gestellt werden.
Es lässt sich immer wieder streiten, wer eigentlich der Unglücklichere ist. Der Reiche, oder der Arme? Der Arbeitslose ist heute in jedem Fall der unglücklichere. Nach einem halben Jahr der Arbeitslosigkeit bekommt der Arbeitslose dann endlich Post vom Job-Center. Zufor hatte er aber schon unendlich viele Bewerbungen herausgeschickt. Eine Antwort bekommen die wenigsten, geschweige die Unterlagen zurück. Eine Vermittlung die dem Berufsbild bzw. Richtung des Arbeitssuchenden entspricht, ist der Agentur für Arbeit oder dem Job Center fremd. Es ist eigentlich schleierhaft, zu welchem Nutzen diese Agentur eigentlich tätig ist. Oft bekommt der Arbeitssuchende vom Job-Center eine Stellenanweisung, sich bei einer Zeitarbeitsfirma zu bewerben. Die führen sich auf als seien sie die Könige und würden ein Almosen verteilen. Hier ist man auf das gut Dünken dieser arroganten, hochnäsigen Bürovorsteher angewiesen. Kommt man jedoch dieser Aufforderung des Job-Centers nicht nach, wird das Arbeitslosengeld sofort gekürzt. Das ist sie, die hoch gelobte glorreiche Demokratidiktatur. Da bilden sich die Arbeiter weiter, sind die besten Fachkräfte in der Firma und welche Chancen bietet dann das wahre Leben dem Arbeitslosen? Fachkräftemangel und Chancen innerhalb der Gesellschaft, wie sie von den Politikern und Wirtschaft

proklamiert werden, sind gleich Null. Fast alle die eine Arbeit gefunden haben, gehen einer Tätigkeit nach, die sie nach ihrer Ausbildung und Qualifikation nur durch die Zwangsgesetsgebung Hartz IV ausüben müssen. Das Gehalt für diese Arbeitsstellen liegt dann wesentlich unter dem Arbeitslosengeld und stellt sofort eine Mahnung dar. Werden diese Menschen wieder Arbeitslos, rutschen sie in das Gehaltsniveau von Hartz IV ab. Die Zukunft sieht für die meisten Arbeitnehmer, die Sklaven dieser Gesellschaftsform, grauenhaft aus. Egal welche Fähigkeiten und Qualifikation der Mensch hat, es bleibt nur der Aushilfsjob, die Zeitarbeit und der Mini-Job. Die festen Stellen werden von billigen Auslandskräften besetzt. Nur damit die Regierung gefälschte Arbeitslosenzahlen herausgeben kann. Ein Leben in Trostlosigkeit und ewiger Demütigung. Nach 30 bis 40 Jahren nicht die erhoffte Rente. Was bleibt, ist Hartz IV.
Da kann man nur Rufen, Schweizer haltet durch. Steht zu eurem Minarett-Verbot. Wenn es eure Meinung ist, lasst euch nicht von den Lügnern und Heuchlern umstimmen. Die UN und die EU prüfen Konsequenzen. Das ist einfach lächerlich. Sollen sie doch Konsequenzen einleiten, wenn im Ausland Christen verfolgt und grausam hingerichtet werden. Wenn in China und Nord-Korea die Freiheit des Menschen mit Füßen getreten wird. Muslime und Kirchen in Deutschland äußerten Sorge um die Freiheit der Glaubensausübung. Mit welchem Recht äußern sich Deutsche zu einem Volksentscheid einer ausländischen Nation. Mit welchem Recht äußern sich Muslime, die in Deutschland leben, zu einem Volksentscheid einer ausländischen Nation. Wo ist die Freiheit der Glaubensausübung in einem muslimischen Land? Sie ist verboten und wird mit der Todesstrafe verfolgt.
Auch das Jahr 2009 war getrübt durch Skandale und Affären. Der FDP drohte ein neuer Finanzskandal, hatten sie doch zur Personenwerbung Gelder aus der Kasse der Bundestagsfraktion entnommen und die Personen bezahlt. Das waren die Steuergelder der Bürger und das darf nicht sein. Dann war da noch die MAN-Schmiergeldaffäre, wobei der Vorstand nur beurlaubt wurde. Im Nachhinein kam ein Ex-Manager mit zwei Jahren auf Bewehrung davon. Natürlich wurde diese Strafe vorher mit dem Angeklagten, wie bei der Aufarbeitung des Siemens-Schmier geldskandals, abgesprochen. Lächerliche 100000 Euro musste der Angeklagte an gemeinnützige Einrichtungen bezahlen. Der WestLB

drohen immer noch Klagen in Millionenhöhe. Der WestLB droht eine Betrugsklage, da sie nach Ansicht der Investoren mit Absicht gewinnbringende Verkäufe nicht oder zu spät getätigt hatte, um so die Gewinne nicht an die Investoren auszahlen zu müssen. Sicher werden wir auch hier wieder einspringen und die Investoren und Banker befriedigen. Diese Betrüger, die mit dem Geld des Steuerzahlers spekuliert hatten, werden von der Regierung nicht verklagt. Und noch eine große Überraschung, die NPD steht doch tatsächlich vor einem Finanzskandal. Der ehemalige Schatzmeister der NPD muss sich wegen Verstoßes gegen das Parteiengesetz und gewerbsmäßigen Betrugs verantworten. Durch bewusst falsche und überhöhte Angaben über Spenden und Mitgliedsbeiträge hatte der Bundestag von unseren Steuergeldern 270000 Euro zu viel an die NPD gezahlt.
Dann der Finanzskandal um den Nürburgring, wobei der Rücktritt von Ministerpräsident Kurt Beck (Rhein-land-Pfalz) gefordert wurde. Ein Betrag von läppische 95 Millionen Euro an Steuergeldern flattert irgendwo herum. Ein Finanzskandal nach dem anderen zeigt deutlich, wir sind nur noch von Versagern und Selbstdarstellern umgeben.
Was ändert sich im Jahr 2010? Einige Bürger werden ca. 40 Euro mehr in der Tasche haben, müssen dafür aber 70 Euro mehr an Krankenkassenbeiträgen bezahlen. Etwa 3 bis 5% Preissteigerung und eine derbe Benzinpreissteigerung in Kauf nehmen. Die Armut wird weiter um sich greifen. Wo ist nun die versprochene Entlastung für den Bürger, wo ist das Versprechen Westerwelles, Arbeit muss sich wieder lohnen? Das Jahr 2010 bringt nur einen weiteren Abstieg des Arbeiters zur Armutsgrenze. Es ändert sich nichts. Die Presse und die Medien wollen das Volk weiter verblöden, setzen gezielt nur auf das mehr in der Tasche, bewundern die Ausfälle von Schleswig-Holsteins Ministerpräsidenten und zeigen nur die positiven Seiten auf. Sie wissen auch um die Versteigerung der UMTS-Mobilfunklizenzen, die dem Staat ca. 60 Milliarden einbringen werden. Da sind die scheinbaren kleinen Steuererleichterungen für den Bürger aus der Portokasse zu bezahlen.

Die Armut und die Hoffnungslosigkeit im Jahr 2010

Viele Bürger haben 2010 die Hoffnungslosigkeit ihrer Lage erkannt. Es hieß ausgeträumt. Fünf Jahre Leben mit Hartz IV. Am Anfang war ein Versprechen das Schröder gegeben hatte. Die Jahrhundertreform hieß es. Die Hartz-Gesetze sollten die Zahl der Arbeitslosen halbieren. Halbiert wurden die Löhne und Gehälter, weil die Wirtschaft diese Hilfslosigkeit der Regierung und Gewerkschaften erkannt und zu ihrem Nutzen missbraucht hatte. Das Versprechen wurde nie erreicht. Die Arbeitslosenzahlen stiegen in ungeahnte Höhen. Der Billiglohntarif, die Zeitarbeit und die Armut, dass sind die Alternativen die Schröder mit Hartz begonnen hatte und Merkel nicht ändern und abschaffen will. Die Hartz-Empfänger sind zum Abschuss freigegeben. Jeder der Lust und Laune hat, haut einfach mal drauf. Nach Westerwelles neuester Attacke auf die Hartz IV Empfänger folgt große Empörung derjenigen, die Hartz Empfänger noch als Unterschicht bezeichnet hatten. Oder, wer nicht arbeitet, der braucht auch nicht zu essen. Ausgerechnet die Grünen und die SPD regen sich über Westerwelles Argumentation auf. Hatten sie nicht einstimmig die Hartz-Gesetze beschlossen? Hatten sie nicht in den Jahren vorher auf die Arbeitslosen und Hartz-Empfängern eingeschlagen? Ist Westerwelle einmal ruhig, schlägt Sarrazin in diese Kerbe. Irgenwie hatte Sarrazin die Achtung vor dem Menschen verloren. Sarrazin spricht sich gegen höhere Hartz IV Sätze und höhere Bildungsausgaben zur Förderung der Unterschichtenkinder aus. Er behauptet, Intelligenz sei weitgehend erblich. Bildung verhelfe zum sozialen Aufstieg, bezeichnet er als Illusion. Kalt duschen sollten die Hartz-Empfänger. Kein Aufschrei eines Politikers, kein Aufschrei der Kirche, kein Aufschrei eines Muslimen oder Juden, nein, warum auch, hier wird ja nur ein Deutscher beleidigt. Dann folgt die psychische Masche. Erst werden ausgesuchte Bilder und Interwiws mit Hartz IV Empfängern täglich in den Medien verbreitet, natürlich nur die schlechten Beispiele. Diese Bilder von den Hartz IV Empfängern werden so lange in den Medien dem Volk angezeigt, bis es glaubt, die haben es verdient, dass ist die Unterschicht. Und dann schlägt die Politik zu. Erst leise Andeutungen, man müsste die Leistungen bei Hartz IV kürzen und dann der Vorstoß von Roland Koch, er ist am besten dafür geeignet. Es gibt überall Menschen die den

Staat ausnutzen und betrügen. Besser gesagt, von unseren Steuergeldern leben. Die Regierenden gingen und gehen noch heute mit gutem Beispiel voran.

Was hatte Frau von der Leyen damit gemeint, als sie nach dem Bundesgerichtsentscheid zu Hartz IV sagte, wir werden rasch beraten? Das kommt bekannt vor. War das nicht der Satz, den Frau Ulla Schmidt, Gesundheitsministerin der SPD immer gebrauchte? Was dabei herauskam ist allen bekannt und in schlechter Erinnerung. Und so sieht es bei der Umsetzung des Gerichtsentscheids durch Frau von der Leyen auch aus. Bis zum Ende 2010 war für die Armen noch nichts unternommen worden.

Die Firma Schlecker hatte vor einigen Monaten ihre Angestellten entlassen und über eine eigene Zeitarbeitsfirma zu einem viel geringeren Lohn wieder eingestellt. Wurde diese Zeitarbeitsfirma wie alle anderen auch von unseren Steuergeldern subventioniert? Frau von der Leyen wollte sich rasch drum kümmern. Meine Frage ist nun, was hatte Frau von der Leyen in dieser Angelegenheit bisher unternommen? 2. Gibt es einen besonderen Grund, den Diestsitz in Bonn noch aufrecht zu erhalten? Diese Anfrage hatte ich am 23.03.2010 abgeschickt. Ich bekam eine E-Mail, dass meine Anfragen an das Fachgremium zur Beantwortung weitergeleitet wurde. Das wars.

In riesigen Lettern berichtet die Presse über Hartz-Empfänger, die das Geld nicht rechtens bekommen. Das sind Pinatz gegenüber den Milliarden, die die Regierung sinnlos vergeudet. Auch der zusätzliche Dienstsitz in Bonn, für jeden Bundesminister, wird jedes Jahr Millionen verschlingen. Auch das haben wir den Hartz-Machern zu verdanken. So kann man den Tag nicht vergessen, es war bei ihrer Amtsübernahme, an dem sich Frau Merkel bei Schröder für die Durchsetzung der Hartz Gesetze bedankte. Wofür sich auch Schlecker bedankte und die Möglichkeiten voll ausschöpfte. Schlecker entließ eigene Mitarbeiter um sie anschließend über eine Zeitarbeitsfirma zu einem geringeren Lohn wieder einzustellen. An der Zeitarbeitsfirma war Schlecker beteiligt. Diese Tricksereien mit Angestellten soll nun per Gesetz verboten werden. Schon im Januar 2010 wollte die neue Bundesarbeitsministerin Ursula von der Leyen über eine Änderung des Arbeitnehmer-Überlassungsgesetzes Gespräche aufnehmen, dass solche Praktien verhindern soll. Hier dürfen keine Gespräche geführt werden, hier muss gehandelt werden. Das sind Praktien, die erst bei Schlecker aufgefallen sind, die sind schlimmer als der Menschenhandel. Hier hätte es einer saftigen Geldstrafe für Schlecker bedurft und eine Entschädigung mit sofortiger Gehaltsaufstockung, wie es vor der Kündigung für die Betroffenen bestand. Die Verantwortlichen hätten entlassen und wegen Betrugs angeklagt werden müssen. Von dieser Gerechtigkeit kann der Bürger nur noch träumen. Wo war die Gewerkschaft? Von der Leyen macht da weiter, wo sie in der Familienpolitik aufgehört hatte. Sie arbeitet so lange an einem Problem, bis es sich von selbst auflöst. Das scheint die neue Gangart der Regierung Merkel zu sein. Die SPD, nichts dazugelernt, statt Fehler einzugestehen verteufelt nun die Hartz-Gesetze und und wirft der Regierung die Lücken bei den Hartz-Gesetzen vor.

Die angeblichen Entlastungen für Familien finanzieren sich eigenständig. Der seit Wochen andauernde Höchstand des Benzinpreises auf 1,48 Euro bringen der Regierung Mehreinnahmen in Milliardenhöhe. Die Erhöhung der Krankenkassenbeiträge, die Erhöhung der Mautgebühren und die Versteigerung der Funklizenzen bringen Mehreinnahmen von 50 bis 60 Milliarden Euro. Und dann hört man von den Wirtschaftsweisen, die Schulden könnten abgebaut werden, wenn die versteckten Subventionen abgeschafft werden. Darunter fällt auch die Besteuerung der 400-Euro-Jobs. An dieser Aussage ist zu erkennen, wer wieder die Schuldenlast zu tragen hat. Nicht die Wirtschaft oder die Banken mit ihren Milliarden Gewinnen, nein, der Bürger mit seinen 400 und 1000 Euro Einkommen. So hört man: Steuererhöhungen sind unvermeidlich um die Rekordschulden abzubauen. Die Steuern müssen erhöht werden, aber bei denen, die diese Rekordschulden verursacht haben. Darunter fallen auch die Regierenden wie Merkel, Steinbrück und Co. Der Schuldenabbau kann erst beginnen, wenn die Rezession überwunden ist. Was dann? Was kommt dann auf den Arbeiter zu?

Überall stöhnen die Länder, Gemeinden und Kommunen über die Schuldenlast. Ihnen geht es finanziell schlecht und fordern mehr Geld. Wer sich aber für die Ausrichtung der Kulturhauptstadt bewerben kann und Umzüge für Schwule und Lesben finanziert, neue Schlösser und Burgen nach baut und an öffentlichen Gebäuden das Licht Tag und Nacht brennen lässt, wer Felsbrocken an Wanderwegen zu überzogenen Preisen als Kunst verkaufen will um nur den Zuschuss vom Staat, dem Steuerzahler zu bekommen und Fußballstadien für Dritt-Klassige Vereine bauen lässt, dem geht es nicht schlecht, dem fehlt kein Geld, die können einfach nicht hauhalten.

Die neue Angst

Es gibt Augenblicke die vergisst man nicht. Die Kündigung am Arbeitsplatz. Dreißig Jahre in der Firma, immer am Arbeitsplatz. Kaum krank. Vierzig Jahre eingezahlt, in die Arbeitslosenkasse, was sie bringt, 60% für 18 Monate und danach? Es kommt die Zeitarbeit, der Mini-Job, das Job-Center. Zum Leben zu wenig, zum Sterben zu viel. Was kommt danach, was kommt nach der armseligen Arbeitszeit? Die Rentenzeit, die macht mir Angst. Einst ein Traum, nun droht Hartz IV. Zum Leben zu wenig, zum Sterben zu viel.

Die Rente aus der gesetzlichen Rentenversicherung reicht nicht mehr zum Leben. Die Schere zwischen Beamtenpensionen und der Rente aus der gesetzlichen Rentenversicherung klafft immer weiter auseinander. Seit der Euro-Umstellung, bei der die Rente halbiert wurde, stieg die Pension eines Beamten um fast ein Drittel. Ein Beamter bekam im Jahr deutlich höhere Pensionen als ein durchschnittlicher Rentner aus der gesetzlichen Rentenversicherung. Die durchschnittlich gezahlte Pension betrug im Jahr 2009 fast 2700 Euro. Dagegen erhielt ein Durchschnittsverdiener der 45 Jahre in die Rentenkasse eingezahlt hatte gerade 1100 Euro Rente. Die Bundesländer sind ab 2030 gezwungen, fast 15% ihrer Steuereinnahmen, unsere Steuergelder, für beamtete Ruheständler aufzubringen. Der Deutsche Beamtenbund verteidigt diesen riesigen Unterschied mit den Argumenten, außerdem seien Beamte im Durchschnitt besser qualifiziert als gesetzlich Versicherte, verdienten mehr und erhielten deshalb auch höhere Altersbezüge. Auch gehe in die Berechnung die betriebliche Altersvorsorge nicht ein. Diese betriebliche Altersvorsorge wurde mit Lohneinbußen finanziert, dass dürfen die Beamten nicht vergessen. Ebenso ist es ein Unding, dass die Länder die Rückstellungsgelder zur Pension der Beamten seit Jahren für ihre maroden und schlecht geführten Haushalte einsetzen. Das bedeutet, dass die Pensionen der Beamten in voller Höhe aus der gesetzlichen Rentenkasse bezahlt werden. Das ist Betrug am Steuerzahler und wird von Merkel und Co. vertuscht. Wir verzichten auf die uns zustehende Rente, damit unfähige Politiker ihre

Fehler vertuschen können und Beamte ihre viel zu hohe Pension erhalten. Unter den Beamten befinden sich auch Politiker, die in ihrem Leben noch nie gearbeitet, geschweige denn Steuern oder Abgaben gezahlt haben. Und diese müssen wir mit Milliarden ernähren, denn hier handelt es sich nicht um eine Rente von 1000 Euro, hier handelt es sich um eine jährliche Rente von fünf Millionen und mehr Euro.
Sind die Franzosen ein Vorbild für die Deutschen? Nach den neuesten Handlungen muss man diese Frage mit ja beantworten, denn Renault wollte den Clio nur noch in der Türkei bauen lassen. Da machte ihnen die französische Regierung klar, dass man einen Renault, den man in Frankreich verkauft, auch in Frankreich baut. Renault gab nach und baut das Auto in Frankreich weiter. So muss es sein. Die Autokonzerne werden durch unsere Steuergelder mit finanziert. Das muss man ihnen ganz klar sagen und wenn Daimler und Co. mit Betriebverlagerung drohen, dann muss man ihnen ganz deutlich sagen, baut eure Autos im Ausland, wir werden es dann aber nicht mehr kaufen.
Bei der Post ein neuer Skandal, oder ist hier ein Vergleich mit Schlecker angebracht? Die Regierung schaut tatenlos zu. Die Post baut in aller Stille ein zweites Briefnetz auf. Die First Mail, bei der nun mit deutlich billigeren Zustellern die Konkurrenzfirmen, wie zum Beispiel TNT aus dem Markt gedrängt werden. Darüber hinaus soll es eine Art geheime Vereinbarung der First Mail mit dem Medienkonzern WAZ geben. Dessen im Ruhrgebiet flächendeckende eigene Postzustelldienst soll am 1. Februar 2010 eingestellt und von First Mail übernommen werden. Seltsam, ausgerechnet jetzt beteuert ein Sprecher der WAZ, die Vorwürfe seien völlig haltlos und entbehren jeder Grundlage. Die WAZ-Gruppe müsse zum Monatsende leider ihren Zustelldienst schließen. Als neuer Subunternehmer für die Zustellung sei First Mail beauftragt worden. Für den Großteil der 600 Zusteller habe man eine Transfergesellschaft beauftragt, um den Personalabbau so sozialverträglich wie möglich zu gestalten.
Dieser Personalabbau ziehlt schon wieder in Richtung Lohnraub. Denn diese 600 Mitarbeiter werden zu einem Billiglohn von First-Mail übernommen, oder haben Hartz IV vor Augen. Die Transfergesellschaft kassiert zu dem noch monatlich bei den Betroffenen ab. Und dann stellt sich Frau Merkel hin und sagt den Dumpinglöhnen den Kampf

an. Bundeskanzlerin Angelika Merkel will gegen den Missbrauch von Leiharbeit rigoros vorgehen. Sie werde nicht tatenlos zusehen, wenn der ganze Dienstleistungsbereich ein Niedriglohnsektor, an der Grenze zur Sittenwidrigkeit werde, sagte Merkel. Dabei hatte sie doch erst vor kurzem in ihren eigenen Konzern, der Post, diese Sittenwidrigkeit angeordnet, in dem sie ein zweites Briefnetz mit Dumpinglöhnen aufbauen ließ. Monate sind vergangen und der Fall Schlecker ist noch nicht gelöst. Die Merkel-Regierung im Fahrwasser der Schröder Regierung? Ein Schauspiel vor den Volke veranstalten, mehr kommt dabei nicht heraus. Still und heimlich verteidigt die Arbeitsministerin von der Layen den Anstieg der befristeten Arbeitsverträge. Dank dieser Flexibilität gebe es trotz der schärfsten Rezession nur eine Arbeitslosenzahl von 3,6 Millionen. Verteidigt sie hier die Vorgehensweise von Schlecker und der Post? Vor fünf Jahren habe die Zahl noch bei fünf Millionen gelegen. Ließ von der Layen verlauten. Vor fünf Jahren hatten wir keine 1,4 Millionen Kurzarbeiter, vor fünf Jahren hatten wir keine Menschen die urplötzlich auf der Straße standen, oder mit der Hälfte ihres Lohnes auskommen mussten. 40 Stunden-Woche mit dem Lohn kurz vor dem Armutsrisiko. Arbeitslose die für 1-Euro die Stunde in sozialen Einrichtungen tapezieren, streichen, mauern und Fliesen verlegen müssen, sonst wird ihnen Hartz IV gekürzt. Diese 1-Euro-Jobs vernichten das Hanswerks-Gewerbe. Das ist wieder dummes Geschwätz von einer Frau, die weitab vom wirklichem Leben steht. Nur gut, bald sind wir sie los, schade nur, wir müssen sie durchfüttern, denn sie ist nicht so flexibel wie deutschlands Arbeiter. Auch wiederspricht der Chef der Bundesagentur für Arbeit, Frank-Jürgen Weise, diesen dummen Aussagen von Frau von der Layen. Er warnte vor die Zunahme befristeter Arbeitsverträge. Auf Dauer ist das keine gute Entwicklung, wenn es immer mehr Kurzzeit Jobs gibt. Die Menschen sollten und wollten ihr Leben planen und die Firmen sollten daran interessiert sein, qualifizierte Kräfte zu halten. Jeder zweite Berufseinsteiger wird laut Statistischem Bundesamt nur noch befristet eingestellt. Die Politik der SPD und Grünen, danach der CDU hat der Wirtschaft den Weg zur Leiharbeit bzw. Kurzarbeit geebnet. Davon werden sie nicht abkehren und eher Fachkräfte aus dem Ausland holen. Die sind billiger und deren Einstellung wird noch von der Regierung bezuschusst. Die Regierung spricht mit gespaltener Zunge und versucht das Volk zu verblöden.

Monate ist es her, da versprach von der Layen, sie werde sich schnell um die Sorgen und Ängste der Schlecker-Mitarbeiter kümmern. Es ist noch nichts geschehen. Das sagt alles über den Zustand und Regierungsfähigkeit der Regierung Merkel aus.

Wissen schafft Wohlstand, der neue Anspruch der Bundesregierung. Wie sind die Regierenden bloß zu ihrem Wohlstand gekommen? Auf Worte müssen Taten folgen. Diese Taten hatte die FDP sofort zur Hand. Sie hatte eine Steuersenkung für die Hotelbranche durchgesetzt. Das lief in aller Stille ab, von niemandem bemerkt. Prompt bekam die FDP eine Unternehmensspende aus der Hotelbranche von 1,1 Millionen Euro. Ist die FDP eine käufliche Partei? Die FDP macht dort weiter, wo sie mit ihrer Politik unter Alt-Kanzler Kohl aufgehört hatte. Sie macht Politik für bestimmte Wählergruppen. Natürlich sind die Spenden ordnungsgemäß angezeigt worden und die Gerichte konnten keinen Fehler feststellen. Nur der Eindruck lässt sich nicht leugnen. Erst reduzieren wir die Mehrwertsteuer für euch, dann überweist ihr uns eine Spende in Millionenhöhe. Fraglich sind vor allem die Auslandsreisen von Westerwelle in Begleitung. Nimmt er seine Frau oder nimmt sie ihren Mann mit. Offentsichtlich ist wohl, hier werden dem Partner Türen geöffnet, die anderen verschlossen bleiben. Das fällt in die Katekorie der Vorteilsnahme. Man kann gespannt sein, wie lange sich Westerwelle noch hält. Es gab eigentlich noch nie soviel Theater und in so kurzer Zeit, wie in dieser Regierungskoliation. Den Medien freuts.

Auch das Umweltministerium lässt wieder von sich hören. Wir sollen mehr Müll sortieren. So große Mülltonnen gibt es leider nicht, in denen ihr hineinpassen könntet. Die Bürger sollen demnächst noch mehr Müll trennen. Neben Glas und Papier nun auch Haushalts-Wertstoffe aus Metall. Demnach soll eine solche Wertstofftonne ab April 2015 aufgestellt werden. Nun ja, da haben wir ja noch etwas Zeit, bis dahin gibt es sicherlich einen anderen Umweltminister mit noch besseren Ideen. Dort wo die Bundesregierung aufhört, setzt die EU an. Zuerst wollte Frankreich die CO2-Steuer einführen. Dann wird Deutschland wohl bald folgen. Man kann eine Steuer nur dann einführen, wenn man die Gegenleistung dafür erbringt. Diese ist hier aber in keiner Weise vorhanden und soll als zusätzliche Steuer die immer größer werdende Raffgier der Politiker stillen. Frankreich hatte es angesprochen, fordern nun alle EU-Minister eine zusätzliche EU-Steuer ein. Dies könnte auch eine Umweltsteuer, etwa eine CO2-Steuer sein. Durch diese zusätzliche Steuer könnte der Bürger eine direkte Verbindung zu ihrem Staatshaushalt erkennen. Passt auf Bürger, dieses Verhalten und Vorgehen der EU-Minister wird immer gefährlicher, denn das ist wieder die Verschwendungssucht in Brüssel. Fehlt denen mal wieder etwas Kleingeld um ihr Gehalt aufzubessern? So ein Blödsinn kann nur von dort kommen. Wen wundert es auch, sitzen doch dort Politiker die im eigenen Land abgeschoben wurden. Nun versuchen sie es in Brüssel, ihre Daseinsberechtigung dem arg gebeuteltem Volk aufzuzwingen. Die UN-Klimakonferenz ist am Ende, warum dann die CO2-Steuer? Bislang lehnt Deutschland diese Idee noch ab. Aber wie lange?

Die Umweltzonen für den KFZ-Verkehr haben sich nach Ansicht der Deutschen Umwelthilfe bewährt. Darüber kann man nur schallend lachen. Erstens waren die Vorgaben und die Abgasmessungen völlig aus der Luft gegriffen, mit diesen vielen Sachverständigen-Gutachten und Millionen Euro Gehälter. Zweitens, es gab nicht eine Straßensperrung um die Umwelt zu schonen. Durch die fehlerhaften Vorgaben hatten selbst alte Rostlauben mit einer grünen Plakette freie Fahrt. Die Volltreffer waren dann die Ampelanlagen an den Zufahrten zur Autobahn. Eine riesig lange Autoschlange staut sich bis in die Stadt zurück. Am Ende der Schlange kann man kaum noch etwas sehen. Will die Stadt unbedingt Smok-Alarm geben? Anders kann man sich diesen Blödsinn der Politiker nichr vorstellen. Auf kürzester Distanz sind nun fünf Ampelanlagen zu überwinden. Im Feierabendverkehr der reinste Horror. Das ist Europas Kulturhaupstadt 2010. Zahlungsunfähig durch den Bau und Stromverbrauch einiger Ampeln.

Leider hat sich in Berlin die Regierung zu einem Baustopp des geplanten Schloss-Neubaus nicht entschließen können. Die verbindliche Kostengrenze ist mit 552 Millionen Euro festgesetzt. Eine gewaltige Summe angesichts der schlechten finanziellen Lage. Wenn man bedenkt, dass der Bau mindestens noch ein Drittel teurer wird als vorgesehen, nur um das Volk zu beruhigen, kommt sicherlich eine Summe von 700 Millionen Euro dabei heraus. Dieses Geld sollte man besser zum Abbau

der Schuldenlast oder für Schulen nutzen. Das ausgerechnet ein DDR-Symbol für den Schloss-Nachbau weichen muss, ist unverständlich. Eine Erinnerung für all diejenigen, die hier eine schöne Zeit verbracht hatten.
Die Bahn stöhnt, die Kommunen stöhnen, aber das Geld ist immer da. Nach Angabe von Verkehrsminister Ramsauer fehlen der Bahn jährlich 600 Millionen Euro um das Streckennetz zu sanieren. Wo währe die Bahn ohne unsere Investionen, ohne die 54 bis 60% aus der LKW Maut? Ein Scherbenhaufen, dank des hervorragenden Managements und der Regierungsüberwachung. Wo kommt dann das Geld für den neuen unterirdischen Bahnhof in Stuttgart her? In Stuttgart laufen zur Zeit die Montagsdemonstrationen der anderen Art. Ihr Wahlspruch, vereint gegen das Milliardenloch. Gegen einen neuen unterirdischen Durchgangs-Bahnhof richten oder richteten sich ihre Proteste. Der Bundesrechnungshof hatte schon 2008 kritisiert, dass die Kosten für das Projekt falsch eingeschätzt wurden. Außerdem hatte er festgestellt, dass entgegen der offiziellen Leseart, es handle sich um ein Projekt der Deutschen Bahn AG, der Bund (die Steuerzahler) die Hauptlast der Kosten tragen wird. Dem Steuerzahler wird es wurscht sein, ob die Bahn oder der Bund. Es zeigt nur ganz deutlich, wie das Volk immer wieder belogen und betrogen wird. Wieder eine Regierung ohne Maß. Der Schlossbau, der Bahnhof und der Flughafen und für Hartz ist kein Geld da. Das Volk lebt am Rande der Armutsgrenze und die da oben wollen sich ein Wahrzeichen setzen. Stuttgarter setzt euch zur Wehr und fordert das Geld für eure Kinder ein.
Apotheker behaupten, Krankenkassen verschweigen Millionen Einnahmen. Ist es zu fassen? Unter dem Deckmantel der Regierung stecken sich die gesetzlichen Krankenkassen die Gewinne aus Vermietung und Verpachtung ein und reichen bei Verlusten diese an den Einzahlenden weiter. Wie kann das Volk Vertreter in den Bundestag wählen, die zulassen, dass die gesetzlichen Kassen mit den Beiträgen fremde Leistungen finanzieren.
Bei den Kommunalwahlen in Holland hatte die rechts gerichtete Partei (PVV) des Rechtspupulisten Wilders gewonnen. Diese Partei forderte unter anderem ein Kopftuchverbot in Behörden und die Aufstellung einer Bürgerwehr zur Kontrolle muslimischer Jugendlicher, damit die

Übergriffe der Muslime unterbleiben. Was in Den Haag und Almere geschah, ist überall möglich, verkündete Wilders nach dem Sieg in den betreffenden Orten. Wir werden die Niederlande zurückerobern, von der linken Elite, die noch immer an den Islam, Multikulti, an den Unsinn von Entwicklungshilfe und den europäischen Superstaat glaubt, sagte Wilders in einer Rede. Das sind ganz neue Töne, die da in Holland erklingen, einem sonst so offenen Land. Ist die Grenze des Machbaren für die Holländer erreicht? Auch das Holländische Volk stöhnt unter der ausländischen Last. Schnell könnte der Funke nach Deutschland überspringen.

In der Europa-Politik wollen Deutschland und Frankreich mit der Agenda 2020 die nächsten zehn Jahre gemeinsam gestalten. Man kann gespannt sein, wer sie von beiden überlebt.

Aus lauter Verzweiflung in die Außenseiterposition abzurutschen wendet sich Grünen-Chefin Claudia Roth zur Partei die Linken, nach dem Rückzug von Lafontaine. Die Linke muss sich entscheiden, ob sie jetzt verantwortliche Politik machen will. Das haben die Grünen in den ganzen Jahren nicht geschafft. Sie haben in der Koalition mit der SPD während der Regierungszeit ein jämmerliches Dasein geführt. Ohne Verantwortung zu übernehmen, Argumente oder Akzente zu setzen. Das erinnert an den Niedergang der FDP nach der Kohl-Dynastie. Die Grünen aus der Regierung geworfen, machten sofort eine Kertwendung um 180°. Nun ist der Atomausstieg wieder im Gespräch und es erschallen die Afghanistan raus Rufe. Solche Heuchler, ohne deren Zustimmung hätten wir keinen toten Soldaten zu beklagen. Der Film „die Flucht" zeigte das ganze Elend eines Krieges. In diesem Krieg hatten 30 Millionen Menschen ihre Heimat verloren. Der Schwur in der Nachkriegszeit, ist er schon vergessen? Herr Klose hatte ihn sicherlich vergessen, denn sonst könnte er so etwas furchtbares nicht fordern. Der SPD-Politiker Klose ist für Kampfeinsätze deutscher Soldaten in Afghanistan. Dann soll herr Klose nach Afghanistan fliegen, dort ein Schrotgewehr in die Hand nehmen und Deutschland verteidigen. Diese dummen Schwetzer, hinter dem Schreibtisch versteckend. Jeder trägt das gleiche Risiko, sagte er noch. Der trägt doch überhaubt nichts, noch nicht einmal Verständnis für die zurück gebliebenen. Ist das die neue Politik der SPD, heute so, morgen so? Den Vogel schießt Westerwelle wieder ab. Er will Taliban-

Kämpfer bezahlen. Westerwelle möchte Taliban-Kämpfer nach deren Ausstieg eine wirtschaftliche und soziale Perspektive für die Familie und deren Mitläufer bieten. Dafür werden wir auch zusätzlich Geld in die Hand nehmen. Hoffentlich hat er soviel in seiner Tasche, vom Volk kann er für so einen Schwachsinn keinen Cent fordern. Er, der der deutschen Unterschicht noch mehr Geld abnehmen möchte, will ausländische Mörder bezahlen. Der kann doch wohl nichts dafür. Das ist fast Verrat am deutschen Arbeiter.

Was die Amerikaner und Engländer angerichtet hatten, müssen wir jetzt dank Merkel bezahlen. Unsere Soldaten mit dem Leben und wir jährlich mit Milliarden. Warum müssen unsere Soldaten ihr Leben für eine sinnlose Sache geben, denn nur der Dialog der einzelnen Stämme und Gruppen bringt den Menschen in Afghanistan den Frieden. Jetzt will Westerwelle, nur um sein Image aufzubessern, noch mehr deutsche Soldaten opfern. Er will bei der Afghanistan-Konferenz 2010 in London ein zusätzliches Kontigend von 1500 Soldaten anbieten. Das würde bedeuten, dass sich 6000 deutsche Soldaten in Afghanistan befinden. Nie mehr deutsche Soldaten im Ausland, so lange ist dieser Schwur doch nicht her, so etwas kann auch eine aus der DDR nicht vergessen. Seit wann sind unsere Soldaten in Afghanistan fürs Vaterland gestorben. Diese armen Menschen mussten ihr Leben wegen dieser unfähigen Politik von Merkel und Westerwelle lassen. Nur sie tragen diese Last.

Und dann will Westerwelle dieser Mörderbande, die Kinder, Frauen und unschuldige Männer hingerichtet hatten auch noch sozial bezahlen. Hier in Deutschland prügelt er auf die armen Arbeitslosen ein. Hier muss das Geld eingesetzt werden um Frieden und Wohlstand zu erhalten. Vor allem, um den sozialen Frieden zu erhalten. Das Volk ist es leid, ewig mit seinen Steuergeldern das Versagen der Politiker auszugleichen. Eine ewige Last auf den Rücken des Volkes. Auch in Afghanistan führt es wieder darauf hinaus, dass sich gewiefte Rechtsanwälte an der Entschädigung für Afghanen bereichern wollen. Soll doch Frau Merkel die Entschädigung bezahlen, sie hat doch die Soldaten nach Afghanistan geschickt. Sie trägt die Verantwortung.

Der Dax weit über 6000 Punkte. Die Telekom macht neue Milliarden Quellen aus. Die deutschen Softwarefirmen dürsten nach Größe. Die Deutsche Bank übernimmt Sal. Oppenheim und teilweise die holländischen ABN-Amro-Filialen. Die Autobauer Mercedes und BMW haben ihre Gespräche über eine weitreichende Zusammenarbeit ohne Ergebnis gestoppt. Bei den Gesprächen erhoffte man sich ein Einsparvolumen von mehreren hundert Millionen Euro. Liest man diese Liste, fragt man sich, hatte es jemals diese Finanz- und Wirtschaftskrise gegeben? War es nur ein Schauspiel um den Arbeiter noch kleiner zu kneten und zu knechten? Den Arbeiter, den habt ihr geschafft, der muckt nicht mehr auf. Durch die Finanz- und Wirtschaftskrise wurde ihm der Glaube an die Gewerkschaft und deren Hilfslosigkeit aufgezeigt. Mensch kusch.

Die neueste Masche der Versicherungen und andere Dienstleister. Durch die Teilnahme am Lastschrift-Einzugsverfahren haben die oben genannten Gruppen jederzeit Zugang zu den Konten der Kunden. Hier werden dann absichtlich überhöhte Beträge von den Konten der Kunden abgebucht, um sie nach ca. vier bis sechs Wochen nach der Reklamation wieder zurück zu überweisen. Der Zinsgewinn ist hier der wichtige Faktor und breitet sich immer weiter aus. Der Bürger steht diesem machtlos gegenüber.

Ich habe Post bekommen. Überraschend schreibt mir Ursula von der Layen eine Antwort zu meiner Anfrage vom 23.03.2010. Herr Schlecker hatte zugesagt, dass sich diese Machenschaften der Gehaltskürzungen nicht mehr wiederholen werden und das man bestrebt ist, Gesetze zu schaffen, die dieses Treiben der Firmen mit ihren Arbeitern verhindern sollen. Nur für die Arbeiter ist es zu spät. Die Gehaltskürzungen und neue Verträge werden und brauchen auch nicht zurückgenommen werden. Sie werden von der Regierung nicht eingefordert. Das ist der Einsatz von der Arbeitsministerin von der Leyen. Sie achtet tunlichst darauf, dass die Arbeiter die Gesetze einhalten und der Arbeitgeber keinen Schaden trägt. Die Wirtschaft hatte ihr Ziel erreicht und zeigt uns, dass von der Leyen eine Marionette der Manager und Firmengewaltigen ist.

Zu den Dienstsitzen in Bonn schreibt mir doch tatsächlich das Ministerium: Der Beschluss des Deutschen Bundestages hat eine sinnvolle Aufteilung der beiden Dienstsitze gefunden. Jedes Ministerium unterhält auch einen Dienstsitz in Bonn bzw. Berlin. Hierbei fand auch die Kostenfrage Berücksichtigung. Das glaube ich schon, denn die Suche nach dem Kostenträger war ja nicht schwierig. Es konnte ja nur der blöde Arbeiter sein. So gehen die von euch gewählten mit eurem Geld um.

Diese Geldverschwendung nehmt ihr hin, dass wollt ihr nicht ändern? Wie auch am Beispiel der versuchten Zusammenarbeit, Mercedes und BMW zu sehen ist, die Wirtschaft hat nichts dazugelernt. Die Banken, die machen da weiter, wo sie vor der Krise aufgehört hatten. Selbst in Amerika bleiben die Reformen, wie in Deutschland, im politischen Morast stecken. Hierzu äußerte sich Reiner Brüderle noch im Jahr 2010. Die Deutschen Bürger akzeptieren ihre Steuerlast. Zu dem rechnet er mit einer höheren Steuermoral, dass heißt, eine stetige Steuererhöhung Zum Glück wird er die nächsten vier Jahre nicht überstehen. Auch die Argumentation, die Schwarzarbeit sei erheblich gesunken, kann man nicht nachvollziehen. Jeder zweite Ausländer arbeitet schwarz und bezieht Hartz IV.
Und anschließend wird noch die neuerliche Marktanalyse verbreitet. Nach neuesten Angaben sind die Lebenshaltungskosten im Jahr 2010 zum Jahr 2001 um 4% gefallen. Ein Witz der Marktforscher. Ein Blumenkohl, halb so groß wie 2001, kostet 2,49 Euro, das sind fast 4,80 D-Mark zum Vergleichsjahr 2001. Wie die Marktanalyse der Bundesregierung versucht auch die Wirtschaft mit ihrem Fachkräftemangel dem Bundesbürger Märchen zu erzählen. Jahrelang wurde der Bürger verblödet. Die Leistungsanforderungen an die Schüler auf ein Minimum heruntergeschraubt. Fachkräfte wurden zu tausenden von der Wirtschaft durch billige Arbeitskräfte ersetzt. Was fordert die Wirtschaft? Die Regierung möge sich kümmern. Was hat die Bundesregierung mit dem Versagen und Problemen der Wirtschaft gemein? Sollte oder muss die Regierung nicht auf Wunsch der Wirtschaftsbosse zurückhaltung ausüben? Die Bundesregierung soll unter Druck gesetzt werden, um so billige Fachkräfte aus dem Ausland einzustellen, die dann noch von der Regierung zum Anreitz finanziell unterstützt werden. Der Deutsche arbeitslose Facharbeiter muss sich mit Hartz IV begnügen. Ein Witz, erst unterstützt der Steuerzahler die arbeitslosen Facharbeiter und bezahlt dann noch der Wirtschaft die billigen ausländischen Facharbeiter. So ist das Vorgehen der Regierung im Jahr 2010.
Islands Ex-Ministerpräsident muß vor das isländische Hohe Gericht. Ihm wird fahrlässiges Verhalten während des Bankkollapses 2008 vorgeworfen. Warum werden die Schuldigen nicht auch bei uns vors Gericht gezerrt. Mindestens Merkel, Steinbrück, die Bankmanager und die

Wirtschaftsbosse hätten für ihr Versagen und falscher Beurteilung angeklagt werden müssen.
Bisher einmalig in der Deutschen Geschichte. Der vorzeitige Rücktritt eines Bundespräsigenten. Völlig überraschend tritt Horst Köhler am 31. Mai 2010 zurück. Sein Nachfolger wird Christian Wulff. Wulff, Ministerpräsident von Niedersachsen˙ wird, fein eingefädelt von Kanzlerin Merkel als Konkurrent zum Kanzleramt beseitigt und zum Nachfolger Köhlers vorgeschlagen. Christian Wulff ist seit dem 30. Juni 2010 der zehnte Bundepräsident der Bundesrepublik Deutschland. Aufmerksamkeit erreichte er bisher nur durch sein Bekenntnis zur Religionsfreiheit und heizte so eine Debatte über die Zugehörigkeit des Islams zu Deutschland an. Nach dem Konkurrent Wulff versorgt war, wurde Günther Oettinger versorgt, bzw. entsorgt. Er wurde von Merkel nach Brüssel abgeschoben. Andere Parteispitzen wurden 2010 in die Regierung eingebunden. Ein Aufmucken der CDU-Basis gibt es nicht mehr. Merkel beherrscht die Partei und das Land. Was macht sie mit Guttenberg, dem Aufsteiger des Jahres 2010?
Schade; Jürgen Rüttgers tritt von der politischen Bühne ab und hinterlässt dem Volk eine desolate Regierung aus Grün-Rot. Das hatten wir doch erst vor kurzem. Diese Erinnerung müsste dem Volk doch eigentlich reichen. Die Minderheitsregierung in Nordrhein-Westfalen ist eigentlich schon nach einem Jahr am Ende. Auch über der SPD Regierten Kulturhauptstadt 2010 schwebt seit langem der Pleitegeier. Hier in Essen wird dem Bürger die Maßlosigkeit und Verschwendungssucht unserer Steuergelder von den Städten, Gemeinden und Kommunen aufgezeigt. Die Stadt ist finanziell am Ende. Jede Ausgabe muss sie von der Landeshauptstadt genehmigen lassen. Aber Geld für fragwürdige Unternehmen die sind vorhanden. Freibäder, Hallenbäder werden geschlossen. Es ist kein Geld zu deren Unterhaltung da. Schulen und Turnhallen in einem desolaten Zustand. Die Schüler müssen die Klassenräume selber reinigen. Eltern der Schüler greifen selbst zum Pinsel und renovieren die Schulen. Aber Geld für die Oberen, die Kulturhauptstadt zu feiern, dass ist vorhanden. Unförmige Kunstwerke werden irgendwo aufgebaut. Zu überhöhten Preisen, da man dann den Zuschuss von der Landesregierung bekommt. Aber auch das sind unsere Steuergelder. Dem Stadtrat ist es egal, er kann sich ja im Rampenlicht sonnen. Keine Spielplätze, keine Bolzplätze, aber

ein neues Stadion für einen drittklassigen Verein, den kann man von unseren Steuergeldern in Millionenhöhe bauen lassen. Bürger, wählt diese Verschwender eurer Steuergelder ab. Stuttgart ist ein Beispiel.

Ende September verkündet doch tatsächlich Sozialministerin von der Leyen, dass die Hartz IV sätze lediglich um fünf Euro steigen werden. Für Kinder gibt es keine Erhöhung. War das im Sinne der Richter? Noch schlimmer, von nun an wird auf dem Rücken der Hartz IV Empfänger Wahlkampf betrieben. Fünf Euro, dass ist eine Sozialministerin. Fünf Euro mehr und ein kleiner Blumenkohl kostet 2,49 Euro. Geht endlich alle wählen und schafft eine soziale Regierung. Die Managergehälter steigen wieder zu neuen Höhen an. Es werden Gehälter bis zu 9,8 Millionen Euro gezahlt. Im Gegenzug fallen die Arbeitnehmergehälter weiter. Ein Mindestlohn ist noch immer nicht in Sicht. Warum ist ein Arbeiter in der Gewerkschaft?

Bundesumweltminister Norbert Röttgen und Bundeswirtschaftsminister Rainer Brüderle stellen stolz ihr neues Energiekonzept vor. Durch die Laufzeitverlängerung von zwölf Jahren bleiben 17 deutsche Atomkraftwerke länger am Netz. Das ist natürlich wieder ein gefundenes Fressen für die Grüne Partei. Sieben Jahre hatte sie Zeit gehabt, die Atompolitik zu ändern. Sie hatten die politische Verantwortung und haben nichts getan. Nun können sie wieder drauf hauen. Jemand muss aber dem Bürger sagen, ein Ausstieg zu dieser Zeit, ist für den Bürger nicht bezahlbar. Ein Ausstieg ist nur auf Raten möglich.

Welche Erinnerungen bleiben uns für 2010? Gekürzt wird nur bei den Sozialabgaben. Das Recht des Bürgers auf freie Meinungsäußerung wird mit Füßen und Wasserwerfern getreten. Stuttgart 21 und die Anklage gegen Wikileaks-Gründer. Ein Hohn.

Wo sind wir, wo leben wir? Mit nicht gekannter Gewalt schlägt die Polizei auf Anordnung der Obrigkeit auf die friedlichen Demonstranten in Stuttgart ein. Hier in Stuttgart wird von dem angeblichen Rechtsstaat Deutschland die freie Meinungsäußerung mit Füßen getreten. Unnachgiebig will die Politik, anführend von Ministerpräsident Mappus und Bahn-Chef Grube den Durchgangsbahnhof in Stuttgart mit aller Gewalt und Macht durchsetzen und wird vom Volk bei der Wahl abgestraft. So muss es sein.

2011, das Jahr der Überraschungen und Erneuerungen

Stuttgart 21, die Atomkraftwerke und der Biokraftstoff E10, um nur einige zu nennen, heben sich besonders hervor.
Stuttgart 21. Werden hier die Grünen auch so umfallen, wie es in Hamburg der Fall war? Wo man doch vorher gegen eine vertiefung der Elbe aus Umweltschutzgründen vehement protestiert hatte. Man muss davon ausgehen, der Durchgangsbahnhof wird in Stuttgart gebaut. Schon die Aussage des neuen Ministerpräsidenten Winfried Kretschmann (Grüne) ist ein Schlag ins Gesicht der Wähler. Immer wieder hatte sich der frühere Ministerpräsident Mappus gegen ein Endlager bzw. Zwischenlager ausgesprochen. Kretschmann hingegen ist für die Suche nach einem geeigneten End- oder Zwischenlager in Baden-Württemberg. Will Kretschmann ein Atommüll-Endlager wie Asse schaffen. Auch hier hatten die Verantwortlichen keine Ahnung. In Asse einem früheren Salzbergwerk bei Remlingen im Kreis Wolfenbüttel soll Atommüll auf Dauer sicher und trocken lagern. Atomendlager Asse entwickelte sich zu einem einzigen Skandal und zeigt wieder das Prinzip der Verdunkelung unserer Politiker und Fachingenieure an. Es gab nie ein sicheres Endlager Asse. Hier wurden bewusst Informationen zu Laugenaustritten, es fließen täglich 12 Kubikmeter Salzlauge in das Endlager, von den Politikern verheimlicht. Die Schuldzuweisungen nehmen nun kein Ende. Schon unter Gabriel (SPD) und nun Röttgen (CDU) sind diese Probleme bekannt. Allein eine Teilsanierung von Asse kostete dem Bürger 250 Millionen Euro. Der Bürger zahlt die Zeche dafür, das Atomfirmen ihren Müll billig abkippen. Das Märchen vom billigen Atomstrom ist widerlegt. Rechnet man die Entsorgungskosten dem Atomstrom hinzu, kann man gleich den nun etwas günstigeren Ökostrom nutzen. Schon heute gilt Asse als eine der größten Umweltprobleme in Deutschland. Eine sichere Form der Entsorgung wird es nie geben, auch Dank der Vertuschung unserer Verantwortlichen. Denn zu bedenken ist, dass all diese Probleme und Umweltsünden seit 1967 erst 2008 der Öffentlichkeit bekannt wurden. Eine gemessene erhöhte Strahlenbelastung wurde verheimlicht. Mit einem Gesetzbeschluss des Deutschen Bundestages vom 29. Januar 2009 wurde das Bundesamt für Strahlenschutz mit der Schließung und Sanierung beauftragt. Die Kosten von ca. 4,0 Milliarden Euro über-

nimmt der Bund. Natürlich der Steuerzahler. Christian Wulff, der heutige Bundespräsident trug zu diesem Zeitpunkt die Verantwortung in Niedersachsen, für Asse. Der Witz zum Atomausstieg, die SPD wird einem Atomausstieg nur zustimmen, wenn auch die Bayern einem Endlager in Bayern zustimmern.

Stuttgart 21, eine Investion für unsere Kinder? Für unsere Kinder sind keine Schulen, keine Spielpkätze, keine Schwimmbäder und Kindergärten da. Geld für den Bahnhof ist da? Wird die neue Regierung in Baden-Württemberg (Grüne und SPD) an Stuttgart 21 zerbrechen? Wird die Bürgerbefragung kommen und wird sie ein Erfolg für den Bürger werden? Erst drohte Bahnchef Gruber mit Konsequenzen, nun droht Bundesverkehrsminister Ramsauer der neuen Landesregierung. Das zeigt deutlich, die Bundesregierung akzeptiert den Willen des Volkes nicht. Hoffentlich zeigt das Volk der Bundesregierung, welchen Willen und Kraft sie hat. Die Aussage von Ministerpräsidenten Kretschmann ist etwas irretierend. Er betonte, sollte der Durchgangsbahnhof teurer als 4,5 Milliarden Euro werden, wird es keinen müden Euro vom Land zusätzlich geben. Warum sagt er nicht vom Steuerzahler oder Bürger. Und dann braucht er auch nicht zu bezahlen. Ob Bund oder Land, bezahlen muss immer der Steuerzahler. Auch nicht Kretschmann. Bezahlen muss vor allem der Bürger, der wochenlang ja monatelang bei Wind und Wetter ausgeharrt hatte. Der seine Gesundheit und sein Leben aufs Spiel setzte. Sollte das alles umsonst gewesen sein? Und ausgerechnet unser Außenminister Westerwelle kritisiert die im Ausland unterdrückte Meinungsfreiheit. Kritisiert, dass im Ausland die Menschenrechte mit Füßen und mit Gewalt unterdrückt werden. Das ist ein Hohn. Trägt er nicht auch die Verantwortung mit als in Stuttgart die Menschenrechte und freier Meinungsäußerung mit Füßen und mit Gewalt niedergeknüppelt wurden? Ist nicht die Politik mit daran beteiligt, das sich Diktatoren so lange halten können und sich von unseren Steuergeldern ein schönes Leben machen. Auch nach dem sie gestürzt wurden?

Die Grünen wieder im Umfragehoch. Nur die Aussage, Atomkraftwerke sofort abschalten ist nur Schaumschlägerei und nicht nachvollziehbar bzw. möglich. Wie können Bürger auf diese Aussage einiger Spinner und Märchenerzähler hereinfallen. Mit dieser Aussage kann man kein Land regieren, höchstens Arbeitslosigkeit und Armut schaffen. Kretschmer:

Rot-Grün steht für neue Gründerzeit? Das hatten wir doch schon mal. Hartz IV, das reicht.

Das schwere Erdbeben am 9. März 2011 der Stärke 8,9 und der anschließende Tsunami zerstörten an Japans Küste das Atomkraftwerk Fukushima. Eine Katastrophe mit unübersehbaren Folgen bescheren den Grünen und der deutschen Atompolitik ein neues Zeitalter. Nur die Grüne Partei profitiert von der unglaublichen Katastrophe in Japan. Die Fernsehbilder und Berichterstattung machen deutlich, kein Politiker und kein Atomwissenschaftler kann den Menschen vor einem atomaren Unfall schützen. Die Atommeiler sind nicht sicher. Die Katastrophe von Fukushima hatte den Menschen schlagartig das atomare Risiko vor Augen geführt. Die Atomkraftwerke, die End- und Zwischenlager sind nicht beherrschbar. Die Parolen, die Union und FDP nun herausbringen, wie Japan ist nicht Deutschland und einen Tsunami wird es bei und nicht geben, werden zum Nachteil der Regierung ausgelegt. Die erst kürzlich festgelegte Laufzeitverlängerung von 12 Jahren für die maroden Atommeiler machen der Regierung nun zu schaffen. Die Angstmache der Grünen und die Forderung nach einem sofortigem Ausstieg bringen den Grünen bei den Landtagswahlen ungeahnte Stimmengewinne. Zumal die Bundesregierung mit Umweltminister Röttgen keine sofortige klare Linie verfolgt. Erst als Hunderttausende auf die Straße gingen erkannte Merkel die Gefahr. Es ist zu spät. Die CDU verliert unzählige Stimmen und für die FDP bedeutet dieser Schlingerkurs bei den Landtagswahlen den freien Fall. Die Katastrophe in Japan stürzt die FDP in ein Chaos. Kanzlerin Merkel musste handeln. Was sie auch tat, sie machte es für den Bürger richtig, denn ein sofortiger Atomausstieg wird für den Bürger unbezahlbar. Nur ihr kann man eine Wende in der Energiepolitik zutrauen. Nur sie kann die Verhandlungen mit der Atomlobby bewältigen. Es ist sonst niemand da. Zuvor hatte es aber noch einige Irritationen gegeben. So verplappert sich Brüderle. Das Abschalten der Atommeiler war ein wahltaktisches Manöver von Merkel. Anschließend sagt Brüderle, es muss ein Protokollfehler gewesen sein. Auch die Kosten spielen hier wieder keine Rolle. Im Aufrag der Kanzlerin soll die Sicherheitsfrage von zwei Kommissionen geprüft werden. Wenn Merkel den Auftrag gibt, wird sie doch sicherlich die Millionen für das Fachgremium selber bezahlen. Auch bei der Wahl in Bremen 2011 setzte sich der Aufwärtstrend der

Grünen fort. Auffallend war auch hier das geringe Interesse der Bürger. Nur jeder zweite Wahlberechtigte findet den Weg zur Urne. Die Antwort der meisten Nichtwähler, wir können ja doch nichts ändern, kann man nicht gelten lassen. Hätten diese 50% die BiW gewählt, könnten sie den etablierten einen Dolchstoß versetzen.
Der Europarat rügt die Ausgrenzung von Ausländern in Deutschland. Grenzen sich die Ausländer nicht selber aus, indem sie in aller Offenheit ihren Hass auf Deusche zeigen. Muslime stehen grundsätzlich über allem, weit über die westliche Nation und ihrem Glauben. Sofort fordert Trittin, weniger Hürden für Zuwanderer und der neue Innenminister Friedrich geht auf Konfrontationskurs mit den Muslimen. Der Islam hat für die Deutschen keine Bedeutung. Jeder Ausländer sollte nach den Grundsatzregeln der Deutschen leben. Wem es nicht passt, der hat immer die Möglichkeit in sein Heimatland zu gehen. Warum tut sich Innenminister Friedrich das an? Sofort nach Trittins Aussage, fordern Ausländer eine Ausweitung des Volksverhetzungsparagraphen. Damit solche Leute wie Sarrazin angeklagt werden können. Dabei klammern sie natürlich ihre Führer aus, die hier in Deutschland ihr Volk aufwiegeln. Sarrazin schürt nach Meinung einiger Ausländer puren Rassismus. Nur wie war das mit den neuen Mediengesetzen in Ungarn? Wer waren hier die Aufschreier mit erhobenen Zeigefinger und prangerten angeblich die Einschränkungen der Presse- bzw. Meinungsfreiheit an? Wer spaltet hier im Fall Sarrazin die Gesellschaft? Eine Minderheit bestimmt über die Meinung einer Mehrheit. Bücher von Sarrazin sollten also verboten werden, obwohl noch kein Kritiker eine Zeile in den Büchern zur Anklage bringen konnte. Eine Minderheit bestimmt die Meinung? Hatten wir das nicht schon einmal in Deutschland?
Die gleichen Rechte, die gleichen Pflichten. Frau Schwarzer und anderen Mannsweibern haben es die Frauen zu verdanken, dass sie nun bis 65 Jahre arbeiten müssen. Die gleichen Rechte hatten sie schon immer.
E10, das nächste Horrorszenario der Bundesregierung. Das deutsche Krisenmanagement hatte schon wieder versagt. Das Umweltministerium eine Lachnummer. Der Umweltminister besteht auf die Einführung des so bezeichneten Biokraftstoffs E10, obwohl überall die Probleme sichtbar werden. Ein sofortiger Stopp und eine vorsichtige Kampagne zur Einführung währen angebracht gewesen. Von der Verbraucherzentrale

und von Frau Aigner (CSU) hört man nur, es ist zu einer Missachtung der Verbraucher gekommen und sie will trotz der Schwierigkeiten bei der Einführung des E10 an der Strafzahlung für Mineralölfirmen festhalten, wenn die Biokraftstoffquote nicht eingehalten wird. Sollten Strafzahlungen geleistet werden, dürfen diese nicht den Autofahrern aufgebürdet werden. Es kann nicht sein, dass der Verbraucher am Ende die Zeche zahlt. An den Zapfsäulen kann man erkennen, wer die Zeche zahlt und Frau Aigner schweigt. Es gibt für den Autofahrer noch immer keine Klarheit und Rechtsicherheit, geschweige denn Garantieen der Herstellerfirmen. Arbeitgeberpräsident Hundt nannte die Einführung von E10: Überstürzt, überzogen und nicht ausreichend vorbereitet. Zudem gibt es energiepolitische Zweifel an der Einführung des E10 Benzins. Auch Özdemir (Grüne) kritisierte: E10 löst unsere Probleme nicht. Nur die Grünen hatten jahrelang Zeit, diese Probleme zu lösen. Autofahrer könnten dieses Problem alleine lösen. Der Einbau einer LPG-Gasanlage kostet je nach Zylinderzahl von 1600 bis 2200 Euro. Der Liter Gas kostet 67 bis 75 Cent. Dann werdet ihr die Gesichter der Öl-Multis oder Regierenden sehen. Denn so geht es nicht weiter. Die Benzienpreisänderungen an einem Tag von 1,539 auf 1,609 lassen den Autofahrer zum Hampelmann der Ölmultis werden. Mit dem Biokraftstoff E10 hat die Regierung das erreicht was sie wollte. Mehreinnahmen in Milliarden-Höhe. Weil der Autofahrer nicht das E10 tankt, sondern den teuren Superkraftstoff.
Ist einmal ruhe, schreit die CSU unter Seehofer auf und fordert mit Nachdruck die Autobahn-Maut für PKW. Es wird Zeit, dass der Seehofer wieder fliegt und nimmer wiederkehrt.
Die Bild-Zeitung in großen Lettern. Rekord: 1 Million Hartz IV Empfänger neue Jobs vermittelt. Hier wird der Bürger wieder für Dumm verkauft. Nach letzten Angaben waren es nur noch 2,8 Millionen Arbeitslose. Davon arbeiten 8 Millionen zu einem Hungerlohn, oder werden von der Arbeitsagentur angewiesen, Arbeiten für einen Euro auszuführen, sonst droht ihnen die Kürzung der Unterstützung. Diese Ein-Euro Arbeiter werden überwiegend von staatlichen Stellen in Anspruch genommen. Hier wird der Arbeitslose richtig ausgebeutet. Die Dauer dieser Ein-Euro Jobs ist eigentlich auf sechs Monate beschränkt, wird aber von der Arbeitsagentur auf unbestimmte Zeit verlänget. Hier werden auf unsere

Kosten Arbeitsplätze vernichtet. Die Regierung zeigt es der Wirtschaft, wie es gemacht wird.
Endlich in riesigen Lettern: Am 19. Juli 2011 stellt jemand von der Zeitung fest. Starke Lohneinbußen bei den Geringverdienern. Seit 2001 betragen die Lohnverluste bis zu 22%. Nur das ist so auch nicht richtig. Denn seit 2002 betragen die Lohnverluste für alle Arbeiter und Rentner 50% und mehr. Und von diesem Betrag hat der Arbeiter nochmals bis zu 22% Lohneinbußen. Der Rentner ist hiervon am meisten betroffen.
Die Antwort der Bundesregierung auf die UN-Konvention: Jeder kann sich frei kaufen.
Hunderte von Milliarden zahlen wir an die EU-Chaoten. Ab 2013 nochmals Jährlich 22 Milliarden Euro an die EU als Rettungspaket von uns Steuerzahlern für die europäische Uneinigkeit. Als Retter der Nation, als Retter von Europa, ernten wir Dank? Wir werden ausgelacht und verschmäht. Und dann will uns Frau Merkel erzählen, dass die Milliarden an Griechenland und Co später Gewinne einbringen. Diese Milliarden belasten den Bundeshaushalt zusätzlich und die Zinsgewinne von Grichenland, wenn überhaupt, sind so gering, dass wir dass Zehnfache an Schuldzinsen für unseren maroden Haushalt bezahlen müssen. Darum haben wir hier in Deutschland immer noch die niedrigste Geburtenrate in der EU. Denn keiner kann seinen Kindern diese Lebensweise der Knechtschaft zumuten.
Was kommt auf den Arbeiter zu? Die Abrechnung mit der Politik. Was dem Arbeiter wirklich bleibt. Ein Staat, eine Regierung, die nach dem Matthäus-Prinzip immer wieder Sozialleistungen kürzt. Wer hat, dem wird gegeben. Und bleibt noch etwas über, wird die Regierung andere Länder unterstützen, damit diese Bürger weiterhin nur 30 Stunden in der Woche arbeiten und mit 50 in Rente gehen können. Der deutsche Arbeiter und Arbeitslose ist der Abschaum, ist die Unterschicht.
Ich möchte von der Regierung nach dem Gleichheitsgebot auch einen Schuldenerlass von 21%. So wie es den ausländischen Bürgern der EU erlassen wird. Ist der Deutsche nicht so viel Wert?
Wird die Regierung nach dem Hochwasser in Sachsen und Brandenburg noch finanzielle Mittel für die Geschädigten bereit halten können? Oder ist kein Geld mehr da? Kann Westerwelle und Co. kein zusätzliches Geld in die Hand nehmen? Für ausländische Mörder war es möglich.

In Stuttgart werden die Rechte des Menschen mit Füßen getreten. Siegmar Gabriel hatte davor gewarnt, Angst darf nicht den Alltag bestimmen. Die deutschen Arbeiter haben jeden Tag Angst, dass sie ihren Arbeitsplatz verlieren. Das hat sie krank gemacht.
Vor 13 Jahren besaß der Bundesbürger eine Segelyacht, einen Wohnwagen und zwei Autos. Eine schöne Wohnung mit Garten. Durch die Unfähigkeit der Regierenden und einiger Manager wurde der Arbeiter gezwungen, all diese Anschaffungen, für die er Jahre geschuftet hatte, nach und nach zu verkaufen. Heute muss der deutsche Arbeiter einen Job bei einer Teilzeitfirma, als geringfügig Beschäftigter, einen 400 Euro Job oder einen Ein-Euro Job annehmen. Die Rente? Es wird keinen deutschen Arbeiter als Rentner geben. Das reiche Deutschland wird in die Armut versinken.

Denkt immer daran, wenn man sich in der Zwickmühle befindet und alles sich gegen dich wendet und du meinst nicht länger durchhalten zu können, darfst du nicht aufgeben, denn jetzt kann der Augenblick kommen, an dem sich alles zum Guten wenden kann.
Ob sie weis, wie sehr ich sie doch vermissen würde, diese kleine Person und doch soviel stärker als ich, meine geliebte Frau.